두타초

이 책은 2016 · 2017년도 정부(교육부)의 재원으로 한국고전번역원의 지원을 받아
수행된 '권역별거점연구소협동번역사업'의 결과물임.

This work was supported by Institute for the Translation of Korean Classics - Grant funded by the Korean Government.

한국고전번역원 한국문집번역총서 / 충남대학교 한자문화연구소

두타초 3

頭陀草

이하곤 지음
李夏坤

정만호 이재숙
오승준 옮김

일러두기

1. 이 책의 번역 대본은 한국고전번역원에서 간행한 한국문집총간 191집 소재 《두타초(頭陀草)》로 하였다. 번역 대본의 원문 텍스트와 원문 이미지는 한국고전종합DB(http://db.itkc.or.kr)에서 확인할 수 있다.
2. 내용이 간단한 역주는 간주(間註)로, 긴 역주는 각주(脚註)로 처리하였다.
3. 한자는 필요한 경우 이해를 돕기 위하여 넣었으며, 운문(韻文)은 원문을 병기하였다.
4. 맞춤법과 띄어쓰기는 한글 맞춤법과 표준어 규정을 따랐다.
5. 이 책에서 사용한 부호는 다음과 같다.
   ( ) : 번역문과 음이 같은 한자를 묶는다.
   〔 〕: 번역문과 뜻은 같으나 음이 다른 한자를 묶는다.
   " " : 대화 등의 인용문을 묶는다.
   ' ' : " " 안의 재인용 또는 강조 문구를 묶는다.
   「 」: ' ' 안의 재인용을 묶는다.
   『 』: 「 」 안의 재인용을 묶는다.
   《 》: 책명 및 각주의 전거(典據)를 묶는다.
   〈 〉: 책의 편명 및 운문·산문의 제목을 묶는다.

두타초 제6책

시詩

속리록俗離錄

두타초 제7책

시詩

두타초 제8책

시詩

두타초

제6책

詩시

비가 내린 뒤에 잠에서 깨다 갑오년(1714, 숙종40)

雨後睡起 甲午

산사람 곤히 잠들어	山人酣眠睡
가랑비 내리는 줄 몰랐네	不知微雨來
문 열어 앞산 바라보니	開戶望前山
산꼭대기에 구름 개지 않았는데	山頭雲未開
한가하게 무슨 일로 웃는가	悠然笑何事
백로가 저물녘에 날아 돌아오네	白鷺晩飛廻

여름날 즉흥적으로 짓다 갑오년(1714, 숙종40)

夏日卽事 甲午

긴 여름 숲 속 정자 흥취 어기지 않는데	長夏林亭興不違
이끼가 한 자나 무성하니 오는 손님 드무네	苔深一尺客來稀
엷은 구름 사이로 햇살 새어 나와 비추고	薄雲漏日纔成映
가랑비가 바람 따라 갑자기 부슬부슬 내리네	細雨隨風忽作霏
거미들은 솜씨 다투며 허공 속에 매달리고	鬪巧蜘蛛空裏颺
나비들은 가볍게 풀 사이에서 날아다니네	試輕蝴蝶草間飛
한가한 가운데 사물의 이치를 자세히 살펴보니	閑中物理看親切
이미 저마다 오묘한 천기 지녔구나	已向頭頭括妙機

한가하게 지내며

閑居

이끼 빛 한가로이 푸르고	苔色閑來碧
매미 소리 자고 나니 맑구나	蟬聲睡後涼
쓸쓸히 안석에 기대앉으니	蕭然聊隱几
적막한 선방 같구나	寂爾卽禪房
산수는 근심 잊게 하는 물건이고	山水忘憂物
문장은 늙음을 막는 방법[1]이네	文章却老方
한 가지 일도 관심 없으니	心無關一事
그윽한 맛이 차처럼 오래간다네	幽味似茶長

1 늙음을 막는 방법 : 각로방(却老方)은 사람이 늙지 않고 장생불사할 수 있는 약방(藥方)을 의미한다. 한 무제(漢武帝) 때에 방사(方士) 이소군(李少君)이 각로방을 가지고 무제를 알현하여 극진한 대우를 받았다고 한다.《漢書 卷25上 郊祀志》

도장이 마침내 송라로 부임하지 못했다는 소식[2]을 듣고 서글퍼져서 이 시를 짓다

聞道長竟不赴松蘿 慨然賦此

십 년이나 낮은 벼슬에 있으면서 머리 세었는데	十年薄宦鬢空絲
끝내 남쪽 역참에도 부임하지 못했네	畢竟南郵又尼之
하늘이 어찌 이 노인을 궁하게 하겠는가	天意奈何窮此老
사람들이 본래 새로운 시 좋아하지 않는 것이지	世人本不愛新詩
〈축빈부〉는 외울 만한데	逐貧有賦應堪誦
피채대 없으니 더욱 슬프구나[3]	避債無臺更可悲
우습다 이내 삶도 당신처럼 졸렬하여	自笑吾生如汝拙
맑은 지조 지키려는 의지 갈수록 줄어드네	淸波力乏轉移爲

2 도장(道長)이……소식 : 도장은 홍세태(洪世泰, 1653~1725)로, 본관은 남양(南陽), 자는 도장, 호는 창랑(滄浪)·유하(柳下)이다. 홍세태는 1714년(숙종40) 송라찰방(松羅察訪)이 되었으나 부임하지 않았다. 《柳下集 附錄 墓誌銘》

3 축빈부(逐貧賦)는……슬프구나 : 홍세태 스스로의 가난은 견딜 만하지만 빚을 갚을 길이 없다는 말이다. 양웅(揚雄)이 숭산(崇山) 옆 벽지에 홀로 은거하여 가난에 시달리며 지낼 때 〈축빈부〉를 지었다. 주(周)나라 경왕(景王)이 이대(誃臺)를 지었는데, 후에 난왕(赧王)이 6국의 연횡을 추진하면서 부호들에게 돈을 빌렸다가 갚지 못하게 되자 빚 독촉을 피해 이대에 올라갔으므로, 이대를 피채대(避債臺)라 부르게 되었다. 《太平御覽 卷85 赧王》

통제사 정홍좌[4]를 곡하다

哭鄭統制 弘佐

선친께서 병조 판서 되셨을 때[5]	先君昔長西銓日
무반들 많았지만 오직 공을 꼽으셨지	弁韐如林獨數公
뜨거운 바다든 눈 덮인 산이든 임명되는 곳마다	炎海雪山推挽地
가벼운 갖옷과 느슨한 띠[6]로 잘 다스렸네	輕裘緩帶指麾同
빙벽을 맛보며 지고를 멀리했고[7]	嘗來氷蘗脂膏外
용맹한 군사들 길들여 통솔했지	馴得熊貔掌握中

4 정홍좌(鄭弘佐) : ?~1714. 본관은 초계(草溪)이다. 1708년(숙종34)에 삼도통제사 겸 경상우도수군절도사(三道統制使兼慶尙右道水軍節度使)에 임명되었다.

5 선친(先親)께서……때 : 이하곤의 부친 이인엽(李寅燁)은 1708년 12월에 병조 판서에 임명되었다. 《肅宗實錄 34年 12月 7日》

6 가벼운……띠 : 진(晉)나라 양호(羊祜)가 정남대장군(征南大將軍)이 되어 대군을 거느릴 적에, 갑옷 대신에 가벼운 옷을 입고 허리띠를 느슨하게 하고 다녔으며 시위(侍衛)하는 군사도 10여 명을 넘지 않았다는 고사에서 유래한 말로, 용장(勇將)의 풍모를 나타내는 말이다. 《晉書 卷34 羊祜列傳》

7 빙벽(氷蘗)을……멀리했고 : 정홍좌가 청렴한 생활을 했다는 말이다. 빙벽은 당(唐)나라 백거이(白居易)의 시에 "3년 동안 자사로 있으면서, 맑은 얼음물을 마시고 쓰디쓴 소태를 씹었노라.〔三年爲刺史, 飮氷復食蘗.〕"라고 한 데서 유래하여, 굳게 절조를 지키면서 청백하게 사는 것을 비유한다. 《白樂天詩集 卷1 三年爲刺史》 지고(脂膏)는 동한(東漢)의 공분(孔奮)이 고장(姑臧)이라는 부유한 고을에 4년 동안 수령으로 있으면서 재물을 탐내지 않고 청렴한 자세로 일관하자, 당시 사람들이 "기름 덩어리 속에 놔두었건만 제 몸 하나도 윤택하게 하지 못한다.〔置脂膏中, 亦不能自潤.〕"라고 조롱했던 일에서 유래한 말이다. 《東觀漢記 卷15 孔奮列傳》

지척의 오랑캐를 누굴 빌려 물리칠까 咫尺戎壇誰借却
쓸쓸한 큰 나무에 또 슬픈 바람 부는구나[8] 蕭蕭大樹又悲風

8 쓸쓸한……부는구나 : 정홍좌가 고인이 되었다는 말이다. 후한(後漢)의 명장 풍이(馮異)가 전투를 승리로 끝낸 뒤에, 여러 장수들이 서로들 공을 다투고 있는데도 혼자 나무 아래로 몸을 피하였으므로, 사람들이 대수장군(大樹將軍)이라고 일컬으며 칭송했다는 고사가 전한다. 《後漢書 卷47 馮異列傳》

낙방한 뒤에 남쪽으로 돌아오며 소회를 적다

下第後 南歸述懷

모진 삭풍이 근심스런 얼굴에 스칠 제　北風慘慄撲愁顏
병든 기러기와 파리한 말이랑 짝하여 돌아오네　病鴈羸驂作伴還
세상만사 모두 나의 운명이니　萬事莫非關己命
백년 인생 구름 낀 산에 누우리라　百年聊欲臥雲山
공명이 늙음을 재촉하는 줄 알지만　功名已覺催人老
조화옹이 어찌 나의 한가함 빼앗으랴　造化焉能奪我閑
기쁘게도 두 눈 아직 어둡지 않으니　差喜雙瞳猶未暗
묵은 매화 사이에서 《주역》이나 주석해야지　擬將註易古梅間

감회가 있어서

有感

가슴 속에 비록 만 권의 책 있지만	胸中雖有萬卷書
밥상에 고기 없고 타고 나갈 수레 없으며	對案無肉出無車
붓 아래 비록 천 편의 시 있지만	筆下雖有詩千篇
주머니 텅텅 비어 돈 한 푼 없네	囊底空空乏一錢
올해 다행히도 관국빈에 채워져서[9]	今年幸充觀國賓
백 일 동안 한양의 먼지 다 마셨지	百日喫盡漢陽塵
결국 남궁에서 낙방해 돌아가니	畢竟南宮下第歸
늙은 아내는 타박하고 동복들은 깔보겠지	老妻嘲罵僮僕欺
우습다 붉은 문의 비단옷 입은 사람은	可笑朱門紈綺子
평소 한 글자도 쓸 줄 모르는데	生平不識書一字
지푸라기 줍듯 손쉽게 급제하니	俯取高第如拾芥
아아 이 일 참으로 괴이하다	吁嗟此事眞可怪
고기 눈깔 귀하다 하고 명주를 천시하니[10]	但貴魚目賤明珠

9 올해……채워져서 : 관국빈(觀國賓)은 본래 관직에 나가는 것을 말하는데, 《주역》 〈관괘(觀卦) 육사(六四)〉에 "나라의 빛남을 봄이니, 왕에게 손님이 됨이 이롭다.〔觀國之光, 利用賓于王.〕"라고 하였다. 여기서는 앞에 〈낙방한 뒤에 남쪽으로 돌아오며 소회를 적다〔下第後 南歸述懷〕〉라는 작품이 있고, 다음 구의 내용으로 볼 때 과거에 응시했던 것을 의미한다.

10 고기……천시하니 : 고기 눈깔이 구슬 사이에 섞인다는 어목혼주(魚目混珠)를 활용한 말로, 실력 없는 부잣집 자제들은 과거에 급제하고, 실력이 뛰어난 사람은 급제하

안목 없는 세상 사람들 어찌 그리 어리석은가　世人無目何其愚
그대 보지 못했나 형옥 때문에 울었던 변화를[11]　君不見卞和泣荊玉
자고로 이와 같으니 탄식한들 무엇 하리오　自古如此嘆何益

지 못하는 세태를 비유한 말이다. 《文選 卷40 到大司馬記室牋》

11 형옥(荊玉)……변화(卞和)를 : 초(楚)나라 사람 변화가 초산(楚山)에서 얻은 옥 덩어리를 보물로 여기고 초나라 여왕(厲王)에게 바쳤다가, 왕을 속였다 하여 왼쪽 발을 잘렸다. 그 뒤 무왕(武王)이 즉위하자, 또 바쳤다가 역시 오른쪽 발을 잘렸다. 그 뒤 문왕(文王)이 즉위하였을 때는 인정을 받아, 화씨벽(和氏璧)을 얻게 되었다. 《韓非子 和氏》 여기서는 변화가 박옥(璞玉)의 가치를 인정받지 못했던 것처럼, 이하곤이 자신의 실력을 인정받지 못한 상황을 읊은 것이다.

매산에서 새벽에 돌아오다

自梅山曉歸

평평한 백사장 너른 물에 새벽안개 깔렸는데	沙平水闊曉烟低
자던 기러기 꿈에서 찬 눈보라 두려워하네	睡鴈夢怕風雪冷
서산에 지는 달 저 멀리 희미하고	西峰落月遠朦朧
초가집 쓸쓸하여 인기척 없구나	艸屋蕭蕭人語靜
눈 밟으며 돌아오니 등불 반짝이고	踏雪歸來燈耿耿
작은 창에 매화 그림자 비꼈네	小牕橫寫梅花影

화분의 대나무를 보고 감회가 있어서

見盆竹有感

한 떨기 대나무 쓸쓸한 채 차가움 받지 않아	叢竹蕭蕭不受寒
겨우내 푸른 잎 몇 줄기 돋았네	經冬新翠幾多竿
매화는 쉬 피었다 지니	梅花開落元容易
오래 볼 수 있는 대나무만 못하네	未及吾君耐久看

병석에서 일어나 즉흥적으로 짓다 을미년(1715, 숙종41)

病起卽事 乙未

겨우내 약봉지에 의지했으니　經冬藥裹賴扶持
우습다 선생이여 병석에서 일어나기 더디구나　自笑先生病起遲
오늘 아침 집안사람에게 묻노니　今朝試向家人問
앓기 전과 비교해 안색 어떠한가　顏狀何如未病時

유하가 보여 준 시[12]에 차운하다

次柳下見示韻

유하는 곧 도장(道長)의 호(號)이다.

누가 밥 싸가지고 유하에게 들르랴	裹飯誰能柳下過
편히 누워 뜰의 나뭇가지 보겠지[13]	惟應高臥眄庭柯
세속 사람이 어찌 새 시의 오묘함 알까	俗兒那解新詩妙
세상일은 부질없이 백발만 늘어 가엽구나	世事空憐白髮多
벼슬 그만두니 외로운 봉우리 반가운 손님 같고	官罷孤峰如好客
슬플 때는 그윽한 계곡물이 긴 노래에 화답하겠지	悲來幽澗和長歌
그대 이미 궁달에 달관한 줄을 아노니	知君已了窮通際
하늘에 맡겨야지 다시 어찌하랴	一任蒼天更奈何

12 유하(柳下)가 보여 준 시 : 유하는 홍세태(洪世泰, 1653~1725)로, 본관은 남양(南陽), 자는 도장(道長), 호는 창랑(滄浪)·유하이다. 이하곤이 차운한 시는 《유하집(柳下集)》 권11의 〈감회(感懷)〉이다.

13 편히……보겠지 : 홍세태가 전원에서 지내는 모습을 표현한 말이다. 도잠(陶潛)의 〈귀거래사(歸去來辭)〉에 "술병과 술잔을 들고 혼자 부어 마시노니, 뜰의 나뭇가지를 바라보고 얼굴에 기쁜 빛이 감도네.〔引壺觴以自酌, 眄庭柯以怡顏.〕"라고 하였다. 《陶淵明集 卷5》

또 앞의 운을 사용해 지어서 도장에게 부치다

又用前韻 寄道長

앓는 중에 기쁘게도 자주 들러	病中深喜數相過
새들이 저물녘 나무에 모일 때까지 머물렀지	挽到棲禽集暮柯
세상 걱정하는 장황한 말 어찌 쉬 끝나랴	憂世話長那易竟
사람 놀라게 하는 멋진 시 많을 필요 없지	驚人句妙不須多
불우한 데다 늙고 병든 신세 가련하지만	已憐落魄兼衰疾
어찌 궁한 시름 때문에 노래 그만두랴	寧爲窮愁廢嘯歌
동문에 몇 이랑의 밭만 있다면	使有青門田數頃
높이 나는 명홍이 그대에게 어떠하리[14]	冥鴻高擧奈君何

도장(道長)이 근래 그의 시고(詩稿)를 과감하게 깎아내고 차례대로 선별해 달라고 요청하였으므로, 네 번째 구에서 언급하였다.

2

오늘 비 내려 올 사람 없기에	無人今雨更來過
종일 문 닫고 있자니 빗방울 나뭇가지에 맺히네	長日關門雨滴柯

14 동문(東門)에……어떠하리 : 만약 약간의 밭만 있다면 홍세태(洪世泰)가 벼슬을 그만두고 은거할 것이라는 말이다. 진(秦)나라 때 동릉후(東陵侯)에 봉해진 소평(邵平)이 진나라가 망한 뒤에 포의(布衣)로 가난하게 살면서 장안성(長安城) 청문(青門), 즉 동문 밖에서 외밭을 일구며 유유자적하며 은사(隱士)의 생활을 즐겼다는 고사가 전한다.《史記 卷53 蕭相國世家》 명홍(冥鴻)은 하늘 높이 날아가는 기러기를 말하는데, 이는 곧 원대한 이상을 가지고 세상을 피해 은거하는 선비를 비유한다.

탑 곧아 아득한 쌍궐에 조회하는 듯하고	塔直自朝雙闕迥
누각 높아 먼 산을 보는 데 지장 없겠지	樓高不碍遠山多
금경에서 누가 문원의 소갈증을 염려하랴[15]	金莖誰念文園渴
〈백설곡〉은 〈하리〉 노래와 어울리기 어렵네[16]	白雪難諧下里歌
서울의 바람 먼지로 눈에 티가 들어갈 텐데	京洛風塵終眯眼
고향의 산수 근래 어떠한가	故鄕雲水近如何

내가 소갈병(消渴病)을 앓고 있었기에, 다섯 번째 구에서 언급하였다.

3

구씨의 이름난 정원[17] 한번 가기로 했으니	具氏名園約一過
맑은 연못과 묵은 바위와 바람 부는 나무 있다지	淸池老石更風柯

15 금경(金莖)에서……염려하랴 : 원주(原註)에 있는 것처럼 이하곤 자신의 소갈증을 염려하는 사람이 없다는 말이다. 금경은 한 무제(漢武帝)가 방사(方士)의 말을 듣고 하늘에서 내리는 이슬을 받아 마시기 위해 세운 승로반(承露盤)을 가리킨다. 문원갈(文園渴)은 평소 소갈증을 앓았던 사마상여(司馬相如)를 가리킨다. 그는 효문원 령(孝文園令)을 지냈다. 《史記 卷117 司馬相如列傳》

16 백설곡(白雪曲)은……어렵네 : 홍세태의 좋은 시에 화답하기 어렵다는 말이다. 송옥(宋玉)의 〈대초왕문(對楚王問)〉에 "영중에서 노래하는 나그네가 맨 처음 〈하리곡〉·〈파인곡〉을 노래했을 때는 국중에서 이어 화답하는 자가 수천 명이었고, 〈양아곡〉·〈해로곡〉을 노래했을 때는 국중에서 이어 화답하는 자가 수백 명이었다. 그러다 〈양춘곡〉·〈백설곡〉을 노래하자 국중에서 이어 화답하는 자가 수십 명에 불과했으니,……이는 곡조가 고상할수록 창화하는 자가 더욱 적기 때문이다.〔客有歌于郢中者, 其始曰下里巴人, 國中屬而和者數千人, 其爲陽阿薤露, 國中屬而和者數百人, 其爲陽春白雪, 國中屬而和者不過數十人,……是其曲彌高, 其和彌寡.〕"라고 하였다. 《文選 卷45》

17 구씨(具氏)의 이름난 정원 : 구씨는 구희(具熺)를 말하고, 그의 정원은 태화정(太華亭)을 가리킨다. 《頭陀草 冊6 又疊柯字示具晦仲熺》

장마가 노니는 사람 위해 그칠 리 없으니	霖淫不爲游人斷
귀신의 장난질 좋은 일에 더욱 심하지	魔戲偏於好事多
흰머리로 진창길 가려니 말 가련하지만	皓首衝泥憐馬足
황감 안주에 술 들고 꾀꼬리 노래 저버리랴	黃柑携酒負鶯歌
그대에게 청하노니 서둘러 맑은 빚 갚으시게[18]	請君火急酬淸債
석류꽃 이처럼 흐드러졌으니 어이할까	奈此榴花爛熳何

18 그대에게……갚으시게 : 홍세태에게 화운시를 서둘러 지어 보내라고 요청한 것이다. 청채(淸債)는 소식(蘇軾)의 시에 "이번 유람 기념하는 새 시 짓지 않는다면, 산속의 청정한 빚 지게 될까 두렵도다.〔不將新句紀玆遊, 恐負山中淸淨債.〕"라고 한 데서 유래하였다.《東坡全集 卷11 與胡祠部 游法華山》

정보[19]의 시를 읽고 또 앞의 운을 사용해 지어서 부쳐 주다

讀正甫詩 又用前韻寄示

등불 아래 맑은 시 여러 번 읽어 보니	燈下淸詩讀數過
보배로운 산호수의 찬란한 가지 같구나	珊瑚寶樹燦枝柯
원만한 기틀 검남에게서 얻었고[20]	圓機本自劍南得
멋진 구는 한강 가에서 많이 지었네	佳句偏從漢上多
한가한 곳에서 그대가 마음 새기니	閑處爾能雕肺腑
시름겨울 때 내가 현가를 대신하리라	愁時吾欲替絃歌
천추토록 두보는 진실로 본받을 만하니	千秋子美眞師法
장대 꼭대기에서 더 나아감이 어떠한가[21]	進步竿頭更若何

19 정보(正甫) : 신정하(申靖夏, 1680~1715)로, 본관은 평산(平山), 자는 정보, 호는 서암(恕菴)이다. 《圃巖集 卷22 弘文館副校理恕庵申公行狀》

20 원만한……얻었고 : 신정하의 시가 육유(陸游)의 영향을 받았다는 말이다. 검남(劍南)은 육유의 별칭이다.

21 천추(千秋)토록……어떠한가 : 신정하에게 두보(杜甫)의 시를 배워 보라고 권한 말이다. 자미(子美)는 두보의 자이다. 진보간두(進步竿頭)는 초현 대사(招賢大師)의 게송(偈頌)에서 "백 척이나 되는 장대 끝에서 모름지기 한 걸음 더 나아갈 수 있어야, 시방세계의 이치가 이 몸에 온전해질 것이라네.〔百尺竿頭須進步, 十方世界是全身.〕"라고 한 데서 유래하였다. 《書言故事 釋敎類》

정보가 앞의 운을 차운하여[22] 보여 주므로 또 화운하여 부치다

正甫次前韻相示 又和寄

일찍이 석호정[23]에 갔던 일 떠올리니	石湖亭子憶曾過
산 중턱 나무 위로 높은 누대 솟았었지	山半危欄出樹柯
서리 맞은 단풍나무 밑에 배 매기 좋고	霜落楓根繫舟好
버들 성글어 강 풍광 누대에 가득 들어왔지	柳疏江色入樓多
벽에 가득한 아름다운 시구 보며	看他滿壁題佳句
그대와 취해 노래하지 못해 한스러웠네	恨未同君放醉歌
요즘 새로 집 지었다는데	聞說年來新結構
규모와 위치는 또 어떠한가	規模位置更如何

위는 석호(石湖)의 별업(別業)을 추억한 내용에 화답한 것이다.

2

문에 세속의 손님 오지 못하게 하니	未許柴門俗客過
초가집 동쪽 모퉁이에 홰나무 울창하네	茅齋東角暗槐柯

22 정보(正甫)가……차운하여 : 정보는 신정하(申靖夏, 1680～1715)로, 본관은 평산(平山), 자는 정보, 호는 서암(恕菴)이다.《圃巖集 卷22 弘文館副校理恕庵申公行狀》 신정하가 이하곤에게 차운하여 보낸 작품은《서암집(恕菴集)》권4의 〈차이재대하곤기시운(次李載大夏坤寄示韻)〉이다.

23 석호정(石湖亭) : 석호(石湖)는 경안천(慶安川)이 한강과 만나 넓어지는 곳을 이르던 말인데, 신여식(申汝拭, 1627～?)이 이곳에 석호정을 지었다.

푸른 산이 나를 잡아 놓아주지 않으니	靑山挽我不相放
붉은 종이에 이름 쓰는 일 어찌 훌륭하랴[24]	紅紙題名何足多
탁주를 들 노인과 함께 마시고	濁酒只堪同野叟
새로운 시로 어부의 노래에 화답하노라	新詩獨自和漁歌
이런 낙으로 여생 마치리니	欲持此樂終吾老
그대는 내 삶을 어떠하다 하겠는가	爾道吾生果若何

위는 산속 생활을 물은 내용에 화답한 것이다.

3

예전에 자주 가지 못해 한스러웠는데	深恨從前未數過
갈대가 다행히 아름다운 나무에 의지했네[25]	蒹葭幸得倚瓊柯
호수에서 지은 옛 시집 자세히 평론하고[26]	湖詩舊集評論細
망천첩에 새로 쓴 글에 재미있는 말 많았네[27]	輞帖新題戱語多

24 붉은……훌륭하랴 : 과거(科擧)에 급제하고 싶은 마음이 없다는 의미이다.

25 갈대가……의지했네 : 보잘것없는 이하곤 자신이 신정하처럼 훌륭한 사람과 어울리게 되었다는 겸사(謙辭)이다. 삼국 시대 위(魏)나라 명제(明帝) 때 하후현(夏侯玄)과 황후의 동생 모증(毛曾)이 함께 자리에 있는 것을 보고, 사람들이 "억새풀이 옥나무 옆에 기대어 있는 것과 같다.〔蒹葭倚玉樹〕"라고 평했다는 고사가 전한다.《世說新語 容止》

26 호수에서……평론하고 : 누구의 시에 대해 평론한 것인지 자세하지 않다. 다만, 아래 구에 이병연(李秉淵)의 망천첩(輞川帖)에 대한 언급이 있고, 신정하의《서암집(恕菴集)》권12에〈이일원화음시록발(李一源華陰詩錄跋)〉이 있는 것으로 보아, 이병연이 김화 현감(金化縣監)으로 부임했을 때 지은 시에 대해 평했던 것이 아닌가 추측된다. 이하곤이 금강산 유람을 갔을 때, 김화에 들러 이병연과 만나기도 하였다.

27 망천첩에……많았네 : 신정하의《서암집(恕菴集)》권12에〈이일원이 소장하고 있

그대의 오사모에 속기 없어 사랑스러운데　　愛汝烏紗無俗氣
나의 백석[28]에 슬픈 노래 있어 가련하네　　憐吾白石有悲歌
살면서 친분은 취향 같음이 우선이니　　人生相識先同調
문장 솜씨 어떤지 따지지 마시게　　莫把文章較若何

위는 근일(近日) 함께 어울린 즐거움을 말한 것이다.

는 정선의 망천 12경도첩의 발문〔李一源所藏鄭生敾輞川十二景圖帖跋〕〉이 있는데, 그 글에 "일원은 그림을 알지 못하니, 이 도첩을 소유하기에 적합하지 않다. 다만 그의 훌륭한 시가 이 그림에 짝할 만하다.〔以一源之不知畫, 不合有此帖, 特以其詩之妙堪配此畫耳.〕"라고 하였다.

28 백석(白石) : 춘추 시대 위(衛)나라 영척(甯戚)이 지은 〈백석음(白石吟)〉을 가리킨다. 그 노래에 "남산은 빛나고, 백석은 깨끗하네. 태어나서 서로 선양하던 요순 시대 못 만나, 짧은 베 홑옷도 겨우 정강이만 가릴 뿐인데, 이른 새벽부터 한밤중까지 소를 먹이자니, 긴 밤이 지루해라 언제나 아침 오려는가.〔南山粲, 白石爛, 生不逢堯與舜禪, 短布單衣裁至骭, 從昏飯牛薄夜半, 長夜漫漫何時旦.〕"라고 하여, 불우한 선비가 세상에 쓰이기를 바라는 뜻으로 흔히 쓰인다.《樂府詩集 卷83》

또 가 자를 거듭 써서 구회중 희 에게 보여 주다
又疊柯字 示具晦仲 熺

그대가 오지 못하면 내가 가니	君不能來吾卽過
그대 집과 우리집 정원이 접해 있네	君家吾寓接園柯
인연 맺어 자주 만나니 친밀하고	交緣數面方成密
우정은 동갑이라 더욱 깊네	情爲同庚更覺多
장한 뜻은 말술 마셔야 달래지고	斗酒惟堪澆壯志
맑은 노래 사는 데 천금도 아끼지 않네	千金不惜買淸歌
무릉에 절로 〈능운부〉 있지만	茂陵自有凌雲賦
지금 구감이 없으니 어찌할까[29]	其奈時無狗監何

2

그대의 화정 좋아해서 지난번 들렀는데	愛汝華亭昨一過
그늘 드리운 교목 무성했지	蔭來喬木尙餘柯

29 무릉(茂陵)에……어찌할까 : 구희(具熺)가 훌륭한 문재(文才)를 지녔지만, 추천해주는 사람이 없으니 안타깝다는 말이다. 〈능운부(凌雲賦)〉는 한(漢)나라 사마상여(司馬相如)의 〈대인부(大人賦)〉를 가리킨다. 〈사마상여열전(司馬相如列傳)〉에 "사마상여가 대인지송을 지어 아뢰자, 천자가 크게 기뻐하여 표표히 구름 위에 치솟는 의기가 있었다.〔相如旣奏大人之頌, 天子大說, 飄飄有凌雲之氣.〕"라고 하였으므로, 〈대인부〉를 〈능운부〉라고도 부른다. 구감(狗監)은 한(漢)나라의 내관(內官) 양득의(楊得意)를 가리킨다. 사마상여가 지은 부를 읽고 황제가 찬탄해 마지않자, 구감으로 있던 양득의가 자기 고향 사람이라며 추천한 고사가 전한다. 《史記 卷117 司馬相如列傳》

높은 누각은 운대[30]처럼 기세 높고　危樓勢竝雲臺峻
굽이진 연못은 태액지에 이어질 듯 넘실댔지　曲沼波連太液多
연잎 흔들리니 노는 물고기가 작은 거품 불고　荷動游魚吹細沫
대숲 우거져 우는 새가 아름다운 노래 보내왔지　竹深啼鳥送嬌歌
소나기가 멋진 시 재촉하는데　更看急雨催詩好
손에 든 술잔을 어찌 기울이지 않으랴　入手金杯不飮何

30 운대(雲臺) : 후한 명제(明帝) 때, 등우(鄧禹) 등 전대(前代)의 명장 28인의 초상화를 그려 걸어 놓고 추모한 공신각(功臣閣)의 이름이다.

복날 태화정[31]에서 모여 도장[32]과 함께 시를 짓는데 정 자를 얻었다

伏日 會太華亭 同道長賦得亭字

도장의 높은 흥취 시 먼저 짓고	道長高興詩先就
회중[33]의 호탕한 마음 술 깨지 않네	晦仲豪情酒不醒
삼복이지만 어찌 뜨거운 해 걱정하랴	三伏何須愁赤日
동이 술 마련하여 시원한 정자에 즐겁게 앉았노라	一樽好與坐涼亭
연기 잠긴 성 숲은 들쭉날쭉 푸르고	烟沈城樹參差綠
바람 살랑대는 연잎 한들한들 푸르다	風颭池荷偃仰靑
밤새 놀아도 나쁠 것 없어	未害留連終永夕
타고 돌아가는 말 저녁 별빛 받게 하노라	直敎歸馬犯昏星

31 태화정(太華亭) : 《임하필기(林下筆記)》 권31 〈순일편(旬一篇)〉에 "고(故) 정승 충무(忠武) 구인후(具仁垕)가 하사받은 집이 이문(里門) 안에 있는데, 으리으리한 집이라고 일컫는다. 그곳에 태화정이 있으니, 곧 연당(蓮堂)이다. 이곳이 장안의 중심이어서 돌로 표지를 세웠다. 뒤에 여러 번 주인이 바뀌었다."라고 하였다. 구인후는 인조(仁祖)의 외종형이다. 이 시의 내용 가운데 회중(晦仲), 즉 구희(具熺)가 등장하는 것으로 보아, 태화정은 구인후의 집에 있던 정자를 가리키는 것으로 보인다.

32 도장(道長) : 홍세태(洪世泰, 1653~1725)로, 본관은 남양(南陽), 자는 도장, 호는 창랑(滄浪)·유하(柳下)이다. 《浣巖集 卷4 滄浪洪公墓誌銘》

33 회중 : 구희의 자인데, 인적사항은 미상이다.

또 소 자를 얻었다

又得霄字

문 앞으로 조정과 저자 멀지도 않은데	門前朝市去非遙
여기 오니 세속의 마음 절로 사라진다	到此塵心自覺消
심어 놓은 연들은 모두 일산 같고	種得萬荷俱作蓋
가꾸는 대나무는 하늘을 찌를 듯	養成高竹欲干霄
이름난 동산의 경치 본래 아름다운데	名園景物元奇絶
어진 주인의 풍류도 쓸쓸하지 않구나	賢主風流未寂寥
다른 날 한 동이 술을 내 마련하리니	他夜一樽吾可辦
와서 소슬한 빗소리를 함께 들으려는가	肯來同聽雨蕭蕭

백온[34]·경소·명중[35]·정보[36]·명□와 함께 자우의 집에서 만나 이야기를 나누고 돌아온 뒤에 장률을 지었기에, 여러 사람들에게 보여 주고 화운을 구하다

同伯溫敬所明仲正甫明□ 會話子雨宅 歸後得長律 示諸君求和

유월 높은 집에 더운 기운 맑게 사라져	六月高齋暑氣淸
손님 오자 미소 머금으니 서로 맞이할 것도 없네	客來含笑不相迎
처마에 닿은 푸른 나무에서 서늘한 기운 생기고	連簷綠樹微涼得
난간 앞 붉은 석류 햇살에 선명했지	亞檻紅榴午景明
바둑 재미 무르익고 농담도 즐겼으며	博局趣濃兼戲語
송화주 담박하여 우리의 우정 같았네	松醪味淡似交情
죽림의 멋진 일 우리에게 있으니	竹林勝事還吾輩
당시 일곱 명의 이름 부러우랴[37]	肯羨當時七子名

바둑 두고 송화주 마신 것은 모두 당일에 실제로 있었던 일이다.

34 백온(伯溫) : 이위(李瑋, 1676~1727)로, 본관은 전주(全州), 자는 백온, 호는 두천(斗川)이다. 김창협(金昌協)의 문인이다.

35 명중(明仲) : 오진주(吳晉周, 1680~?)로, 본관은 해주(海州), 자는 명중, 호는 무위재(無爲齋)이다. 김창협의 사위이다.《農巖集 卷27 亡女吳氏婦墓誌銘》

36 정보(正甫) : 신정하(申靖夏, 1680~1715)로, 본관은 평산(平山), 자는 정보, 호는 서암(恕菴)이다.《圃巖集 卷22 弘文館副校理恕庵申公行狀》

37 죽림(竹林)의……부러우랴 : 위진 시대 완적(阮籍), 혜강(嵇康), 산도(山濤), 상수(向秀), 완함(阮咸), 왕융(王戎), 유령(劉伶) 일곱 사람이 친하게 지내면서 항상 죽림 사이에 모여 놀았으므로, 당시 사람들이 그들을 죽림칠현(竹林七賢)이라고 불렀는데, 여기서는 이하곤이 함께 어울렸던 사람들의 풍류가 죽림칠현과 다를 바 없다고 읊은 것이다.

백온[38]이 거 자를 운자로 삼아 지은 시를 적어 보여 주고 화운을 요청하므로, 입으로 불러 부치다 3수

伯溫書示車字詩 要和 口占寄之 三首

골목에 수레 들어오지 못한들 어떠랴	不妨門巷不容車
손님 없으면 앉아서 책 읽어야지	無客要須坐讀書
주인의 한가한 일 살펴보니	看取主人閑事業
성긴 울타리 두른 곳에 푸른 채소 가꾸네	疏籬圍處養靑蔬

2

높은 수레 가장 많이 엎어지니	最多傾覆是高車
연구할 고서 있어 좋구나	正好硏窮有古書
성현의 진실한 학문 알고자	要識聖賢眞實學
평생 산나물 씹어 먹네[39]	一生咬得在山蔬

3

과거에 시달리는 뛰어난 인재 안타까운데	高才可惜困公車
괴로운 뜻을 오히려 좀먹은 책으로 풍자했네	苦志猶能諷蠹書

38 백온(伯溫) : 이위(李瑋, 1676~1727)로, 본관은 전주(全州), 자는 백온, 호는 두천(斗川)이다. 김창협(金昌協)의 문인이다.

39 산나물 씹어 먹네 : 송(宋)나라 왕신민(汪信民)이 "사람이 항상 나물 뿌리를 먹으려 하면, 모든 일을 할 수 있다.〔人常咬得菜根, 則百事可做.〕"라고 한 격언을 인용하였다. 《小學 善行》

알겠다 청빈은 그대 가문의 오랜 사업이라	知爾淸貧元舊業
평생 절인 채소 먹음을 싫어하지 않는구나	終年不厭喫鹽蔬

6월 19일에 백온[40] · 명중[41] · 사복과 함께 정보[42]의 괴헌에서 만나 방옹의 운[43]에 맞춰 짓다. 명원[44] 신방 · 기부 차양징 · 윤경[45] 정내교 도 자리에 있었다

六月十九日 同伯溫明仲士復 會正甫槐軒 次放翁韻 明遠 申昉 起夫 車亮徵 潤卿 鄭來僑 亦在座

뜨거운 해가 괴헌을 오래도록 비추고	畏景槐軒永
더운 바람이 갈건에 산들 불어오네	熏風葛幘輕
매미 소리는 오늘부터 듣겠지만	蟬從今日聽
비는 다시 언제 갤까	雨復幾時晴
늙어서도 어울려 놀기를 마다하지 않고	老不追遊倦

40 백온(伯溫) : 이위(李瑋, 1676~1727)로, 본관은 전주(全州), 자는 백온, 호는 두천(斗川)이다. 김창협(金昌協)의 문인이다.

41 명중(明仲) : 오진주(吳晉周, 1680~?)로, 본관은 해주(海州), 자는 명중, 호는 무위재(無爲齋)이다. 김창협의 사위이다. 《農巖集 卷27 亡女吳氏婦墓誌銘》

42 정보(正甫) : 신정하(申靖夏, 1680~1715)로, 본관은 평산(平山), 자는 정보, 호는 서암(恕菴)이다. 《圃巖集 卷22 弘文館副校理恕庵申公行狀》

43 방옹(放翁)의 운(韻) : 방옹은 남송(南宋)의 시인 육유(陸游)의 호이다. 이하곤이 차운한 작품은 육유의 《검남시고(劍南詩稾)》 권17에 수록된 〈우청(雨晴)〉이다.

44 명원(明遠) : 신방(申昉, 1685~1736)으로, 본관은 평산(平山), 자는 명원, 호는 둔암(鈍庵)이다. 《直菴集 卷16 伯氏參判公家狀》 저본에는 明仲으로 되어 있으나 《직암집(直菴集)》의 내용에 근거하여 수정하였다.

45 윤경(潤卿) : 정내교(鄭來僑, 1681~1757)로, 본관은 하동(河東), 자는 윤경, 호는 완암(浣巖)이다. 《本庵集 卷8 浣巖鄭翁墓誌銘 幷序》

한가하면 장기와 바둑 두노라 閑須博奕橫
새 시를 다 짓지 못한 채 新詩吟未就
앉았노라니 달빛 희미하게 나오네 坐到月微生

밤에 군서[46]와 함께 나헌을 방문하여 또 경 자를 이용해 함께 짓다

夜與君敍訪懶軒 又用輕字同賦

나헌은 회중(晦仲)[47]의 헌호(軒號)이다.

작은 누각이 우거진 대숲 곁에 있어	小閣依深竹
더위도 식혀 주네	能令暑氣輕
종소리는 멋진 시구 재촉하고	鍾應催好句
달빛이 갠 풍경을 더 운치 있게 돕네	月欲助新晴
넘치는 흥취에 술잔 자주 기울이고	興劇杯頻把
맑은 담소 나누며 의자 마주하고 앉아서	談淸榻對橫
서로 바라보며 밤이 짧은 줄도 잊으니	相看忘夜短
한바탕 웃으며 내 삶 만족해하노라	一笑足吾生

46 군서(君敍) : 최수범(崔守範, 1690~?)으로, 본관은 전주(全州), 자는 군서이다. 이하곤의 누이의 남편이다. 《嘉梧藁略 冊16 戶曹判書李公墓碣銘》

47 회중(晦仲) : 구희(具熺)의 자인데, 인적사항은 미상이다.

도장[48] · 익지[49]와 함께 곤륜[50]의 집에서 모여 두보의 시 〈고열〉[51]을 차운하다 3수[52]

同道長益之 會昆侖宅 次杜詩苦熱韻 三首

도장이 이미 북쪽 산에서 오니	道長已自北山至
말 타고 나도 따라 왔노라	騎馬踵來吾亦能
술 마시려니 잔 위에 뜬 개미[53] 어여쁜데	把酒故憐杯面蟻
시 쓰려니 붓 끝의 파리 성가시다	題詩最厭筆頭蠅
붉은 해에 뜨거운 먼지 괴로워	政愁赤日炎塵漲
단구에서 우객 따르던 일 문득 떠오르네[54]	忽憶丹丘羽客仍

48 도장(道長) : 홍세태(洪世泰, 1653~1725)로, 본관은 남양(南陽), 자는 도장, 호는 창랑(滄浪) · 유하(柳下)이다. 《浣巖集 卷4 滄浪洪公墓誌銘》

49 익지(益之) : 이하영(李夏英, 1674~?)으로, 본관은 전주(全州), 자는 익지이다.

50 곤륜(昆侖) : 최창대(崔昌大, 1669~1720)로, 본관은 전주(全州), 자는 효백(孝伯), 호는 곤륜이다. 《西堂私載 卷10 弘文館副提學崔公墓誌銘 幷序》

51 두보(杜甫)의 시(詩) 〈고열(苦熱)〉 : 《두소릉집(杜少陵集)》 권6의 〈조추고열퇴안상잉(早秋苦熱堆案相仍)〉을 가리킨다.

52 3수(首) : 저본에는 二首로 되어 있으나 其二가 반복되어 모두 3수이므로, 바로잡았다.

53 개미 : 여기서 의(蟻)는 술이 잘 익어서 생기는 거품을 말한다. 도잠(陶潛)의 시에 "봄 술에 개미 거품 생겼네.〔春醪生浮蟻〕"라고 하였다. 《陶淵明集 卷4 擬輓歌辭》

54 단구(丹丘)에서……떠오르네 : 금강산에 다녀온 일을 추억한 것이다. 단구는 밤이나 낮이나 항상 밝은 땅으로 신선이 산다는 곳이고, 우객(羽客)은 우화등선(羽化登仙)한다는 신선을 가리킨다.

지난해의 동쪽 유람 어찌 다시 할 수 있을까　前歲東游那再得
비로봉에서 오월에도 찬 얼음 밟았었지　毘盧五月踏寒氷

2

세상 사람들도 더위 괴로운 줄 알지만　世人亦知炎熱苦
과연 누가 마음 가라앉혀 열기 이길 줄 아는가　心靜勝熱果誰能
높이 나는 학 부러워할 필요 없으니　不必高擧羨飛鶴
모름지기 언 파리처럼 우두커니 앉아 있어야지　只須癡坐如凍蠅
일 없으면 낮잠 자며 유유자적하고　無事午眠聊自適
손님 있으면 청담 이어가네　有客淸談還可仍
우습다 먼지 속에 달려다니는 사람들　堪笑塵中馳逐者
오장에 불이 나서 오직 얼음만 찾네　五內生火唯索氷

3

창랑의 늙은이[55] 내가 아끼노니　滄浪老子吾所愛
문단에 기치 세울 이 오직 그대라네　竪幟騷壇唯爾能
재물 한 푼 없어 방이 매단 경쇠처럼 텅 비었지만　貧乏一錢室懸磬
시는 백 권이나 지어 글자가 파리처럼 많네　詩成百卷字如蠅
관직 그만둔 지 오래라 굶주림 심하고　罷官日久飢方甚
딸 잃은 슬픔 깊어 병마저 들었어라　哭女情深病亦仍
부탁할 곳 없던 중랑과 같은 신세인데[56]　自是中郎無屬托

55 창랑(滄浪)의 늙은이 : 홍세태(洪世泰, 1653~1725)로, 본관은 남양(南陽), 자는 도장(道長), 호는 창랑·유하(柳下)이다. 《浣巖集 卷4 滄浪洪公墓誌銘》

곤륜이 과연 양빙이 되어 주려는가[57] 昆侖果可作陽氷

곤륜(昆侖)의 시에 "술 한 말에 시 백 편 짓기를 게을리 말라, 당도에서 판각한 양빙이 있었네.〔一斗百篇須莫倦, 當塗鏤板有陽氷.〕"[58]라는 말이 있었으므로, 말구(末句)에서 언급하였다.

56 부탁할……신세인데 : 홍세태의 처지를 중랑장(中郎將)을 지낸 후한(後漢)의 채옹(蔡邕, 132~192)에게 비유한 것이다. 채옹은 아들이 없어서 딸 문희(文姬)에게 책 4,000여 권을 전하였다. 《後漢書 卷84 列女傳 董祀妻》

57 곤륜(昆侖)이……주려는가 : 최창대(崔昌大)가 홍세태를 돌보아 주는 사람이 되어 주겠느냐는 말이다. 양빙(陽氷)은 당(唐)나라 사람 이양빙(李陽氷)으로, 자는 소온(少溫) 또는 중온(仲溫)이다. 이백(李白)의 종숙(從叔)으로, 보응(寶應) 원년에 당도영(當塗令)이 되었는데, 이백이 만년에 이양빙에게 의지하여 살다가 죽었다. 이백이 죽자 이백의 시를 편집하고 아울러 서문을 지었던 인물이다. 《御定全唐詩 卷262 李陽氷》

58 술……있었네 : 이 구는 최창대의 《곤륜집(昆侖集)》 권5 〈도장재대동지차노두고열운(道長載大同至次老杜苦熱韻)〉의 두 번째 수에 보인다. 저본에는 鏤衣로 되어 있으나, 《곤륜집》에 의거하여 鏤板으로 수정하였다.

나헌[59]이 부쳐 온 시에 차운하다

次懶軒寄示韻

자네가 사흘이나 병 앓으니	汝病已三日
내 소회를 어디에 풀까	我懷何處開
집에 누운 나를 멀리서 가여워하여	遙憐閣中臥
깊은 밤도 마다하지 않고 왔었지	不憚夜深來
내기하노라면 바람이 촛불 흔들고	賭博風搖燭
시 논하다 보면 달빛이 잔 비추었지	論詩月入杯
흥취 무르익을수록 대화 더욱 자세해져	興酣談更細
돌아가는 길을 새벽닭이 재촉했었지	歸路曉鷄催

59 나헌(懶軒) : 앞의 〈밤에 군서와 함께 나헌을 방문하여, 또 경 자를 이용해 함께 짓다〔夜與君敍訪懶軒 又用輕字同賦〕〉에 "나헌은 회중의 헌호이다.〔懶軒, 晦仲軒號.〕"라는 원주(原註)가 있으므로, 나헌은 구희(具熺)를 가리킨다. 인적사항은 미상이다.

밤에 앉아 있다가 나헌이 떠올랐다

夜坐有懷懶軒

나헌은 회중(晦仲)[60]의 헌호(軒號)이다.

대 숲 그늘 속 평상에 앉으니	竹樹陰中榻
비 갠 하늘에 별빛 빛나네	星河雨後天
서로 그리워하며 만나지 못하니	相懷不相見
동병상련하는 격일세	同病更同憐
탁주를 한 가득 따라 마시고	濁酒能深酌
푸른 등불 아래 홀로 자노라	青燈自獨眠
새 시 지으며 근심 간절하니	新詩亦愁絶
여름밤이 일 년처럼 길구나	夏夜卽如年

60 회중(晦仲) : 구희(具熺)의 자이다. 저본에는 晦中으로 되어 있으나, 앞에서 晦仲이라고 하였으므로 수정하였다.

6월 23일에 도장[61]이 왔는데, 마침 잠깐 비가 내리고 우레가 치므로 뇌 자를 얻어 함께 짓다

六月二十三日 道長至 適小雨雷 得雷字同賦

연일 이어지는 더위 무릅쓰고 그대가 오니	連朝觸熱子能來
새 시 짓기보다 술부터 나누노라	不賦新詩卽酒杯
먼 산에 먹구름 끼더니 소나기 쏟아지고	雲黑遠山初急雨
외로운 탑에 하늘 낮아지더니 문득 우레 울려	天低孤塔忽驚雷
더위는 누대 위에서 모두 사라지고	炎氛頓向樓頭失
시원함이 멀리 나무 끝에서 돌아오네	涼意遙從樹杪回
알겠다 흐림과 맑음 잠깐의 일이라	始覺陰晴俄頃事
매미 우는 곳에 석양 나오네	一蟬鳴處夕陽開

61 도장(道長) : 홍세태(洪世泰, 1653~1725)로, 본관은 남양(南陽), 자는 도장, 호는 창랑(滄浪)·유하(柳下)이다.《浣巖集 卷4 滄浪洪公墓誌銘》

또 짧은 율시를 짓다

又賦短律

높은 누대에서 잠든 이 깨우려고	欲罷高樓睡
바람이 소나기 몰아왔구나	風驅急雨來
시원함이 마당의 나무에서 생기고	涼生一庭樹
기운이 반공의 우레에서 일어나네	氣作半空雷
이웃에서 탁주 얻어 왔는데	濁酒從隣得
손님은 새 시 지으라 재촉하네	新詩被客催
백발에도 오히려 타락한 신세	白頭猶濩落
나의 마음 다시 그 재주를 아까워하노라	吾意更憐才

숙직하는 밤

直夜

초심 돌이켜보니 안타깝기만 하구나	回顧初心只可憐
출처는 나로 말미암을 뿐 어찌 하늘이 정하랴	行藏由我豈由天
오늘 밤 누워서 동룡[62]의 물시계 소리 듣나니	今宵臥聽銅龍漏
부끄럽게도 금계[63]의 숲에서 우는 매미 저버렸네	慙負金溪萬樹蟬

62 동룡(銅龍) : 구리로 만든 용으로 장식한 한(漢)나라 태자의 궁문(宮門) 이름인데, 보통 제왕의 궁궐을 뜻하는 말로 쓰인다.

63 금계(金溪) : 《두타초(頭陀草)》 책1에 〈침우담은 진천현 남쪽 10여 리 쯤에 있다.……금계와 석탄의 물이 대 아래에 합쳐져서 큰 못을 이루는데……〔沈牛潭在鎭川縣南十餘里……金溪石灘之水 合流滙于臺下 成巨潭……〕〉라고 하였으므로, 이하곤의 고향에 있는 물 이름임을 알 수 있다.

택중의 운자에 맞춰 지어 여러 사람들과 이별하다

次宅中韻 留別諸君

굽은 연못 붉은 연꽃에 달 비추고	曲沼紅蕖月
높은 누대 옆 푸른 나무에서 매미 우네	高樓碧樹蟬
새 시를 서로 주고받으며	新詩互酬答
멋진 모임에서 몇 번이나 어울렸던가	勝集幾聯翩
병든 말로 먼 길 떠나 이별하니	病馬長途別
외로운 벌레 소리 이 밤에 가엽구나	孤蟲此夜憐
서로 바라보며 말없이 있노라니	相看各無語
등불도 함께 쓸쓸하네	燈火與蕭然

도중에 또 앞의 운자로 지어서 군서[64]에게 부치다
途中又用前韻 寄君敍

새벽에 한강 가에 나오니	侵晨出漢上
길에 온통 매미 울음이네	一路盡鳴蟬
큰 나무 아래 몇 사람이 쉬고	喬木數人息
선선한 바람이 두 나무에서 나부끼네	微涼雙樹翩
산천이 남국에 넓게 펼쳐지고	山川南國闊
풍경이 초가을에 어여쁘다	風物早秋憐
어젯밤 태화정[65]에서의 모임	前夕華亭會
머리 돌려 떠올리니 문득 아련하다	回頭却惘然

64 군서(君敍) : 최수범(崔守範, 1690~?)으로, 본관은 전주(全州), 자는 군서이다. 이하곤의 누이의 남편이다.《嘉梧藁略 冊16 戶曹判書李公墓碣銘》

65 태화정(太華亭) : 화정(華亭)은 일반적으로는 화려한 정자를 의미하는데, 여기서는 구인후(具仁垕)의 집에 있었던 태화정을 가리키는 것으로 보인다. 59쪽 각주31 참조.

도장[66]의 송별시를 차운하여 도장에게 부쳐 보여 주다
次道長送別韻 寄示道長

고마워라 창랑자	多謝滄浪子
새 시를 돌아가는 내게 주었지	新詩贈我歸
덧없는 내 인생 본래 떠돌이 신세라[67]	浮生元泛梗
잠깐의 이별에도 눈물이 옷 적시려 하네	少別欲沾衣
병든 말 타고 가을 풍경 따라가는데	病馬隨秋色
찬 매미 소리 저녁 햇살 원망하는 듯	寒蟬怨暮暉
그리운 마음 몇 자로 적어서	相思書數字
남쪽으로 날아가는 기러기에 부쳐 주오	須寄鴈南飛

병마(病馬)는 마족(馬足)으로도 쓰고, 한선(寒蟬)은 선성(蟬聲)으로도 쓴다.

66 도장(道長) : 홍세태(洪世泰, 1653~1725)로, 본관은 남양(南陽), 자는 도장, 호는 창랑(滄浪)·유하(柳下)이다. 《浣巖集 卷4 滄浪洪公墓誌銘》

67 떠돌이 신세라 : 범경(泛梗)은 물 위에 떠내려가는 장승이라는 말로, 정처 없이 떠도는 생활을 가리킨다. 옛날 진흙으로 빚은 토우인(土偶人)이 복숭아나무로 만든 장승〔桃梗〕에게 "나는 폭우가 쏟아져서 무너지면 본래의 흙으로 되돌아가 이 땅에 있지만, 자네는 탁류에 휩쓸려 떠내려가서 장차 어디로 갈지 알 수 없다."라고 말했다는 우화(寓話)에서 유래하였다. 《戰國策 齊策3》

도중에 비를 만나다

途中逢雨

나그네 마음 서둘러 집에 가려는데	客意歸家急
서풍에 베짱이 놀라네	西風絡緯驚
내리는 비에 산 빛깔 더욱 엷은데	雨中山更淺
풀 가에 물빛은 도리어 밝구나	草際水還明
콩잎 우거진 외로운 마을의 풍경이며	豆葉孤村色
농악이 사방 들판에 울리네	農歌四野聲
선선한 바람이 옷깃으로 들어오니	微涼入懷袖
더위 무릅쓰고 가는 것보다 낫구나	猶勝觸炎行

말 위에서 두타산을 보고 매우 기뻐 소회를 쓰다
馬上見陀山 喜甚書懷

우리 집 가까워진 줄 아노니	已覺吾廬近
두타산이 눈에 가득 푸르다	頭陀滿眼青
흰 구름이 계수나무 숲 덮었고	白雲叢桂樹
시냇물이 사립문 감싸고 흐르네	流水一柴荊
아이는 혹 책상의 먼지 닦았을까	兒或除塵榻
아내는 분명 술 준비했겠지	妻應辦酒甁
이번에 부끄러운 점 많으니	此來多愧色
북산명의 비방 받을까 두렵구나[68]	恐被北山銘

68 북산명(北山銘)의……두렵구나 : 지조를 잃었다는 비방을 받을까 염려된다는 말로, 이하곤이 관직에 나갔다가 돌아오는 길이기에 한 말이다. 주옹(周顒)이 공치규(孔稚圭)와 함께 남경(南京)의 북산에 은거하였는데, 조정의 부름을 받고 변절하여 해염현령(海鹽縣令)으로 부임하였다. 그 후 임기를 마치고 조정으로 돌아가는 길에 다시 북산에 들르려고 하자, 북산에 은거하던 공치규가 주옹의 변절을 비루하다고 여겨 북산신령(神靈)의 이름을 가탁하고 관청의 이문(移文)을 본떠 〈북산이문(北山移文)〉을 지어, 주옹이 다시는 북산에 들어오지 못하게 하였던 고사가 전한다.《古文眞寶 後集 卷2》

장판에서 또 비를 만나다

長坂又逢雨

나그네길 괴로움도 즐거움도 있으니	征途有苦樂
맑고 흐린 날씨에 달렸구나	乃在陰晴間
성긴 비가 앞마을 숲에 내리니	疏雨前村樹
석양은 어느 산에 있는가	夕陽何處山
반년 동안 북쪽의 나그네 되었다가	半年爲北客
오늘에야 남쪽으로 돌아왔네	今日始南還
어린 딸은 더 귀여워졌을 테지만	稚女嬌應甚
아비 얼굴 기억이나 할는지	渠能記父顔

윤중화[69] 순 가 시냇가 누대에 찾아와 수십 장의 글씨를 썼는데, 모두 정묘하여 좋았으므로 긴 시로 사례하다

尹仲和 淳 見訪溪樓 爲書數十紙 皆精妙可喜 以長語謝之

중화의 용모 자방공과 닮아	仲和貌類子房公
가녀린 열 손가락 봄 파를 벗겨 놓은 듯한데[70]	十指纖瘦剝春葱
붓 잡으면 산과 같아 빼앗을 수 없으니	握筆如山不可掣
행초를 멋지고 힘차게 쓰네	能作行草奇而雄
서예가들은 해서법이 가장 어렵다 하는데	書家楷法最稱難
왕희지 부자[71]의 서풍을 잘 터득했네	玅得羲之父子風
뼈와 살이 조화되어 어느 한쪽 부족하지 않고	骨肉停均不偏枯
여러 사람의 장점 취해 절로 정교하다	兼取衆長自爲工
안평대군[72]과 한호[73]는 이미 없으니	安平韓濩已無處

69 윤중화(尹仲和) : 윤순(尹淳, 1680~1741)으로, 본관은 해평(海平), 자는 중화, 호는 백하(白下)・학음(鶴陰)이다. 조선 후기를 대표하는 글씨의 대가이다. 《梧川集 卷11 白下尹公墓誌銘 幷序》

70 중화(仲和)의……듯한데 : 윤순이 자방(子房) 즉 장량(張良)처럼 여인과 같은 용모를 지녀 손가락이 가녀리다는 말이다. 사마천은 평소 장량이 헌칠한 장부일 것이라 생각했는데, 실제 초상화를 보니 부인네처럼 예쁘장하게 생겼으므로, 외모로 사람을 판단해서는 안 된다는 사실을 재차 깨달았다고 한다. 《史記 卷55 留侯世家》

71 왕희지(王羲之) 부자(父子) : 왕희지(307~365)는 중국 동진(東晉)의 서예가로 서성(書聖)이라는 존경을 받는 인물이며, 그의 다섯째 아들 왕휘지(王徽之) 역시 글씨에 뛰어난 인물이었다.

72 안평대군(安平大君) : 이용(李瑢, 1418~1453)으로, 본관은 전주(全州), 자는 청

후세에 계승한 이는 오직 그대로다	後來繼者惟有汝
사람들 묘도에 모두 비문 새기는데	人家墓道凡有刻
그대 글씨 받지 못하면 부끄러워 거행하지 않으니	不得汝手恥不擧
구하는 사람 구름처럼 날마다 문에 가득한데	求者如雲日盈門
좌로 우로 휘둘러 쓰니 풍우 몰아치는 듯	左右揮洒如風雨
얻은 사람은 큰 옥 얻은 것처럼 여겨	人之得者比拱璧
조각 종이와 한 글자도 다 가져가지	片楮隻字皆藏去
올해 형을 따라 진천에 와서[74]	今年隨兄來鎭川
붓과 벼루 팽개치고 날마다 편히 잤는데	撥棄筆硯日高眠
고을 사람이 단자 올려 한 장 요구하니	邑子呈單乞一紙
그 이야기 자자하게 고을에 퍼졌네	笑話籍籍邑中傳
그러나 그대의 실력 볼 수 있었으니	縱然足可見汝能
현불초 막론하고 그대의 글씨 명성 존모하네	慕汝書名無賢愚
어제 내가 서울에서 돌아왔다는 소식 듣고	昨聞老夫自京至
필마 타고 유호[75] 물가로 나를 방문했는데	匹馬訪我柳湖涘

지(淸之), 호는 비해당(匪懈堂)이다. 세종의 셋째 아들로, 시문(詩文)·서(書)·화(畫)에 모두 능하여 삼절(三絶)이라 일컬어졌다.

73 한호(韓濩) : 1543~1605. 본관은 삼화(三和), 자는 경홍(景洪), 호는 석봉(石峯)이다. 서예의 대가이다.

74 형을……와서 : 윤순의 형 윤유(尹游)가 1715년(숙종41)에 진천 현감(鎭川縣監)에 임명되었는데, 아마도 이때 윤순이 윤유의 임소에 갔던 것으로 보인다. 《承政院日記 肅宗 41年 4月 3日》

75 유호(柳湖) : 《두타초(頭陀草)》 책4 〈초평이십오영(草坪二十五詠)〉에 보이는 것으로 보아, 현재의 충청북도 진천군 초평면 용정리에 있었던 연못으로 추정된다.

만나서 안부 나눌 겨를도 없이	相逢未暇道寒溫
문득 옷을 벗고 글씨 썼네	輒復解衣爲作字
십금의 좋은 붓과 일본산 먹	十錦妙筆日本墨
나전의 보배로운 벼루를 책상에 늘어놓았네	螺鈿寶硯案頭置
두타산의 비가 동쪽 누대에 가득한데	頭陀山雨滿東樓
흥건한 먹물 검푸르게 멋지네	墨汁淋漓幻蒼翠
작은 글자는 미녀가 예쁜 꽃을 꽂은 듯하고	小字美女簪奇花
큰 글자는 성난 용이 바다를 차고 오르는 듯	大字怒蛟蹴海水
내가 옆에서 보다가 눈이 휘둥그레지고	老夫旁觀眼玄花
마루에 가득한 손님들 공연히 탄식만 하네	諸客滿堂空歎息
근래의 작가로 유씨와 박씨 일컫지만	近來作家稱柳朴
유이승[76]은 협루하고 박태유[77]는 유약하지	以升狹陋泰維弱
각 서체를 그대처럼 다 잘 쓰는 이는	兼工各體如汝者
옛사람 중에도 찾기 어려워라	求之古人亦難得
와운의 편액[78]은 더욱 빼어나니	臥雲扁額更奇偉
우리집을 빛나게 하였구나	頓令吾廬生顏色
앞 시내에 달 밝기를 기다려	稍待前溪月華白
그대 다시 들러 동쪽 누대에 묵어 주오	請君重過東樓宿

76 유이승(柳以升) : 1638~? 본관은 전주(全州), 자는 중진(仲進), 호는 동호(東湖)이다. 유명한 서예가였다.

77 박태유(朴泰維) : 1648~1696. 본관은 반남(潘南), 자는 사안(士安), 호는 백석(白石)이다. 명필(名筆)로 유명하였다.

78 와운(臥雲)의 편액 : 원주(原註)에 보이는 와운헌(臥雲軒) 현판을 가리킨다.

나에게 열 묶음 설화지[79] 있으니 我有十束雪花紙
사자가 바위 후벼낸 듯한 그대 솜씨 다시 보리라[80] 更看君作猊抉石

중화(仲和)가 와운헌(臥雲軒) 세 글자를 써서 동쪽 집에 편액을 만들어 주었는데, 더욱 훌륭하였다.

79 설화지(雪花紙) : 강원도 평강에서 생산되던 빛깔이 매우 흰 종이이다.

80 사자가……보리라 : 당(唐)나라 때 명필(名筆) 서호(徐浩)가 42폭의 병풍(屛風)을 썼는데, 여기에는 팔체(八體)가 다 갖추어진 데다 초서(草書)와 예서(隷書)가 더욱 뛰어났으므로, 당시 사람들이 그 서법(書法)을 형용하여 말하기를 "성난 사자가 바위를 후벼낸 듯, 목마른 준마가 샘으로 내닫는 듯하다.〔怒猊抉石, 渴驥奔泉.〕"라고 했다는 고사가 전한다.《新唐書 卷160 徐浩列傳》

시냇가 정자에서 달밤에

溪亭月夜

시냇물 소리 들으며 홀로 누웠어라　獨臥溪聲裏
깊은 솔숲에 사립문 하나 뿐　深松只一扉
달 밝아 진실로 본색 드러내고　月明眞本色
벌레들 본성대로 울어대네　蟲語自天機
잠 못 이루는 가을밤 길기만 하니　耿耿秋宵永
쓸쓸하지만 세상일 드물구나　寥寥俗事稀
《능가경》이 책상 위에 있으니　楞伽案頭在
늙어 귀의하고 싶어라　老去欲歸依

가을 서재

秋齋

차가운 시냇물이 집을 감싸	繞屋寒溪水
가을 서재가 한결같이 맑구나	秋齋一種清
두건 젖히자 숲 열매 떨어지고	岸巾林果落
안석에 기대니 풀벌레 울어대네	隱几草蟲鳴
외진 곳이라 속세의 일 없고	地僻無塵事
마음 한가로우니 이것이 바로 도정이네	心閑卽道情
앞산에 아름다운 풍경 있으니	前山有佳色
오늘 밤 비로소 새로 개었어라	今夕始新晴

새로 돌아와서 감회가 있기에

新歸有感

티끌세상 달리며 부질없이 고생하다가 奔走塵埃謾自勞
농가로 돌아와 호탕하게 노래하노라 歸來田舍嘯歌豪
이웃 승려는 약속대로 과일 나누어 주고 隣僧有約分林果
들 노인은 다정하여 통 막걸리 보내 주네 野老多情餉榼醪
산 경치가 가을 버들에 가리지 않고 山色不爲秋柳隔
매미 소리가 저녁 하늘과 함께 높구나 蟬聲忽與暮天高
인생살이 한가한 생활이 으뜸이니 人生莫若閑居好
어찌 도롱이를 비단 도포와 바꾸랴 那用簑衣換錦袍

환(換)은 박(博)으로도 쓴다.

밤에 시냇가 누대에 앉아 있다가

溪樓夜坐

고요한 밤 빈 산에 별빛 드리워	夜靜空山星斗垂
백 척의 시냇가 누대 외로이 높네	溪樓百尺自孤危
찬 벌레 소리는 마치 그윽한 사람과 대화하는 듯	寒蟲似與幽人語
가을 기운은 병든 이의 머리에 먼저 불어오네	秋氣先從病鬢吹
세 오솔길[81] 황폐해도 즐길 만하니	三徑荒蕪猶可樂
한 벼슬에 얽매임 사양하노라	一宦羈縶祗須辭
노란 국화 피려 하고 단풍 숲 붉어지니	黃花欲綻楓林赤
그림처럼 아름다워지는 우리집 점점 좋구나	漸喜吾廬似畫奇

81 세 오솔길 : 삼경(三徑)은 은자가 사는 거처를 의미한다. 한(漢)나라 장후(蔣詡)의 자는 원경(元卿)인데, 왕망(王莽)이 집권하자 벼슬에서 물러나 향리인 두릉(杜陵)에 은거하였다. 그 뒤로 집의 대밭 아래에 세 개의 오솔길을 내고 벗 구중(求仲)과 양중(羊仲) 두 사람하고만 교유하였다는 데서 유래하였다.《蒙求 蔣詡三逕》

밤에 앉아 있다가 감회가 있어서
夜坐有感

쓸쓸한 백발에 서글픔 금할 수 없으니	蕭蕭白髮不禁悲
가을밤 빈 집에 홀로 누운 때라네	秋夜空堂獨臥時
가랑비 오려는지 벌레 소리 시끄럽고	微雨欲來蟲語鬧
중양절 다가오는데 국화는 피지 않았네	重陽已迫菊花遲
요즈음 병 많아 부지런히 약 구하고	近緣多病勤求藥
늙어 경서에 전념하느라 시 짓지 못했지만	老爲專經懶作詩
한가하여 아무 일도 없음 좋아하노니	差喜居閑無一事
등잔대에 등불 켜고 어리석은 아이 가르치네	短檠燈火課癡兒

중양절에 재창[82]과 함께 봉황대에 올랐다. 택형[83]과 기경 김세적 과 이시진, 대곤[84]과 석호와 석유[85]와 이배후와 임수강과 암아[86]가 뒤따랐다

九日 與載昌登鳳凰臺 澤兄紀卿 金世績 李始振岱坤錫祜錫裕李配垕任守剛巖兒從焉

매년 중양절에 산 오르지 않았는데 年年九日廢登臺
오늘 높이 오르니 마음 상쾌하다 此日憑高意快哉
모자에 꽂을 국화는 없지만 縱乏黃花供揷帽
잔에 가득한 막걸리 좋구나 猶憐濁酒把盈杯
마을마다 석양 속에 연기 피어나고 千村夕照初烟起
만 리 가을 풍광 속에 외로운 기러기 날아오네 萬里秋光獨鴈來
우습다 덧없는 인생 이미 만족스러우니 一笑浮生良已足
새 시 읊고 나서 슬퍼하지 않노라 新詩吟罷不須哀

82 재창(載昌) : 이하곤의 막내아우 이명곤(李明坤, 1685~?)이다.

83 택형(澤兄) : 이하곤의 재종형으로, 자가 택경(澤卿)이다.

84 대곤(岱坤) : 이인환(李寅煥)의 측실 소생이다.

85 석호(錫祜)와 석유(錫裕) : 이시발(李時發)은 슬하에 이경휘(李慶徽)와 이경억(李慶億)을 두었는데, 이경휘의 아들은 이인식(李仁烒), 이경억의 아들은 이인엽이다. 이인식의 아들 이태곤(李泰坤)은 백부 이인환에게 출계하였는데, 그의 아들이 석호와 석유이고 이하곤은 이인엽의 아들이므로, 석호와 석유는 이하곤의 칠촌조카이다.《晚靜堂集 卷15 通德郎李公墓誌銘》

86 암아(巖兒) : 이하곤의 조카인 이석암(李錫巖)이다.

산으로 들어가다

入山

시 주머니는 하인 등에 지우고	詩囊負僮背
술통은 말안장에 걸고서	酒榼掛鞍間
벗과 나란히 말 타고	有友能聯轡
아이들과 다시 산으로 가노라	携兒更入山
시냇가 단풍은 물에 비쳐 반짝이고	溪楓臨水映
벼랑의 국화는 서리 맞아 아롱졌네	崖菊受霜班
앞길에 흰 구름 피어나니	前路白雲起
느긋하기가 내 한가로움 같구나	悠然似我閑

사담[87]

沙潭

빈 연못은 거울처럼 맑고	潭空淸若鏡
우뚝한 봉우리 문처럼 마주 섰으니	峰峙對如門
풍진세상 피하기에 충분하고	足可逃塵世
채소와 과원도 가꿀 만하여라	眞堪築圃園
나는 초가집 지을 생각인데	吾思結茅屋
사람들은 도원 같다고 하네	人說似桃源
봄 되면 이사해 들어와	春至移家入
철야촌에 이웃하리	來隣鐵冶村

87 사담(沙潭) : 현재의 충청북도 괴산군 청천면 사담리 일대를 가리키는 것으로 보인다. 이하곤의 《두타초(頭陀草)》 책1 〈홍군여관……(洪君汝寬……)〉에 "사담의 눈 속 봉우리 떠오른다〔遙憶沙潭雪裡峯〕"라는 구가 있는데, 그 아래에 "사담은 소금산 아래에 있다. 이곳에 우리의 별업이 있다.〔沙潭在小金山下, 是吾家別業.〕"라는 원주(原註)가 있다.

공림사[88]에서 묵다

宿空林寺

단풍 붉게 물든 시내 다리 지나서 紅葉溪橋路
차가운 산 깊숙이 절로 들어왔네 寒山入寺深
나그네 도착하니 등불이 벽 비추고 客來燈照壁
승려가 입정하자 숲에서 달 나오네 僧定月生林
밤에 침상은 정말 잠들기에 좋고 夜塌偏宜睡
새벽 종소리는 마음을 일깨우려는 듯 晨鍾欲警心
십 년 만에 들렀더니 十年來往地
관음상만 구면이네 舊識只觀音

88 공림사(空林寺) : 충청북도 괴산군 청천면 사담리 낙영산(落影山)에 자리한 절이다. 현재는 공림사(公林寺)로 표기한다.

절에서 즉흥적으로 짓다

僧院卽事

살짝 갠 날 해가 숲 위로 더디게 떠오르고	微晴日色上林遲
잠에서 깰 즈음 화로의 향불이 가물거리네	漠漠爐香睡起時
구름 깊은 골짝에서 승려는 물 길어 오고	澗道雲深僧汲水
이슬 맺힌 이끼 낀 벼랑 보며 나그네는 시 짓네	苔崖露滴客題詩
겹겹 단풍 숲 가을빛이 절을 감싸고	數重紅樹秋藏寺
한 가닥 맑은 종소리 저녁 연못 건너오네	一派淸鍾晚度池
동쪽 봉우리에 단풍 더 곱다 하니	見說東峰楓更好
내일 아침에 폭포 찾아가야지	明朝須踐瀑泉期

보름날 밤에 달빛 받으며 남쪽 계곡까지 갔다가, 밤이 깊어서야 돌아왔다

十五夜 乘月步至南澗 夜深乃還

지팡이 끌고 깊은 숲으로 가니	曳杖深林去
국화 향기 길에 가득하네	寒花一路香
하늘은 높고 이슬은 차가우며	天高露氣冷
달 나오고 냇물 소리 멀리까지 들리네	月出澗聲長
늙은이는 정신 맑아 잠 못 드는데	老子淸無睡
아이들은 좋아 미칠 지경이네	兒曹喜欲狂
상쾌한 오늘 밤 느낌을	泠然今夜意
백발 되어도 진정 잊지 못하겠네	頭白耿難忘

여흥이 가시지 않아 또 시 한 수를 짓다 4언
餘興未已 又賦一詩 四言

늦가을 구월에	季秋九月
날씨가 쓸쓸한데	天氣蕭森
어른과 아이 예닐곱 명이	冠童六七
이 개울 그늘을 걸어가네	步玆澗陰
산은 비고 밤은 고요하며	山空夜靜
밝은 달이 숲 비추는데	明月在林
바람 부는 샘물 졸졸 흐르니	風泉泠泠
여기에 맑은 소리 있어	斯有淸音
음악 소리 아니지만	非宮非商
마음 즐겁구나	可以娛心
인지의 즐거움	仁智之樂
나의 일 아니지만[89]	非我攸任
간절히 좋아하는 마음 있어	耿耿微尙
저 구름 낀 산을 바라보네	瞻彼雲岑
밤기운 맑고 온화해	夜氣淸穆
내 평소의 마음과 맞아라	適我素襟

89 인지(仁智)의……아니지만 : 이하곤 자신은 인자(仁者)도 지자(智者)도 아니라는 겸사이다. 《논어》〈옹야(雍也)〉에 "인자는 산을 좋아하고, 지자는 물을 좋아한다.〔仁者樂山, 智者樂水.〕"라고 하였다.

누가 돌아가자 하는가	孰云其歸
밤 깊은 줄도 잊노라	忘夜之深
내가 내 시를 읊조리니	我誦我詩
산속 나무도 함께 읊는구나	山木俱吟

공림사[90]에 쓰다

題空林寺

메밀꽃 흐드러져 옛 길 희미하니	蕎麥花深古逕迷
나그네는 동쪽 서쪽도 분간 못하네	客來不復辨東西
종각에 말 매니 원래 마구간 없고	鍾廊繫馬元無廏
탑 길에 목화 심어 이미 밭이랑 되었네	塔道栽綿已作畦
금칠 벗겨진 불상에 먼지만 자욱하고	金剝佛軀塵漠漠
담장 무너져 승려의 자리에는 풀만 무성하네	墻頹僧座艸萋萋
늙은 청설모 승방의 책 다 갉아놓고서	囓盡龕書蒼鼠老
대낮에 사람보고 우네	時於白晝見人啼

90 공림사(空林寺) : 충청북도 괴산군 청천면 사담리 낙영산(落影山)에 자리한 절이다. 현재는 공림사(公林寺)로 표기한다.

삼폭천으로 들어가며

入三瀑泉

흰 삼베 행전 매고 붉은 등나무 지팡이 짚고서	白布行纏紫藤杖
솔숲 오솔길 따라 구름 가로 들어가네	松間細路入雲邊
누가 그릴 수 있을까 가을 산	誰能畫我秋山裏
단풍 머리에서 폭포 바라보는 내 모습을	紅樹梢頭望瀑泉

삼폭천에서 다벽동을 지나 사담[91]으로 오면서 본 것을 기록하여 5언 절구로 짓다

自三瀑泉 歷探多碧洞至沙潭 記所見 成五絶句

가을 산 깊고 깊은데	秋山深復深
길이 붉은 단풍 사이로 들어가네	路入紅樹去
승려 만나 폭포 물어보니	逢僧問瀑泉
멀리 구름 피어나는 곳 가리키네	遙指雲生處

위는 승려를 만나 폭포를 물어본 것이다.

2

그윽한 샘물 졸졸 쏟아지는데	幽泉瀉琮琤
위아래에 한결같이 흰 바위로구나	上下一白石
내 갓끈은 빨겠지만	我來濯我纓
발을 씻지는 못하겠다[92]	不敢濯我足

위는 골짜기 어귀의 너른 바위에서 잠깐 쉰 것이다.

91 사담(沙潭) : 현재의 충청북도 괴산군 청천면 사담리 일대를 가리키는 것으로 보인다. 92쪽 각주87 참조.

92 내……못하겠다 : 춘추 시대에 어떤 아이가 "창랑의 물이 맑으면 내 갓끈을 빨고, 창랑의 물이 흐리면 내 발을 씻겠다.〔滄浪之水淸兮, 可以濯我纓. 滄浪之水濁兮, 可以濯我足.〕"라고 했다는 고사가 있으므로 인용한 것이다.《孟子 離婁上》

3

위쪽 폭포는 눈이 쏟아지는 듯 上瀑如滾雪
아래 폭포는 실을 늘어뜨린 듯 下瀑如垂絲
크기는 달라도 大小雖異等
저마다 특색 지녔네 形態各自奇

위는 폭포를 바라본 것이다.

4

노승이 나그네 맞이하여 老僧來看客
가을 숲에 마주 앉았네 相對坐秋樹
산속 나무껍질 덮은 집에는 山中木皮室
흰 구름만 머물렀네 只有白雲住

암자 이름은 명적(明寂)이다.

위는 암자의 승려가 와서 본 것이다.

5

붉은 단풍잎을 양쪽 귀밑머리에 꽂으니 紅葉揷兩鬢
서리처럼 흰 귀밑머리는 살피지 않네 不省鬢如霜
옆 사람은 늙은이 보고 웃지만 傍人笑老子
젊은이의 광달함을 배우고 싶어라 欲學少年狂

위는 붉은 단풍잎을 귀밑머리에 꽂은 것이다.

6

물은 바위를 이기려 하고 水欲石之詘

바위는 물에 지려 하지 않아　　石不詘於水
물과 바위가 서로 이기려 드는데　　水石各務勝
웃음 지으며 앉아 바라볼 뿐　　一笑但坐視

위는 만벽담(萬璧潭)이다.

7

푸르게 빛나는 시내 가운데 바위　　青熒澗中石
새로 만든 거울처럼 빛나네　　光比新磨鏡
앉아서 가을 산 그림자 바라보니　　坐窺秋山影
붉은 단풍잎이 아른거리네　　紅葉色相映

위는 경광암(鏡光巖)이다.

8

만 줄기 붉은 노을　　萬道紅霞色
푸른 연못에 일렁이네　　蕩漾綠潭間
꽃이 다벽동을 둘러싸니　　花圍多碧洞
비단으로 소금산[93] 감싼 듯　　錦裹小金山

이 시는 아래와 같이 쓰기도 한다.

한 줄기 붉은 노을　　一抹紅霞色

93 소금산(小金山) : 《두타초(頭陀草)》 책1 〈홍군여관……(洪君汝寬……)〉에 "사담의 눈 속 봉우리 떠오른다.〔遙憶沙潭雪裡峯〕"라는 구가 있는데, 그 아래에 "사담은 소금산 아래에 있다. 이곳에 우리의 별업이 있다.〔沙潭在小金山下, 是吾家別業.〕"라는 소주(小註)가 있다. 이하곤이 자신의 호를 소금산초(小金山樵)라고도 하였는데, 집 주위에 소금산이 있었기 때문으로 추정된다.

푸른 연못에 일렁이네　　蕩漾綠潭間
누가 붉은 비단 장막으로　　誰將紫繡幔
소금산 감쌌는가　　裹盡小金山

위는 소금산(小金山)이다.

9

높은 숲에 산열매 익었기에　　高林山果熟
땄더니 서리가 가득 만져지네　　摘來霜滿把
날다람쥐가 문득 사람보고는　　鼪鼯忽見人
놀라 단풍 숲으로 달아나네　　驚竄楓林下

위는 산열매를 딴 것이다.

10

지팡이 세워 두고 너른 바위에 앉아　　植杖坐盤石
한가로이 사담에 비친 달 바라보네　　閑窺潭底月
남암은 울창한 숲 깊은 곳에 있어　　南庵雲木深
밤 깊어지니 종과 풍경 소리 그치네　　夜久鍾磬歇

위는 사담(沙潭)에서 달을 기다리는 것이다.

사담[94]에서 감회가 있어서

沙潭有感

사담에 오간 지 어느덧 십 년	來往沙潭已十周
언덕과 골짝을 다 둘러보았네	一丘一壑亦探搜
아직도 새 정자 짓지 못했으니	至今未辦新亭子
마을 사람이 졸렬하다고 비웃을까 부끄럽네[95]	慚愧村氓笑拙謀

94 사담(沙潭) : 현재의 충청북도 괴산군 청천면 사담리 일대를 가리키는 것으로 보인다. 92쪽 각주87 참조.

95 아직도……부끄럽네 : 이하곤이 1700년(숙종26) 사담에 정자를 짓겠다고 말한 일이 있기에 이렇게 읊은 것이다. 《두타초(頭陀草)》 책1 〈괴산의 학현에서 묵다. 이곳에는 집안사람이 많아 술을 가지고 찾아오니 이 시를 써서 보여주다〔宿槐山鶴峴 此地多宗人 携酒來款 書此以示〕〉에 "봄날 사담에 작은 집 짓거든, 조각배 타고 달빛 속에 돌아오리〔春至沙潭成小築, 扁舟長擬月中迴.〕"라고 하였다.

상미륵암을 찾아가는 택경[96]을 전송하다

送澤卿訪上彌勒

미륵암 앞에서 일찍이 불상에 절했고	彌勒巖前曾拜佛
도명사[97]에서 예전에 향불 피웠지	道明寺裏舊燒香
가거든 거기 승려들에게	君今試向居僧問
누가 이 늙은이 기억하는지 물어보시길	更有何人記老狂

96 택경(澤卿) : 이하곤의 재종형(再從兄)이다. 《頭陀草 冊12 遊普門庵記》

97 도명사(道明寺) : 《두타초(頭陀草)》 책1에 〈도명암(道明菴)〉이 있는 것으로 보아 동일한 곳인 듯하다.

다시 다벽동에 가서 단풍 숲을 구경하다

再往多碧洞 觀霜林

소금산 아래 가을 풍광 좋구나	小金山下秋光好
수많은 단풍나무 한껏 붉게 물들었네	千樹霜楓盡意丹
지난번 왔을 때 실컷 보지 못했기에	嫌却昨遊看未足
오늘 아침 말 달려 다시 와서 보노라	今朝走馬更來看

율치 가는 길에. 백형[98]의 운에 맞춰 짓다

栗峙途中 次伯亨韻

고개 올랐다가 다시 내려가는데	上嶺復下嶺
종일 물소리 들리네	終日水聲中
흰 구름과 붉게 물든 숲 빛깔	白雲紅樹色
이 산 저 산 모두 한결같네	山山一樣同

98 백형(伯亨) : 박종양(朴宗陽, ?~1725)으로, 본관은 함양(咸陽)이다. 사옹원 봉사(司饔院奉事)를 지냈으며, 이하곤이 광주 분원(分院)에 갔을 때 함께 지내면서 시를 주고받은 일이 있다.

병천[99] 절구 4수

瓶泉 四絶句

얼음을 조각한 듯하고 눈처럼 희니	雕鏤如氷皓如雪
하늘이 만든 솜씨 기이하구나	天公創造亦奇哉
네 번이나 병천에 왔으니 무슨 일 때문인가	瓶泉四到緣何事
단지 반석 하나 있어서라네	只爲盤陀一片來

2

보는 것이 듣는 것보다 낫다더니	目擊人稱勝耳聞
마땅히 빼어난 바위에 이름 붙여야겠네	端宜賜號石超群
내가 이제 품평해서 형용하노니	我今題品能形似
뭉게뭉게 피어난 한 줄기 흰 구름과 같네	一朶輪囷白色雲

3

선유동과 파곶[100]의 경치 모두 얻기 어려우니	仙游巴串俱難得
높고 고우며 맑고 웅장함이 각각 알맞지만	峭秀淸雄各有宜

99 병천(瓶泉) : 경상북도 문경시 농암면 내서리에 있는 냇물로, 쌍룡계곡이라고도 부른다. 저본에는 이 제목 아래에 3수의 시가 있고 그 아래에 다시 동일한 제목이 있으나, 원주(原註)에 4수의 절구라고 하였으므로 동일 제목을 삭제하고 이 제목 아래에 4수를 모두 배열하였다.

100 선유동(仙遊洞)과 파곶(巴串) : 선유동은 충북 괴산군 청천면 송면리에 있는 계곡이고, 파곶은 화양구곡(華陽九曲)의 제9곡이다.

형태의 영롱함을 논한다면 若論形態玲瓏妙
병천의 이러한 아름다움은 끝내 없다네 終欠甁泉此段奇

4

산과 계곡 차지함도 오랜 인연 있으니 管領溪山亦宿緣
병천이 끝내 남의 차지 되었구나 甁泉終是屬他人
오래도록 빙청실[101]에 눕는다면 長年來臥氷淸室
누가 나를 손님이라 부르겠는가 誰向吾儂喚作賓

무인년(1698, 숙종24) 연간에 내가 병천(甁泉)에 들렀을 때, 주민 노천경(盧天璟)과 이웃한 곳에 집을 짓고 살기로 약속하였으나 미루다가 실행하지 못하였는데, 나중에 결국 송도능(宋道能)[102]의 차지가 되었다. 빙청(氷淸)은 바로 송도능의 정사(精舍) 이름이다.

101 빙청실(氷淸室) : 송요좌(宋堯佐, 1678~1723)가 병천(甁泉)에 지은 건물 이름이다. 송요좌의 아들 송문흠(宋文欽, 1710~1752)의 《한정당집(閒靜堂集)》 권7 〈병천기략(甁泉記略)〉에 "북쪽 언덕에 정자를 지어 영롱정(玲瓏亭)이라 하고, 중앙에 기둥 네 개를 세우고 방을 만들어 빙청실이라 하고, 동남쪽에 헌(軒)을 만들고, 서북쪽에 협실(夾室)을 만들고는 통틀어 병천정사(甁泉精舍)라고 이름 지었다."라고 하였다.

102 송도능(宋道能) : 송요좌로, 본관은 은진(恩津), 자는 도능, 호는 묵옹(默翁)이다.《櫟泉集 卷17 皇考默翁府君家狀》

도솔암을 지나며

過兜率庵

화산(華山)[103]에 있는데, 경인년(1710, 숙종36)에 중창(重創)하였다. 승(僧) 묘경(妙敬)이 여기에서 불경을 강의한다고 한다.

이름난 도솔암	兜率名庵子
새로 불경 강의 열었다네	新開講法堂
뜻밖에 우연히 와서	偶來眞不意
잠깐 쉬었지만 잊기 어려워라	小憩已難忘
속세 떠난 승려 눈썹 하얗고	出世僧眉白
사람 머물게 하는 나뭇잎 누렇다	留人木葉黃
창 사이로 눈처럼 하얀 빛 들어오니	牕間來雪色
앉아서 우두커니 속리산 마주하고 있노라	坐對俗離長

103 화산(華山) : 문경(聞慶)의 새재 서쪽에 위치한 산 이름으로, 속리산(俗離山)과 연접해 있다.

산을 바라보며 절구 7수
望岳 七絶句

태백산맥이 서쪽으로 뻗어 속리산 되니 太白西來爲俗離
삼한의 맑은 기운 이곳에서 퍼진다네 三韓淑氣播於斯
조화옹이 부린 솜씨 알고자 한다면 欲知造化經營力
하늘을 받친 웅장한 자태 보아야지 須看撑天磅礴姿

2

한 줄기 구불구불 뻗어 한양에 조회하고 一脈蜿蜒朝漢北
높고 낮은 천 개의 줄기 삼남으로 달려가네 千枝起伏走三南
늘어선 작은 봉우리 무수히 많은데 兒孫羅列紛無數
오직 두류산이 맏아들 격이지 惟有頭流是嫡男

3

묘향산은 서쪽에 개골산은 동쪽에 있는데 香岳偏西皆骨東
너는 한가운데 자리 잡았네 爾能盤據最居中
영웅호걸이 끊임없이 때때로 배출되어 英豪滾滾爲時出
성대한 문물에 고풍 남았네 文物洋洋有古風

4

공중에 만 마리 말이 달려 올라가는 듯 空中萬馬奔騰去
구름 가에 온갖 꽃이 어울려 핀 듯 雲際千花倚幷開

향로석 가장 장관이고 奇觀最是香爐石
문장대[104]만큼 빼어난 절경 없다네 高絶無如文壯臺

5
문장대 꼭대기의 감로수 文壯臺尖甘露水
세 갈래로 갈라져 큰 강의 근원 되었네[105] 三分派作大江源
넉넉한 혜택을 전국에 끼치니 從教厚澤沾東域
곤륜산과 관세음에 짝할 만하네 只合昆侖與慈尊

6
우뚝 선 여러 봉우리 눈처럼 차갑고 卓立群峰雪色寒
기이하고 빼어난 모습 다채롭네 奇形秀態亦多般
의연히 또 금강산을 依然又是金剛面
고성 길에서 보는 것 같구나 恰似高城道上看

7
여산의 진면목 알지 못하니 不識廬山眞面目
내가 이 산 가운데 있기 때문이지[106] 只緣身在此山中

104 문장대(文壯臺) : 충청북도 보은군의 속리산면과 경상북도 상주시 화북면 경계에 있는 속리산의 한 봉우리로, 해발 1,028m이다.

105 문장대……되었네 : 속리산 문장대에서 물이 서쪽으로 흘러 달천(達川)이 되어 금천(金遷)으로 들어가는데, 이것이 금강, 한강, 낙동강의 물길을 나누는 삼파수(三派水)의 중심이 된다고 한다. 《국역 해동역사 속집 제14권 지리고》

106 여산(廬山)의……때문이지 : 소식(蘇軾)의 《동파전집(東坡全集)》 권13 〈제서림

동파의 이 말 대단히 정교하지만 坡翁詩語殊精到
내외의 장관이 반드시 같은 건 아니지 未必奇觀內外同

관(觀)은 형(形)으로도 쓴다.

벽(題西林壁)〉에 보이는 내용이다.

선방에서 저물녘에 날이 개어

禪房晩晴

아침에 가랑비가 부슬부슬 내려	朝來微雨細絲絲
창 밝히는 햇살 더디네	旋烘油牕日色遲
골짝에 피어나는 흰 구름 그림 같고	出壑白雲眞似畫
뜰에 가득한 단풍잎은 시 지을 만하네	滿庭黃葉可題詩
가을 풍경 바라보니 이와 같아	相看秋事已如許
나의 행차 때를 맞춰 무척 기쁘구나	賸喜吾行能及時
산중에 서리 늦음을 괴이하다 마라	莫怪山中霜信晩
몇 가지 국화가 점점 시들해지네	數枝寒菊漸離披

가을 산
秋山

가을 산 날마다 고와지고 秋山日以佳
서리 이슬 날마다 차가워지네 霜露日以寒
하늘이 화가처럼 天公如畫手
온 숲을 울긋불긋 물들였네 千林變黃丹
내가 제때 와서 我來不後時
이런 풍광을 실컷 보네 得此飽眼看
아침에는 다벽동[107] 유람하고 朝遊多碧洞
저녁에는 소금산[108] 마주하네 暮對小金山
귀와 눈 다른 데로 끌리지 않아 耳目無外撓
산과 물 사이를 떠나지 않네 不離水石間
게다가 마음 맞는 사람과 況有同心人
손잡고 날마다 노니네 携手日盤桓
인생 만사 자적함이 제일이니 萬事莫如適
천금 주고도 한가함 사지 못하지 千金難買閑
장차 초가집 짓고서 行當築茅茨

107 다벽동(多碧洞) : 《두타초(頭陀草)》 책6에 〈삼폭천에서 다벽동을 지나 사담으로 오면서 본 것을 기록하여 5언 절구로 짓다〔自三瀑泉 歷探多碧洞至沙潭 記所見 成五絶句〕〉라는 작품이 있는 것으로 보아, 현재의 충청북도 괴산군 청천면 사담리 부근에 있는 골짜기로 추정된다.

108 소금산(小金山) : 사담(沙潭) 근처에 있는 산이다. 102쪽 각주93 참조.

길이 〈고반〉을 노래하리라[109] 永矢歌考槃

109 길이……노래하리라 : 은거하며 삶을 마치겠다는 말이다. 〈고반(考槃)〉은 《시경》 위풍(衛風)의 편명인데, 그 시에 "고반이 높은 육지에 있으니, 석인이 한가로이 은거하도다. 홀로 자고 깨었다가 다시 누웠으나, 길이 이 즐거움을 남에게 말하지 않기로 맹세하도다.〔考槃在陸, 碩人之軸, 獨寐寤宿, 永矢弗告.〕"라고 하였다.

재창[110]이 와서 기뻤다. 개 자를 얻어 짓고 겸하여 여러 사람에게 보여 주다

喜載昌至 得開字 兼示諸君

자네가 사흘이나 늦었지만	遲汝已三日
다행히 제군들과 함께 왔네	諸君幸幷來
사담에서 함께 한바탕 웃고	沙潭同一笑
공림사[111]에서 잔 가득 채워 마셨지	林寺且深杯
붉은 단풍잎 시 읊조리기 좋고	紅葉吟詩好
노란 국화도 객 기다려 피었네	黃花待客開
멋지다 박 도사	最奇朴都事
돌아가던 말머리 돌려 왔네	歸騎拉能廻

백형(伯亨)[112]이 산을 나가려다가 제군들이 만류하자 다시 돌아왔으므로, 말구(末句)에서 언급하였다.

110 재창(載昌) : 이명곤(李明坤)으로, 본관은 경주(慶州), 자는 재창이다. 이하곤에게는 이한곤(李漢坤)과 이명곤 두 아우가 있었다.

111 공림사(空林寺) : 임사(林寺)는 충청북도 괴산군 청천면 사담리 낙영산(落影山)에 있는 공림사를 가리킨다.

112 백형(伯亨) : 박종양(朴宗陽)으로, 본관은 함양(咸陽)이다.

또 앞의 운을 사용해 지어서 향숙[113]에게 보여 주다

又用前韻 示向叔

속리산으로 가려 하니　　欲向俗離去
명산에서 그 흥취 어떠할까　　名山興若何
가을 풍광 구월이라 저물어가고　　秋光九月暮
시 읊는 벗 열이나 있구나　　詩伴十人多
붉은 단풍잎 참으로 물들인 듯하고　　紅葉眞如染
그윽한 시내도 노래하듯 흐르겠지　　幽泉亦當歌
여러 봉우리들 말 머리로 다가오니　　群峰來馬首
한바탕 웃으며 또 길게 감탄하리　　一笑更長哦

113 향숙(向叔) : 민경수(閔景洙)의 자인데, 인적사항은 미상이다.

용화촌
龍華村

용화촌 멋진 계곡	龍華好溪谷
완연히 하나의 무릉도원이네	宛是一桃源
지세는 내와 들판 열렸고	地勢川原闢
풍속은 질박함 남았네	民風簡朴存
서리 맑으니 벼는 들판에 가득하고	霜淸禾滿野
가을 저무니 단풍이 마을 덮었네	秋老葉藏村
끝내 방공의 은거 배우리니	終學龐公隱
가족 데리고 녹문산에 들어갔지[114]	携家入鹿門

114 끝내……들어갔지 : 용화촌에 와서 은거하고 싶은 마음을 읊은 것이다. 방공(龐公)은 후한(後漢) 양양(襄陽) 사람인 방덕공(龐德公)을 가리킨다. 그는 현산(峴山) 남쪽에서 농사짓고 살면서 성시(城市)를 가까이하지 않았다. 형주 자사(荊州刺史) 유표(劉表)가 초빙하자 나아가지 않고, 가솔을 모두 거느리고 녹문산(鹿門山)에 들어가 다시는 세상에 나오지 않았다. 《後漢書 卷113 逸民列傳 龐公》

길 가의 푸른 절벽을 읊다

詠路傍蒼壁

이보게들 이번 길 늦었다 웃지 마시게	傍人莫笑此行遲
아직 단풍 떨어지지 않았네	能及丹楓未落時
냇가 푸른 절벽이 먼저 나를 맞이하니	溪頭蒼壁先迎我
산신령이 좋은 시 구하려는 듯	似爲山靈索好詩

길 가의 바위 위에 같은 뿌리에서 줄기가 갈라져 자란 소나무가 있는데, 그 그늘이 한적하여 사랑스러웠다
路傍石上 有松同根而岐幹者 其陰婆娑可愛

바위 위 두 소나무 몇 년이나 묵었나	石上雙松閱幾春
구름에 솟은 곧은 줄기 용 비늘[115]인듯	凌雲直幹作龍鱗
내가 맑은 그늘 아래 앉았노라니	我來便坐淸陰下
명산 보기도 전에 흠뻑 빠졌네	未見名山已醉人

115 용 비늘 : 여기에서 용린(龍鱗)은 소나무 껍질을 용의 비늘에 비유한 것이다.

법주사
法住寺

이 절 다녀간 지 어느덧 십 년인데[116]	古寺經行已十年
긴 회랑과 흐르는 물 그대로네	長廊流水尙依然
만나는 늙은 승려들 모두 낯설지만	相看老釋俱生面
명산에 거듭 오니 묵은 인연 있는 듯	再到名山似宿緣
땀 흘리는 부처[117]는 여전히 흔적 있는데	汗出金身猶有暈
이끼 자란 무쇠솥[118]은 새긴 글씨 사라지려 하네	苔深鐵鑊欲埋鐫
당시에 보았던 온갖 꽃들	當時觀盡花千樹
곱게 물든 가을 숲만 못하구나	不及寒林作意姸

훈(暈)은 적(跡)으로도 쓴다.

계미년(1703, 숙종29) 봄에 내가 법주사에 들렀는데, 여러 부처가 땀을 흘리는 매우 기이한 일이 있었다. 사찰에 매우 큰 무쇠솥이 있는데, 다섯 석(石)의 쌀로 밥을 지을 수 있다고 한다.

116 이……십 년인데 : 이하곤은 1703년(숙종29) 봄에 속리산을 여행하였는데, 당시에 지은 시들이 《두타초(頭陀草)》 책2 《속리록(俗離錄)》에 실려 있다.

117 땀 흘리는 부처 : 《두타초(頭陀草)》 책2 〈대법주사(大法住寺)〉의 원주(原註)에 "이날 불상이 땀을 흘렸는데, 기거하는 승려가 말하기를 '임진왜란과 병자호란 때에도 모두 땀을 흘렸다.' 하였다.〔是日佛軀出汗, 居僧云, 壬辰丙子之亂, 皆出汗.〕"라고 하였다.

118 무쇠솥 : 저본에는 钁으로 되어 있으나, 의미를 고려하여 수정하였다.

옥심 상인[119]을 그리워하며 〈숙본속리〉[120]의 운을 사용하여 짓다

懷玉心上人 用宿本俗離韻

심공(心公)은 곧 예전에 놀러왔을 때 알게 된 사람이다.

생각해보니 봄날 밤 연향암에서 묵을 때	憶曾春夜宿燃香
심공이 뒷방에 머물렀지	爲有心公住後房
한번 헤어지고 청산과 영영 막힐 것 같았는데	一別靑山眞似隔
거듭 왔지만 늘어나는 백발 막지 못했구나	重來白髮不禁長
뜬구름 같은 외로운 자취 지금 어디에 있는가	浮雲孤跡今何在
빗속에 듣던 현담 아직도 생생하네	聽雨玄談尙未忘
설유설공[121]이라고 한 당일의 시어	說有說空當日語
당신은 노부의 광기 기억이나 하는지	爾能記取老夫狂

설유설공(說有說空)은 곧 당시에 심공(心公)에게 주었던 시의 말이다. 연향(燃香)은 암자 이름이다.

119 옥심 상인(玉心上人) : 1703년(숙종29) 이하곤이 속리산에 가서 만난 스님으로, 《두타초(頭陀草)》 책2에 〈증옥심상인(贈玉心上人)〉이라는 시가 있다.

120 숙본속리(宿本俗離) : 《두타초(頭陀草)》 책2에 수록된 작품이다.

121 설유설공(說有說空) : 《두타초(頭陀草)》 책2 〈증옥심상인(贈玉心上人)〉에 "있느니 없느니 말들 많으니[說有說空多事在]"라고 한 것을 가리킨다.

밤에 앉아 있다가

夜坐

기약대로 가을 깊은 산사에 와서	秋深山寺果幽期
종소리 앉아 듣노라니 지난날 같네	坐聽鍾聲似往時
시내 북쪽 예전에 묵었던 집 알겠고	溪北尙諳曾宿院
등불 앞에서 지난날 지었던 시 잇노라	燈前自續舊題詩
높은 누각에 바람 불어 처마의 풍경 울리고	風來層閣簷鈴語
빈 행랑에 달 오를 제 물레방아 소리 처량하네	月上空廊水碓悲
다행히 좋은 벗들 함께 왔으니	幸得同行多勝友
훗날에 이번 유람 멋졌다 말하겠지	他年應說此遊奇

절에 오층 전각이 있는데 매우 아름답다.

방옹의 〈동림사〉 운[122]에 맞춰 짓다

次放翁東林寺韻

끝없는 동남쪽 백옥같은 봉우리	無限東南白玉峰
헤어진 십 년 동안 잊지 못했는데	別來十載着吾胸
평삽의 시 읊는 나그네와 함께 와서	同携平霅吟詩客
연향암[123]의 예불 종소리 또 듣는구나	又聽燃香禮佛鍾
승려들 최근에 온 이들이라 뻣뻣하게 굴지만	僧態盡頑緣近住
산은 재회를 기억하여 기뻐하는 듯	山容如喜記重逢
창 비추는 달빛 맑아 잠 못 이루는데	一牕寒月淸無睡
물레방아 소리는 구슬프게 밤새 돌아가네	水碓聲悲夜自舂

평삽(平霅)은 곧 향숙(向叔)[124]이 사는 곳이다.

122 방옹(放翁)의 동림사(東林寺) 운 : 방옹은 남송(南宋)의 시인 육유(陸游)의 호이다. 이하곤이 차운한 시는 육유의 〈십사일숙동림사(十四日宿東林寺)〉이다. 《放翁詩選 前集 卷4》

123 연향암(燃香庵) : 《두타초(頭陀草)》 책6 〈회옥심상인……(懷玉心上人……)〉에 "연향은 암자 이름이다.〔燃香庵名〕"라는 원주(原註)가 있다.

124 향숙(向叔) : 민경수(閔景洙)의 자인데, 인적사항은 미상이다.

배가 아픈데도 수정봉에 오르려 하였기에 자조하다

患腹疾 欲登水晶峰 自嘲

아파도 선방에 누워 있기 싫으니	病來不肯臥禪房
앞 봉우리 누런 낙엽을 밟고 싶어라	愛踏前峰落葉黃
죽을 먹으며 산 유람한 사람 보았는가	喫粥遊山曾見否
승려가 이 늙은이 광기 비웃으리라	居僧應笑此翁狂

수정봉에 오르다

登水晶峰

수정봉 위에서 옷자락 떨치는데	水晶峰上振吾衣
구월이라 맑은 서리에 낙엽 소리 슬프구나	九月淸霜落木悲
남쪽 끝에서 풍연이 아스라이 밀려오고	南極風烟來縹緲
북쪽으로 조회하는 산세 구불구불 달리네	北朝山勢走逶迤
옛 이야기에 당인의 압승 술법 전하는데[125]	壓勝舊說唐人術
이제 송노가 기록한 비문[126] 보노라	記述今看宋老碑
탁주 몇 잔에 호기로운 흥취 일어나	濁酒數杯豪興發
백 척 푸른 벼랑에서 취해 시 쓰노라	蒼崖百尺醉題詩

예부터 전하는 말에 의하면, 수정봉 정상에 천연적으로 만들어진 거북 바위가 있었다. 당(唐)나라 사람이 보고 말하기를 "중원(中原)의 재물과 비단을 날마다 동국(東國)으로 나르는 것은 이 거북이가 하는 짓이다." 하고 거북의 머리를 자른 다음, 그 위에 6층의 돌탑을 세워 기운을 눌렀다. 그 뒤에 병사(兵使) 송씨(宋氏)가 석회(石灰)로 거북의 머리를 붙였다고 한다. 우암(尤菴) 송시열(宋時烈)이 비문을 지어 그 일을 기록하였다.

125 옛……전하는데 : 아래의 원주(原註)에 보이는 바와 같이 당(唐)나라 사람이 거북 바위의 머리를 잘랐다는 전설을 가리킨다. 압승(壓勝)의 술법(術法)은 산천(山川)의 승기(勝氣)를 억누르는 것이다.

126 송노(宋老)가 기록한 비문 : 송시열(宋時烈)의 《송자대전(宋子大全)》 권141에 수록된 〈속리산사실기(俗離山事實記)〉를 가리킨다. 그러나 비문의 내용을 보면 이하곤의 원주 기록과 완전히 일치하지는 않는다.

복천암[127]으로 가는 길에

福泉途中

산길에 단풍잎 날려 山路飛黃葉
복천암 가는 흥취 재촉하네 前庵興已催
깊은 구름 속에서 승려가 홀로 나오고 深雲僧獨出
흐르는 물 따라 나그네는 다시 왔구나 流水客重來
가녀린 대나무 벼랑에 빽빽하고 細竹緣崖密
국화는 바위를 감싸고 피었구나 寒花抱石開
석양에 봉우리 풍광 곱기에 夕陽峰色好
천천히 걸어 동대에 오르노라 徐步上東臺

127 복천암(福泉庵) : 충청북도 보은군 속리산면 사내리 속리산에 있는 절이다. 현재는 법주사에 딸린 암자이다.

복천사[128]에서

福泉寺

고찰에 선왕께서 행차하시어[129] 古刹先王幸
명산이 대덕에 의지하였네 名山大德依
나그네가 와서 임금의 글씨[130] 보는데 客來看御筆
승려가 나와 선의를 보여 주네 僧出示禪衣
거둥하신 길에는 부질없이 가을 풀 우거졌고 輦路空秋草
부도에는 석양이 비추는구나 浮屠自夕暉
오직 남아 있는 두 그루 늙은 잣나무만 惟餘雙老栢
일찍이 오색구름 날리는 것을 보았으리 曾見五雲飛

사찰에서 광릉(光陵 세조)의 어필(御筆)과 신미 선사(信眉禪師)[131]의 선의(禪衣)를 보관하고 있었는데, 선의는 붉은 색의 갈포(褐布)로 만들었다.

128 복천사(福泉寺) : 충청북도 보은군 속리산면 사내리 속리산에 있는 절이다. 현재는 법주사에 딸린 암자로, 복천암(福泉庵)으로 불린다.

129 고찰(古刹)에 선왕(先王)께서 행차하시어 : 《신증동국여지승람(新增東國輿地勝覽)》 권16 〈충청도(忠淸道)〉 불우(佛宇)에 복천사를 소개하고 있는데, 그 기록에 "법주사(法住寺) 동쪽 7리쯤 되는 곳에 있다. 절 동쪽에 샘물이 돌 사이에서 쏟아져 나와 식수(食水)로 쓰기 때문에 이렇게 이름 지은 것이다. 천순(天順) 갑신년에 우리 세조대왕(世祖大王)이 속리산에 거둥했을 때 병풍연(屛風淵)에 잠시 들렀다가, 이튿날 법주사에서 이 절까지 두루 경치를 구경한 다음, 호종(扈從)하는 문신(文臣) 김수온(金守溫)에게 명해서 이 일을 기록하게 했다."라고 하였다.

130 임금의 글씨 : 세조가 복천사에 머물면서 목욕소(沐浴沼)에서 목욕을 하고 피부병이 낫자, 절을 중수(重修)하고 만년보력(萬年寶曆)이라 쓴 옥판(玉板)을 하사하였다고 한다.

동대(東臺)에 신미 선사의 사리탑이 있다.

131 신미 선사(信眉禪師) : 미선(眉禪)은 신미 선사를 가리키는 것으로 보인다. 《문종실록》 즉위년 6월 22일 기사에 "중 신미(信眉)가 보은현(報恩縣) 땅에 복천사를 고쳐 지으니, 단청(丹青)의 제구를 적당히 갖추어 주어라."라는 기록이 보인다.

동대에서 환희암을 바라보며 감회가 있었다

東臺望歡喜庵 有感

일찍이 비에 막혀 이 암자에서 이틀 동안 머물렀었다.[132]

예전에 동쪽 암자에서 봄 숲 경치 감상했는데	曾賞東庵萬樹春
지금 오니 백발이 머리에 가득하다	今來白髮滿頭新
당시 원로들 가운데 아는 이 누가 남았나	當時耆宿知誰在
오직 푸른 산만 벗처럼 있구나	惟有青山似故人

132 일찍이……머물렀었다 : 《두타초(頭陀草)》 책2에 이하곤이 속리산을 유람할 때 지은 시들이 수록되어 있는데, 그 가운데 〈체우(滯雨)〉라는 작품이 아마도 환희암에서 지은 것인 듯하다.

동대행

東臺行

산에 가파르고 아름다운 봉우리 있어도	山有峰巒雖峭奇
올라가 바라볼 높은 바위 없다면	不有高臺以臨之
비유컨대 미인에게 밝은 거울 없어	譬如美人乏明鏡
아름다운 자태 비추어 보지 못하는 격이지	未能照見華艶姿
하늘이 산 하나 만들면 바위 하나 갖추어	天生一山具一臺
진면모를 여기에 모이게 하였으니	能令眞面聚於斯
유람객들 발품 팔지 않아도	遊者縱不費韈鞋
이 산의 승경을 앉아서 알 수 있다네	一山奇勝坐得知
개골산의 천일대[133]에서	皆骨山中天逸臺
일만 이천 봉우리 다 볼 수 있었으니	攬取萬二千峰來
바위는 꽃술 같고 산은 꽃 같아	臺如花心峰如花
마치 꽃술에 앉아 핀 꽃을 보는 듯했네	如坐花心見花開
복천사의 동대와 같은 승경도 만나기 어려우니	福泉東臺亦難得
천일대와 우열을 겨룰 만하네	可與天逸爲伯叔

133 천일대(天逸臺) : 금강산의 정양사(正陽寺) 앞 기슭에 있으며, 옛날에는 배고개라고 하였다. 여기에서 바라보면 금강산의 1만 2천 봉우리가 다 드러나 보인다고 한다. 《두타초(頭陀草)》 책5 〈원통암에서 정양사로 오면서 본 것을 기록하다〔自圓通至正陽記所見〕〉에도 "마침내 천일대에 오르니, 진실로 둘도 없이 아름답고 일만 이천 봉우리가 또렷이 하나하나 보이네.〔遂上天逸臺, 勝絶固無二, 一萬二千峯, 了了分第次.〕"라고 하였다.

속리산의 빼어남 모두 바깥에 있으니　俗離奇秀儘在外
외산은 검고 내산은 희구나　外山色黑內山白
천 봉우리 만 벼랑이 모두 둘러서　千峰萬崖盡拱環
마치 동대와 서로 응대하는 듯하네　似與東臺相唯諾
내가 와서 곧장 신미 선사의 사리탑[134]에 오르니　我來直登眉公塔
석양이 질 듯 말 듯　西日欲落猶未落
붉은 노을 백 줄기가 반산에 펼쳐져　紅霞百道襯半山
찬 하늘에 수많은 구슬이 늘어선 듯　皓若寒空森萬玉
게다가 단풍숲이 비단처럼 펼쳐져　況乃霜林開錦繡
가을 경치를 실컷 보는구나　令我飽眼看秋色
빼어난 경관 중향성[135]에 뒤지지 않으니　奇觀不在香城下
소금강의 호칭 전혀 부끄럽지 않구나[136]　小金剛稱無小怍
지난 계미년 봄에 왔던 일 생각해 보니[137]　憶昔癸未春中過
아득히 꿈같아 기억하기 어렵지만　茫如夢寐難追識
당시 만족스럽지 못한 점 있었던 것은　當時似有不滿意

134 신미 선사(信眉禪師)의 사리탑 : 《두타초(頭陀草)》 책6 〈복천사(福泉寺)〉의 원주(原註)에 "동대에 신미 선사의 사리탑이 있다.〔東臺有眉師舍利塔〕"라고 하였으므로, 미공탑(眉公塔)은 복천사를 새로 지은 신미 선사의 사리탑을 가리키는 것으로 보인다. 130쪽 각주131 참조.

135 중향성(衆香城) : 금강산 내금강의 영랑봉 동남쪽을 병풍처럼 둘러싸고 있는 성벽 모양의 봉우리이다.

136 소금강(小金剛)의……않구나 : 송시열(宋時烈)의 《송자대전(宋子大全)》 권141 〈속리산사실기(俗離山事實記)〉에 "속리산을 세상 사람들이 소금강이라 부른다.〔俗離山世號小金剛〕"라고 하였다.

137 지난……보니 : 1703년(숙종29)에 자신이 속리산에 왔었던 일을 추억한 것이다.

내가 젊고 안목이 좁았기 때문이네	由我年少心眼窄
사람이 산수에도 완비되기를 바라니	人於山水亦求備
조화옹도 어찌하지 못할까 걱정이네	但恐造化難爲力
승려가 웃으며 말하기를 이 동대에	山僧一笑說此臺
세조께서 당시 자주 왕래했다 하니	世祖當時頻往來
그대들 세조의 잦은 왕래를 괴상히 생각 마라	爾莫怪世祖往來頻
산이 이처럼 멋지니 어찌 사람 홀리지 않으랴	有山如此焉能不醉人

전후로 속리산에 들어올 때마다 문장대[138]에 오르려 했으나, 험준함이 두려워 오르지 못하였으므로 서글픈 마음에 쓰다

前後入俗離 欲登文壯臺 怵險未果 悵然賦此

속리산에 두 번째 왔건만	俗離已再到
문장대는 가보지 못했네	文壯未曾探
구름 위로 높이 솟은 사다리 오르지 못했으니	不躡雲梯峻
어찌 노수의 단맛을 알겠는가[139]	那知露水甘
높은 운치는 해와 달이 맴돌고	危標回日月
빼어난 빛은 동남방에 최고라네	秀色了東南
골짜기 벗어나매 서로 전송하는 듯	出洞如相送
마음 깊이 다시 부끄러움 느끼네	深情更覺慚

이 시는 다음과 같이 쓰기도 한다.

속리산에 두 번째 왔건만	俗離已再到
문장대는 오르지 못했네	文壯未曾臨
위태롭게 높은 구름사다리 오른다면	危躡雲梯峻
높아서 천제의 깊숙한 자리와 통하겠지	高通帝座深
천리 먼 곳까지 다 보지 못했으니	難窮千里目

138 문장대(文壯臺) : 충청북도 보은군의 속리산면과 경상북도 상주시 화북면 경계에 있는 속리산의 한 봉우리로, 해발 1,028m이다.

139 구름……알겠는가 : 문장대에는 돌이 패여 생긴 샘이 있는데, 문장대에 오르지 못하여 그곳 샘물을 맛보지 못했다는 의미로 보인다.

부질없이 백년의 마음 저버렸네	空負百年心
매사를 아이들에게 보이려고	每事輸兒少
머리 돌려 또 한 번 읊조리네	回頭更一吟

선유동[140]

仙遊洞

내가 선유동 유람한 지	自我游仙游
어느덧 십이 년 지났건만	今已十二年
꿈에서도 때때로 홀로 가고	夢中時獨往
눈에 늘 삼삼하게 아른거렸지	眼底常森然
아마도 내 뱃속에	想我腸肚間
구름과 안개가 맺힌 것 같으니	結轖者雲烟
비로소 알겠다 산수와	始知與山水
진실로 많은 인연 있는 줄을	實有多生緣
나는 일찍이 사람들이	我嘗病世人
세상일에 얽매임을 병으로 여겼는데	多爲俗累牽
세상 사람들은 또 내가	世人亦病我
산수벽 지나친 것을 병으로 여기네	性癖山水偏
오늘 다시 여기 왔으니	今日復此來
과연 내가 이런 병 있지만	是果吾病焉
이 병이 고황까지 들어왔으니	此疾入膏肓
화타와 편작도 고치기 어려우리[141]	華扁恐難痊

140 선유동(仙遊洞) : 충청북도 괴산군 청천면 송면리에 있는 계곡이다.

141 이 병이……어려우리 : 자신의 산수벽(山水癖)이 고질병과 같아서 아무리 명의(名醫)라도 치료하기 어려울 것이라는 말이다. 고황(膏肓)은 치료할 수 없는 깊은 병을

이씨의 정자에 말안장 풀고	卸鞍李氏亭

곧 이중겸(李重謙)의 새 집이다.

석문 앞에 지팡이 짚고 갔어라	拄杖石門前
들어서자 기분 이미 좋고	乍入意已佳
조금 깊이 들어가자 생각 더욱 그윽하네	稍深思冞玄
상하가 온통 흰 바위이고	高下一白石
굽이굽이 그윽한 샘물 쏟아지네	曲折瀉幽泉
맑고 매끄러워 찬 옥을 쪼아 놓은 듯하고	瑩滑琢寒玉
세차게 흘러 애절한 거문고 곡조 연주하는 듯	激越奏哀絃
한결같이 청초한데다	一種淸峭外
운치 있는 모습 더욱 곱구나	韻態尤更姸
동행하는 사람들도 피곤 잊은 채	同行亦忘疲
승경 만나면 문득 앞을 다투네	遇勝輒爭先
전후에 걸쳐 다섯 번 들렀는데	前後五度過
그때마다 내가 푸른 벽에 새겼네	我於蒼壁鐫
옛날 유람한 사람만 어찌 신선이겠는가	古遊者何仙
지금 유람하니 나도 신선이네	今遊我亦仙

말한다. 춘추 시대 진 경공(晉景公)이 병이 들어 진(秦)나라의 명의를 불렀다. 의사가 도착하기 전에 경공이 꿈을 꾸니, 두 아이가 말하기를 "내일 명의가 우리를 처치할 것인데, 우리가 고(膏)의 밑과 황(肓)의 위로 들어가면 명의라도 어쩌지 못할 것이다." 라고 하였다. 이튿날 명의가 진찰하더니, 병이 고황에 깊이 숨어 고칠 수가 없다고 하였다. 《春秋左氏傳 成公10年》 화편(華扁)은 화타(華佗)와 편작(扁鵲)의 병칭으로, 화타는 삼국 시대의 사람이고 편작은 춘추 시대의 사람인데, 모두 의술(醫術)이 뛰어난 이들이다.

파곶[142]

巴串

벽하담 여덟아홉 집어삼켰으니[143]	呑却霞潭八九乎
허다한 나머지 것들은 모두 종과 같네	紛紛餘者儘堪奴
반반한 바위가 온 골짝에 뻗어 있고	盤陀一洞無餘蘊
평평한 시내 드넓어 더는 펼쳐지지 못하네	散漫平流不盡鋪
기름처럼 매끄러우면서도 껄끄러운 듯하고	膩滑凝脂猶似澁
쌓인 눈처럼 반짝이는데 또 검은 빛인가 하네	晶熒積雪亦疑烏
선유동 아름답다 했는데	仙游枉自稱奇絶
여기 와서 나도 모르게 다시 탄성 지르네	到此茫然更一吁

142 파곶(巴串) : 현재의 충청북도 괴산군에 있는 화양동(華陽洞) 구곡(九曲) 가운데 제9곡이다.

143 벽하담(碧霞潭) 여덟아홉 집어삼켰으니 : 파곶이 금강산에 있는 벽하담 못지 않게 아름답다는 말이다.

환장암에서 숭정황제의 어필[144]을 삼가 완상하다

煥章庵 奉玩崇禎皇帝御筆

빛나는 보배로운 글씨 산문에 보관되어	煌煌寶墨鎭山門
재배하는 외로운 신하 눈물 뿌리네	再拜孤臣血淚翻
별과 해가 서로 비추는 듯 진실로 감상할 만하고	星日交回眞可玩
상전과 벽해 바뀌었어도 다행히 보존되었네	滄桑互易幸猶存
신물로 하여금 영원히 지키게 하고	指揮神物千年護
바위[145]에 새겨서 만 길이나 높구나	模勒雲根萬仞尊
우암의 고심을 볼 수 있으니	看取尤翁苦心在
지금도 높은 의리 천지를 비추네	至今高義照乾坤

144 환장암(煥章庵)에서 숭정황제(崇禎皇帝)의 어필 : 환장암은 속리산 화양동(華陽洞)의 만동묘(萬東廟) 곁에 있는 암자 이름이다. 송시열(宋時烈)의 《송자대전(宋子大全)》 부록 권7 〈연보(年譜)〉 계사년 기사에 "의종황제의 어필을 화양동 벼랑의 바위에 모각하였다.〔摸刻毅宗皇帝御筆于華陽洞崖石〕"라고 하였다. 그 아래에 "노봉 민정중 공이 연경에 갔다가 의종황제가 직접 쓴 비례부동 네 글자를 얻어 와서 선생에게 주었다. 선생이 드디어 시냇가 벼랑의 바위에 모각하고, 그 곁에 암자를 세워 승려들로 하여금 지키게 하고 환장암이라 이름하여, 그 진본을 암자 안에 보관하게 하였다.〔老峯閔公鼎重赴燕, 得毅宗皇帝手筆非禮不動四字, 而歸之先生. 先生遂摸刻于溪邊崖石, 立庵其傍, 使僧徒守之, 名以煥章, 藏其眞本于庵裏.〕"라고 하였다.

145 바위 : 운근(雲根)은 벼랑이나 바윗돌을 뜻하는 시어(詩語)이다. 두보(杜甫)의 시에 "충주 고을은 삼협의 안에 있는지라, 마을 인가가 운근 아래 모여 있네.〔忠州三峽內, 井邑聚雲根.〕"라고 하였는데, 그 주(註)에 "오악의 구름이 바위에 부딪쳐 일어나기 때문에, 구름의 뿌리라고 한 것이다.〔五嶽之雲觸石出者, 雲之根也.〕"라고 하였다. 《杜少陵詩集 卷14 題忠州龍興寺所居院壁》

만동사[146]

萬東祠

다시 세워 준 황제의 은혜 흡족한데　　再造皇恩浹
중원은 좌임이 심해졌으니[147]　　中原左衽偏
천 년을 두고 만동묘는　　千秋萬東廟
한 조각 남은 대명의 하늘이네　　一片大明天
죄를 아는 높고 어진 사람　　知罪高賢任
《춘추》의 정맥 전했어라[148]　　春秋正脈傳

146 만동사(萬東祠) : 임진왜란(壬辰倭亂) 때 조선을 도와준 데 대한 보답으로 명(明)나라 신종(神宗)을 제사하기 위해, 1704년(숙종30)에 화양동(華陽洞)에 세운 만동묘(萬東廟)를 가리킨다. 인조(仁祖) 때에 송시열(宋時烈)이 명나라 의종(毅宗)의 친필인 비례부동(非禮不動)이라는 글 한 폭을 받아, 이 글을 화양동 석벽(石壁)에 새겨 놓고 석벽 위에 공부하는 사당을 지었는데, 송시열이 죽을 때에 그의 제자 권상하(權尙夏)에게 이곳에 묘우(廟宇)를 지어 신종과 의종을 제사하도록 유언하였기 때문에 권상하가 유림을 동원하여 지었다.

147 다시……심해졌으니 : 명나라의 도움으로 조선은 국맥(國脈)을 유지하게 되었지만, 명나라는 청(淸)나라에 망해서 오랑캐 풍속에 물든 상황을 읊은 것이다. 좌임(左衽)은 오른쪽 옷섶을 왼쪽 옷섶 위로 여미는 것으로, 미개한 오랑캐의 풍속을 가리킨다. 《논어》 〈헌문(憲問)〉에 "관중이 없었다면 우리는 머리를 풀고 옷깃을 왼편으로 하는 오랑캐가 되었을 것이다.〔微管仲, 吾其被髮左衽矣.〕"라고 하였다.

148 죄를……전했어라 : 송시열이 명나라의 재조지은(再造之恩)에 보답하기 위해 춘추대의(春秋大義)에 입각하여 만동묘를 세우도록 한 사실을 읊은 것이다. 지죄(知罪)는 자신에 대해서 후세 사람들이 평가하는 근거를 뜻하는 말이다. 공자께서 "나를 알아줄 것도 오직 《춘추》이며, 나를 죄줄 것도 오직 《춘추》일 것이다.〔知我者, 其惟春秋乎,

신하의 마음 본래 사라지지 않아　臣心元不死
두 기둥 앞에서 눈물 흘리네　淚盡兩楹前

전(傳)은 전(專)으로도 쓴다.

罪我者, 其惟春秋乎.〕"라고 하신 말에서 유래하였다.《孟子 滕文公下》

재미 삼아 여섯 수의 절구를 지어 동행한 여러 사람들에게 농담하다

戲作六絶 嘲同行諸子

아학은 자칭 걸음이 날 듯 빠르다며	阿鶴自稱健若飛
행전을 다리에 차고 홑옷 입었는데	行縢纒脚着單衣
험한 곳 만날 때마다 기어 다니니	每逢險處還匍匐
한단에서 걸음 배우고 돌아온 듯하네[149]	頗似邯鄲學步歸

대곤[150] 아우는 경탄하는 소리 끊이지 않고	岱弟叫奇口不絶
택경[151] 형은 휘둥그레 바라보니 어리석은 듯하네	澤兄瞪視但如癡
다만 석암[152]은 시흥이 넘쳐서	獨有巖兒詩興甚

149 한단(邯鄲)에서……듯하네 : 동행한 아학(阿鶴)이라는 사람이 험한 산길에서 기어 다니는 모습을 해학적으로 표현한 것이다. 연(燕)나라 수릉(壽陵) 땅의 여자(餘子)가 조(趙)나라 서울 한단에 가서 걸음걸이를 배우려다가 제대로 배우지도 못한 채, 본래의 자기 걸음걸이마저 잊어버린 나머지 엉금엉금 기어올 수밖에 없었다는 한단학보(邯鄲學步)의 고사가 전한다. 《莊子 秋水》

150 대곤(岱坤) : 대제(岱弟)는 이대곤(李岱坤)을 가리킨다. 이하곤의 증조(曾祖) 이시발(李時發)은 이경휘(李慶徽)와 이경억(李慶億) 두 아들을 두었다. 이경휘는 여섯 아들과 측실(側室) 소생의 이대곤을 슬하에 두었다. 이경억의 아들이 이인엽(李寅燁)이고 이인엽의 아들이 이하곤이므로, 이대곤은 이하곤의 6촌 아우인 셈이다. 《碧梧遺稿 卷8 附錄 神道碑銘 并序》《明谷集 卷22 吏曹判書春田李公神道碑銘》

151 택경(澤卿) : 택형(澤兄)은 이하곤의 재종형으로, 자가 택경이다. 《頭陀草 冊12 遊普門庵記》

반석은 보지 않고 앉아서 시만 읊네　不看盤石坐吟詩

문득 반석 만나자 눈이 더욱 밝아져　忽逢盤石眼偏明
여러 사람 분분하게 저마다 품평하는데　諸子紛紛各細評
향숙[153]은 현인 존모하는 마음 특히 간절하여　向叔慕賢心獨切
말마다 노선생[154]만 언급하네　聲聲只說老先生

재창[155]은 거듭 와서 흥취 가장 넘치니　昌也重來興最饒
가다가 멋진 곳 만나면 문득 소요하며　行逢佳處輒逍遙
큰 소리로 안 충의 불러　高聲喚却安忠義
솔 그늘 아래 앉아 퉁소 불게 하네　使坐松陰奏洞簫

그들 가운데 백형[156]이 품평을 잘해서　就中伯亨善題品
처음 병천[157] 보자 아름답다 하더니　初見甁泉便說奇
산중에 이르러서는 매번 크게 소리치며　及到山中翻大叫

152 석암(錫巖) : 암아(巖兒)는 이하곤의 조카 이석암(李錫巖)이다.

153 향숙(向叔) : 민경수(閔景洙)의 자인데, 인적사항은 미상이다.

154 노선생(老先生) : 우암(尤菴) 송시열(宋時烈)을 가리킨다.

155 재창(載昌) : 창(昌)은 이하곤의 아우 이명곤(李明坤, 1685～?)으로, 자가 재창이다.

156 백형(伯亨) : 박종양(朴宗陽, ?～1725)으로, 본관은 함양(咸陽)이다. 사옹원 봉사(司饔院奉事)를 지냈으며, 이하곤이 광주 분원(分院)에 갔을 때 함께 지내면서 시를 주고받은 일이 있다.

157 병천(甁泉) : 경상북도 문경시 농암면 내서리에 있는 냇물로, 쌍룡계곡이라고도 부른다.

병천도 끝내 여기만 못하다 하네　　瓶泉終亦劣於斯

사수는 따라와서 속태 벗었고　　士受踵來能免俗
오장은 마음대로 가장 한가롭네　　五莊自在最爲閑
필경과 치숙은 진실로 우습구나　　弼卿癡叔眞堪笑
암말 거꾸로 타고 산 우러러보네　　倒跨雌駒仰看山

용추

龍湫

용생동(龍生洞)에 있으며 후영(後穎)[158]과 10리 떨어져 있다.

폭포가 높지 않아도 되지만　　瀑布不必長
모양은 모름지기 멋져야 하고　　形態要須奇
연못이 넓을 필요 없지만　　潭湫不必廣
색과 맛은 또 그럴 듯해야지　　色味亦有宜
구룡연 보고 온 뒤로　　自觀九龍來
눈에 차는 폭포 없었는데　　目無全瀑爲
생각도 못했어라 평지 사이에　　不意平地間
이처럼 한 줄기 드리운 곳 있을 줄을　　得此一線垂
높이는 열 길도 안 되고　　長不滿十丈
바위에 붙어 날리는 물도 없으며　　水無貼石飛
넓이는 고작 일 묘[159]를 넘는 정도지만　　廣纔逾一畝
맑고 푸르러 수염도 비추어 볼 수 있네　　澄綠鑑鬚麋
황홀하게도 잡초 사이에서　　恍如草茅間

158 후영(後穎) : 충청북도 괴산군 청천면에 있는 마을이다.

159 일 묘(一畝) : 가로세로로 각각 10보(步) 이내의 면적을 말한다. 《예기》 〈유행(儒行)〉에 "선비는 일 묘의 담장과 환도의 실에, 대를 쪼개어 엮은 문을 달고 문 옆에 작은 문을 내며, 쑥대로 엮은 출입문과 옹기로 들창을 달고, 옷은 갈아입고 나오고 이틀에 하루치의 음식을 먹는다.〔儒有一畝之宮, 環堵之室, 篳門圭窬, 蓬戶甕牖, 易衣而出, 幷日而食.〕"라고 하였다.

빼어난 자태 만나니 得接佳秀姿
흐뭇하게 웃음 지으며 欣然破我顏
나도 모르게 한참을 앉았노라 不覺坐移時
꿈틀꿈틀 고운 무지개 피어나고 蜿蜿彩虹起
석양이 와서 비추는데 西日來照之
산바람이 갑자기 비껴 불자 山風忽橫吹
하얀 눈이 찬란하게 춤추는 듯하네 皓雪舞陸離
잠깐 사이에 모습 바뀌니 變態在須臾
내 시에 아양 떠는 듯 欲以媚吾詩
비록 아담해도 함께 말할 만하니 雖小堪共語
오는 사람들 지나치지 마시라 毋令來者遺

증자천으로 가는 길에

曾子川途中

이 날은 곧 가을이 끝나는 날이다.

변방 기러기 울며 날아가고	數聲嘹唳塞鴻飛
낙엽은 쓸쓸히 나그네 옷에 스치네	落葉蕭蕭打客衣
슬프다 두타산 아랫길	怊悵頭陀山下路
비바람 속에 가는 가을 보내지 못하겠네	不堪風雨餞秋歸

돌아온 뒤에 국화가 활짝 피어 기뻤다

歸後菊花正爛開可喜

명산 유람하느라 오랫동안 돌아오지 못하다가	踏遍名山久未廻
가을이 끝날 때 돌아왔더니	直須秋盡始歸來
서풍이 그윽한 사람 위해	西風獨爲幽人地
한껏 핀 찬 국화를 남겨두었네	留得寒花滿意開

빗속에 홀로 앉아서

雨中獨坐

마당 가득 낙엽 뒹굴고 추적추적 비 내리는데	滿庭黃葉雨蕭蕭
서쪽 창 아래 궤안에 쓸쓸히 앉았노라	一几西窓坐寂寥
병들어 사직하는데 게으르다 나무라고	因病辭官爭誚懶
한가로움 좋아해 손님 사양하건만 교만하다 하네	愛閑謝客誤稱驕
시 보따리 풀어 산 유람 때 지은 것 점검하고	詩囊點檢遊山草
매각에서 심어 놓은 그루 돌보노라	梅閣收藏揷土條
가을날 회포 처량타 말하지 마라	莫道秋懷多憭慄
가을 보내는 마음 더욱 무료하네	送秋心事轉無聊

체직되고자 서조(西曹)[160]에 정고(呈告)하였는데, 친구들 가운데 날더러 게으르다 꾸짖는 이가 많았다.

오(誤)는 왕(枉)으로도 쓴다.

160 서조(西曹) : 형조(刑曹)와 병조(兵曹)를 가리키는 말인데, 이하곤의 생애를 상고할 수 없기 때문에 어느 부서의 어떤 관직인지 미상이다.

10월 4일 밤에

十月四日夜

앙상하게 야윈 모습으로 깊은 밤까지 앉아	稜稜瘦影坐深更
등불 앞에서 가랑비 소리 근심스레 듣노라	愁聽燈前細雨聲
밤새 시냇물은 멈출 생각 없고	永夜溪流無住意
날 차가워 나무들 절로 구슬피 울어대네	天寒山木自悲鳴
지금 세상에 곧은 도 지키기 어려운 줄 아노니	已知直道難今世
술 마시며 삶 마치리라	欲把深杯了一生
훈업도 문장도 모두 외물이니	勳業文章俱外物
대장부는 본래 덧없는 명성 바라지 않노라	丈夫元不要浮名

영수암[161]에 모였는데, 기경[162]이 점필재의 시[163]를 차운하여 보여주므로 곧바로 자리에서 화운하다

會靈水庵 紀卿次佔畢齋韻以示 卽於坐席和之

가을 끝나 시름 달랠 곳 없는데	秋歸無處整愁端
마침 벗들이 찾아오니 기쁘구나	會有朋來爲破顔
누런 잎 떨어지는 시내 따라 고찰 찾아	黃葉一溪尋古寺
푸른 등 밝히고 긴긴 밤을 차가운 산에서 묵네	青燈永夜宿寒山
아득히 빛나는 가느다란 달빛 속에 시 짓노라니	詩成纖月蒼茫內
아스라이 울려오는 새벽 종소리에 마음 놀라네	心警晨鍾縹緲間
이처럼 좋은 일 올해 자주 만들었으니	好事今年能數辦
한가한 승려들을 내 부러워 않노라	諸僧吾不羨渠閑

161 영수암(靈水庵) : 이하곤의 《두타초(頭陀草)》 책4 〈초평이십오영(草坪二十五詠)〉에 등장하는 것으로 보아, 현재의 충청북도 진천군 초평면 용정리에 있었던 암자로 추정된다.

162 기경(紀卿) : 김세적(金世績)의 자인데, 인적사항은 미상이다.

163 점필재(佔畢齋)의 시 : 점필재는 김종직(金宗直, 1431～1492)의 호이다. 여기서 사용하고 있는 운자는 《점필재집(佔畢齋集)》 권12에 수록된 〈병후장부선산……(病後將赴善山……)〉과 일치한다.

함께 속리산을 유람했던 사람들이 영수암에 모여 연포탕을 마련하고, 간재의 〈보진지〉[164]를 차운하다. 당시 택경[165]과 오장은 이미 돌아가고, 김세적 기경 과 이시진과 박태화와 박후규는 함께 유람했던 사람들은 아니지만, 또한 와서 참석하였다

偕俗離遊伴 會靈庵設軟泡 次簡齋葆眞池韻 時澤卿五莊已歸 金世績 紀卿 李始振朴泰和朴後揆 皆非遊伴 亦來參

산 유람하기 비록 힘들지만	遊山雖云疲
또한 나의 병을 잊을 수 있네	亦可忘我病
단풍 숲이 봄꽃보다 나으니[166]	寒林勝春花
된서리가 그 권한 잡고 있지	嚴霜操其柄
스무날 동안 여기저기 다니다가	探討歷二旬
돌아와서도 남은 흥취 있으니	歸來有餘興
명산이 내 마음 흔들어	名山攪我懷
꿈속에서도 고요할 수 없네	夢魂不得靜

164 간재(簡齋)의 보진지(葆眞池) : 간재는 송(宋)나라 진여의(陳與義, 1090~1138)로, 자는 거비(去非), 호는 간재이다. 이하곤이 차운한 작품은 《간재집(簡齋集)》 권3에 수록된 〈하일집보진지상이녹음생주정부시득정자(夏日集葆眞池上以綠陰生晝靜賦詩得靜字)〉이다.

165 택경(澤卿) : 이하곤의 재종형이다. 《頭陀草 冊12 遊普門庵記》

166 단풍……나으니 : 이하곤은 1703년(숙종29) 봄에 속리산을 유람하고 1715년 가을에 다시 유람하였는데, 여기서는 가을 산의 모습이 더 멋지다고 읊은 것이다.

단풍잎 이미 시들었지만	楓葉雖已凋
국화가 매우 고우니	黃菊色甚正
영수암에서 오늘의 모임	靈庵今日會
다시 천제의 허락 받았구나	復荷天公贈
어여쁜 숲 너머의 달빛	娟娟林表月
반쪽 거울처럼 빛나네	光如半破鏡
밤 깊도록 왁자지껄 떠드니	更深雜喧呼
승려들이야 좌정하거나 말거나	不管僧坐定
인생은 모름지기 즐겨야 하니	人生須行樂
젊은 시절 저버리지 말아야 하네	莫負年方盛
이 자리에 모인 이들 살펴보니	顧此座中人
이미 부족한 이도 넘치는 이도 있구나	已有欠與賸
등불이 술잔 비추고	燈火照酒巵
샘물 소리가 내 시에 화답하네	風泉答我詠
우담[167]에서 다음에 만나리니	牛潭有後期
그대들 낚싯배 준비하게	請君理釣艇

167 우담(牛潭) : 현재의 충북 진천군 초평면 연담리에 있는 침우담(沈牛潭)을 가리킨다. 침우담에 얽힌 전설은 《두타초(頭陀草)》 책1 〈침우담은 진천현 남쪽 10여 리쯤에 있다.……〔沈牛潭在鎭川縣南十餘里……〕〉에 보인다.

8일 밤에 또 비가 내리기에 간재의 〈야우〉[168]를 차운하다

八日夜又雨 次簡齋夜雨韻

사립문 닫고 누워 있어도 흥취는 여전하고	牢臥柴門興不乖
마당의 이끼 밟고 찾아오는 이도 없어라	更無車馬破庭苔
외로운 등불 짝해 그윽한 사람 잠자는데	孤燈自伴幽人宿
가랑비 따라 변방 기러기 날아오네	小雨還隨塞鴈來
먼지 앉은 책을 밤새 읽을 만하고	塵卷只堪終夜讀
국화는 기쁘게도 늦가을에 피었구나	寒花猶喜殿秋開
물색 바라보니 온통 쓸쓸하여	相看物色渾蕭瑟
또 새 시 지으며 한 잔 권하노라	且用新詩侑一杯

168 간재(簡齋)의 야우(夜雨) : 간재는 송(宋)나라 진여의(陳與義, 1090~1138)로, 자는 거비(去非), 호는 간재이다. 이하곤이 차운한 〈야우〉는 《간재집(簡齋集)》 권10에 수록되어 있다.

시냇가 누각에서 즉흥적으로 짓다

溪閣卽事

청랑한 시냇물 소리가 문으로 들어오고	幽澗泠泠入戶鳴
찬 집에 홀로 누웠노라니 등불만 환하네	寒齋獨臥一燈明
흐르는 구름이 달 토해 내니 탈 없이 밝은데	流雲吐月還無恙
고목은 바람 불어 스스로 평안하지 않네	老木呼風自不平
기꺼이 산림에서 졸렬한 분수에 안주하니	甘向山林安拙分
속세에서 덧없는 명성 추구한 일 부끄럽다	恥從塵世博浮名
가련하다 노란 국화가 지금 이와 같으니	可憐黃菊今如許
매화랑 다시 약속 맺어야지	要與梅花更結盟

당시 또 매화 화분을 방안에 옮겨 두었다.

밤에 앉아 있다가 감회가 있어서

夜坐有感

삭풍이 스산하게 불어	北風鳴蕭蕭
밤새 창문이 들썩이네	夜與窓扉語
뜬 구름은 외로운 달 그리워	浮雲戀孤月
감싸 돌며 떠나지 못하는데	纏綿未忍去
등불 앞에 야윈 한 그림자	燈前一瘦影
나만 홀로 짝이 없구나	我獨無伴侶
산 춥고 호표 울어대는데	山寒虎豹呼
누가 적막한 이곳을 찾아올까	誰其問塊處
상가를 천지에 가득 차게 부를 뿐	商歌塞天地
서글픈 〈이소〉는 짓지 않노라[169]	不作離騷楚
우습다 녹록한 무리들	可笑碌碌輩
다시 썩은 쥐를 가지고 성내네[170]	更欲嚇腐鼠

169 상가(商歌)를……않노라 : 빈한(貧寒) 속에서도 지조(志操)를 지키며 살아가겠다는 말이다. 상가는 증자(曾子)가 위(衛)나라에 있을 때, 사흘이나 불을 때지 못하고 십 년 동안 새 옷을 해 입지 못하는 극빈(極貧)의 생활 속에서도 "신발을 끌고 상송을 노래하니, 그 소리가 천지 사이에 가득 차서 마치 금석에서 나오는 것과 같았다.〔曳縱而歌商頌, 聲滿天地, 若出金石.〕"라고 한 고사에서 유래하였다. 《莊子 讓王》

170 우습다……성내네 : 남방의 원추(鵷鶵)라는 새가 남해(南海)를 출발하여 북해(北海)로 날아갈 적에 오동나무가 아니면 쉬지 않고, 대나무 열매가 아니면 먹지 않으며, 단물이 나오는 샘이 아니면 마시지 않는데, 이때 소리개가 썩은 쥐를 물고 있으면서 마침 그 위를 날아가는 원추를 보고, 제 썩은 쥐를 빼앗길까봐 꿱 하고 소리 지른다는

고사가 《장자(莊子)》〈추수(秋水)〉에 보인다. 여기서는 이 고사를 인용하여 이욕(利慾)에 빠진 속세의 사람들을 지적한 것이다.

겨울밤에 우연히 읊다

冬夜偶吟

우수수 마른 오동잎이 저녁 서리에 떨어지고	摵摵枯梧隕夕霜
등불이 가물가물 빈 행랑 비추네	一燈明暗照空廊
대나무 성글어도 창에 그림자 드리우고	竹疏能寫橫窓影
국화 시들었어도 집안 가득 향내 풍기네	菊老猶吹滿院香
술에 효능 있으니 추위가 오기 때문이고	酒有奇功寒稍重
책에 새로운 맛 있으니 밤이 바야흐로 길어지네	書多新味夜方長
우리 집에 오는 손님 없다 누가 말했나	吾廬誰道無來客
시내의 달빛이 은근히 침상에 들어오네	溪月殷勤到臥床

중(重)은 긴(緊)으로도 쓴다.

13일 밤에 달빛이 매우 밝아 평소보다 배나 환했다

十三夜 月色皎甚 倍於常夜

맑은 서리가 달을 씻어 냈나	淸霜濯出月精神
항아[171]가 나를 향해 미소 짓는 듯	疑有嫦娥笑向人
대지에 문득 한 거울 나타나니	大地忽然成一鏡
이 속에 누가 감히 티끌 붙이랴	此中誰敢着纖塵
항성도 작아져 모두 빛을 잃으니	恒星細碎都藏彩
둥그런 붉은 계수나무[172] 얼마의 세월 지났는가	丹桂輪囷幾閱春
해[173]와 짝해도 진실로 뒤지지 않으니	作配陽烏眞不忝
늘 새로워지는 광경을 꼭 보리라	須看光景自常新

자(自)는 역(亦)으로도 쓴다.

171 항아(嫦娥) : 중국 고대 전설의 여신으로, 달을 상징한다. 전설에 의하면 활을 잘 쏘는 예(羿)의 아내였는데, 남편이 서왕모(西王母)에게서 훔쳐 온 불사약을 몰래 훔쳐 먹었다가 발각되어 달로 도망쳤다고 한다. 《淮南子 卷6 覽冥訓》

172 붉은 계수나무 : 달 속에 계수나무가 있다고 전해지기 때문에 말한 것이다.

173 해 : 양오(陽烏)는 태양을 말한다. 태양 속에 다리 셋을 가진 까마귀가 있다는 전설에서 유래한 것이다.

많은 감회에 잠겨 심사를 적다 10수

雜感書事 十首

지팡이 짚었어도 몸은 건강하고 藜杖身還健
국화 보니 눈이 유독 밝아지네 寒花眼獨明
외로운 마음 성긴 머리카락 슬픈데 孤懷悲短髮
온갖 일들 막 갠 날씨에 떠오르네 萬事立新晴
지는 해는 높은 버들에 걸렸고 落日方高柳
뜬구름은 옛 성에서 밀려오네 浮雲自古城
원래 삭막함 싫어하지 않지만 元非嫌索莫
평소의 뜻 저버릴까 걱정이네 只恐負平生

2

세월이 빠르게 흘러 歲月奔騰去
천지 사이에 숙살의 기운 가득하네 乾坤肅殺中
덧없는 인생 쉬 늙나니 浮生元易老
오도를 모름지기 궁구해야지 吾道只須窮
느티나무 버드나무에 찬바람 거세게 불고 槐柳寒風急
어부와 나무꾼은 저물녘 풍경이 같아라 漁樵暮色同
홀로 끝없는 생각으로 獨將無限意
백발 늙은이는 서리 내린 하늘 바라본다 白首望霜空

3

백발에도 유건 쓴 신세 부끄러운데　　白髮羞儒帽
국화가 나그네 술맛 돋구네　　黃花侑客杯
내가 안타깝게도 후세에 태어나　　吾生嗟晩矣
옛 도가 날로 아득해지네　　古道日悠哉
조정에 한창 일이 많지만　　廊廟方多事
산림에 숨은 인재들 있어라　　山林有佚材
평생 간직한 경제의 뜻　　平生經濟意
늘그막에 다시 머뭇거린다　　臨老更低回

4

혼탁한 세상에 끝내 서기 어렵지만　　濁世終難立
미천한 관직은 본래 그만두기 쉽지　　微官本易休
거센 바람에 자주 낙엽 지는데　　高風頻下葉
해 질 무렵 다시 누대에 오르네　　落日更登樓
흰 머리로 시서를 즐기고　　白首詩書味
청금 입고 사직을 걱정하네　　青衿社稷憂
본디 큰 뜻[174] 품었으니　　由來鴻鵠志
원래 먹고 살 궁리[175] 하지 않았네　　元不稻粱謀

174 큰 뜻 : 홍곡지(鴻鵠志)는 진(秦)나라 말기의 진승(陳勝)이 일찍이 "제비나 참새가 어떻게 하늘 높이 나는 기러기의 뜻을 알겠는가.〔燕雀安知鴻鵠之志哉〕"라고 말한 고사에서 유래하였다.《史記 卷48 陳涉世家》

175 먹고 살 궁리 : 도량모(稻粱謀)는 쌀과 기장을 도모한다는 말로, 기러기가 먹을 것을 찾아 이리저리 날아다니는 것을 의미하는데, 사람이 의식(衣食)을 탐하여 지절(志

5

당구처럼 울지는 않았지만[176]	未放唐衢哭
부질없이 두보의 시를 읊어 보네[177]	空吟杜甫詩
개미는 자기들끼리 싸우고	蟻蟲私自鬭
여우와 쥐는 서로 속이네[178]	狐鼠敢相欺
포폄은 훗날에 이루어질 테고[179]	袞鉞從他日
영화는 한 때에 불과하네	榮華爲一時
강호에서 나라 걱정하는 마음	江湖憂國意
하늘만이 알겠지	只許上天知

節)을 잃는 것을 비유한다. 두보(杜甫)의 시에 "그대는 양지 찾는 기러기를 보았는가, 각기 도량을 구하는 꾀가 있다네.〔君看隨陽雁, 各有稻粱謀.〕"라고 하였다. 《杜少陵集 卷2 同諸公登慈恩寺塔》

176 당구(唐衢)처럼 울지는 않았지만 : 당구는 당 목종(唐穆宗) 때의 문인으로, 과거 시험에 응시했으나 끝내 합격하지 못하였다. 태원(太原)을 유람할 때에 군대의 잔치에 참석하였는데, 술기운이 오르자 큰 목소리로 주정하고 곡을 하니 함께 참석한 사람들이 좋아하지 않았고, 그 때문에 잔치를 그만두게 되었다. 이 일로 세상 사람들은 당구가 곡을 잘한다고 말하였다. 《舊唐書 卷160 唐衢列傳》

177 부질없이……보네 : 두보(杜甫)가 24세에 낙양(洛陽)에 가서 진사시험에 응시하였으나, 낙방한 뒤에 실의에 잠겨 산동지방을 유람하면서 〈망악(望嶽)〉이라는 시를 지었던 사실을 말하는 것으로 보인다.

178 여우와……속이네 : 호서(狐鼠)는 여우와 쥐를 이르는데, 본래 사람이 함부로 손댈 수 없는 성안에 사는 여우와 사당에 사는 쥐〔城狐社鼠〕에서 유래하여, 흔히 임금 곁에서 알랑거리는 간신배(奸臣輩)를 비유한다.

179 포폄(褒貶)은……테고 : 곤월(袞鉞)은 화곤(華袞)과 부월(鈇鉞)의 약칭으로, 곧 포폄을 뜻하는 말이다. 범녕(范寧)의 〈춘추전서(春秋傳序)〉에 "한 글자의 칭찬이 화곤보다 영광스럽고, 한 글자의 꾸지람이 부월보다 엄하다.〔一字之褒, 榮於華袞, 一字之貶, 嚴於鈇鉞.〕"라고 하였다.

6

시월의 충청도 十月湖西道

삼농[180]이 가을걷이를 하는데 三農穡事秋

주패[181]가 성화와 같이 급히 나와 朱牌急星火

백골도 가렴주구에 시달리네[182] 白骨困誅求

호포는 여러분들의 정책인데 戶布諸公策

밤에도 임금께서 걱정하시네 宵衣聖主憂

농지 점검 다시 독촉한다니 檢田聞更督

시끄러움 언제나 그치려나 騷屑幾時休

7

풍운의 뜻을 어찌 잊으랴만 肯墜風雲志

속세의 얼굴 되어 부끄럽네 恥爲塵土顏

사람들 대부분 곧은 도를 멀리하니 世多疏直道

하늘은 궁벽한 산에서 늙게 하고자 하는가 天欲老窮山

이지러진 달 보며 깊숙이 안석에 기대고 缺月深凭几

차가운 다듬이질 소리 들으며 홀로 문 닫고 있네 寒砧獨掩關

180 삼농(三農) : 언덕과 습지(濕地)와 평지(平地)의 농사를 말한다. 《주례(周禮)》 〈천관총재(天官冢宰) 태재(太宰)〉에 "삼농에서 아홉 가지 곡식을 생산한다.〔三農生九穀〕"라고 하였는데, 정현(鄭玄)이 "삼농은 평지와 산과 택이다.〔三農平地山澤也〕"라고 풀이하였다.

181 주패(朱牌) : 관청에서 발부하는 납부고지서로, 붉은색 관인이 찍혀 있다.

182 백골(白骨)도 가렴주구(苛斂誅求)에 시달리네 : 죽은 사람에게까지 세금을 걸어 백성들을 고달프게 하는 백골징포(白骨徵布)를 말한다.

글을 지어 후인의 평가 기다리지만	著書俟來後
어떤 사람들 사이에 둘지 모르겠네	不識置誰間

8

사는 곳 외져 산이 집까지 이어졌고	地僻山連屋
백사장 비고 물은 문으로 들어오네	沙虛水入門
찬 하늘은 원래 참담하고	寒空元慘憺
고목에는 황혼이 쉽게 찾아오네	老木易黃昏
세상사가 구름처럼 변함을 보면서	世事看雲變
시름겨운 마음을 술 마시며 논하네	愁懷向酒論
하늘이 응당 정한 바 있을 터	皇天應有定
말하지 않으려 한 지 오래네	久矣欲無言

9

세밑의 궁벽한 산속	歲暮窮山裏
한밤에 온갖 생각 이어지네	中宵百感長
갑자기 우레에다 우박 쏟아지니	一時雷有雹
시월이라 음만 있고 양이 없구나[183]	十月陰無陽
세상 운수 끝내 만회하기 어려운데	世運終難挽
하늘이 내리는 재앙 가슴 아프네	天災此可傷

183 시월이라……없구나 : 음력 10월은 순음(純陰)인 곤괘(坤卦)에 해당하는데, 여기서는 실제 음만 있는 시월을 읊은 동시에 소인들이 들끓는 세상을 비유적으로 말한 것이다.

온 조정이 공경하고 협력하는[184] 바람 同朝寅協願
부질없이 임금의 글을 외노라 空復諷宸章

10

준마는 마구간에 엎드려 시름하고 騏騮愁伏櫪
붕새는 하늘 날기를 생각하네 鵬鶚憶橫天
백발 되었으니 몸은 헛되이 늙었고 華髮身空老
슬픈 노래에 마음은 절로 가련하구나 悲歌意自憐
문장이 관각에 치우쳤으니 文章偏館閣
어찌 임천에서 경쟁하겠는가 傾奪豈林泉
검은 암소 한 쌍을 사서 擬買雙烏牸
봄이 오면 묵은 밭이나 일궈야지 春來理廢田

184 공경하고 협력하는 : 인협(寅協)은 조정의 관료들이 서로 공경하고 협력하여 훌륭한 정사를 이루기 위해 노력하는 것을 의미한다. 《서경》 〈고요모(皐陶謨)〉에 "공경함을 함께하고 공손함을 합하여, 충을 화하게 하소서.〔同寅協恭, 和衷哉.〕"라고 하였다. 여기서는 임금의 글에 그러한 부탁이 있었기에 한 말이다.

회중이 두 수의 시로 안부를 물어오기에 차운하여 부쳐 주다[185]

晦仲以二詩相問 次韻寄之

이별한 뒤에 마음 가누기 어려워	離別難爲意
아프지 않은데도 내내 신음했는데	居常不病呻
다만 편지로 얼굴 대신하니	直將書作面
달 보며 시름겨운 이 마음 어찌하랴	可奈月愁人
꿈에서 찾아감 어찌 먼 곳을 마다하랴	夢去何辭遠
시를 받으니 더욱 새롭구나	詩來更覺新
흰 구름 속에 함께 은거할 만하니	白雲堪共隱
다시 산촌 이웃이 되겠는가	能復結山隣

2

잠깐만 헤어져도 눈이 빠질 지경이라	乍闊猶穿眼
만나면 반갑기 그지없지	相逢輒解頤
맑은 흥취로 자주 내기하고	淸興頻六博
가랑비 내리면 잔 가득 채워 마셨지	細雨更深巵
조각달 보며 가을에 꿈꾸었고	片月秋來夢

185 회중(晦仲)이……주다 : 회중은 구희(具熺)의 자인데, 인적사항은 미상이다. 저본(底本)에는 이 작품 아래에 동일한 제목이 중복되어 있으므로, 두 번째 제목을 삭제하고 이 제목 아래에 2수를 모두 배열하였다.

국화 마주하며 헤어진 뒤에 시 지었지　　寒花別後詩
그대가 멀리서 수레 타고 오려는가　　君能遙命駕
시냇가 설경 요즘 멋지다네　　溪雪此時宜

회중(晦仲)이 찾아올 마음이 있다기에 결구(結句)에서 언급하였다.

비가 내리는 가운데 즉흥적으로 짓다

雨中卽事

부슬부슬 종일토록 비 내리고	蕭蕭終日雨
아득히 하늘에 구름 잔뜩 끼었네	漠漠滿空雲
안개 저편은 깊어 보이지 않지만	烟際深難見
솔숲 사이에 부슬부슬 소리 들리네	松間細有聞
차가운 소리는 기러기 떼 따라 돌아오고	寒聲回雁陣
어두운 땅거미는 까마귀 떼와 함께 밀려오네	暝色趁鴉群
섭리를 맡은 제공이 있으니	燮理諸公在
포근한 겨울 날씨 그대들에게 달렸네[186]	冬溫任汝云

186 섭리(燮理)를……달렸네 : 겨울 날씨가 따뜻하여 비가 내리는 것을 정치가 잘못되고 있는 것으로 보아, 국정을 담당한 정승들에게 정치에 힘쓰라고 한 것이다. 《서경》 〈주관(周官)〉에 "태사, 태부, 태보를 세우노니, 이들이 삼공이니 도를 논하고 나라를 다스리며, 음양을 조화하여 다스린다.〔立太師太傅太保, 玆惟三公, 論道經邦, 燮理陰陽.〕"라고 하였다.

밤에 앉아 있다가 우연히 쓰다
夜坐偶書

비가 아침부터 이어져 어두운데	雨意連朝猶自暗
바람마저 밤 되자 더욱 거세지네	風聲入夜轉多聞
하늘에 누가 홍구의 경계[187]를 나누어 놓았나	天中誰割鴻溝界
한쪽은 은하수 빛나고 한쪽은 구름 끼었네	一半星河一半雲

187 홍구(鴻溝)의 경계 : 홍구는 중국 하남성(河南省) 형양현(滎陽縣)에 있는 물 이름이다. 항우(項羽)와 유방(劉邦)이 천하를 두고 쟁탈전을 벌일 때, 홍구를 경계선으로 하여 동쪽은 초(楚)나라가 차지하고 서쪽은 한(漢)나라가 점유하기로 약속했던 고사가 전한다. 《史記 卷7 項羽本紀》

눈이 내린 뒤에 감회를 쓰다

雪後書懷

밤에 단잠 들어	夜寢睡味酣
새벽에 눈 내린 줄도 몰랐네	不省曉雪作
찬바람 소리가 창문 흔들고	寒聲撼窓欞
잠자리에 흰빛 아른대네	床帷受微白
아침에 바라보니	朝來試一望
대지에 몇 척이나 쌓였네	鋪地幾盈尺
아침 해가 문득 구름 헤치고 나오니	初日忽破雲
온 산에 차가운 옥이 가득하여라	四山森寒玉
남쪽 마을은 연기 숲에 가렸고	南村隱烟林
닭과 개는 초가집에서 고요하네	鷄犬靜茅屋
차가운 강물에 배 띄울 만한데	寒流正可棹
내 외로움 위로해 줄 사람 없구나	無人慰我獨
삭풍이 빈 산에 불어와	北風吹空山
사립문이 멋대로 흔들리네	柴關任攲側
언 국화가 아직도 지지 않아서	凍菊尙不死
멋진 손님처럼 한 번 웃어 주네	一笑如佳客

위헌[188]이 중화[189]에게 준 시에 차운하다

次韋軒贈仲和韻

잡을 때는 무겁게 하고 놓을 때는 가볍게 하며　握時要重放時輕
빽빽한[190] 곳 성기게 하고 익숙한 곳은 생기나네　密處教疏熟處生
그대의 붓놀림이 이와 같으니　看君用筆能如許
추사처럼 부질없이 이름난 것 아니로다[191]　不是秋蛇浪得名

188 위헌(韋軒) : 이형곤(李衡坤)으로, 본관은 경주(慶州), 자는 재방(載方), 호는 위헌이다. 이하곤의 백부(伯父) 이인소(李寅熽)의 둘째아들이다.

189 중화(仲和) : 윤순(尹淳, 1680~1741)으로, 본관은 해평(海平), 자는 중화, 호는 백하(白下)·학음(鶴陰)이다.《白下集 附錄 行狀》

190 빽빽한 : 저본(底本)에는 蜜로 되어 있으나, 의미를 고려하여 수정, 번역하였다. 빽빽하다는 것은 글자의 획이 많아서 답답하다는 의미이니, 그럴 때는 획을 줄여서 성글게 함을 읊은 것이다.

191 추사(秋蛇)처럼……아니로다 : 추사는 글씨에 힘이 없는 것을 말한다. 왕희지(王羲之)가 남조 양(梁)의 소자운(蕭子雲)이 쓴 서체(書體)를 보고, 힘이 없이 유약하기만 할 뿐 장부의 기상이 없다면서 "줄마다 봄날의 지렁이가 엉켜 있는 듯하고, 글자마다 가을날의 뱀들이 뭉쳐 있는 듯하다.〔行行若縈春蚓, 字字如綰秋蛇.〕"라고 평가한 데서 유래하였다.《晉書 卷80 王羲之列傳》 여기서는 윤순의 글씨가 소자운의 글씨와는 다르게 힘이 있다고 말한 것이다.

동짓달 8일에 또 비가 내려 종일토록 개지 않았다
至月八日又雨 彌日不開

짧은 해 본래 금방 지지만	短景元須急
숨은 양이 새로 생기려 하는데[192]	潛陽已欲新
이상하게도 날씨 따뜻해	非常天氣暖
괴이하게도 빗소리 자주 나네	可怪雨聲頻
산 빛은 온통 안개 낀 듯하고	山色渾疑霧
마당에 싹 돋아 봄과 같아라	庭芽却似春
재앙과 상서로움 일정하지 않아	災祥非一概
본래 사람에게서 비롯된다네	原本是由人

192 숨은……하는데 : 순음(純陰)의 달인 10월을 지나 복괘(復卦)에 해당하는 동짓달에 이르러 일양(一陽)이 처음으로 생겨나는 것을 말한다.

비가 내리는 가운데 홀로 앉아서

雨中獨坐

어찌 석문에 찾아오는 사람 있으랴[193]	豈有人來問席門
말없이 창가에 우두커니 앉았노라	一窓癡坐默無言
비가 눈 되지 않으니 겨울 포근한 줄 알겠고	雨難成雪知冬暖
바람이 구름 몰아가지 않아 낮에도 어둡네	風不驅雲作晝昏
수문 바닥 시끄러운 소리 성난 시냇물에 더해지고	閘底急喧添澗怒
나무 끝 어두워져 번득이는 까마귀 사라지네	樹梢遙暝送鴉翻
올해 대풍 들지 않은 것은 무슨 까닭인가	今年小熟緣何故
세상일 아득하여 말하지 못하겠네	世事茫茫未可論

193 어찌……있으랴 : 이하곤의 집에 방문하는 사람이 없다는 말이다. 석문(席門)은 거적을 매달아 놓은 문으로, 청빈한 집이나 은자(隱者)의 거처를 뜻한다. 한(漢)나라 진평(陳平)이 소싯적에 가난해서 빈민가에 살았는데, 그때 해진 거적으로 문을 쳤는데도 문 밖에 장자(長者)의 수레바퀴 자국이 많이 나 있었다는 석문궁항(席門窮巷)의 고사가 전한다. 《史記 卷56 陳丞相世家》

달밤에 감회가 일어

月夜有感

삭풍이 먹구름 쓸어내고	北風掃重陰
이처럼 고운 달빛 보내오니	送此好月來
옛 친구를 만난 듯하여	如逢故人面
환하게 한바탕 웃노라	粲然笑一開
밝은 빛이 대지를 두루 비추니	皓光徹厚地
어찌 한 점 티끌인들 있으랴	豈復容纖埃
서리 날려 맑고 추워지니	飛霜助淸嚴
포근하던 겨울 날씨 완전히 사라졌네	冬暖已全摧
하늘의 변덕스런 마음을	天公變化意
사람이 어찌 원망하랴	世人那得猜
다만 병든 몸 가뿐하게 하려고	但令病骨輕
나는야 술 한 잔 마시고 싶어라	我欲酹一杯
모르겠다 땅속 깊숙한 곳에서	未識九地底
숨은 양은 언제쯤 돌아오려나	潛陽幾時回
세밑에 빈 산에 누우니	歲暮臥空山
한밤중에 온갖 슬픔 일어나네	中宵生百哀

눈 내린 뒤에 달빛이 매우 밝았다. 재창[194]과 대곤[195]과 석유[196]와 이시진과 김필은이 마침 모여 있었고 남학성[197]도 왔기에 긴 시로 기록하다

雪後月色皎甚　載昌及岱坤錫裕李始振金必殷適會　南生鶴聲亦至　以長語記之

아침에 눈이 펑펑 내렸는데	朝來雪花密成陣
저물녘에도 기세가 더욱 거세구나	向晩氣勢尤豪緊
찬 구름은 사방의 흰 산과 이어지고	凍雲渾連四山白
저녁연기가 온 마을을 덮으려 하네	暝烟欲埋千村盡
올 겨울의 장관 이제 시작이니	今冬壯觀此其始
솔숲에 지팡이 짚고 한바탕 웃노라	拄杖松間但一哂
삭풍이 문득 불어와 어둠을 깨고	北風忽來破昏暝
달빛을 씻어 내니 잡아당기는 듯하네	洗出月色如挽引
천 이랑 은빛 파도를 옥쟁반에 새긴 듯하고	銀浪千頃印玉盤
희디흰 맑은 광채는 가슴까지 씻어 주네	清光皎皎濯肺腎

194 재창(載昌) : 이명곤(李明坤, 1685～?)으로, 본관은 경주(慶州), 자는 재창이다. 이하곤의 막내아우이다.

195 대곤(岱坤) : 이하곤의 재종형제로, 당숙 이인환(李寅煥)의 측실 소생이다. 남구만(南九萬, 1629～1711)의 서녀와 혼인하였다.《明谷集 卷22 吏曹判書春田李公神道碑銘》

196 석유(錫裕) : 이하곤의 칠촌 조카이다.《晩靜堂集 卷15 通德郎李公墓誌銘》

197 남학성(南鶴聲) : 남구만의 서자이다.《藥泉集 年譜 卷8》

황홀하여 마치 요대 곁에 앉은 듯하고	恍然坐我瑤臺側
천지가 온통 은빛이라 만물 사라졌네	上下一色群象泯
삼경에 바람 거세고 시냇물 차가워도	三更風急溪水寒
차마 한가로운 집에 홀로 누워 있지 못하겠네	閑戶孤臥還不忍
북쪽 이웃의 여러 사람들 부르지 않아도 오니	北隣諸子不招至
그대들의 영리함을 내 좋아하노라	我愛爾曹皆俊敏
게다가 남군은 새로 알게 되었는데	況且南君是新知
정신 맑고 도가 탄탄하여 마치 가을 같네	精爽道緊如秋準
작은 창 마주하니 나뭇가지에 그림자 비끼고	小牕相對枝影橫
매화 꽃망울 막 나와 묵은 대와 어우러지네	梅蕚初吐亞老笋
산속 집에 술 없어도 암탉 삶고	山家無酒烹伏雌
홍시는 붉게 익어 버섯처럼 크구나	霜柿頳紅大如菌
문장과 산수를 맘껏 토론하고	縱論文章及山水
간간이 격의 없이 농담도 주고받네	間以雅謔無畦畛
산음에서 배 돌림은 마음이 너무 오만하고[198]	山陰回棹意太傲
취성당에서 글자 금하여 시어가 군색했으니[199]	聚星禁體語亦窘

198 산음(山陰)에서……오만하고 : 진(晉)나라 때 산음(山陰)에 살던 왕휘지(王徽之)가 어느 날 밤에 눈이 막 개고 달빛이 청랑하자 갑자기 섬계(剡溪)에 사는 친구 대규(戴逵)가 생각나, 바로 작은 배를 타고 밤새도록 가서 대규의 집 문 앞에 당도했으나 들어가지 않고 다시 돌아왔다. 누가 그 까닭을 물으니 "내가 흥이 나서 갔다가 흥이 다하여 돌아온 것인데, 어찌 꼭 대규를 만날 필요가 있겠는가."라고 하였다. 《世說新語 任誕》

199 취성당(聚星堂)에서……군색했으니 : 송(宋)나라 구양수(歐陽脩)가 여음 태수(汝陰太守)가 되어 취성당에 모여 연회를 베풀고 눈에 대한 시를 짓게 하면서, 설부(雪賦)에 흔히 등장하는 옥(玉), 월(月), 이(梨), 매(梅), 연(練), 서(絮), 백(白), 무

어찌 우리들 이 모임처럼 즐겁겠는가　　豈若吾儕此會樂
자유롭게 담소하며 격식도 근심도 벗어나네　　談笑自在脫拘閡
내일 밤에 다시 눈 밟고 와서　　明宵更須踏雪來
앞 시내에 달이 질 때까지 앉아 보세　　坐到前溪溪月隕

(舞), 아(鵝), 학(鶴) 등의 글자를 쓰지 못하게 했던 고사를 말한 것이다.《詩人玉屑 卷9》

중화[200]가 눈을 무릅쓰고 찾아와 절구 한 수를 지어 보여 주므로 운에 맞춰 지어 답하다

仲和冒雪見過 賦示一絶 依韻答之

모진 추위에 막걸리 사올 방도 없어　　怕寒無計濁醪賖
기구한 인생 눈 내린 집에 누워 있었는데　　冷薄生涯臥雪家
그대 찾아와 준 덕분에 한바탕 웃으며　　賴有君來成一笑
작은 창으로 매화 몇 가지를 바라보노라　　小窓相對數梅花

200 중화(仲和) : 윤순(尹淳, 1680~1741)으로, 본관은 해평(海平), 자는 중화, 호는 백하(白下)・학음(鶴陰)이다. 《白下集 附錄 行狀》

재창[201]과 이별하다 2수

別載昌 二首

오래 전부터 이 이별 예상했지만	久知有此別
헤어지려니 마음 가눌 길 없네	及別更惘然
인생살이 편히 살지 못하니	人生不安居
본래 맷돌 위를 개미가 도는 것과 같지[202]	本如磨蟻旋
형제는 같은 기운을 타고났으니	兄弟一氣爾
어찌 잠시라도 떨어질 수 있으랴만	豈可蹔相捐
네가 어쩔 수 없이 떠나니	汝其不得已
이 일이 더욱 가련하다	此事尤可憐
너의 아내에게 노친 계신데	汝妻有老親
떨어져 산 지 지금 육년이라	離違今六年
밤낮으로 돌아오길 바라시니	日夜望其還
편지 보낼 때마다 눈물 흘리셨지	發書涕輒漣
이 때문에 잡을 수 없으니	以玆不能挽
활시위에 있는 화살 같아라	有如矢在弦
한겨울이라 날씨 춥고	仲冬氣慘慄

201 재창(載昌) : 이하곤의 막내아우 이명곤(李明坤, 1685～?)의 자이다.

202 본래……같지 : 개미가 맷돌 위에서 다닐 때에 맷돌은 왼쪽으로 돌고 개미는 오른쪽으로 돌면, 맷돌은 빠르고 개미는 느리기 때문에 맷돌을 따라 왼쪽으로 돌지 않을 수 없다는 말이 있는데, 여기서는 자신의 의지대로 되지 않는 인생을 이 고사에 비유한 것이다. 《晉書 卷11 天文志》

빙설이 변방 하늘에 가득한데 冰雪高塞天
야윈 말로 먼 길 가노라면 羸馬涉長道
어찌 넘어지지 않으랴 焉能免僵顚
게다가 너는 본래 병을 잘 앓으니 況汝本善病
내가 더욱 걱정 되는구나 尤令我懷牽
서늘한 바람 불어오는 누대 돌아보니 回瞻納涼樓
난간이 푸른 안개 속에 서 있구나 欄干立蒼烟
어느 때 비바람 부는 밤에 幾時風雨夜
다시 이곳에서 침상 마주하고 잘까 復此對床眠

2

생이별의 온갖 안타까움 얽히는데 生別縈千恨
도리어 사별의 아픔 일어나네 反惹死別苦
내게 형제라고는 念我同胞者
재천[203]과 너 뿐인데 載天及與汝
원망스럽다 하늘이여 天也一何寃
무덤의 풀 묵었으니 艸宿面上土
슬프다 양산의 기슭이여[204] 哀哉陽山麓
통한을 만고에 부치노라 有恨寄萬古

203 재천(載天) : 이한곤(李漢坤)으로, 본관은 경주(慶州), 자는 재천이다. 이하곤의 둘째아우이다.

204 슬프다 양산(陽山)의 기슭이여 : 아우 이한곤이 죽은 것을 말한다. 양산은 현재의 경기도 용인시와 안성시 사이를 말하는데, 이하곤의 어머니와 아들 봉석(鳳錫)의 무덤이 있는 곳이다.

망자는 어쩔 수 없지만 死者永已矣
산 사람이 어찌 헤어져 산단 말인가 生者寧異處
몸과 그림자처럼 서로 따르며 相隨如形影
하루도 떨어질 수 없는데 未可一日去
네가 세상일 때문에 汝爲世故迫
이처럼 나를 두고 가는구나 棄我乃如許
갈림길에서 너의 손을 잡고 臨歧執汝手
눈물만 흘리며 아무 말 못하노라 淚落不得語
남으로 옮겨 오던 지난 날 생각해 보니 憶昨南遷初
재앙이 대단히 참담했지 禍故極慘楚
통한 잊을 만하면 마음 또 아파서 痛定思方痛
부글부글 속이 끓었네 湯火煎腸腑
바라기란 나와 네가 所願吾及汝
여생을 한 집에 살며 殘年守環堵
여기저기 꽃과 약초를 가꾸고 隨地蒔花藥
샘물 끌어다 동산에 물을 대며 引泉灌園圃
아이들에게 시서를 가르치고 詩書課兒孫
술 마련해 친구들 부르며 壺樽命儔侶
이런 일들로 만년을 즐기는 것이니 持此娛晚景
또한 벼슬살이를 우습게 여길 만한데 亦可傲簪組
인생사 뜻대로 되지 않는 일 많아 人事多敗意
열에 네다섯 가지도 넘네 不啻十四五
삭풍이 기러기에 불어 北風吹鴻鴈
가운데 끊겨 차례를 이루지 못하는구나[205] 中斷不成序

저물녘에 떠나는 너를 바라보는데　日暮望行子
날리는 눈에 북쪽 물가 희미하네　飛雪迷北渚
돌아와 텅 빈 방에 앉아　歸來坐空室
탄식하며 우두커니 있노라　歎息徒延佇

205 삭풍이……못하는구나 : 기러기가 떨어지지 않고 나란히 나는 것을 형제에 비유하여 안항(雁行)이라고 하는데, 그 가운데가 끊어졌다고 하는 것은 이하곤이 아우와 헤어지게 된 현실을 비유한 것이다.

29일 밤에 눈이 내렸는데, 솔바람 소리가 매우 슬펐다

二十九日夜有雪 松聲甚悲

이때 동지(冬至)가 겨우 이틀 지났다.

추운 밤 작은 초가집에	夜寒茅屋小
화롯불 피워 놓고 침상에 앉았는데	爐火一匡床
매화 꽃잎 등잔 앞에 떨어지고	梅蘂燈前落
솔바람 소리 눈 속에 길구나	松聲雪裏長
노쇠하여 저무는 해 슬픈데	摧頹悲暮歲
어느덧 새로 양이 생긴 것을 보네[206]	荏苒見新陽
시골 술에 조금 취하여	村酒微醺足
텅 빈 산에서 〈구장〉[207] 외우노라	山空諷九章

206 어느덧……보네 : 동지(冬至)가 되었다는 말이다. 순음(純陰)의 10월을 지나 11월에는 일양(一陽)이 자라서 복괘(復卦)의 형상이 되기에 한 말이다.

207 구장(九章) : 굴원(屈原)이 강남으로 추방당한 뒤, 군왕을 생각하고 나라를 근심하며 시름에 겨운 충정을 노래한 《초사(楚辭)》의 편명으로, 〈귤송(橘頌)〉, 〈석송(惜誦)〉, 〈추사(抽思)〉, 〈애영(哀郢)〉, 〈섭강(涉江)〉, 〈사미인(思美人)〉, 〈비회풍(悲回風)〉, 〈석왕일(惜往日)〉, 〈회사(懷沙)〉가 있다.

또 사 자를 차운하여 중화[208]를 초대하다
又次賒字邀仲和

산만 깊을 뿐 길은 멀지 않으니 只是山深路不賒
눈길 지나 가난한 집에 올 수 있네 可能蹋雪問貧家
하늘도 그대를 재촉하려고 天公亦有催君意
한 그루 매화 만개하게 하였네 開盡寒梅一樹花

208 중화(仲和) : 윤순(尹淳, 1680~1741)으로, 본관은 해평(海平), 자는 중화, 호는 백하(白下)·학음(鶴陰)이다. 《白下集 附錄 行狀》

조석운[209] 옹을 곡하다

哭趙翁 碩運

우뚝한 망월봉	亭亭望月峰
세상의 높은 선비 같아라	有如高世士
조옹이 그 남쪽에 사니	趙翁宅其南
산에 견주어 참으로 부끄러울 것 없었지	與山眞無愧
초가집 아담했지만	茅屋僅如斗
앉아서 천고의 뜻을 품었지	坐懷千古志
경서가 뱃속에 가득 차서	經書鬱滿腹
가난한 살림 부끄러워하지 않았지	茹藿非所恥
효도와 도의를 자손에게 가르치고	孝義課兒孫
남은 은택은 이웃들 교화하였네	餘澤化隣里
세상 밖에서도 경세제민의 마음 보존하여	世外存經濟
화초와 대나무가 뜰을 감쌌지	花竹繞庭阤
모르겠다 천지 사이에	不知天壤間
눈썹 찡그릴 일 있었는가	有可皺眉事
팔십 평생을	生世八十年
처자처럼 고요함 지키며 살았네	守靜如處子
높은 벼슬은 무슨 물건인가	軒冕是何物

209 조석운(趙碩運) : 누구인지 미상이다. 《두타초(頭陀草)》 책2에 〈제조처사석운유거(題趙處士碩運幽居)〉 2수가 있다.

차분한 마음으로 궤안에 기대 지냈지　冥心但隱几
선비가 삼대의 뒤에 태어나　士生三代後
영리를 좇지 않은 이 드문데　鮮不趨榮利
홀로 초연하게 처신하여　處之獨超然
구학에서 삶 마침을 달게 여겼지　丘壑甘枯死
수양이 두터움을 볼 수 있으니　足見所養厚
완악하고 비루한 이들을 징계할 만하네　可以礪頑鄙
평생 동안 박낙옹[210]이　平生朴洛翁
존경한 이유 있구나　仰止良有以
나는 낙옹을 믿어　予信洛翁者
옹이 이와 같음을 본디 알았지　素知翁如此
두 분의 풍류 적막해졌으니[211]　風流兩寂寞
인생 만사 흐르는 물 따라 가는구나　人事隨逝水
삭풍이 눈보라 불어와　北風吹飛雪
담소하던 곳 모두 덮었네　埋盡談笑地
돌아보며 돌아가신 분 생각하니　俛仰念存歿
지난 자취에 눈물만 흐르네　跡陳但涕淚
내가 병들어 장지에 가지 못하고　我病負臨穴
시를 지어 만사를 대신하노라　作詩當哀誄

210 박낙옹(朴洛翁) : 《두타초(頭陀草)》 책12 〈여박낙옹서 귀징(與朴洛翁書 龜徵)〉에 보일 뿐 자세한 인적사항은 알 수 없다.

211 두 분의 풍류 적막해졌으니 : 박귀징도 고인(故人)이 되었기에 한 말이다.

매화. "암향부동월황혼"[212]을 운으로 삼다

梅花 用暗香浮動月黃昏爲韻

해당화는 향기 짙지 않고　海棠香不濃
모란은 빛깔이 담박하지 않으니　牡丹色不淡
어찌 향기도 빛깔도 다 좋은　豈若此梅兄
이 매화[213]만 하겠는가　香色兩無憾
열흘이나 보아도 질리지 않는데　十日看不厭
누가 잠깐 피었다 금세 진다 했나　開落孰云暫
밝고 밝게 홀로 서서　耿耿故獨立
어두운 서쪽 창을 비추네　燭破西牕暗

2

묵은 가지 매듭처럼 괴이하고　老幹怪如紐
그 위에 옥설향 맺혔네　上糝玉雪香
앙증맞게 한 자도 안 되는데　昂藏不滿尺
뜻은 백장이나 높구나　意有百丈長

212 암향부동월황혼(暗香浮動月黃昏) : 북송(北宋)의 은사(隱士) 임포(林逋)가 지은 〈산원소매(山園小梅)〉의 일부로 "황혼 녘 달빛 속에 은은한 향기 떠도누나."라는 의미이다. 《林和靖集 卷2》

213 매화(梅花) : 매형(梅兄)은 황정견(黃庭堅)이 그의 시에서 "산반화는 아우이고, 매화는 형이다.〔山礬是弟梅是兄〕"라고 한 데서 유래하여 매화를 의미한다. 《山谷集 卷7 王充道送水仙花五十枝欣然會心爲之作詠》

풍도가 이와 같으니 風標乃如許
얼음과 서리에도 끄떡없네 所以傲氷霜
누가 짝할 만한가 阿誰可相配
수양산에서 아사한 두 사람이네[214] 二子餓首陽

3
나의 시도 속되지 않아 我詩亦不俗
매화와 짝할 만하네 合與梅花儔
가령 한 점이라도 티끌 있다면 使有一點塵
저 매화에게 부끄러울까 두렵네 恐或爲渠羞
눈 먹고 〈이소경〉 외우며 嚼雪諷離騷
홀로 시냇가 누대에 누웠네 獨臥溪上樓
삼성 비끼고 달도 지려는데 參橫月欲落
때마침 나부산 꿈꾸노라[215] 因之夢羅浮

214 누가……사람이네 : 얼음과 서리에도 아랑곳하지 않는 매화의 기백이 백이(伯夷)와 숙제(叔齊)의 지조와 닮았다는 말이다. 두 사람은 주(周)나라 무왕(武王)이 주(紂)를 정벌하러 갈 때, 말고삐를 잡고 제후로서 천자를 정벌하는 것은 옳지 못한 일이라고 간하여 대의를 밝혔으며, 무왕이 은나라를 멸망시키고 천자의 지위에 오르자, 주나라의 녹봉을 먹는 것을 부끄러워하여 수양산(首陽山)으로 들어가 아사(餓死)하였다.《史記 卷61 伯夷列傳》

215 삼성(參星)……꿈꾸노라 : 새벽까지 매화를 감상한다는 말이다. 수(隋)나라 개황(開皇) 연간에 조사웅(趙師雄)이라는 사람이 일찍이 나부산(羅浮山) 송림(松林) 사이에서 말쑥하게 단장하고 소복(素服)을 입은 미인이 나와 영접(迎接)하는 것을 보았다. 당시 잔설이 녹지 않고 달빛이 희미하게 빛나고 있었다. 조사웅이 그녀와 더불어 이야기를 나누는데, 꽃다운 향기가 사람을 엄습하고 말씨도 매우 맑고 고왔다. 마침내

4

뿌리 말라 꽃 필 기미 없더니	根槁無花意
꽃 피자 마치 구멍이 난 듯하네	花生如有孔
조용히 방안에 앉았지만	靜坐一室中
봄기운 생동함을 아노라	已覺春意動
조화는 절로 은밀히 옮겨 가니	造化自密移
기함을 과연 누가 총괄하는가	機緘果誰摠
문을 나서서 한번 바라보니	出門聊一望
온 산에 눈이 가득 쌓였구나	四山雪巃嵸

5

달 마주하면 매화 없어 안타깝고	對月惜無梅
꽃 마주하면 달이 없어 탄식했는데	對花歎無月
선후 따질 것 없이	不先亦不後
달도 밝고 매화도 피어	月明梅又發
맑은 빛과 차가운 꽃 다투어	淸光鬪冷艶
깊은 밤에 둘 다 빼어나네	夜深兩奇絶
이를 사랑하여 잠 못 이루고	愛此不能眠
마주한 채 우두커니 앉았노라	相對影突兀

그녀와 함께 술집에 가서 술을 마셨는데, 조금 뒤에 푸른 옷을 입은 동자가 와서 노래하고 춤을 추었다. 조사웅은 취해 잠들었다가 일어나 보니, 동방이 하얗게 밝아오고 자신은 큰 매화나무 밑에 있었다는 것이다. 이 고사에 달은 지고 삼성은 비꼈다〔月落參橫〕라는 말이 나오기 때문에 매화를 말할 때 자주 인용된다.《天中記 卷52 梅》

6

묵은 매화 삼 만 그루를 古梅三萬本
시내 누각 가에 심고서 種我溪樓傍
그 가운데 앉아 책 읽으면 讀書坐其中
제향도 부럽지 않으리 不羨入帝鄕
이런 마음 누가 알까 此意誰能解
속세의 선비들 함부로 비평하지 俗士妄雌黃
고산[216]의 영혼 있다면 孤山倘有魂
내가 술 한 잔 따르고 싶구나 我欲酹一觴

7

선녀가 요대에서 내려와 仙子下瑤臺
빙그레 웃으며 황혼에 서서 嫣然立黃昏
흰 소매로 잠깐 얼굴 가리고 縞袂乍自翳
단장한 흔적 다 씻어 냈네 洗盡鉛華痕
바람 맞으며 밝게 한 번 웃을 뿐 臨風粲一笑
사람과 한 마디 말도 없어라 與人共無言
보지 못했다면 오히려 괜찮지만 不見故猶可
한 번 보면 넋이 나간다네 一見卽消魂

216 고산(孤山) : 중국 절강성 항주의 서호(西湖)에 있는 섬으로, 여기서는 그곳에 살았던 북송(北宋)의 서호처사(西湖處士) 임포(林逋)를 가리킨다. 그는 고산에 은거하여 20년 동안 성시(城市)에 발을 들여놓지 않았다. 장가도 들지 않아 처자 없이 매화를 심고 학을 기르며 지냈으므로, 당시에 매처학자(梅妻鶴子)라고 지칭하였다. 《宋史 卷457 隱逸列傳上 林逋》

박자룡이 편지로 근래 지은 작품을 구하기에 이를 써서 부쳐 주다
朴子龍書索近作 書此寄示

온종일 솔바람 부는데 홀로 문 닫고서	盡日松風獨掩關
매화 사이에서 주묵 갈아 《역》에 권점 치네[217]	研朱點易老梅間
편지로 벼슬살이의 흥취 알려 왔는데	書來爲報官居興
눈 내린 뒤 남쪽 누대에 누워 산을 본다지	雪後南樓臥看山

2

나는 텅 빈 산에서 은둔 생활 즐기고	我已空山甘隱淪
그대는 지금 작은 고을에서 곤궁한 백성 돌보지만	君今下縣牧殘民
아침마다 무궁한 감회 있기는 마찬가지니	一般明旦無窮感
우리 모두 볼품없는 사십의 사람이네	俱已平頭四十人

217 주묵……치네 : 연주점역(研朱點易)은 당(唐)나라 때 신선(神仙)을 좋아했던 고병(高駢)의 글에 "골짝 어귀 깊이 잠겨 푸른 창은 춥기만 한데, 이슬방울로 주묵을 갈아 《주역》에 권점을 치노라.〔洞門深鎖碧窓寒, 滴露研朱點周易.〕"라고 한 데서 유래한 말이다. 《唐文粹 卷13 步虛詞》 이 말은 자신이 지은 글을 수정한다는 의미로 풀이하기도 하는데, 앞서 이하곤의 시에 "산속 집에 짧은 등잔대 있으리니, 《주역》 읽으며 여생 보내리라.〔遙想山齋短檠在, 要須讀易送殘年.〕"라는 내용이 있으므로, 이 내용을 감안하여 이와 같이 풀이하였다. 《頭陀草 冊4 出城有感》

명곡의 반우[218]를 전송하고 돌아올 때 슬픔을 견딜 수 없었기에, 입으로 절구 한 수를 불러 효백[219]에게 부치다 병신년(1716, 숙종42)

送明谷返虞 歸時不勝悲缺 口占一絶 寄孝伯 丙申

눈보라 속에 반혼을 곡하며 보내느라 哭送魂車風雪中
작은 시내 동쪽에 한참 동안 말 멈췄네 多時立馬小溪東
정령은 청주의 흙이 되지 않고 精靈不作清州土
마땅히 별이 되어 푸른 하늘 비추시리 應化星辰照碧空

218 명곡(明谷)의 반우(返虞) : 명곡은 최석정(崔錫鼎, 1646~1715)으로, 본관은 전주(全州), 자는 여화(汝和), 호는 명곡이다. 반우는 고인을 장사 지낸 뒤 신주를 모시고 집으로 돌아와 우제(虞祭)를 지내는 것이다. 최석정은 1715년(숙종41) 11월 11일에 서울의 교외에서 운명하였고, 이듬해 1월 15일에 청주(淸州)의 대율리(大栗里)에 예장(禮葬)하였는데, 이 시는 당시에 지은 것으로 보인다.《昆侖集 卷19 先考議政府領議政府君行狀》

219 효백(孝伯) : 최창대(崔昌大, 1669~1720)로, 본관은 전주(全州), 자는 효백, 호는 곤륜(昆侖)이다. 최석정의 맏아들이다.《西堂私載 卷10 弘文館副提學崔公墓誌銘幷序》

광혜원으로 가는 길에

廣惠院途中

이때 양산(陽山)[220]으로 가던 중이었다.

풀빛은 안개 속에 드넓게 펼쳐지고	草色烟蕪闊
봄 불 놓은 들 언덕 그윽하네	春燒野岸幽
푸른 산은 내포와 이어지고	青山連內浦
먼 숲은 충주에 솟았구나	遠樹出忠州
나그네 소매에 동풍이 차갑게 불어오고	客袂東風冷
야윈 말은 지는 해 근심하네	羸驂落日愁
한식날에 흐르는 눈물을	欲將寒食淚
다시 송추에 뿌리고자 하네[221]	聊復洒松楸

220 양산(陽山) : 현재의 경기도 용신시와 안성시 사이로, 이하곤의 어머니와 자녀(子女)의 무덤이 있는 곳이다. 《頭陀草 冊12 亡兒鳳錫壙銘》

221 한식날에……하네 : 한식이 되어 양산에 있는 어머니 묘소를 찾아간다는 말이다. 송추(松楸)는 주로 산소 주위에 심는 나무이다.

도중에 저녁 비를 만나다

途中逢暮雨

한식이 내일 아침이라	寒食明朝是
산소에 성묘 가는데	松楸展謁行
봄 구름이 양지[222] 들판 덮더니	春陰陽智野
저녁 비가 죽산산성[223]에 내리네	暮雨竹山城
세상사는 늙음을 재촉하고	世事人催老
시절 따라 새소리 달라지네	天時鳥變聲
푸릇푸릇 짧은 풀 보며	靑靑寸艸色
말 멈추고 다시 마음 아파하노라[224]	駐馬更傷情

222 양지(陽智) : 경기도 용인시의 옛 이름이다.

223 죽산산성(竹山山城) : 경기도 안성시 죽산면 매산리 비봉산정에 있는 고려 시대의 성곽이다.

224 푸릇푸릇……아파하노라 : 어머니를 그리워하면서 그 은혜에 보답하지 못해 마음이 아프다는 말이다. 당나라 시인 맹교(孟郊)의 〈유자음(游子吟)〉에 "한 치의 풀과 같은 자식의 마음을 가지고서, 봄날의 햇볕 같은 어머니의 사랑을 보답하기 어려워라.〔難將寸草心, 報得三春暉.〕"라는 내용이 있다.

밤에 족질 석규의 집에 모여, 운을 불러 김후·김우현 등에게 시를 짓게 하고 뒤따라 차운하여 보여 주다

夜會族姪錫圭家呼韻 令金垕金禹鉉輩賦之 追次以示

높은 누각에 가랑비 그쳐	樓高微雨歇
앉았노라니 산 빛깔 맑아지는데	山色坐來澄
누가 구름 모두 쓸어내	誰掃陰雲盡
고운 달 오르도록 불러낼까	能招好月升
끝없는 세상사에 이끌려	悠悠牽世故
부질없이 등불 아래서 대화 나누네	草草話牕燈
내일 사담[225] 굽이에서	明日沙潭曲
봄 물결에 배 띄울 만하리	春流正可乘

225 사담(沙潭) : 현재의 충청북도 괴산군 청천면 사담리 일대로, 이하곤 집안의 별업(別業)이 있던 곳이다. 92쪽 각주87 참조.

새로 오솔길을 내고 나월경이라 명명했는데, 관 상인이 나를 위해 벼랑에 새겨 기록하였다

新治小逕 名曰蘿月逕 觀上人爲我刻諸崖广以識

글씨는 중화(仲和)[226]가 쓴 것이다.

나무 베고 벼랑 깎아 오솔길 냈더니　剪木剗崖小逕開
이웃 승려가 나를 위해 이끼 낀 바위에 새겼네　隣僧爲我刻巖苔
이제부터 등덩굴의 달 멋진 짝 되었으니　從今好伴藤蘿月
홀로 거문고를 안고 오가리라　獨抱瑤琴自往廻

226 중화(仲和) : 윤순(尹淳, 1680~1741)으로, 본관은 해평(海平), 자는 중화, 호는 백하(白下)·학음(鶴陰)이다.《白下集 附錄 行狀》

작년 가을에는 백형[227] 등 여러 사람과 함께 산에 가서 속리산 안팎을 두루 유람하였는데, 지금 한 사람도 오는 이가 없어서 더욱 서글픈 느낌이 들었다. 배 자 운을 사용하여 소회를 시로 적다

去秋與伯亨輩入山 遍遊俗離內外 今無一人來者 殊覺悵然 用杯字韻賦懷

작년에 함께 산을 유람했던 사람들	去歲遊山伴
오늘 아침에 몇 사람이나 왔는가	今朝幾箇來
옛 시구만 읊조릴 뿐	只須吟舊句
가득 채운 술잔 누구와 기울일까	誰與把深杯
숲 고요하여 새는 서로 부르고	林靜鳥相喚
냇물 차가워 꽃 피지 않았네	溪寒花未開
사담[228]으로 가는 길 익숙하니	沙潭行自熟
거닐다가 저물녘에 천천히 돌아오네	步屧暮徐廻

227 백형(伯亨) : 박종양(朴宗陽)으로, 본관은 함양(咸陽)이다.

228 사담(沙潭) : 현재의 충청북도 괴산군 청천면 사담리 일대로, 이하곤 집안의 별업(別業)이 있던 곳이다. 92쪽 각주87 참조.

금산 아래에 노란 매화가 흐드러지게 피어, 지난가을 서리 내린 숲 경치를 곱절이나 떠오르게 하였다

金山下黃梅方爛開 令人倍憶去秋霜林也

봄 날씨 차가워 붉은 살구꽃 피지 않는데	紅杏春寒花未開
산 앞의 나무마다 온통 노란 매화 피었으니	山前萬樹盡黃梅
가을 숲의 빛깔만은 못해도	縱然不及寒林色
그윽한 사람이 지팡이 짚고 오지 않겠는가	肯負幽人拄杖來

승재에서 밤에 앉아 있다가

僧齋夜坐

봄 산이 밤에 적막한데	春山夜空寂
초승달이 누운 방을 비추네	微月照臥處
샘물 소리 절로 청량하여	風泉自泠泠
마치 그윽한 사람과 이야기하는 듯	似共幽人語
남암의 종과 풍경 소리 울리는데	南庵鍾磬聲
울창한 숲 얼마나 깊은 곳인가	雲木深幾許
이미 승려와 약속하였으니	已與居僧約
내일 꽃 찾아 가야지	明日訪花去

도명사[229]에 들르다
過道明寺

이 고찰에 언제 왔었던가	古刹何年到
거듭 오니 마음 절로 새롭다	重來意自新
꽃은 깊은 골짝 눈 때문에 더디 피고	花遲深洞雪
승려는 늙었어도 암자에는 온통 봄빛이네	僧老一庵春
이끼 낀 절벽에 일찍이 시구 쓰고	苔壁曾題句
바람 부는 소나무에 옛적 두건 걸었었지	風松舊掛巾
관음암은 이미 없어졌다니[230]	觀音聞已廢
떠나가며 마음 아파하노라	臨去更傷神

관음(觀音)은 산사(山寺) 이름으로, 이 산에서 가장 빼어난 절이었다.

229 도명사(道明寺) : 《두타초(頭陀草)》 책1에 〈도명암(道明菴)〉이 있는 것으로 보아, 도명암과 동일한 곳인 듯하다.

230 관음암(觀音庵)은 이미 없어졌다니 : 《두타초》 책13 〈관음암기(觀音庵記)〉를 참조하면, 관음암은 낙영산(落影山)의 가장 깊은 곳에 있던 암자이다. 이하곤은 〈관음암기〉를 1709년 5월에 지었다고 기록하였는데, 12년 전에 관음암을 방문한 적이 있으며, 1708년 홍수 때 관음암이 터도 알아볼 수 없을 정도로 무너졌다고 하였다.

남암에서 담공에게 들르다

南庵過曇公

무성한 시냇가 나무 사이 작은 오솔길 따라	澗木蒼蒼細逕通
남암으로 홀로 담공 찾아가네	南庵獨去訪曇公
구름 깊은 곳에서 나그네 시를 쓰고	雲深遊客題詩處
꽃 만발한 곳에 스님은 문 닫아 두었구나	花發閑僧閉戶中
종과 풍경 소리 때때로 하계에 들려오고	鍾磬有時聞下界
솔과 삼나무 온종일 바람에 울리네	松杉盡日韻天風
외로운 산속에 승려들 사는 것 늘 싫었는데	常嫌甁錫孤峰住
여기 오니 속세의 마음 사라짐을 알겠네	到此塵心更覺空

운주암에 들르다

過雲住庵

끝없는 등덩굴 너머　　不盡藤蘿外
사찰 찾아가는 봄 산 길 그윽하네　　春山寺路幽
사람 없어도 꽃은 절로 피었고　　無人花自發
새 울고 물은 그저 흘러가네　　啼鳥水空流
바위의 옛 모습 도리어 반갑고　　石古還青眼
승려는 한가로운데도 머리 세었구나　　僧閑亦白頭
앞 숲에 가을 단풍 물들었던　　前林秋葉色
지난해의 유람 거듭 떠오른다　　重憶去年遊

김수명을 곡하다[231]

哭金壽鳴

집안 대대로 산서의 으뜸가는 장수 종자였고[232]	家世山西元將種
재주는 절도사가 훌륭한 아들 있다 일컬어졌네[233]	才稱節度有佳兒
그대는 온몸이 담력 덩어리였으니[234]	看君却是渾身膽
왜소한 몸집을 사람들 싫어하지 않았지	不復人嫌短小姿

2

사람이 어려울 때 의기 드러나고	人在困時偏義氣
난처한 일에서 그 정신 알 수 있지	事從難處更精神

231 김수명(金壽鳴)을 곡하다 : 김수명(1671~?)의 본관은 나주(羅州), 자는 인수(仁叟)이다. 1712년(숙종38)에 무과(武科) 병과(丙科)에 급제하였다. 이 작품의 아래에 다시 〈곡김군수명(哭金君壽鳴)〉이라는 제목이 있지만 이 작품에 이어진 것으로 보았으며, 작품의 순서를 기록한 소소제목이 정리되지 않았기에 작품의 순서에 따라 소소제목을 수정하여 반영하였다.

232 집안……종자였고 : 김수명의 집안에서 대대로 훌륭한 무인이 배출되었다는 말이다. 《한서(漢書)》 권69 〈조충국전찬(趙充國傳贊)〉에 "진한 이래로 산동 지방에서는 재상이 나오고, 산서 지방에서는 장수가 나왔다.〔秦漢以來, 山東出相, 山西出將.〕"라고 하였다.

233 재주는……일컬어졌네 : 김수명의 부친은 김흥운(金興運)인데, 인적사항은 자세하지 않다. 회령 부사(會寧府使), 선천 부사(宣川府使) 등을 역임하였다.

234 그대는……덩어리였으니 : 김수명이 대단한 용기와 담력이 있었다는 말이다. 《촉지(蜀志)》 〈조운전(趙雲傳)〉 주(注)에 "자룡은 몸 전체가 담으로 뭉쳐져 있다.〔子龍一身都是膽〕"라고 하였다.

평생 추천해 주는[235] 사람 없어 平生不籍吹噓力
반평생 부질없이 거꾸러진 신세 되었네 半世空爲潦倒身

3

좌구산[236] 아래 구로촌 坐龜山下九老村
꽃 심고 대 심어 사립문 둘렀네 蒔花種竹繞荊門
씩씩한 마음은 한가한 번뇌 견디지 못해 雄心不耐閑煩惱
때때로 매 불러 설원에서 사냥했지 時復呼鷹獵雪原

4

지난번 영예롭게 무과에 합격하니 前歲名登虎榜榮
호서의 사람들 모두 놀랐지 湖西一道萬人驚
변방과 바닷가 고을 절도사 그대 집안 차지였으니 邊麾海節君家物
이제부터 그 명성 떨어지지 않으리라 여겼지 更擬從今不墜聲

5

외진 고을로 가서 구름 낀 변방에 눕더니 一去窮荒臥戍雲
삼 년 동안 소식 끊겼네 音書三歲隔相聞

235 추천해 주는 : 취허(吹噓)는 입으로 불어 바람을 일으켜서 깃털을 날려 보내는 것으로, 남을 칭찬하고 장려하여 추천함을 이른다. 《송서(宋書)》 권74 〈심유지열전(沈攸之列傳)〉에 "날개로 알을 품어 주듯 취허하여, 관작에 오르게 되었다.〔卵翼吹噓, 得升官秩.〕"라고 하였다.

236 좌구산(坐龜山) : 충청북도 괴산군 청천면, 증평군 증평읍, 청원군 미원면의 경계에 위치한 산이다.

절뚝이는 나귀 타고 매번 공림사[237] 가는데　蹇驢每向空林寺
꽃 피면 어느 때나 그대 그리워하지 않았으랴　花發何時不憶君

6

말 타고 초봄에 눈 쌓인 집 두드리니　僕馬春初款雪扃
기쁘게 한바탕 웃으며 함께 형체를 잊었지[238]　歡然一笑共忘形
만나면 안부 묻기도 전에　相逢不道寒暄事
사담[239]에 작은 정자 짓는 일 먼저 물었지　先問沙潭起小亭

부도한훤사(不道寒暄事)는 "다시 안부를 말하지 않았지〔不復道寒暄〕"로도 쓴다.

7

변방의 풍속을 흥미진진하게 이야기하고　邊風塞俗話津津
특이한 일과 소문을 차례차례 말해 주었지　異事奇聞次第陳
산의 송골매는 나자마자 빠르게 날고　山鶻纔生飛已迅
강의 물고기 크고 맛도 기막히다 했지　河魚絶大味偏珍

237 공림사(空林寺) : 충청북도 괴산군 청천면 소재의 낙영산에 위치한 절이다.

238 형체를 잊었지 : 《장자(莊子)》 〈양왕(讓王)〉에 "뜻을 기르는 자는 자신의 형체를 잊고, 형체를 기르는 자는 자신의 이익을 잊고, 도를 이룬 자는 자신의 마음까지도 잊는 법이다.〔養志者忘形, 養形者忘利, 致道者忘心矣.〕"라고 하였다.

239 사담(沙潭) : 현재의 충청북도 괴산군 청천면 사담리 일대로, 이하곤 집안의 별업(別業)이 있던 곳이다. 92쪽 각주87 참조.

8

차분히 담소 나누노라면 날이 저물었는데　　從容談笑日西傾
돌아올 때를 약속하고 이 길 갔었지　　牢約歸時向此行
다시 만나 회포 나누려 했건만　　準擬重逢說懷抱
어찌 알았으랴 한 번 이별에 생사 달리할 줄을　　那知一別隔幽明

9

지친 말로 양산에서 저물녘에 돌아왔는데　　倦馬陽山暮却旋
종이 부고를 말머리에서 전했지　　奴將凶問馬頭傳
평소 이렇게 떠날 줄 생각도 못했기에　　常時未料止於此
밤새 마음으로 사실일까 의심했네　　一夜胸中然不然

10

이튿날 명뢰[240]가 사람 보내왔는데　　明朝命賚送人來
여사에서 초혼하니 가장 슬펐네　　旅舍招魂最可哀
냉천의 외진 길 마다하지 않고　　不憚冷泉村路僻
문 앞에서 통곡한 뒤 빗속에 돌아왔네　　門前慟哭雨中廻

11

사랑스러운 아이 귀를 당기고　　綣戀嬌兒提耳日
경황없이 부인이 상에 달려가니　　倉黃賢閤奔喪時

240 명뢰(命賚) : 이하곤의 족질(族姪)인데, 인적사항은 미상이다.《頭陀草 册2 九月二十日……族侄命賚君馨琴人笛師俱從焉》

평소 그대를 알던 이는 말할 것도 없고　莫論平日知君者
길 가던 이들도 듣고 눈물 흘리네　行路聞之亦涕洟

12

화복의 이치 하늘에 대고 말하기 어려우니　禍福終難語老天
명정에 겨우 선전관이라 썼네　粉旌題字一宣傳
평소 목숨 바쳐 변방 지키리라 했는데[241]　平生裹革三邊志
이제는 묶여서 구천에 묻혔네　束縛如今掩九泉

13

지난번 공림사 들렀을 때　向者空林寺裏過
꾀꼬리 소리 들을 때마다 눈물 흘렸지　每聽鶯聲涕汍瀾
사담의 정자를 지금 지은들　沙潭亭子今能辦
그대에게 보여 줄 수 있겠는가　可得吾君使一看

241 평소……했는데 : 김수명이 나라를 위해 목숨을 바치려 했다는 말이다. 과혁(裹革)은 가죽에 싼다는 뜻으로, 나라를 위해 장렬하게 적과 싸우다가 전사한 뒤 말가죽에 싸여 돌아오는 것을 말한다. 후한(後漢)의 복파장군(伏波將軍) 마원(馬援)이 "사나이는 변방의 들판에서 쓰러져 죽어, 말가죽에 시체를 싸 가지고 돌아와 땅에 묻히는 것이 마땅하다. 어찌 침상 위에 누워 아녀자의 손에 맡겨지겠는가.〔男兒要當死於邊野, 以馬革裹屍還葬耳, 何能臥牀上在兒女子手中耶.〕"라고 말한 데에서 유래하였다. 《後漢書 卷54 馬援列傳》

문장대[242]에 올라 삼가 청주 목사 이징하[243] 어른에게 보내다
登文藏臺 奉呈李淸州 徵夏 丈

바람이 우리 위해 구름 쓸어냈구나	長風爲我掃雲浮
함께 문장대 정상에 올랐어라	共上文藏最上頭
속리산에서 풍악의 빚 갚고	離岳還酬楓岳債
병신년에 계사년의 유람을 이었네	申年能續巳年遊
다리 힘 자랑하려 험한 오솔길 오르고	欲誇健步凌危彴
마음으로 구주를 좁게 여기는 줄 예전부터 알았지	久識恢襟隘九州
묻노니 당시 구루의 원님도	借問當時勾漏令
공처럼 명산을 두루 다녔던가[244]	名山踏遍似公否

이공(李公)은 우리나라의 명산을 두루 유람하여 태백산·풍악산·설악산·지리산 등을 모두 유람하였다. 지난 계사년(1653, 효종4)에 조부(祖父) 화곡공(華谷公)[245]이 이공의 선친(先親) 감사공(監司公), 그리고 교리(校

242 문장대(文藏臺) : 충청북도 보은군의 속리산면과 경상북도 상주시 화북면 경계에 있는 속리산의 한 봉우리로, 해발 1,028m이다.

243 이징하(李徵夏) : 1683～? 본관은 광산(光山), 자는 성중(成仲)이다. 1715년(숙종41) 청주 목사(淸州牧使)에 임명되었다. 《承政院日記 肅宗 41年 3月 3日》

244 묻노니……다녔던가 : 이징하가 지방관이 되어 명산(名山)을 두루 유람하였기에 한 말이다. 구루 영(勾漏令)은 구루 현령(勾漏縣令) 갈홍(葛洪)을 가리킨다. 《진서(晉書)》 권72 〈갈홍열전(葛洪列傳)〉에 "나이 들어 늙어지자 연단(鍊丹)을 하여 수명을 늘릴 목적으로, 교지(交阯)에서 단사(丹砂)가 나온다는 소문을 듣고 자원하여 구루의 현령이 되었다."라고 하였다.

245 화곡공(華谷公) : 이하곤의 조부 이경억(李慶億, 1620～1673)으로, 본관은 경주

理) 이홍상(李弘相)[246]과 함께 풍악산을 유람하셨다. 갑오년(1714, 숙종 40)에 내가 풍악산에 들어갔는데, 당시 이공이 회양 부사(淮陽府使)로 재직하고 있었으나 마침 설악산에 갔으므로, 함께 유람하여 옛 일을 이을 수가 없었다. 이때에 이르러 비로소 숙원(宿願)을 이루게 되었으므로, 함련(頷聯)에서 언급하였다.

(慶州), 자는 석이(錫爾), 호는 화곡, 시호는 문익(文翼)이다.《西溪集 卷12 左議政李公墓碑銘》

246 이홍상(李弘相) : 1619~? 본관은 연안(延安), 자는 제경(濟卿), 호는 동곽(東郭)이다.

속리산으로 들어가며. 중화[247]의 운자에 맞춰 짓다
入俗離 次仲和韻

오래 전에 사담[248]의 약속 있었는데	久有沙潭約
오늘 아침에야 한가한 틈 얻었어라	今朝始得閑
찬 구름 아래 두 마리 말 나란히 가니	寒雲兩匹馬
붉은 단풍 물든 몇 겹의 산이네	紅葉幾重山
시냇가 바위는 뾰족뾰족 솟았고	澗石槎牙立
비탈의 꽃들은 여기저기 아롱졌네	崖花點綴斑
평소 함께 은거하려던 마음 있어서	平生偕隱意
깊은 곳에 들어오니 돌아갈 것을 잊노라	深處卽忘還

247 중화(仲和) : 윤순(尹淳, 1680~1741)으로, 본관은 해평(海平), 자는 중화, 호는 백하(白下)·학음(鶴陰)이다. 《白下集 附錄 行狀》

248 사담(沙潭) : 현재의 충청북도 괴산군 청천면 사담리 일대로, 이하곤 집안의 별업(別業)이 있던 곳이다. 29쪽 각주87 참조.

사담[249]에서. 중화[250]의 운자에 맞춰 짓다

沙潭 次仲和韻

내게 산 유람하는 비결 있으니	我有觀山訣
승경 찾을 뿐 명성 따지지 않는다네	要奇不取名
신령한 곳이 어찌 멀리 있으랴	靈區那在遠
멋진 곳이라면 마음 끌리네	勝處卽關情
누대는 멀리 사담 가에 솟았고	樓逈臨潭出
바위는 높이 산을 깎아 이루었네	臺危鑿翠成
비래봉[251] 가장 좋아	飛來峰最好
한바탕 웃으며 눈이 유독 밝아지네	一笑眼偏明

249 사담(沙潭) : 현재의 충청북도 괴산군 청천면 사담리 일대로, 이하곤 집안의 별업(別業)이 있던 곳이다. 92쪽 각주87 참조.

250 중화(仲和) : 윤순(尹淳, 1680~1741)으로, 본관은 해평(海平), 자는 중화, 호는 백하(白下)·학음(鶴陰)이다. 《白下集 附錄 行狀》

251 비래봉(飛來峰) : 소금산(小金山)에 있는 봉우리 이름이다. 《頭陀草 冊14 息影亭上梁文》

비래봉에서. 중화의 시[252]에 차운하다

飛來峰 次仲和韻

백 번을 봐도 질리지 않구나	百回看不厭
매번 새로 만난 듯하네	每若新相逢
초가집 짓고 여생 마치겠다는 마음	誅茅終老意
주먹만한 너 비래봉 때문이지	爲汝一拳峰

252 중화(仲和)의 시 : 중화는 윤순(尹淳, 1680~1741)으로, 본관은 해평(海平), 자는 중화, 호는 백하(白下)・학음(鶴陰)이다.《白下集 附錄 行狀》이하곤이 차운한 작품은《백하집》권1의〈비래봉(飛來峰)〉이다.

다벽동[253]에서. 중화[254]의 운자에 맞춰 짓다

多碧洞 次仲和韻

구름 속으로 오솔길 그윽하게 뻗었고	一逕穿雲窈窕通
어지러이 누런 잎이 바람에 떨어지네	紛紛黃葉落山風
지팡이 짚고 동쪽 시내로 가노라니	支笻欲向東溪去
고목과 차가운 시내 마치 그림 속인 듯	古木寒流似畫中

253 다벽동(多碧洞) : 현재의 충청북도 괴산군 청천면 사담리 부근에 있는 골짜기로 추정된다. 115쪽 각주107 참조.

254 중화(仲和) : 윤순(尹淳, 1680~1741)으로, 본관은 해평(海平), 자는 중화, 호는 백하(白下)・학음(鶴陰)이다.《白下集 附錄 行狀》

공림사[255]에서. 중화[256]의 운자에 맞춰 짓다
空林寺 次仲和韻

오래된 사찰 해마다 허물어져	古寺年年破
멋진 들보 다 기울어 가네	雕梁盡欲傾
저녁 해가 무너진 벽을 비추고	夕陽頹壁照
가을 풀이 낡은 감실에 자랐네	秋艸廢龕生
나그네는 임금의 글 빌려서 보고	客借御書看
승려는 아끼던 산열매 주네	僧慳山果呈
동쪽 행랑 두루 돌아보고 나니	東廊行已遍
고요하게 정오 종소리 울린다	寂寂午鍾聲

255 공림사(空林寺) : 충청북도 괴산군 청천면 사담리 낙영산(落影山)에 자리한 절이다. 현재는 공림사(公林寺)로 표기한다.

256 중화(仲和) : 윤순(尹淳, 1680~1741)으로, 본관은 해평(海平), 자는 중화, 호는 백하(白下)·학음(鶴陰)이다. 《白下集 附錄 行狀》

백련암에서. 중화가 영사에게 준 시[257]를 차운하다
白蓮庵 次仲和贈瑛師韻

고승과 마주하고 잠 못 드는데　獨對高僧自不眠
종이 창 아래 등불이 고요히 깜박이네　紙窓燈火靜蕭然
깊은 밤에 앉아서 처마의 방울소리 듣노라니　夜深坐聽簷鈴語
지난 번 유람 벌써 십 년이나 지났구나[258]　記得前遊已十年

257 백련암(白蓮庵)에서……시 : 중화(仲和)는 윤순(尹淳, 1680～1741)으로, 본관은 해평(海平), 자는 중화, 호는 백하(白下)·학음(鶴陰)이다.《白下集 附錄 行狀》 이하곤이 차운한 작품은《백하집》 권1의 〈백련암에서 영사에게 주다〔白蓮菴 贈瑛師〕〉이다. 영사(瑛師)는《두타초(頭陀草)》에 여러 차례 보이지만 인적사항은 고증할 수 없다.

258 지난 번……지났구나 :《두타초(頭陀草)》 책2에 〈백련암에서 묵다〔宿白蓮菴〕〉라는 작품이 있는 것으로 보아, 이하곤은 백련암에서 묵은 적이 있다.

법주사[259]에서. 중화[260]의 운자에 맞춰 짓다
法住寺 次仲和韻

긴 행랑 다 다니도록 스님 만나지 못했는데	長廊行盡不逢僧
사원에 석양 가득하고 탑 그림자 높구나	滿院斜陽塔影層
앞 봉우리 단풍 빛깔 좋아	爲愛前峰霜葉色
웃으며 가을 창 열고 높은 산 마주하였네	秋窓笑拓對崚嶒

259 법주사(法住寺) : 충청북도 보은군 내속리면 사내리 속리산 기슭에 있는 절이다.

260 중화(仲和) : 윤순(尹淳, 1680~1741)으로, 본관은 해평(海平), 자는 중화, 호는 백하(白下)·학음(鶴陰)이다.《白下集 附錄 行狀》

또 중화[261]의 운자에 맞춰 짓다

又次仲和韻

세조께서 예전에 여기 오셔서[262]	光陵昔幸此
건물을 웅장하게 만드시니	棟宇壯排鋪
동 기와 올린 오층 전각과	銅瓦五層閣
장륙의 불상[263] 있구나	金仙丈六軀
백성들 어찌 힘들지 않았으랴	民生能不困
민생의 괴로움 어찌 다를까	誅責豈殊途
너 부처는 과연 무슨 물건이기에	爾佛果何物
남다르게 성은을 받았는가	偏蒙聖渥殊

261 중화(仲和) : 윤순(尹淳, 1680~1741)으로, 본관은 해평(海平), 자는 중화, 호는 백하(白下)・학음(鶴陰)이다. 《白下集 附錄 行狀》

262 세조(世祖)께서……오셔서 : 세조가 1464년에 속리산에 와서 법주사와 복천암을 거쳐 속리산의 경치를 구경하였다는 기록이 《방산선생문집(舫山先生文集)》 〈입산(入山)〉에 보인다. 광릉(光陵)은 세조와 정희왕후(貞熹王后)의 능으로, 이 시에서는 세조를 지칭한다.

263 장륙(丈六)의 불상(佛像) : 장륙은 부처의 별칭이다. 《후한서(後漢書)》 권88 〈서역전(西域傳)〉 천축(天竺)에 "서방에 부처라는 신이 있는데, 그 모양을 보면 신장이 1장 6척에 황금색을 띠고 있다.〔西方有神, 名曰佛, 其形丈六尺而黃金色.〕"라고 하였다. 금선(金仙)도 황금빛의 불상을 의미한다.

복천사[264]로 들어가며 지난가을의 최 자 운[265]을 사용해 지어서 중화[266]에게 보여 주다

入福泉 用去秋催字示仲和

삐걱삐걱 가벼운 수레 타고 가노라니	伊軋輕輿去
숲 깊어 석양도 빨리 넘어가네	林深夕照催
문득 붉게 물든 나무 끝 바라보니	忽看紅樹杪
눈처럼 흰 봉우리 무수히 다가오네	無數雪峰來
산은 지난 가을처럼 멋지고	山似前秋好
꽃은 중양절 만나 피었구나	花逢九日開
너울너울 바람에 소맷자락 날리며	飄飄風袂擧
거듭 신미대[267]에 의지했네	重倚信眉臺

264 복천사(福泉寺) : 충청북도 보은군 속리산면 사내리 속리산에 있는 절이다. 현재는 법주사에 딸린 암자로, 복천암(福泉庵)으로 불린다.

265 지난……운(韻) : 《두타초(頭陀草)》 책6에 수록된 〈복천도중(福泉途中)〉을 가리킨다.

266 중화(仲和) : 윤순(尹淳, 1680~1741)으로, 본관은 해평(海平), 자는 중화, 호는 백하(白下)·학음(鶴陰)이다. 《白下集 附錄 行狀》

267 신미대(信眉臺) : 신미는 신미 선사(信眉禪師)를 가리키는데, 신미대는 미상이다. 아마도 복천사 주변의 바위로 추정된다. 130쪽 각주131 참조.

중양절에. 중화의 시[268]에 차운하다

九日 次仲和韻

객지에서 중양절 만나니	客中逢九日
곳곳마다 노란 국화 피었구나	隨地卽黃花
고찰 찾아 높은 곳에 올랐더니	古寺登高處
좋은 날이라 집 생각 간절하네	佳辰更憶家
쓸쓸한 소리가 떨어지는 잎에서 나고	寒聲生落木
가을 경치가 남은 노을에 끊어지네	秋色斷餘霞
드넓은 천지의 안에	浩蕩乾坤內
이내 삶도 끝이 없구나	吾生亦未涯

268 중화(仲和)의 시 : 중화는 윤순(尹淳, 1680~1741)으로, 본관은 해평(海平), 자는 중화, 호는 백하(白下)・학음(鶴陰)이다.《白下集 附錄 行狀》 이하곤이 차운한 작품은《백하집》 권1의 〈산중구일(山中九日)〉이다.

복천사[269] 승방에서 밤에 앉아 있다가
福泉僧房夜坐

가을날 천 봉우리 정상에서 묵노라니	秋宿千峰頂
별들이 문 안으로 들어오네	星河入戶低
샘물 소리는 바위 구멍 아래에서 울고	泉鳴石竇下
달은 삼나무 숲 서쪽에 걸렸네	月懸杉木西
승려의 방 새로 단장하여 좋구나	僧壁憐新潔
불경 읽는 창 아래에서 옛 시 찾노라	經窓覓舊題
밤 깊어도 정신 맑아 잠들지 못하는데	夜深淸不睡
서리 기운이 더욱 차갑구나	霜氣更凄凄

269 복천사(福泉寺) : 충청북도 보은군 속리산면 사내리 속리산에 있는 절이다. 현재는 법주사에 딸린 암자로, 복천암(福泉庵)으로 불린다.

새벽에 일어나. 중화의 시[270]에 차운하다

曉起 次仲和韻

서둘러 지었다.

봄날의 유람[271] 벌써 얼마나 지났나 春遊已幾時
세월은 어찌 이리도 빠른지 歲月何飄忽
가을 산에 멋진 풍광 넉넉한데 秋山饒佳態
나뭇잎 떨어져 그림자 우뚝하네 木落影突兀
게다가 중양절 만나 況値重陽節
벼랑에 국화도 벌써 피었어라 崖菊亦已發
지팡이 짚고 중봉에 올라서니 理策躡中峰
흰 구름이 어지러이 피었다 사라졌다 하는구나 白雲紛興沒
절은 복된 샘을 얻었고[272] 精藍得福泉
방장실은 십 홀에 차는구나[273] 丈室盈十笏

270 중화(仲和)의 시 : 윤순(尹淳, 1680~1741)의 《백하집(白下集)》 권1의 〈천암효(泉庵曉)〉를 가리킨다.

271 봄날의 유람 : 이하곤이 처음 속리산을 찾았을 때는 봄철이었기에 한 말이다.

272 절은……얻었고 : 《신증동국여지승람(新增東國輿地勝覽)》 권16 〈충청도(忠淸道) 보은현(報恩縣)〉에 "복천사는 법주사(法住寺) 동쪽 7리쯤 되는 곳에 있다. 절 동쪽에 샘물이 돌 사이에서 쏟아져 나와 식수(食水)로 쓰기 때문에 이렇게 이름 지은 것이다."라고 하였다.

273 방장실(方丈室)은……차는구나 : 복천사의 승방이 아담함을 말한 것이다. 홀(笏)은 척(尺)과 같은 뜻으로, 십홀(十笏)은 사방 일장(四方一丈)을 말한다. 《고금사문유취(古今事文類聚)》 권35 〈방장(方丈)〉에 "유마거사의 석실은 수판을 가지고 종횡

어둠이 뭇 골짝에 짙어지고 瞑色藹衆壑
동쪽 숲에 다시 조각달 떠오르네 東林復微月
샘물이 차가운 물통에 떨어져 風泉落寒槽
시원하게 뼛속까지 맑아지네 泠然淸心骨
고승이 불가의 이치 말하여 高僧談淨理
미진에서 자벌로 인도한다 하니[274] 迷津導慈筏
무생[275]을 깨우친다면 無生庶可悟
머리 하얗게 센 것도 잊게 되리 令我忘華髮

으로 헤아린 결과, 십 홀을 용납할 정도였다.〔有維摩居士石室, 以手板縱橫量之, 得十笏.〕"라고 하였다.

274 미진(迷津)에서……하니 : 고해(苦海)에서 헤매는 중생(衆生)을 부처의 자비로 피안(彼岸)에 오르게 한다는 비유이다. 미진은 번뇌(煩惱)와 미망(迷妄)의 세계, 삼계(三戒)와 육도(六道), 현실의 세계, 피안에 대응한 차안(此岸)의 세계를 의미한다. 자벌(慈筏)은 자항(慈航)과 같은 불가 용어인데, 부처가 자비로운 마음으로 중생을 구제하는 것을 배로 사람을 건져주는 것에 비유한 것이다.

275 무생(無生) : 불교 용어로 불생불멸(不生不滅), 즉 죽고 삶이 없는 것을 말한다. 참고로 백거이(白居易)의 시에 "무생을 배우는 것이 제일이니, 무생이 바로 무멸이니라.〔不如學無生, 無生卽無滅.〕"라고 하였다. 《白香山詩集 卷5 贈王山人》

환희암에 오르다

上歡喜

암자 이름이다.

암자 낡았으니 스님은 어디로 갔는가	庵廢僧何去
산은 비고 낙엽만 수북하네	山空落葉深
뒤쪽 담장에 국화 피었고	背墻寒菊發
문 앞에 산 그늘 드리웠네	當戶一峰陰
향로에는 아직도 재 남았고	香鼎猶餘燼
물통에는 맑은 소리 울리네	槽泉只好音
방 안에 아무것도 없어	房中無一物
잠시 앉았노라니 선심 이는구나	少坐亦禪心

중화[276]의 호 자에 맞춰 짓다
次仲和豪字

솔숲 꼭대기 높은 암자에 앉았노라니	坐來松頂一庵高
유인의 흥취 저절로 호방해지네	還使幽人興自豪
노란 국화는 스님이 없는 줄도 모르고	黃菊不知僧不在
샘물 받는 물통 곁에 몇 송이 피었네	數枝開傍落泉槽

276 중화(仲和) : 윤순(尹淳, 1680~1741)으로, 본관은 해평(海平), 자는 중화, 호는 백하(白下)·학음(鶴陰)이다. 《白下集 附錄 行狀》

석문에서 잠시 쉬다

小憩石門

남여 타고 구름 속으로 들어오니	藍輿入層雲
위도 아래도 모두 단풍 물든 숲이구나	高下一楓林
노을 기운이 뭇 골짝에 피어나고	霞氣蒸衆壑
가을 빛깔이 차이 없이 물들었네	秋色無淺深
저물녘에 동대에 있으려니	落日在東臺
뭇 봉우리 눈처럼 흰 빛으로 우뚝하네	群峰雪崟岑
솔과 계수나무에서 신령한 바람 소리 일어나더니	松桂發靈籟
바람과 물소리로 어우러지네	亂以風水音
아득히 석문 깊으니	玄玄石門深
여기서 은거하고픈 마음 일어나네	遂此生隱心

난(亂)은 관저지란(關雎之亂)의 난과 같다.[277]

음잠(崟岑)은 기음(崎崟)으로도 쓴다.

277 난(亂)은……같다 : 난이 음악의 마지막 장을 의미하는 말로 사용되었다는 말이다. 공자(孔子)께서 "악사 지가 처음 벼슬할 때에 연주하던 〈관저〉의 마지막 악장이 아직까지 성대히 귀에 가득하구나.〔師摯之始, 關雎之亂, 洋洋乎盈耳哉.〕"라고 하셨다. 《論語 泰伯》

청량굴

淸凉窟

속리산에 네 번째 왔건만	四入俗離去
오늘에야 여기 왔어라	今朝此地遊
푸른 대 자란 외로운 바위 빼어나고	翠篁孤石秀
누런 잎 덮인 한 암자 그윽하다	黃葉一菴幽
영정을 지키는 승려 없는데	影子無僧護
가사만 벽에 걸렸네	袈裟掛壁留
속세 밖 조용한 곳에	寥寥塵界外
국화는 누굴 위해 가을 자태 뽐내는가	寒菊爲誰秋

중화[278]의 심 자에 맞춰 짓다

次仲和尋字

붉은 단풍잎 우거진 산길 따라	紅葉深山路
빈 암자를 홀로 찾아왔네	菴空獨自尋
영천사[279] 새로 단장했는데	靈泉堪蛻骨
옛 벽을 보고 싶은 마음이네	古壁欲觀心
불상 지키는 듯 국화 피어 있고	護佛寒花在
사람 머물게 하려는 듯 기이한 새 울어대네	留人怪鳥吟
빈 뜰에 늙은 잣나무 있어	虛庭有老栢
날 저물자 스산하구나	日暮意蕭森

278 중화(仲和) : 윤순(尹淳, 1680~1741)으로, 본관은 해평(海平), 자는 중화, 호는 백하(白下)·학음(鶴陰)이다. 《白下集 附錄 行狀》

279 영천사(靈泉寺) : 《신증동국여지승람(新增東國輿地勝覽)》 권15 《충청도(忠淸道) 청주목(淸州牧)》 불우(佛宇) 기사에 의하면 낙가산(洛迦山)에 있다고 하였다.

중사자암에서. 중화[280]의 어 자 운에 맞춰 짓다
中獅子菴 次仲和魚字

물고기 좋아하듯 나는 산 구경도 즐겨	我嗜看山如嗜魚
매번 아름다운 곳 만나도 만족하지 않네	每逢佳處不饒餘
어찌하면 문장대[281] 아래 집을 짓고	何當築室文臺下
물마시며 오래도록 도서를 읽을까	飮水長年讀道書

280 중화(仲和) : 윤순(尹淳, 1680~1741)으로, 본관은 해평(海平), 자는 중화, 호는 백하(白下)·학음(鶴陰)이다.《白下集 附錄 行狀》

281 문장대(文藏臺) : 문대(文臺)는 충북 보은군과 경북 상주시 사이에 있는 속리산의 문장대를 가리킨다. 큰 암석이 하늘 높이 치솟아 흰 구름과 맞닿은 듯한 절경을 이루고 있어 운장대(雲藏臺)라고도 한다.

또 분 자에 맞춰 짓다

又次分字

동암[282]으로 가려는데	欲向東菴去
그윽한 대숲이라 길 모르겠네	幽篁路不分
천 봉우리를 가을 뒤에 보고	千峰秋後見
한 풍경소리를 깊은 밤에 듣노라	一磬夜深聞
창문 틈으로 삼나무에 걸린 달 엿보고	窓缺窺杉月
찬 이불 덮고 산 구름 속에 누웠노라	衾寒臥岜雲
선방은 더욱 맑고 고요해	禪房更淸寂
불경을 토론해 보고 싶네	聊欲討經文

282 동암(東菴) : 《두타초(頭陀草)》 책1 〈동암과우장로(東菴過雨長老)〉라는 작품의 아래에 "암자는 천후산에 있다.〔菴在天吼山〕"라는 원주(原註)가 있다.

상사자암

上獅子

맑고 고요함은 암자마다 다 있지만	淸寂菴皆有
고고함은 오직 이곳에만 있구나	孤高獨此間
처마는 사자암 향해 날 듯하고	簷飛獅子石
창문은 무주산 쪽으로 트여 있네	牕出茂朱山
승려 떠나서 새소리 요란스럽고	僧去鳥聲亂
빈 뜨락에 소나무 그림자 한가롭네	庭空松影閑
바위 사이에서 옛날 새겨 놓은 것 보고서야	巖間看舊刻
비로소 거듭 찾아온 줄 알게 되었네	始覺再來攀

또 앞의 운자를 써서 짓다

又用前韻

돌 비탈길에 흰 구름 나오는데	磴路白雲出
남여 타고 단풍잎 사이로 가노라	藍輿黃葉間
암자가 외로이 높은 바위에 있으니	菴孤一危石
하늘 드넓어 먼 산이 다 보이네	天闊盡遙山
화로 있어도 응당 차가울 테고	爐在應須冷
종 매달려 있지만 한가롭구나	鍾懸只是閑
맑고 그윽함 참으로 마음에 들어	淸幽眞可意
힘들게 올라온 것도 잊노라	忘却費躋攀

5, 6구는 "화로는 승려 없어 차게 식었고, 종소리는 세상 벗어나 한가롭네.〔爐火無僧冷, 鍾聲出世閑.〕"로도 쓴다.

문장대[283]에서

文藏臺

두건 쓰고 신발 신고 여러 봉우리 정상에 오르니	巾屨群峰頂
외나무로 된 구름사다리 매달렸네	雲梯獨木懸
우뚝한 문장대는 하나의 바위이고	臺危仍一石
이 몸 멀리 와서 문득 높은 하늘에 닿을 듯하네	身遠忽高天
천제의 자리에 기운 통할 테니	帝座應通氣
나는야 신선도 부럽지 않아라	吾生不羨仙
눈앞에 가리는 물건 하나도 없으니	眼前無礙物
대지가 손바닥 안에 둥글구나	大地掌中圓

283 문장대(文藏臺) : 충북 보은군과 경북 상주시 사이에 있는 속리산의 한 봉우리이다. 112쪽 각주104 참조.

중화[284]의 중 자에 맞춰 짓다

次中和中字

만고토록 한 덩이 바위가	萬古一塊石
아득하게 원기 가운데 솟았네	蒼蒼元氣中
깊은 뿌리는 두터운 대지에서 시작하고	深根自厚地
높은 정상에는 거센 바람 부는구나	高頂卽罡風
떠받쳐서 천제의 자리를 편안히 하고	撑拄安天位
호흡하여 조화옹의 공로를 돕는구나	呴噓贊化功
모름지기 알아야지 우뚝한 너머에	須知卓立外
더 높은 다른 산 있으랴	肯使他山崇

284 중화(仲和) : 윤순(尹淳, 1680~1741)으로, 본관은 해평(海平), 자는 중화, 호는 백하(白下)·학음(鶴陰)이다.《白下集 附錄 行狀》

산을 벗어나며 연구로 짓다[285]

出山聯句

고개 돌려 바라보며 속리산 떠나려니	回首別離嶽
아련히 사흘간의 정 떠오르네	依依三日情
높은 벼랑은 물 따라 굽이지고	危崖緣水轉
그윽한 골짝은 단풍으로 밝았지 _중화(仲和)	幽壑得楓明
지팡이 짚고 갈 때에 외로운 봉우리 빼어나더니	倚杖孤峰秀
말 타고 돌아가려니 가랑비 맑게 내리네	歸鞍細雨淸
덧없는 백년 인생에	浮生百年內
몇 번이나 한가한 여행 할 수 있을까 _재대(載大)	能得幾閑行

285 연구(聯句)로 짓다 : 이 시에서 중화(仲和)는 윤순(尹淳, 1680~1741)의 자이고, 재대(載大)는 이하곤의 자이다.

선유동[286]에서. 중화[287]의 운에 맞춰 짓다

仙遊洞 次仲和韻

그대가 선유동 그리기 어렵다 말하니　　君言仙洞畫難成
조물주의 교묘한 솜씨 잘 볼 수 있네　　狡獪偏看造物情
한 조각 반석은 원래 묘사하기 쉽지만　　一片盤陀元易貌
샘물 소리는 묘사하기 가장 어렵구나　　最難貌處是泉聲

원운 原韻

옥동의 경치 그려낼 수 없으니　　玉洞烟霞畫不成
수고롭게 그대는 시상 일으키지 마시게　　煩君且莫惹詩情
경치와 마음 어우러진 곳 알고자 한다면　　要知境與心融處
그저 말 잊고 물소리 들어야지　　只在忘言聽水聲

중화(仲和)

286 선유동(仙遊洞) : 충북 괴산군 청천면 송면리에 있는 계곡이다.

287 중화(仲和) : 윤순(尹淳, 1680～1741)으로, 본관은 해평(海平), 자는 중화, 호는 백하(白下)·학음(鶴陰)이다. 《白下集 附錄 行狀》

중화[288]가 선암을 읊은 시에 차운하면서 재미 삼아 그 뜻을 뒤집다

次仲和詠船巖韻 戱反其意

어찌 한 가지 흠도 없으랴만	那能無一欠
그대는 어쩌자고 자세하게 흠집 찾는가	君何細索痕
견고함과 결백함 원래 취할 만하니[289]	堅白元可取
구름 도끼를 함부로 휘두르지 말게나[290]	莫輕下雲斤

원운 原韻

한 덩이 물가의 바위	一塊水邊石

288 중화(仲和) : 윤순(尹淳, 1680~1741)으로, 본관은 해평(海平), 자는 중화, 호는 백하(白下)·학음(鶴陰)이다. 《白下集 附錄 行狀》

289 견고함과……만하니 : 이하곤 자신의 굳센 지조를 자부한 말이다. 견백(堅白)은 공자(孔子)께서 "단단하다고 말하지 않겠는가, 갈아도 얇아지지 않는다. 희다고 말하지 않겠는가, 검은 물을 들여도 검어지지 않는다.〔不曰堅乎, 磨而不磷. 不曰白乎, 涅而不緇.〕"라고 말씀하신 데서 유래하였다. 《論語 陽貨》

290 구름……말게나 : 이하곤이 윤순에게 자신의 시구를 지나치게 다듬지 말아달라고 당부하는 말이다. 운근(雲斤)은 문장을 세밀하게 다듬는 것을 의미한다. 당(唐)나라 태화(太和) 연간에 어떤 이가 숭산(嵩山)에 놀러 갔다가 보자기를 베고 자는 사람을 만나 어디서 왔느냐고 묻자, 그가 웃으며 말하기를 "그대는 저 달이 칠보로 합성된 것을 아는가.……항상 8만 2천 호가 그것을 수리하는데, 내가 바로 그 중의 한 사람이다.〔君知月乃七寶合成乎.……常有八萬二千戶修之, 予卽一數.〕"라며 보자기를 열어 보이는데, 그 속에 도끼와 자귀 두어 자루가 들어 있었다는 고사가 전한다. 《酉陽雜俎 卷1》

온통 주름져 있으니 全身卽皺痕
비록 갈고 쪼지 않더라도 雖云未磨琢
요컨대 천 근보다 값지리 要是重千斤

중화(仲和)

환장암[291]에서. 중화[292]의 운에 맞춰 짓다
煥章菴 次仲和韻

산은 푸른 옥 같고 물은 쪽빛이며	山如碧玉水如藍
저녁노을과 아침 안개를 절로 토하고 머금네	暮靄朝嵐自吐含
이곳의 시내와 산 원래부터 마음에 들었지만	此地溪山元可意
십 년 동안 오간 것은 이 암자 때문이지	十年來往爲玆菴

291 환장암(煥章菴) : 노봉(老峯) 민정중(閔鼎重, 1628~1692)이 청(淸)나라에 갔다가 명 의종(明毅宗)의 친필인 비례부동(非禮不動) 네 글자를 얻어 와, 화양동(華陽洞) 바위에 새기고 원본을 보관하기 위해 세운 건물이다.

292 중화(仲和) : 윤순(尹淳, 1680~1741)으로, 본관은 해평(海平), 자는 중화, 호는 백하(白下)·학음(鶴陰)이다. 《白下集 附錄 行狀》

만동사[293]에서. 중화[294]의 운에 맞춰 짓다

萬東祠 次仲和韻

푸른 산 그윽한 곳에 자리한 만동사	萬東祠宇碧山幽
그 아래 찬 냇물은 바다로 흘러가네[295]	祠下寒溪朝海流
산 밖은 오랑캐 티끌이 눈 가리는데	山外腥塵方眯眼
맑은 바람이 골짜기 안에 쉬지 않는구나	清風洞裏吹不休

293 만동사(萬東祠) : 송시열(宋時烈)의 유명을 받아 문인 권상하(權尙夏)가 1704년(숙종30) 충북 괴산군(槐山郡) 화양동(華陽洞)에 명(明)나라 신종(神宗)과 의종(毅宗)을 제사하기 위해 세운 사당이다.

294 중화(仲和) : 윤순(尹淳, 1680～1741)으로, 본관은 해평(海平), 자는 중화, 호는 백하(白下)·학음(鶴陰)이다. 《白下集 附錄 行狀》

295 바다로 흘러가네 : 조해(朝海)는 《서경》 〈우공(禹貢)〉에 "마치 백관이 임금에게 조회하듯, 그렇게 온갖 물줄기가 바다로 모여든다.〔江漢朝宗于海〕"라고 한데서 유래하였다. 여기서는 명나라에 대한 마음을 나타내었다.

중화[296]가 류 자 운으로 반석을 읊은 시에 맞춰 짓다
次仲和流字詠盤石

끝없이 바위가 펼쳐져 있고	展盡無邊石
평평하게 한 시냇물 흘러가네	平鋪一水流
다른 산에도 또 있겠는가	他山能更有
여기 말고 어디에서 구할까	此外欲何求
하늘이 어찌 생각 없이 만들었으랴	天豈無心設
사람은 오직 눈으로만 꾀하는구나	人惟與目謀
바위 벼랑에 보배로운 글씨 남아 있으니[297]	巖崖留寶墨
또한 절로 천추에 전해지리라	亦自足千秋

296 중화(仲和) : 윤순(尹淳, 1680~1741)으로, 본관은 해평(海平), 자는 중화, 호는 백하(白下)・학음(鶴陰)이다. 《白下集 附錄 行狀》

297 바위……있으니 : 충북 괴산군 청천면 화양동 계곡에 새겨져 있는 명 의종(明毅宗)의 비례부동(非禮不動)이라는 친필을 가리킨다.

두타초

제7책

詩시

환장암[1]의 달밤. 중화[2]에게 보여 주다

焕章菴月夜 示仲和

차가운 산에 기운 쓸쓸한데	寒山氣蕭瑟
달 나오자 산이 더욱 공허하네	月出山更空
절이 구름 깊은 곳에 있어	寺在雲深處
밤에 바람과 물소리 가운데 자노라	夜眠風水中
외로운 등불은 마주한 그림자 비추고	孤燈照對影
맑은 경치를 그대와 함께 즐기네	清景與君同
한 해 저무는 때라 눈서리 내리는데	歲晩有霜雪
서로 계수나무 숲에 눕기를 기약하네[3]	相期臥桂叢

1 환장암(煥章菴) : 노봉(老峯) 민정중(閔鼎重, 1628~1692)이 청(淸)나라에 갔다가 명 의종(明毅宗)의 친필인 비례부동(非禮不動) 네 글자를 얻어 와 화양동(華陽洞) 바위에 새기고 원본을 보관하기 위해 지은 건물이다.

2 중화(仲和) : 윤순(尹淳, 1680~1741)으로, 본관은 해평(海平), 자는 중화, 호는 백하(白下)・학음(鶴陰)이다. 《白下集 附錄 行狀》

3 서로……기약하네 : 윤순과 함께 은거하기를 기약한다는 말이다. 계총(桂叢)은 계수나무 숲으로, 은자(隱者)가 사는 곳을 가리킨다. 한(漢)나라 때 회남왕(淮南王) 유안(劉安)이 문사(文士)들을 모아 사부(辭賦)를 짓게 하고, 이들을 대산(大山)과 소산(小山) 두 부류로 나누었다. 이 중 소산에 속하는 문사가 지은 〈초은사(招隱士)〉에 "계수나무 숲 우거져 산이 그윽하니, 구불구불 뻗은 줄기 가지 서로 얽혔어라.〔桂樹叢生兮山之幽, 偃蹇連蜷兮枝相繚.〕"라고 하여, 은자가 사는 산중 풍경을 묘사하였다.

또 기 자를 얻었다

又得期字

사흘간 속리산을 실컷 구경하고	飽來離嶽三朝賞
약속대로 화양동에서 하룻밤 묵었네	果得華陽一宿期
밤 깊어지자 흰 구름이 누운 곳에 피어나고	夜久白雲生臥處
텅 빈 산 그윽한 달이 읊는 때에 비추네	山空幽月照吟時
먼 숲의 풍경 소리 솔바람 소리와 어우러지고	遙林磬落松聲合
높은 누대에 등불 걸었는데 냇물 소리 구슬프네	高閣燈懸澗水悲
그대 향해 한바탕 웃고자 하니	欲向吾君資一笑
오늘 밤에 칠언시 짓지 말자던 약속 어겼네	今宵破戒七言詩

산에 들어갈 때에 중화(仲和)[4]와 5언시만 짓기로 약속하여 7언시는 한 수도 짓지 않다가, 오늘 밤에 처음으로 이 약속을 어겼다. 때문에 마지막 구에서 언급하였다.

4 중화(仲和) : 윤순(尹淳, 1680~1741)으로, 본관은 해평(海平), 자는 중화, 호는 백하(白下)·학음(鶴陰)이다. 《白下集 附錄 行狀》

도중에 중화[5]와 헤어지다

路中別仲和

내가 가을 산으로 갈 때	我入秋山去
함께 유람한 사람 오직 그대뿐	同遊獨有君
며칠 밤을 산 정상에서 묵고	幾宵峰頂宿
오늘 저녁 길에서 헤어지네	今夕道中分
가는 말은 쓸쓸히 물가에 있고	征馬寒臨水
돌아가는 까마귀는 저물녘 구름을 지나가네	歸鴉暮度雲
홰나무 자란 집에서 달을 마주하리니	槐齋應對月
멋진 시를 들려주시게	佳句爲相聞

5 중화(仲和) : 윤순(尹淳, 1680~1741)으로, 본관은 해평(海平), 자는 중화, 호는 백하(白下)·학음(鶴陰)이다.《白下集 附錄 行狀》

길을 가면서 산 자를 얻었다

途上得山字

가을 경치 날로 쓸쓸해지는데	秋色日蕭瑟
하염없이 길을 가노라	悠悠征路間
들 가운데 나무에 외로운 연기 끼고	孤烟野中樹
하늘 저 멀리 산으로 해 저무네	落日天際山
시골 아낙은 목화 따러 가고	村婦摘綿去
나무하는 아이는 소 타고 돌아오네	樵童騎牛還
멀리 단풍잎 사이 바라보니	遙看黃葉裏
옆으로 사립문 하나 나왔네	側出一柴關

새벽에 동산에서 거닐다

晨行園

며칠 동안 산에 유람 갔다가	幾日遊山去
오늘 새벽에 홀로 동산을 돌아보네	今晨獨繞園
국화는 벌써 흐드러지게 피었고	寒花開已爛
병든 잎은 떨어지고도 무성하네	病葉落還繁
밭이랑에 끝내 은거하리니	畎畝終須隱
속세는 본래 시끄럽지	風塵故自喧
소나무 뿌리가 새로 내린 비에 젖었으니	松根新雨潤
이 때문에 밥맛을 더하누나	爲此更加餐

감회가 있어서

有感

해 지자 뿌연 서리 맑게 내리고	日落烟霜淨
사립문은 먼 숲에 이어졌네	柴扉接遠蕪
갈바람이 숲에 세차게 불고	秋風吹樹急
산 경치는 사람과 함께 외로워라	山色與人孤
세상사는 베개에 누워 잊는다지만	世事方欹枕
민생은 이미 살을 도려낼 정도라네[6]	民生已剝膚
국화만 부질없이 눈에 가득 들어오니	黃花空滿眼
막걸리 병에 띄우고 싶어라	欲泛濁醪壺

6 민생은……정도라네 : 가혹한 수탈로 인해 백성의 삶이 고달프다는 말이다. 《주역》 〈박괘(剝卦) 육사(六四)〉에 "상을 깎아 살갗에 미침이니 흉하다.〔剝牀以膚, 凶.〕"라고 하였고, 당(唐)나라 한유(韓愈)의 글에 "피부를 도려내고 골수를 부순다.〔剝膚椎髓〕"라고 하였다. 《韓昌黎集 卷14 鄆州谿堂詩》

저물녘에 바라보다

晩望

동쪽과 서쪽 비탈에 단풍 물들고	楓樹東西岸
여덟아홉 민가에 연기 피어나네	人烟八九家
어린 물고기는 찬 날씨에도 모여들고	魚兒寒更聚
기러기 떼가 저물녘에 날아가네	鴈陣暮還斜
늦가을 경치 초가집에 남았는데	秋晩餘茅屋
흉년이라 고작 국화뿐이구나	年貧只菊花
산과 동산에 상수리와 밤 넉넉하니	山園饒橡栗
나의 삶 스스로 만족하노라	吾自足生涯

영제원[7] 가는 길에

永濟院途中

말 가는대로 가을 경치 따라가는데	信馬隨秋色
말 앞으로 기러기 날아가네	馬前鴻鴈翻
석양은 백사장 물가에 있고	夕陽在沙水
나무꾼은 노래하며 연기 낀 마을로 들어간다	樵唱入烟村
내 집이 가까운 줄 아노니	已覺吾廬近
산길 어두워져도 걱정 않노라	不愁山路昏
철없는 아이 기다리고 있으려나	癡兒相候否
아마도 달이 문에 떠오르겠지	應是月生門

7 영제원(永濟院) : 현재의 충청북도 진천군 초평면 오갑리에 있었던 조선 시대의 원(院)이다. 진천현에서 동쪽으로 14리 떨어진 곳에 있었다.《新增東國輿地勝覽 卷16 忠淸道》

박백형[8]에게 들르다

過朴伯亨

아득히 연기가 나무에 잠기고　漠漠烟沈樹
쓸쓸히 버들이 문을 가렸네　蕭蕭柳掩門
그대는 언제 돌아왔나　君歸問幾日
나그네 찾아와 높은 마루에 앉았네　客至坐高軒
집 안에 가을 벼 쌓였고　屋裏秋禾積
울타리 자락에 저물녘 참새 지저귀네　籬端暮雀喧
한가롭게 함께 한바탕 웃고는　悠然同一笑
마주한 채 둘 다 말을 잊었네　相對兩忘言

8 박백형(朴伯亨) : 박종양(朴宗陽, ?~1725)으로, 본관은 함양(咸陽)이다. 사옹원 봉사(司饔院奉事)를 지냈으며, 이하곤이 광주 분원(分院)에 갔을 때, 함께 지내면서 시를 주고받은 일이 있다. 《頭陀草 冊3 得村人菊花數枝……》

고을 관사에 몇 명이 모였기에 중화의 〈산중구일〉[9]의 운으로 지어 삼수주인 형제에게 보여 주고 화답을 구하다

縣齋小集 用仲和山中九日韻 示三秀主人兄弟 求和

중양절 지나 문득 한스러운데	翻恨重陽過
돌아와 국화를 마주하네	還來對菊花
누가 알랴 고을 관사가	誰知縣齋裏
시골 사람의 집과 같은 줄을	得似野人家
송사 끝난 쓸쓸한 뜰에 비 내리고	訟罷寒庭雨
술잔 나누는 저녁 누각에 노을 물드네	杯傳暮閣霞
아득한 속세 밖에서	悠悠塵世外
술에 취해 살아가리	將醉作生涯

9 중화(仲和)의 산중구일(山中九日) : 중화는 윤순(尹淳, 1680~1741)으로, 본관은 해평(海平), 자는 중화, 호는 백하(白下)·학음(鶴陰)이다. 《白下集 附錄 行狀》 〈산중구일〉은 윤순의 《백하집》 권1에 실려 있다.

서둘러 써서 황지[10]로 가는 이평숙 군을 전송하다

走草 送李君平叔之黃池

이군(李君)이 황지(黃池)에서 삼척(三陟)으로 발길을 돌렸다.

가을 다 지난 금계[11]에 기러기 슬피 우는데	秋盡金溪鴈叫悲
그대는 지금 말 타고 황지로 가는구나	君今匹馬向黃池
죽서루[12]에서 새로 뜨는 달 만나면	竹西樓上逢新月
그리워하며 자주 시 짓겠지	爲道相思數賦詩

10 황지(黃池) : 강원도 태백시 황지동에 있는 연못으로, 태백 팔경 중의 하나이다. 삼척부(三陟府) 서쪽 110리 떨어진 곳에 있으며 낙동강의 원류(源流)이다.《新增東國輿地勝覽 卷44 江原道 三陟都護府》

11 금계(金溪) :《두타초(頭陀草)》 책1에 〈침우담은 진천현 남쪽 10여 리 쯤에 있다.……금계와 석탄의 물이 대 아래에 합쳐져서 큰 못을 이루는데……〔沈牛潭在鎭川縣南十餘里……金溪石灘之水 合流滙于臺下 成巨潭……〕〉라는 시가 있으므로, 이하곤의 고향에 있는 물 이름임을 알 수 있다.

12 죽서루(竹西樓) : 강원도 삼척시 성내동에 있는 조선 시대의 누각이다.《新增東國輿地勝覽 卷44 江原道 三陟都護府》

9월 25일 밤 꿈에 벗 이후경[13]과 함께 풍악산으로 놀러갔는데, 정양사[14]와 마하연[15] 사이에서 머물며 노닐었다. 후경이 모자를 벗으니 대머리였다. 내가 놀리며 말하기를 "그대의 머리는 비상하다고 할 만하네."라고 하니, 후경이 웃으며 대답하기를 "내 머리가 이와 같으니 머지않아 신선이 되어 떠날 것이다."라며 자못 자부하는 표정이었다. 조금 있다가 놀라 꿈에서 깼는데, 그윽한 달빛이 창에 가득하고 국화 그림자가 아른거렸다. 꿈의 일을 떠올려 생각해보니, 또렷이 눈앞에서 벌어진 듯하여 마침내 절구 한 편을 지어 기록한다. 다른 날 후경이 이 시를 본다면, 또한 마땅히 한바탕 웃을 것이다

九月二十五日夜夢 與李友厚卿往遊楓嶽 留連徜徉於正陽摩訶之間 厚

13 이후경(李厚卿) : 이덕재(李德載, 1683~1739)로, 본관은 전의(全義), 자는 후경이다. 김창흡(金昌翕)의 사위로, 그의 문하에서 수학하였다.《圃巖集 卷18 司憲府持平李公墓碣銘》

14 정양사(正陽寺) : 금강산 표훈사(表訓寺) 북쪽 산의 정맥(正脈) 고지대에 위치한 절이다. 이 절은 시계(視界)가 확 트여 금강산의 여러 봉우리를 모두 볼 수 있다고 한다. 참고로 신익성(申翊聖)의《낙전당집(樂全堂集)》권7 〈유금강내외산제기(遊金剛內外山諸記)〉에 "서남쪽이 보현점인데, 비스듬히 남쪽으로 내려가면 방광대이고, 방광대 아래가 정양사이다.〔西南爲普賢岾, 邐迤而南, 爲放光臺, 臺下爲正陽寺.〕"라고 하였다.

15 마하연(摩訶衍) : 신라의 승려 의상(義湘)이 676년(문무왕16)에 창건한 절로, 화엄십찰(華嚴十刹) 중의 하나이다. 마하연은 대승(大乘)이라는 뜻으로, 옛날에 의상이 중향성(衆香城)에서 법기보살이 머무는 곳을 경배하고 일만 이천 보살과 함께 마하반야(摩訶般若)를 강설하였으므로 마하연사라고 하였다 한다.

卿脫帽髮禿 余戱曰君之頭顱 可謂非常矣 厚卿笑答曰吾髮如此 非久作仙去也 頗有自負之色 已而驚覺 幽月滿牕 菊影婆娑 追理夢事 歷歷在眼 遂吟成一絶以記之 他日使厚卿覽此 亦當一笑也

만폭동에서 시냇물 소리 듣고	萬瀑洞中聽流水
헐성루[16]에서 중향성 바라보았지	歇惺樓上望香城
생생하게 꿈속에서 다시 유람하던 날	依然夢裏重遊日
대머리인 후경과 함께 갔네	携得禿頭一厚卿

16 헐성루(歇惺樓) : 금강산 내금강의 정양사에 있던 누각으로, 내금강의 42개 봉우리를 한눈에 조망할 수 있는 전망대 역할을 하던 곳이다.

중화가 찾아와 화 자 운으로 지은 세 편의 시를 꺼내 보여 주었는데, 모두 맑고 고와 좋았다. 문득 다시 그 운에 맞춰 지어 부치다[17]

仲和見過 袖示花字三詩 皆淸麗可喜 輒復次其韻以寄

생각해 보니 속리산에 있던 날　　憶在俗離日
함께 사찰의 꽃을 구경했지[18]　　同看僧寺花
흥취 일면 그저 실컷 바라보고　　興來聊騁目
술에 취해 집에 갈 생각 잊었지　　醉裏卽忘家
먼 산은 온통 눈이 내린 것 같고　　遙嶂渾疑雪
차가운 숲은 노을에 물들려 했지　　寒林欲染霞
문장대 가장 멋졌으니　　文臺最奇夬
하늘 끝까지 다 보였지　　一覽盡天涯

위는 중양절(重陽節)의 속리산 유람을 추억한 것이다.

17 중화(仲和)가……부치다 : 저본(底本)에는 이 시의 아래에 동일한 제목이 다시 등장하고 그 아래에 6수(首)의 작품이 나열되었는데, 본 번역서에서는 두 번째 제목을 삭제하고 이 제목의 아래에 8수를 나열하였다. 두 번째 수는 경련(頸聯)과 미련(尾聯)이 빠져 있다.

18 속리산(俗離山)에……구경했지 : 이하곤은 1716년 경 속리산을 유람하였는데, 《두타초(頭陀草)》 책6 〈입속리차중화운(入俗離次仲和韻)〉에 "찬 구름 아래 두 마리 말 나란히 가니, 붉은 단풍 물든 몇 겹의 산이네.〔寒雲兩匹馬, 紅葉幾重山.〕"라고 한 것으로 보아, 당시에 윤순과 동행했음을 알 수 있다.

오늘 아침 가장 맑고 따뜻해 晴暖今朝最
늦가을 국화를 감상할 수 있네 能來賞晩花
돈독한 친척의 정의 아니라면 自非敦戚誼
누가 다시 산속 집에 오겠는가 誰復到山家
-원문 빠짐- □□□□□
-원문 빠짐- □□□□□
-원문 빠짐- □□□□□
-원문 빠짐- □□□□□

보내온 멋진 시 반복해 읽으니 三復來詩妙
붓이 꽃을 토해 낸 줄 알겠네 應知筆吐花
황진은 강한 적수 되기 어렵고 黃陳難勍敵
왕이가 어찌 이름난 작가이랴[19] 王李豈名家
맑은 운은 차가운 옥이 울리는 듯 淸韻鏗寒玉
기이한 시어는 비단 노을을 짜낸 듯 奇辭絢綵霞
다른 사람들 우습기만 하니 諸君堪一笑
귀굴[20]에서 살아가네 鬼窟作生涯

위는 보내온 시를 부러워하며 감탄한 뜻을 서술한 것이다.

19 황진(黃陳)은……작가이랴 : 윤순의 시가 명가(名家)들에게 비견될 만큼 매우 아름답고 뛰어나다는 말이다. 황진은 송(宋)나라의 황정견(黃庭堅)과 진사도(陳師道)를 가리키고, 왕이(王李)는 명대(明代)의 문인으로 후칠자(後七子)에 속하는 왕세정(王世貞)과 이반룡(李攀龍)을 가리킨다.

20 귀굴(鬼窟) : 본래는 유가(儒家) 이외의 외도(外道)를 뜻하는데, 여기서는 특이하고 험벽한 것만 추구하는 시인들의 세태를 지적한 것이다.

호탕한 기상은 사자가 바위를 할퀸 듯[21] 氣豪猊抉石
고운 자태는 여인이 꽃을 꽂은 듯 態妙女簪花
훌륭하다 누가 능히 짝할까 卓矣誰能匹
어느덧 홀로 명성 독차지했네 居然獨擅家
붓 휘두르면 비바람 몰아치는 듯 揮毫颯風雨
종이 가득 구름과 노을 하늘거리네 滿紙裊雲霞
한 글자를 마치 구슬처럼 보니 隻字看如璧
아마도 영원히 전해지리 流傳恐未涯

호(豪)는 웅(雄)으로도 쓴다.

위는 중화(仲和)의 필세(筆勢)를 칭송한 것이다.

가을 회포에 부질없이 술만 마주하고 秋懷空對酒
세상사 외면하고 꽃만 바라보노라 世事獨看花
자잘한 다툼[22] 언제나 끝날까 蠻觸何時了
구름 낀 산이 모두 집이라네 雲山摠是家
그대는 벼슬살이 하찮게 여기고 君能輕紱冕

21 호탕한……듯 : 윤순의 필세(筆勢)를 칭찬한 말이다. 당(唐)나라 때 명필 서호(徐浩)가 42폭의 병풍(屛風)을 썼는데, 여기에는 팔체(八體)가 다 갖추어진 데다 초서(草書)와 예서(隸書)가 더욱 뛰어났으므로, 당시 사람들이 그 서법(書法)을 형용하여 말하기를 "성난 사자가 바위를 할퀸 듯, 목마른 준마가 샘으로 내닫는 듯하다.〔怒猊抉石, 渴驥奔泉.〕"라고 했다는 고사가 전한다. 《新唐書 卷160 徐浩列傳》

22 자잘한 다툼 : 만촉(蠻觸)은 사소한 일로 서로 분쟁을 일으키며 명리를 다투는 것을 말하는데, 여기서는 당쟁(黨爭)을 의미한다. 달팽이의 왼쪽 뿔에는 촉(觸)이라는 나라가 있고, 오른쪽 뿔에는 만(蠻)이라는 나라가 있는데, 이 두 나라의 영토(領土) 싸움으로 죽은 시체가 백만이나 되었다는 우화에서 유래하였다. 《莊子 則陽》

나는 연하 속에서 늙어 가려 하네　　吾欲老烟霞
다른 날 혹시 돌아와 은거한다면　　他日倘歸隱
시내 북쪽 물가 나누어 주리　　定分溪北涯

위는 우리의 평소 생각을 서술한 것이다.

그대와 일찍이 약속하여　　與君曾有約
세상 피해 복숭아나무 심자 했지[23]　　避地種桃花
흐르는 물소리 가운데 앉고　　流水聲中坐
흰 구름 깊은 곳에 집 지으며　　白雲深處家
푸른 벽라 덩굴로 몸 가리고　　掩身須翠薜
밝은 노을로 배를 채우리[24]　　果腹卽明霞
만년의 계획 참으로 이와 같다면　　晩計眞如此
나의 삶 분수에 만족하리　　吾生足分涯

위는 함께 은거하자는 약속을 서술한 것이다.

사립문에는 부질없이 노목 있고　　荊扉空老木
작은 밭에는 그윽한 꽃만 있구나　　小圃只幽花
가을 색 얼마 남지 않아　　秋色無多日
차가운 산 풍광만 집에 가득하네　　寒山滿一家

23 그대와……했지 : 일찍이 윤순과 함께 세상을 피해 은거하기로 약속했다는 말이다. 도잠(陶潛)의 〈도화원기(桃花源記)〉를 원용한 것이다.

24 밝은……채우리 : 자연을 즐기며 신선처럼 사는 모습을 연상한 것이다. 《한서(漢書)》 권57 〈사마상여전(司馬相如傳)〉에 "밤이슬을 마시고 아침놀을 먹는다.〔呼吸沆瀣兮餐朝霞〕"라고 하였다.

안개 속에 외로운 학 돌아오고	烟中歸獨鶴
산 정상에 남은 노을 비추네	峰頂映殘霞
지팡이 끌고 피어나는 구름 보려고	曳杖看雲起
때때로 물가에 이르노라	時時到水涯

위는 최근의 한가한 정취를 서술한 것이다.

세상사 상전벽해처럼 변하고	世事滄桑幻
덧없는 삶 혼석의 꽃과 같구나[25]	浮生溷席花
푸른 산 한없이 좋으니	青山無限好
어딘들 살지 못하랴	何地不宜家
금계[26]의 달을 낚고	須釣金溪月
낙영산 노을을 먹으리라[27]	堪餐落影霞
어지러운 풍진세상 밖에서	風塵糾紛外
내 생애 보낼 만하네	亦足送生涯

위는 감회를 쓴 것이다.

25 덧없는……같구나 : 인생의 부침(浮沈)을 예측할 수 없다는 말이다. 혼석(溷席)은 분뇨와 방석인데, 신분의 귀천을 의미한다. 불법(佛法)을 깊이 믿던 경릉왕(竟陵王) 자량(子良)이 범진(范縝)에게 "그대는 불법을 믿지 않으니, 어떻게 빈부와 귀천이 다른 까닭을 알겠는가." 하였다. 범진이 대답하기를 "사람이 태어남은 나무에 꽃이 동시에 피었다가 바람을 따라 떨어질 때 주렴과 휘장을 스치고 방석〔茵席〕 위에 떨어지는 것도 있고 울타리와 담장에 걸려서 분뇨〔糞溷〕 안에 떨어지는 것도 있는 경우와 같습니다. 방석 위에 떨어진 것은 전하이고, 분뇨 안에 떨어진 것은 저입니다."라고 했다는 고사가 전한다. 《南史 卷57 范縝列傳》

26 금계(金溪) : 이하곤의 고향에 있던 시내 이름이다. 255쪽 각주11 참조.

27 노을을 먹으리라 : 산수를 즐기며 살겠다는 말이다. 261쪽 각주24 참조.

또 앞의 운자를 이용해 지어서 삼가 사군의 자리 아래에 부치다
又用前韻 奉寄使君座下

사군은 은자의 취향도 겸해서	使君兼隱趣
노란 국화가 정원에 가득하겠지	滿院是黃花
이웃 벗이 들름을 좋아하니	幸慈隣友過
문득 도령의 집인가 의심하네[28]	翻疑陶令家
산들바람 속에 춤추는 학 바라보고	微風看舞鶴
가랑비 내릴 때 술[29] 마시겠지	細雨酌流霞
동각에 한가한 시간 많으리니	東閣知多暇
어울려 노는 것이 어찌 끝이 있으랴	從遊豈有涯

28 문득……의심하네 : 사군(使君)의 정원에 국화가 가득하므로, 팽택 영(彭澤令)을 지낸 도잠(陶潛)의 고사를 이끌어 읊은 것이다. 도잠의 시에 "동쪽 울타리 아래에서 국화를 따면서, 한가롭게 남산을 바라본다.〔採菊東籬下, 悠然見南山.〕"라고 하였다. 《陶淵明集 卷3 飮酒》

29 술 : 유하(流霞)는 신선이 마시는 좋은 술을 말한다. 두보(杜甫)의 시에 "유하를 조각조각 나누어서, 방울방울 천천히 기울이노라.〔流霞分片片, 涓滴就徐傾.〕"라고 하였다. 《杜少陵集 卷17 宗武生日》

10월 초하룻날 밤 꿈에 내가 우옹[30] 및 삼연 김 선생[31]과 함께 산속의 한 정사에 모여 존주의 의리를 격렬히 토론하였다. 우옹께서 오랑캐를 만나 피난했을 때의 작품을 외우셨는데, 다만 "천광이 팔월에 초가로 들어오네.'라는 말만 기억날 뿐 끝내 그 의미를 알지 못하였다. 우옹께서 또 말씀하시기를 "당론은 모두 사계[32]의 일에 불만을 품은 데서 비롯되었다."라며 분개하는 기색이 역력하였으니, 이는 대단히 기이한 일이다. 내가 평소 우옹의 얼굴을 알지 못했는데, 꿈에서 본 모습은 화양동의 영정과 매우 비슷하였다. 다만 코가 조금 작고 얼굴빛이 약간 노랗고 수염이 반백일 뿐이었다

十月初吉日夜夢 與尤翁金三淵丈會于山間一精舍 劇論尊周之義 而尤翁誦其逢虜避亂之作 只記得天光八月入茅齋之語 終未曉其意義 尤翁又曰黨論皆由於不滿沙溪之故 氣色不勝憤惋 此極異事也 余平生不識尤翁之面 夢中所見者 與華陽影子極彷彿 但鼻差小色差黃 髯子班白耳

남간[33]과 삼연을 꿈에서 뵙고 南澗三淵夢裏親

30 우옹(尤翁) : 송시열(宋時烈, 1607~1689)로, 본관은 은진(恩津), 자는 영보(英甫), 호는 우암(尤菴)·우옹이다. 《宋子大全 附錄 卷13 墓表》

31 삼연(三淵) 김 선생 : 김창흡(金昌翕, 1653~1722)으로, 본관은 안동(安東), 자는 자익(子益), 호는 삼연이다. 《三淵集 拾遺 卷32 附錄 行狀》

32 사계(沙溪) : 김장생(金長生, 1548~1631)으로, 본관은 광산(光山), 자는 희원(希元), 호는 사계이다. 《沙溪遺稿 卷13 附錄 諡狀》

33 남간(南澗) : 송시열이 남간정사(南澗精舍)를 짓고 그곳에서 강학하였으므로, 여

진지하게 한 자리에서 왕춘을 토론했네[34] 津津一席講王春
사람들아 다시 진위를 따지지 마라 傍人莫更論眞假
이 의리는 영원히 해와 달처럼 새로우리 此義千秋日月新

기서 남간은 송시열을 가리키는 말이다. 송시열은 자신을 남간노부(南澗老夫), 남간노수(南澗老叟) 등으로 자칭하였다.

34 왕춘(王春)을 토론했네 : 왕춘은 춘왕(春王)을 바꿔 쓴 것으로 춘왕정월(春王正月)의 줄임말인데, 춘추 시대 주(周)나라 천자의 책력으로 정월이라는 뜻이다. 《춘추(春秋)》 은공(隱公) 원년 첫머리에 원년춘왕정월(元年春王正月)이라고 한 데서 나온 것으로, 보통은 새해의 봄을 가리키는 말로 쓰인다. 여기서는 송시열 및 김창흡과 함께 《춘추》의 의리에 대해 토론한 것을 의미한다.

12월 22일에 연성휘[35] 군이 운정[36]에 들렀다가 그대로 유숙하게 되어, 함께 원나라 사람의 시[37]를 차운하다

臘月二十二日 延君聖輝來過雲亭 仍留宿 同次元人詩韻

한겨울 눈 쌓인 사립문에 누웠어도	柴門積雪臥窮陰
돌을 찢는 〈상가〉소리 절로 있네[38]	自有商歌裂石音
매화 늙었으니 무엇을 의지해 세모를 보낼까	梅老憑誰同歲暮
그대가 와주니 깊은 정을 알겠네	君來聊復見情深
서둘러 쓴 새 시는 도리어 볼만한데	新詩草草還經眼
아득한 지난일은 마음만 아프구나	往事悠悠只愴心
호탕한 마음 아직도 없어지지 않아	看取豪情猶未減
등불 앞에서 코를 쥐고 소리 높여 읊조리네[39]	燈前捉鼻更高吟

35 연성휘(延聖輝) : 연세화(延世華, 1656~?)로, 본관은 곡산(谷山), 자는 성휘이다. 1687년(숙종13)에 진사시에 합격하였다.

36 운정(雲亭) : 《두타초(頭陀草)》 책4 〈초평이십오영(草坪二十五詠)〉에 열운정(悅雲亭)이 있으므로, 이하곤의 고향에 있던 이 정자를 가리키는 것으로 보인다.

37 원(元)나라 사람의 시 : 이하곤이 차운한 시는 원나라 장양호(張養浩)의 〈직성(直省)〉이다. 《歸田類稿 卷19》

38 돌을……있네 : 가난한 생활에도 지조를 지키며 지내는 모습을 읊은 것이다. 증자(曾子)가 위(衛)나라에 있을 때 사흘이나 불을 때지 못하고 십 년 동안 새 옷을 해 입지 못하는 극빈(極貧)의 생활 속에서도 "신발을 끌고 상송을 노래하니, 그 소리가 천지 사이에 가득 차서, 마치 금석에서 나오는 것과 같았다.〔曳縱而歌商頌, 聲滿天地, 若出金石.〕"라고 한 고사가 전한다. 《莊子 讓王》

39 등불……읊조리네 : 고상한 시문을 연세화와 함께 짓는다는 말이다. 착비(捉鼻)

또 유산의 시[40]를 차운하다

又次遺山韻

갠 뒤의 차가운 밤에 북두성 떠오르고	霽後寒宵星斗開
쓸쓸한 산 나무는 절로 슬픈 소리 내네	蕭蕭山木自生哀
매화가 등불 앞에 떨어지려 하니	梅花欲向燈前落
봄기운이 눈 속에서 먼저 재촉하네	春意先從雪裏催
다행히 오늘 밤 함께 묵게 되었으니	幸得今宵聯被宿
응당 그윽한 달빛이 창으로 들어오리	應知幽月入牕來
이웃집에 새로 담근 술 익었다 하니	隣家聞說新醪熟
백 편의 시 지어야 돌려보내리	百首詩成擬放回

입창(入牕)은 "그대를 위해〔爲君〕"로도 쓴다.

재첩 再疊

예전에 그대 만나면 문득 웃었는데	往昔逢君輒笑開

는 고상한 시문을 짓는다는 뜻으로, 옛날 낙양(洛陽) 서생들이 음영(吟詠)하는 성조는 그 음색이 본디 무겁고 탁했는데, 동진(東晉) 때 사안(謝安)은 본래 비질(鼻疾)로 인해 음성이 탁해져서 낙양 서생들의 성조에 능했다. 당시 명사들이 대부분 그 성조를 좋아하면서도 따를 수가 없었으므로, 혹자는 손으로 코를 쥐고 읊조려서 그 성조를 흉내 내기도 했던 데서 온 말이다. 《晉書 卷79 謝安列傳》

40 유산(遺山)의 시 : 유산은 금(金)나라 원호문(元好問, 1190~1257)의 호이다. 이하곤이 차운한 작품은 〈울울(鬱鬱)〉이라는 시인데, 원호문의 《유산집(遺山集)》에는 수록되어 있지 않고, 《원시선(元詩選)》 등에 보인다.

지금은 서로 보면서 그저 슬퍼하네　如今相見祗成哀
시상은 세월 따라 줄지 않았건만　詩情不逐流年減
늙은 모습은 늘어나는 백발에서 알겠네　老態偏知白髮催
지곡[41]의 저물녘 구름에 홀로 돌아왔었는데　砥谷暮雲曾獨返
금계[42]에 눈 쌓인 날 이곳에 왔구나　金溪深雪此能來
내일 아침 봄맞이하는 시 지으리니　明朝合有迎春作
지는 매화 함께 감상하며 돌아가지 마시게　共賞殘梅且莫回

내일이 입춘(立春)이다. 반(返)은 입(立)으로도 쓴다.

41 지곡(砥谷) : 다음 작품에도 보이는 지명으로, 연세화의 거주지 주변인 듯한데, 어디인지는 자세하지 않다.

42 금계(金溪) : 이하곤이 거주하던 충청북도 진천군에 있는 시내 이름이다. 255쪽 각주11 참조.

성휘[43]의 〈지곡신사〉 운에 맞춰 짓다
次聖輝砥谷新舍韻

초가에서도 생애 보낼 만하니	茆茨亦足送生涯
몸 들어가는 데 어찌 화려한 집 필요하랴	容膝何須結構華
바위 벼랑 살펴서 오솔길 내고	鑿得巖厓通小徑
연못 물 나누어 이웃집 적셔 주네	分來池水潤隣家
경서 공부하는 문 밖에 서대초[44] 자라고	研經戶外生書帶
약으로 팔려고 산 앞에 살구나무 심었네	賣藥山前種杏花
자고로 뛰어난 사람은 불우한 이 많았으니	自古奇才多落拓
정평도 일찍이 참과에 곤욕 당했지[45]	正平曾亦困參撾

43 성휘(聖輝) : 연세화(延世華)로, 본관은 곡산(谷山), 자는 성휘이다. 1687년(숙종13)에 진사시에 합격하였다.

44 서대초(書帶草) : 한(漢)나라 정현(鄭玄)이 불기산(不其山) 기슭에서 후학을 가르칠 때 자라났다는 풀로, 줄기가 부추처럼 길고 질겨 책을 묶는 띠로 사용하였다고 한다.《古今事文類聚後集 卷32 花卉部 草》

45 정평(正平)도……당했지 : 정평은 후한(後漢) 말기 사람인 예형(禰衡)의 자(字)이다. 공융(孔融)이 그의 재주를 아껴 조조(曹操)에게 천거하자, 조조가 그를 보고 싶어 하였으나 예형은 병을 핑계로 가지 않았으며, 다시 방자한 말을 하여 조조를 욕하니 조조가 분노하여 그를 불러서 고리(鼓吏)로 삼았다. 조조가 빈객들을 많이 모아 놓고 그들이 보는 앞에서 고리의 복장으로 갈아입게 하여 그를 망신시키려고 했다. 그러나 예형은 서슴없이 어양참과(漁陽參撾)에 따라 북을 쳐 비장(悲壯)한 음절(音節)을 낸 일이 있다. 뒤에 쫓겨나 형주 자사(荊州刺史) 유표(劉表)를 거쳐 강하 태수(江夏太守) 황조(黃祖)의 밑으로 들어갔으나, 독설과 광기를 그치지 않다가 결국 황조의 손에 죽었다.《後漢書 卷110 禰衡列傳》

근래 시흥이 많이 줄었는데, 오늘은 날씨가 개고 아름다워 절구 한 수를 읊어 지었다

日來詩興頓減 今日晴佳 吟成一絶

매화 지고 나서 시 읊지 않았는데	梅花落盡不吟詩
동풍 따라 버들가지 변했구나	一任東風變柳絲
우연히 사립문에서 지팡이 짚고 섰으니	偶向柴門聊倚杖
몇 봉우리에 눈 남고 석양이 지는 때라네	數峰殘雪夕陽時

중화[46]가 율시 한 수를 부쳐 주었기에 차운하여 답하다

정유년(1717, 숙종43)

仲和寄示一律 次韻答之 丁酉

보내 준 시를 등불 앞에서 반복해 읊조리는데	來詩屢諷小燈前
흐르는 세월 또 해가 바뀌는 줄을 알겠네	忽覺流光又改年
하늘이 궁한 운명 준 줄을 아노니	已識皇天賦窮相
남은 삶 묵은 책이나 음미하며 보내려네	欲將餘日味陳編
시내 북쪽 물고기 보는 바위에 물 불어나고	水生溪北觀魚石
울타리 동쪽 약초 심을 밭에 눈도 녹았네	雪退籬東種藥田
반강에서 함께 은거하자는 약속 이룬다면	倘遂磻江偕隱約
어찌 채찍 먼저 잡은 것을 부러워하랴[47]	何須更羨着鞭先

46 중화(仲和) : 윤순(尹淳, 1680~1741)으로, 본관은 해평(海平), 자는 중화, 호는 백하(白下)・학음(鶴陰)이다. 《白下集 附錄 行狀》

47 반강(磻江)에서……부러워하랴 : 윤순과 함께 은거하기로 한 약속이 이루어지기만 한다면, 자신이 먼저 초야에서 지내는 것을 윤순이 부러워할 필요는 없다는 말이다. 반강은 반계(磻溪)를 가리킨다. 착편선(着鞭先)은 채찍을 먼저 잡는다는 말로, 남보다 먼저 어떤 일에 착수함을 뜻한다. 동진(東晉)의 조적(祖逖)과 유곤(劉琨)은 친한 벗이었는데, 항상 오랑캐를 몰아내고 중원을 회복할 뜻을 지니고 있었다. 조적이 기용되었다는 말을 듣고 유곤이 친구에게 보낸 편지에서 "나는 매일 창을 베고 날이 밝기를 기다리며 오랑캐를 물리칠 뜻을 품고 있었는데, 늘 조생이 나보다 먼저 채찍을 잡을까 두려웠다.〔吾枕戈待旦, 志梟逆虜, 常恐祖生先吾著鞭.〕"라고 하였다. 《晉書 卷62 劉琨列傳》

2

입춘 지나고 대보름 다가오는데	立春之後上元前
작년처럼 비바람 싸늘하게 내리네	風雨凄凄似去年
흰 머리에 부질없이 오늘의 한 늘어나고	白髮空添今日恨
푸른 등불 아래 홀로 옛사람 책 마주하네	靑燈獨對古人編
사담[48]에는 내가 이미 새 집을 지었고	沙潭我已營新屋
여주 언덕에 그대가 거친 논을 마련했네	驪岸君能置薄田
조만간 온 가족을 데리고 가서	早晩共成携室去
노방의 풍류가 앞서게 하지 마세나[49]	風流莫使老龐先

중화(仲和)가 새로 여주(驪州)에 논을 샀다.

48 사담(沙潭) : 현재의 충청북도 괴산군 청천면 사담리 일대를 가리키는 것으로 보인다. 이하곤의《두타초(頭陀草)》책1 〈홍군여관……(洪君汝寬……)〉에 "사담의 눈 속 봉우리 떠오른다〔遙憶沙潭雪裏峯〕"라는 구가 있는데, 그 아래에 "사담은 소금산 아래에 있다. 이곳에 우리의 별업이 있다.〔沙潭在小金山下, 是吾家別業.〕"라는 소주(小注)가 있다.

49 노방(老龐)의……마세나 : 가족을 모두 데리고 초야에 은거하여 풍류를 즐기는 삶을 살자는 말이다. 노방은 후한(後漢)의 양양(襄陽) 사람 방덕공(龐德公)을 가리킨다. 그는 현산(峴山) 남쪽에서 농사짓고 살면서 성시(城市)를 가까이하지 않았다. 형주자사(荊州刺史) 유표(劉表)가 초빙하자, 가솔을 모두 거느리고 녹문산(鹿門山)에 들어가 다시는 세상에 나오지 않았다.《後漢書 卷83 逸民列傳 龐公》

성명익 군이 와서 장춘와의 시를 외우고 시 한 수를 지어달라고 요청하였다

成君溟翼來誦藏春窩韻 請賦一詩

장춘(藏春)은 곧 그의 숙부(叔父)의 당호(堂號)이다. 다만 즉흥적으로 지어 보여 주다.

나무 가꾸는 신통한 법을 손수 써서	種樹神方手自抄
봄빛 간직하니 일찍이 시들지 않는다지	藏來春色不曾凋
현묘한 이치를 어여쁜 꽃들에서 징험하고	玄機驗取丰茸蕚
기발한 생각으로 굽은 가지 멋지게 만들었다네	巧思粧成屈曲梢
높은 마음 속세 벗어난 줄 알겠으니	可識高情元出俗
한 번 감상할 수 있다면 감히 먼 길을 사양하랴	能容一賞敢辭遙
꽃을 너무 사랑하는 것이 나의 병이니	愛花欲死眞吾癖
모름지기 새 막걸리 걸러 놓게나	須辦新醪爲縮茆

감회가 있어서

有感

허둥지둥 지낸 것이 지금 몇 해인가	栖栖今幾歲
덧없이 또 새해가 되었구나	草草又新年
사람은 매화와 함께 야위었는데	人與梅花瘦
봄은 유독 버들가지에 돌아왔네	春歸柳色偏
시상은 늙은 모습 따르고	詩情隨老態
세상사는 달콤한 잠에 부치노라	世事附酣眠
흰머리로 푸른 등불 속에서	白髮青燈裏
외롭게 읊조리니 서글프기 그지없네	孤吟一悵然

정월 대보름에 자유[50]가 찾아왔다가 달빛 아래 돌아갔다. 다음 날 시 한 수를 부쳐왔기에 그 운을 따라 지어서 답하다

上元日 子有見訪 乘月而歸 翌日以一詩見寄 依韻答之

누런 진흙길에 눈 남았는데 장평[51] 지나와	黃泥殘雪度長坪
앉아서 보름밤 즐기려니 어여쁜 달 떠오르네	坐賞元宵好月生
그대가 가까운 곳으로 와 살지 않았다면	不有君來淹近地
봄 들판에 어찌 이곳에 올 수 있었겠나	春郊那得此間行

자유(子有)가 옥천(沃川)에서 관직을 그만두고 돌아와 읍하(邑下)에서 살았다.

50 자유(子有) : 이희함(李喜涵, 1673~?)으로, 본관은 덕수(德水), 자는 자유이다. 《두타초(頭陀草)》 책14에 〈제이자유문(祭李子有文)〉이 수록되어 있다.

51 장평(長坪) : 지명으로 추정되는데 자세하지 않다.

재징[52]이 재청·석호[53] 등과 함께 밤에 들렀기에 오순도순 대화를 나누었다. 그들을 보내고 난 뒤에 근심스레 시냇가에 서서 절구 한 수를 읊어 지었다

載澄偕載青錫祜輩 夜過穩話 送後 悄立溪頭 吟成一絶

한 조각 사립문이 만 골짝의 구름 속에 있는데　　一片荊扉萬壑雲
소나무 사이에서 담소 마치고 각자 헤어져　　松間語罷各相分
달 밝은 시냇가를 허전하게 걷다가　　月明溪路依依去
홀로 누대 머리에서 그대들 바라보노라　　獨向樓頭更望君

52 재징(載澄) : 이하곤의 육촌 아우인 이철곤(李澈坤, 1689~?)이다.

53 석호(錫祜) : 이하곤의 증조부(曾祖父) 이시발(李時發)은 슬하에 이경휘(李慶徽)와 이경억(李慶億)을 두었는데, 이경휘의 아들은 이인식(李仁烒), 이경억의 아들은 이인엽이다. 이인식의 아들 이태곤(李泰坤)은 백부 이인환(李寅煥)에게 출계하였는데, 그는 슬하에 석호와 석유(錫裕)를 두었다.《晩靜堂集 卷15 通德郎李公墓誌銘》

석유[54]의 붕 자에 맞춰 짓다

次錫裕朋字

맑은 달은 티끌 자태 없어	淸月無塵態
참으로 고요한 벗 삼을 만한데	眞堪作靜朋
이때 그대들 와서	此時來汝輩
등 밝힌 창 아래 오순도순 이야기 나누었네	細話一窓燈
산 적막하여 인간 세상 아닌 듯하고	山寂疑非世
몸 한가하니 승려나 다름없네	身閑卽是僧
인생살이 뜻에 맞는 삶이 귀하니	人生貴自適
부침을 한탄하지 말아라	且莫歎沈升

54 석유(錫裕) : 이하곤의 칠촌 조카이다. 276쪽 각주53 참조.

또 위 자에 맞춰 짓다

又次違字

사립문 아래에서 한바탕 웃으며	一笑衡門下
함께 어울리니 흥취 어김 없어라	相從興不違
가난한 삶도 그저 좋으니	窮居亦自好
우리의 도 과연 참되지 않던가	吾道果眞非
등불 밝히고 술 마실 만하니	且可呼燈飮
마땅히 달빛 밟으며 돌아가야지	應須踏月歸
평생 다정히 지내자던 약속 있어	平生惠好約
늘그막에 이렇게 서로 의지하네	暮歲此相依

18일 밤에 달빛을 받으며 견산헌[55]에 가서 담소를 나누었다. 암아[56]의 시를 차운하다

十八夜 乘月往見山軒會話 次巖兒韻

말 타고 맑은 밤에 와서	騎馬還淸夜
술잔 마주하고 짧게 읊조리네	當杯已短吟
명아주 평상에 책들이 어지럽고	藜床群帙亂
초가집에 한 등불 깊어가네	艸屋一燈深
오랫동안 산속에 숨어 사니	久作中林隱
누가 바깥일을 전해 줄까	誰將外事傳
오건에 희미한 달빛 비치니	烏巾照微月
머물러 취한들 금하는 이 없어라	留醉更無禁

55 견산헌(見山軒) : 《두타초(頭陀草)》 책14 〈견산헌기(見山軒記)〉에 "재청 아우가 생곡리에 초가집 몇 칸을 새로 지어 글 읽고 휴식하는 곳으로 삼고 나에게 이름을 지어달라고 요청하므로, 내가 견산헌이라 명명하였다.〔載靑弟新構茅屋數楹于生谷里, 以爲讀書燕息之所, 請余以名, 余名之曰見山軒.〕"라고 하였다.

56 암아(巖兒) : 이하곤의 조카 이석암(李錫巖)이다.

필재의 시를 차운하다
次畢齋韻

초가에 앉았노라니 달빛 밝아	茅簷坐覺月來多
오늘 밤 그대의 집에서 취할 수 있구나	今夕還能醉汝家
세상일 진실로 바둑판과 같은데[57]	世事眞如看奕局
봄빛이 어느새 매화에 이르렀네	春光忽已到梅花
성격은 꼿꼿하여 본래 세속과 어긋나고	形骸骯髒元妨俗
가슴은 뭉클뭉클 한번 노래 부르노라	腸肺輪囷一放歌
하늘이 정한 운수 있는 줄을 진작 알았으니	久識皇天應有定
궁달이 어떠할지 묻지 않노라	窮通不復問如何

57 세상일……같은데 : 바둑판의 싸움처럼 세상일이 얽혀 있다는 말이다.

다시 붕 자로 짓다

又疊朋字

아우랑 조카가 단란하게 모이니	弟姪團欒地
멀리서 온 벗과 같구나	同來自遠朋
시 지으니 도리어 달빛 좋을시고	詩成還好月
술자리 마치자 외로운 등불만 남았네	酒罷只孤燈
마을의 개들 표범처럼 시끄럽게 짖는데	村犬喧如豹
산골 아이는 승려처럼 조용하네	山僮靜若僧
짧은 봄 밤 아쉽구나	翻嫌春夜短
벌써 계명성 나왔어라	已報啓明升

이희 만사

挽李熺

상복(喪服)을 입고 있었는데, 여막(廬幕)에 화재가 발생하자 신주(神主)를 꺼내려다가 불타 죽었다.

한 조각 굳센 마음과 작은 체구	一片剛腸短小姿
평생 사람들이 알아주지 않았지만	平生不受俗人知
간절한 충정을 소장 올리던 날에 이미 알았고	危衷已識封章日
독실한 행실을 목숨 버리는 때에 보았노라	篤行方看捨死時
여막[58] 불탄 땅에 풀 자라고	艸色堊廬燒後土
울고 난 가래나무 가지에 봄바람 불어오네	春風梓木泣餘枝
천추에 누가 도잠을 이을 사람인가	千秋誰續陶潛者
그대 위해 전을 지어 줄 만하네	可爲吾君作傳疑

58 여막(廬幕) : 악려(堊廬)는 사방의 벽을 백토(白土)로 바른 여막을 가리킨다. 장전(葬前)에는 상주가 사방을 이엉으로 둘러친 의려(倚廬)에 거처하는데, 장후(葬後)에는 그 의려의 벽을 흙으로 발라 바람과 추위를 막는다. 그러다가 소상 때가 되면 흙으로 바른 벽 위에 다시 백토를 입히고, 대상 때가 되면 바닥에 검은 흙을 깔고 벽에 다시 백토를 덧칠하여 방을 약간 꾸민다.《禮記 喪大記 註》

백수[59] · 중화[60] · 자유[61] 등과 함께 영수암에서 두붓국을 마련했는데, 자유가 율시 한 수를 부쳐 왔으므로 화운하여 답하다

同伯修仲和子有諸君 設泡於靈水菴 子有寄示一律 和韻答之

상방의 종경 소리 멀리까지 희미하게 울리고	上方鍾磬遠微微
손님 맞는 승려 흰 장삼 입었네	迎客山僧白衲衣
지친 말은 숲 속 지나면서도 길을 알고	倦馬穿林還識路
그윽한 새는 횃불 다가와도 날아가지 않는구나	幽禽衝炬自忘飛
찬 등불 마주해 자노라니 탑에 구름 일고	寒燈對宿雲生塔
고요한 밤 외로이 읊조리려니 달이 사립문 비추네	靜夜孤吟月照扉
풍진세상 이제는 한 번 웃기도 어려우니	塵世卽今難一笑
여기서 놀며 돌아가지 않으려네	留連此地不須歸

59 백수(伯修) : 윤유(尹游, 1674~1737)로, 본관은 해평(海平), 자는 백수, 호는 만하(晩霞)이다.

60 중화(仲和) : 윤순(尹淳, 1680~1741)으로, 본관은 해평, 자는 중화, 호는 백하(白下) · 학음(鶴陰)이다. 《白下集 附錄 行狀》

61 자유(子有) : 이희함(李喜涵, 1673~?)으로, 본관은 덕수(德水), 자는 자유이다. 《두타초(頭陀草)》 책14에 〈제이자유문(祭李子有文)〉이 수록되어 있다.

비가 내리는 가운데 군서[62]와 동헌에서 함께 자기로 한 약속을 지키러 가다. 또 미 자를 사용해서 짓다

雨中偕君敍赴縣齋同宿之約 又疊微字

동풍이 힘없어 조금 쌀쌀하지만	東風無力覺寒微
사교[63]의 풀빛 이미 옷을 비추네	草色沙橋已映衣
구름길 낯설지 않아 기러기 떠나가고	雲路不迷鴻一去
천기를 잘도 알아 학은 높이 나는구나	天機自熟鶴高飛
외로운 연기 먼 언덕에 나무는 보일 듯 말 듯	孤烟遠岸纔分樹
가랑비 내리는 마을은 집집마다 문 닫았네	細雨遙村各掩扉
함께 묵기로 한 벗과의 약속 지키러 가는데	爲赴故人聯被約
내일 아침 진흙길로 돌아올 일 벌써 걱정이네	預愁明早跋泥歸

62 군서(君敍) : 최수범(崔守範, 1690~1719)으로, 본관은 전주(全州), 자는 군서이다. 이하곤의 매제이다. 《嘉梧藁略 冊16 戶曹判書李公墓碣銘》

63 사교(沙橋) : 이하곤의 《두타초(頭陀草)》에 모두 세 차례 등장하는데, 지명을 나타내는 고유명사로 추정되지만 어디인지 미상이다.

자유가 또 미 자로 시를 지어 부쳐 주므로 또 두 수를 지어 부치다[64]

子有又疊微字寄示 又賦二首以寄

햇살 나와 아침 구름 걷히는데	漏日朝雲解駁微
날씨 쌀쌀해 봄 옷 입지 못하네	輕寒未敢試春衣
밤비 맞은 풀은 무심히 푸르러지고	艸經宿雨無心綠
갠 날 좋아 새는 자유롭게 나는구나	鳥喜新晴自在飛
어젯밤 시냇물에 언덕 잠겼을 테고	昨夜溪流應沒岸
누구의 집인가 버들이 벌써 사립문 가렸네	誰家楊柳已藏扉
내 행차를 고상한 사람이 비웃을까 두렵노니	吾行恐被高人笑
부질없이 관재에 갔다 왔다 했네	屑屑官齋去又歸

장(藏)은 침(侵)으로도 쓴다.

위 시는 돌아올 때의 생각이다.

2

그대가 늙어 관직에 관심 없는 것을 보니	看君潦倒宦情微
밝은 시대에 포의로 늙음을 한하지 않노라	不恨明時老布衣

64 자유(子有)가……부치다 : 이 제목에서 두 수를 지었다고 하였는데, 저본에는 이 제목 아래 子有又疊微字寄示又和以寄라는 유사한 제목이 또 있다. 따라서 이 번역서에서는 다음 제목을 생략하고 이 제목 아래 두 수를 나열하였다. 자유는 이희함(李喜涵, 1673~?)으로, 본관은 덕수(德水), 자는 자유이다.

이미 청산 나누어 구름과 함께 누웠으니[65]	已分青山雲共臥
나는 듯 금실 장식한 말 관심 없노라	無心金絡馬如飛
여기 와서 초가에 이웃하여 살려는가	肯來此地隣茅屋
앞 시내를 갈라 판자문 마주하려네	擬割前溪對板扉
장저와 걸닉이 함께 밭간 일[66] 본래 멋지니	沮溺耦耕元好事
구설 꺼리지 말고 서둘러 돌아오시게	莫嫌多口更催歸

자유(子有)가 근래 근거 없는 말 때문에 돌아오려는 뜻이 있었기에 결구(結句)에서 언급하였다.

65 이미……누웠으니 : 초야에 은거하여 살아가고 있다는 말이다. 분청산(分青山)은 청산을 나눈다는 말로, 같은 산에서 은거함을 의미한다. 송(宋)나라 사람 장영(張詠)의 자는 복지(復之), 호는 괴애(乖崖), 시호는 충정(忠定)이다. 《시화총귀(詩話總龜)》 권31 〈시참문(詩讖門)〉에 "장충정이 젊었을 때 화산을 유람하다가 진도남을 만나고, 드디어 화산에 은거하고자 하여 도남에게 말하기를 '선생의 산 절반을 나누어서 살고자 하는데 그럴 수 있겠습니까?' 하자, 도남이 말하기를 '다른 사람은 그럴 수 없지만 공이라면 내가 마땅히 산 절반을 나누어서 드리겠소.' 하였다.〔張忠定少年遊華山, 謁陳圖南, 遂欲隱華山, 謂圖南曰, 欲就分先生山半住可否. 圖南曰, 他人卽不可, 如公者, 吾當分半山相奉.〕"라는 내용이 전한다.

66 장저(長沮)와……일 : 저닉(沮溺)은 춘추 시대 초나라 은자 장저와 걸닉(桀溺)의 병칭이다. 《논어》 〈미자(微子)〉에 "장저와 걸닉이 함께 밭을 갈고 있었는데, 공자께서 지나가실 적에 자로를 시켜 나루터를 묻게 하셨다.〔長沮桀溺, 耦而耕, 孔子過之, 使子路問津焉.〕"라고 하였다. 여기서는 은거 생활을 의미하는 뜻으로 사용되었다.

정유억 만사

鄭生有億挽

속절없이 가는 덧없는 인생사 艸艸浮生事
푸른 산에서 또 그대를 곡하네 青山又哭君
십 년 동안 현안의 병 앓았고[67] 十年玄晏病
한 편의 송궁문 지었지[68] 一首送窮文
서재에는 봄풀이 우거지고 書塌荒春草
명정에는 저녁 구름 어둡구나 銘旌暗暮雲
동풍에 효자 애도하는 눈물을 東風孝子淚
하염없이 새 무덤에 뿌리네 無限洒新墳

67 십 년……앓았고 : 정유억(鄭有億)이 10년 동안 풍비(風痺)를 앓았다는 말이다. 현안(玄晏)은 진(晉)나라 황보밀(皇甫謐)의 호이다. 그는 일생 풍비에 시달리면서도 손에서 책을 놓지 않아 서음(書淫)이라는 칭호를 얻었는데, 은거하며 저술을 일삼았다. 《晉書 卷51 皇甫謐列傳》

68 한 편의……지었지 : 정유억이 가난하게 살았음을 말한 것이다. 송궁문(送窮文)은 곤궁함을 떠나보내는 글이라는 말인데, 당(唐)나라 한유(韓愈)가 지궁(智窮), 학궁(學窮), 문궁(文窮), 명궁(命窮), 교궁(交窮)을 내쫓으려다가 포기하고, 그들을 상좌(上座)에 앉혔다는 이야기가 그의 〈송궁문〉에 나온다.

또 미 자를 거듭 사용해 지어서 중화[69]에게 부치다

又疊微字 寄仲和

저물어가며 바람 잦아들어	向晩風威頓覺微
취적대[70]에서 옷자락 떨치고 싶구나	笛臺還欲振吾衣
시내의 물고기는 날 따뜻해 가만히 나오고	溪魚日暖從容出
들판의 학은 하늘 높아 쾌활하게 나는구나	野鶴天高快活飛
구름 속으로 뻗은 오솔길 본래 절벽이고	樵逕穿雲元絶壁
물가의 민가들 모두 사립문 엉성하네	人家臨水盡疏扉
바람 이는 여울도 나그네 잡을 줄을 아니	風灘亦解留佳客
오늘 밤 달빛 띠고 돌아가려네	且擬今宵帶月歸

위는 침우담(沈牛潭)[71]의 유람을 서술한 것이다.

69 중화(仲和) : 윤순(尹淳, 1680~1741)으로, 본관은 해평(海平), 자는 중화, 호는 백하(白下)·학음(鶴陰)이다. 《白下集 附錄 行狀》

70 취적대(吹篴臺) : 적대(笛臺)는 현재의 충북 진천군 문백면 은탄리에 위치한 침우담(沈牛潭) 가에 있는 바위이다. 신선이 이곳에서 피리를 불었다는 전설이 전하는 곳이다. 《頭陀草 冊4 吹篴臺又疊前韻》

71 침우담(沈牛潭) : 현재 충북 진천군 초평면 연담리에 있는 우담(牛潭)을 말한다. 이곳은 옛 지명이 우담리(牛潭里)로, 소두머니라고 하였다. 침우담에 얽힌 전설은 《두타초(頭陀草)》 책1 〈침우담은 진천현 남쪽 10여 리 쯤에 있다.……〔沈牛潭在鎭川縣南十餘里……〕〉에 보인다.

좋구나 그대의 시상 점차 은미한 데로 들어가니 喜汝詩情漸入微
어찌 백가의 옷을 깁겠는가[72] 豈能補綴百家衣
나무 끝 꽃망울 피어나려 하고 樹頭蓓蕾看花意
공중에 이리저리 새 나는구나 空裏縱橫驗鳥飛
달 마주하고 응당 좋은 시구 지을 텐데 對月想應題好句
봄놀이 하러 다시 그윽한 사립문 찾으려는가 尋春肯復款幽扉
산속 집에 다행히 송화주 익었으니 山家幸有松醪熟
내일 아침에 와서 실컷 마시고 돌아가시게 須趁明朝一醉歸

중화(仲和)의 시 풍격이 근래 성장하였으니 또한 한 가지 기쁜 일이었다. 백가의(百家衣)는 방옹(放翁)의 〈양몽석서(楊夢錫序)〉[73]에 보이는 말이다.

위는 앞의 시의 뜻에 화답한 것이다.

듣자니 벼슬살이에 흥미 사라져 見說簪纓興已微
조복 잡히고 여강 가에 밭을 샀다지 買田驪岸典朝衣
온 가족 데리고 한강에 나뭇잎처럼 떠서 全家漢水浮如葉
한 척 배를 봄 물결에 띄우면 날 듯 빠르리 一棹春波疾若飛
백사장의 새들도 응당 궤장을 맞이하고 沙鳥定應迎几杖

72 어찌……깁겠는가 : 옛사람들의 작품을 모방하는 행위를 하지 않는다는 말이다. 백가의(百家衣)는 일반적으로 옛사람의 시에서 한 구절씩을 따서 시를 짓는 것으로, 집구시(集句詩)를 말한다.

73 방옹(放翁)의 양몽석서(楊夢錫序) : 방옹은 송(宋)나라 시인 육유(陸游, 1125~1209)의 호이다. 〈양몽석서〉는 육유의 《위남문집(渭南文集)》 권15에 수록된 〈양몽석집구두시서(楊夢錫集句杜詩序)〉를 가리킨다.

산의 꽃들은 벌써 창문 비추겠지　　山花或已映窓扉
사담에 나도 초가집 짓고서　　沙潭我亦營茅屋
약초 캐고 돌아온 방공을 배워야지[74]　　擬學龐公採藥歸

위는 귀농(歸農)하려는 뜻에 답한 것이다.

74 사담(沙潭)에……배워야지 : 이하곤 자신도 사담가로 이주해 살겠다는 뜻을 밝힌 것이다. 방공(龐公)은 후한(後漢)의 방덕공(龐德公)으로, 방거사(龐居士)라고 부르기도 한다. 원래는 남군(南郡)의 양양(襄陽)에 살았는데, 형주 자사(荊州刺史) 유표(劉表)가 초빙하자, 가솔을 모두 거느리고 녹문산(鹿門山)에 들어가 약초를 캐면서 다시는 세상에 나오지 않았다고 한다. 《後漢書 卷83 逸民列傳 龐公》

자유[75]가 또 미 자로 지어 부쳐 주므로 다시 차운하여 부치다

子有又疊微字寄示 復次寄之

봄 물 출렁이는 시냇가 길 희미하고	春水溶溶溪路微
동풍이 때때로 옷자락에 스치네	東風時復拂人衣
침우담[76] 검어 용이 누웠을 텐데	沈牛潭黑龍應臥
취적대[77] 비어 학 날지 않네	吹笛臺空鶴不飛
나는 이제부터 안개 속에 띄울 배 준비하리니	我欲從今具烟艇
그대는 반드시 이곳에 구름 속 사립문 만드시게	君須於此置雲扉
다른 날 눈보라 내리는 쓸쓸한 밤에	他時風雪蕭蕭夜
산음에서 홍취 다해 돌아간 것처럼 하려네[78]	肯作山陰興盡歸

위는 거듭 침우담(沈牛潭)의 유람을 서술한 것이다.

쇠퇴한 풍속 지금은 벗의 도리 사라졌는데	衰俗于今友道微

75 자유(子有) : 이희함(李喜涵, 1673～?)으로, 본관은 덕수(德水), 자는 자유이다. 《두타초(頭陀草)》 책14에 〈제이자유문(祭李子有文)〉이 수록되어 있다.

76 침우담(沈牛潭) : 현재 충북 진천군 초평면 연담리에 있는 우담(牛潭)을 말한다. 이곳은 옛 지명이 우담리(牛潭里)로, 소두머니라고 하였다.

77 취적대(吹笛臺) : 취적대(吹篴臺)라고도 쓰며, 침우담 가에 있는 바위 이름이다. 288쪽 각주70 참조.

78 다른 날……하려네 : 진(晉)나라 왕휘지(王徽之)가 산음(山陰) 땅에 살았는데, 큰 눈이 내린 날 밤 홍취가 일어나 친구 대규(戴逵)를 찾아갔다가, 그의 문 앞에서 홍이 사라지자 만나지 않고 다시 돌아왔던 고사가 전한다. 여기서는 이 고사를 인용하여 눈이 내리는 날 이하곤이 이희함을 찾아가겠다고 말한 것이다. 《世說新語 任誕》

만년의 계획 무의를 읊조리네[79] 還將晩計賦無衣

뛰어난 재주로 작은 고을에서 솜씨 발휘했지만[80] 牛刀下邑元游刃

남명으로 갈 붕새의 날개 펼쳐 날지 못했네[81] 鵬翼南溟未展飛

교묘한 말솜씨로 누가 참소 만들 수 있으랴[82] 巧舌誰能成貝錦

79 만년(晩年)의……읊조리네 : 이희함이 관직을 그만두고 남쪽으로 와서 늘그막을 보내려 한다는 말이다. 두보(杜甫)의 시에 "먹을 것이 없으니 안락한 곳을 물을 밖에, 입을 것이 없으니 남쪽 지방이 그리울 밖에.〔無食問樂土, 無衣思南州.〕"라고 하였다. 《杜少陵集 卷8 發秦州》

80 뛰어난……발휘했지만 : 이희함이 작은 고을의 수령으로 부임하여 훌륭한 정사를 펼쳤다는 말이다. 공자(孔子)의 제자 자유(子游)가 무성(武城)의 수령이 되어 조그마한 고을에서 예악(禮樂)의 정사를 펼치는 것을 보고, 공자께서 웃으면서 "닭을 잡는 데 어찌 소를 잡는 칼을 쓰겠는가.〔割鷄, 焉用牛刀.〕"라고 말씀하신 고사가 있다. 《論語 陽貨》 유인(游刃)은 능수능란한 솜씨를 의미한다. 포정(庖丁)이 문혜군(文惠君)을 위해 소를 잡는데, 소 잡는 솜씨가 매우 뛰어나 문혜군을 감탄하게 하였다. 포정이 소 잡는 도(道)를 말하면서 "두께가 없는 칼을 두께가 있는 틈새에 넣으니, 널찍하여 칼날을 움직이는 데에 반드시 여유가 있습니다.〔以無厚入有間, 恢恢乎其於遊刃, 必有餘地矣.〕"라고 한 데서 유래하였다. 《莊子 養生主》

81 남명(南溟)으로……못했네 : 이희함이 자신의 포부와 경륜을 다 펼치지 못했다는 말이다. 《장자》 〈소요유(逍遙遊)〉에 "북녘 바다에 물고기가 있는데, 그 이름을 곤(鯤)이라고 한다. 곤의 크기는 몇천 리나 되는지 알 수 없다. 이 물고기가 변하여 새가 되면 그 이름을 붕(鵬)이라고 한다. 붕의 등 넓이는 몇천 리나 되는지 알 수 없다.……붕이 남쪽 바다로 날아갈 때는 파도를 일으키기를 3천 리, 회오리바람을 타고 오르기를 9만 리, 그런 뒤에야 6월의 대풍을 타고 남쪽으로 날아간다."라는 이야기가 나온다.

82 교묘한……있으랴 : 패금(貝錦)은 터무니없는 사실을 그럴듯하게 꾸며 참소하는 것을 의미한다. 《시경》 〈항백(巷伯)〉에 "조금 문채 있는 것으로, 자개무늬의 비단을 이루도다. 저 남을 참소하는 자여, 또한 너무 심하도다.〔萋兮斐兮, 成是貝錦, 彼譖人者, 亦已大甚.〕"라고 하였다. 앞의 시에 "자유가 근래 근거 없는 말 때문에 돌아오려는 뜻이 있었다.〔子有近以浮言有歸意〕"라는 소주(小註)가 있었는데, 여기서도 이러한 배경을

높은 정서 드디어 사립문에 누우려 하네 高情遂欲臥荊扉
산들 바람 불고 따뜻한 햇살 비추는 구촌 길 輕風暖日龜村路
푸릇푸릇 자란 어린 풀 밟고 돌아오세 須踏靑靑細艸歸

와(臥)는 은(隱)으로도 쓴다.

근래 구촌(龜村)에 한 번 가보기로 자유(子有)와 약속하였다. 답청절(踏靑節)이 다가오므로 결구(結句)에서 언급하였다.

셋집 생활이 옹색하여 聽說僑居生事微
창 열어도 술 없어 봄옷 잡혔다지 排窓無酒典春衣
천연스럽게 거친 웅덩이에서 개구리 소리 듣고 天機荒沼聞蛙吹
한가한 마음으로 빈 뜰에서 나는 나비 보겠지 閑意空庭看蝶飛
해 길어지니 책을 베게 삼고 日永藉書還作枕
비 뒤에 버들 옮겨 사립문 가릴 수 있으리 雨餘移柳可遮扉
밥 싸서 가져다주는 사람 없으리니[83] 應知裹飯無人去
술병 들고 가서 함께 취해 돌아오고 싶구나 更欲携壺共醉歸

전의(典衣)와 이류(移柳)는 자유의 시에 있던 시어(詩語)이다. 지난번 자유를 만났을 때 "책을 보다가 존다〔看書引睡〕"는 시어가 있었으므로 다섯 번째 구에서 언급하였다.

위의 두 수는 모두 자유에 관한 것이다.

염두에 두고 언급한 것으로 보인다.

83 밥……없으리니 : 이희함을 방문하는 사람이 없을 것이라는 말이다. 과반(裹飯)은 《장자(莊子)》 〈대종사(大宗師)〉의 "자여와 자상이 친구로 지냈는데, 장맛비가 열흘이나 계속되자 자여가 말하기를 '자상이 거의 병들었겠구나.' 하고 밥을 싸 들고 가서 먹였다.〔子輿與子桑友, 而霖雨十日, 子輿曰, 子桑殆病矣, 裹飯而往食之.〕"라고 한 데서 유래하였다.

한가롭게 지내며 속세의 마음 사라지니 居閑贏得俗情微
어찌 관복으로 초의를 바꾸겠는가[84] 那用宮袍換草衣
평소 생활은 산속에 살며 시냇물 마시는 것이고 素履巖棲兼澗飮
천기는 뛰는 물고기와 나는 솔개에 나타나네[85] 玄機魚躍更鳶飛
버들 자라 골목 되는 줄을 알지만 漸知柳長能成巷
구름 깊은 곳이라 사립문 만들지 않노라 只以雲深不設扉
남쪽 시내에 봄물 따뜻할 때 목욕 마치고 浴罷南溪春水暖
바람 앞에 천천히 걸어 읊조리며 돌아오리[86] 風前徐步詠而歸

84 한가롭게……바꾸겠는가 : 세상사에 관심이 없으므로 출사(出仕)할 뜻이 없다는 말이다. 초의(草衣)는 은자(隱者)의 옷이다.

85 천기(天機)는……나타나네 : 《중용장구》 제12장에서 《시경》 〈한록(旱麓)〉의 "솔개는 날아 하늘에 이르는데 물고기는 연못에서 뛰논다.〔鳶飛戾天, 魚躍于淵.〕"라는 말을 인용하여 "상하에 이치가 밝게 드러남을 말한 것이다.〔言其上下察也〕"라고 풀이하였다. 여기서는 만물이 각자 자연의 조화 속에서 본성대로 살아가듯이 자신도 분수대로 살아가고 있음을 말한 것이다.

86 남쪽……돌아오리 : 유유자적(悠悠自適)하는 삶을 지향하겠다는 말이다. 공자(孔子)의 제자 증점(曾點)이 "늦봄에 봄옷이 이미 이루어지면 관을 쓴 어른 5, 6명과 동자 6, 7명과 함께 기수에서 목욕하고 무우에서 바람 쐬고 노래하며 돌아오겠습니다.〔莫春者, 春服旣成, 冠者五六人, 童子六七人, 浴乎沂, 風乎舞雩, 詠而歸.〕"라고 했던 말을 원용하였다. 《論語 先進》

박진채 군 만사

挽朴君振采

예전에 회덕[87]에서 자네 처음 만났을 때	昔在懷德始逢君
붉은 뺨과 검은 살쩍으로 우리 모두 젊었었지	紅頰靑鬢各少年
그대 외숙은 나를 친 사위처럼 아끼셔서	令舅愛我如親婿
밤마다 초대해 잠도 잊으셨지	每夜招呼忘寢眠
서쪽 창에서 등불 돋우며 그대와 담소할 때	西窓剪燭對君話
깊은 밤 눈보라가 창 앞에 몰아쳤지	夜深風雪打牕前
그대는 보은에 나는 한양에 있을 때	君在報恩我漢陽
산과 시내로 가로막혀 길 멀었으니	山川間之路茫茫
애경사에 서로 찾지 못한 채	悲歡慶弔不相問
옛날 놀던 일 생각하면 마치 꿈같았지	但思舊遊如夢場
문경[88]을 만날 때마다 그대 소식 물으면	逢着文卿輒問君
그대의 수염 몇 촌이나 세었다 했지	爲道君髯數寸蒼

87 회덕(懷德) : 현재의 대전광역시 대덕구 회덕동 일대인데, 이하곤의 장인 송상기(宋相琦)가 거주했던 곳이다.

88 문경(文卿) : 《두타초(頭陀草)》 책18 〈남유록(南遊錄)〉에 "송필희 문경이 그의 두 아우와 함께 왔다.〔宋必熙文卿與其兩弟來〕"라는 기록이 있는 것으로 보아 문경은 송필희의 자로 추정된다. 또 앞의 시에서 박진채의 외숙이 이하곤을 친사위처럼 아꼈다는 말이 있었고, 여기서 송필희를 말하는 것으로 보아, 송필희는 박진채의 외종형제일 가능성이 높다.

성장[89]이 마련한 자리에서 다시 만났을 때　聖章座上又重逢
늙은 모습 알아보지 못하고 젊을 때만 기억해　不記其老記其少
마주하고 묵묵히 한 마디 말도 없었으니　相對默然無一言
이런 우리들 보고 성장이 웃고는　見我如此聖章笑
천천히 이 형님은 보은에 산다며　徐言此兄家報恩
그대의 어릴 때 이름을 한번 불렀지　擧君兒名一爲叫

그대도 크게 웃으며 날더러 말하기를　君亦大笑向我言
이십 년 사이에 어찌 이리 뚱뚱해졌느냐고 했지　不見廿載君何肥
비옥재는 비고 그대의 외숙도 돌아가셨다니　比玉齋空令舅歿
언급할 때마다 마음 아파 자꾸 눈물 흘렸네　語到傷心涕屢揮
밤 깊도록 촛불 잡고 서로 바라보고 있으려니　夜闌秉燭更相視
아련히 회천[90]의 눈보라 치던 때 같았지　恍如懷川風雪時
　여(如)는 의(疑)로도 쓴다.

인생살이 만남과 헤어짐 나부끼는 연기 같아　人生聚散如飄烟
지금까지 만나지 못한 지 벌써 사 년 되었네　于今不見已四年
근래 그대의 조카가 자주 내게 들러　近者令姪數過我
만났던 소식을 자세히 전해 주었지　相逢消息輒詳傳
지금 세상에 의화와 편작의 솜씨[91] 없어　今世已無和扁手

89 성장(聖章) : 송필환(宋必煥, 1683～?)으로, 본관은 은진(恩津), 자는 성장이다. 송규렴의 손자이며, 이하곤의 처남이다.

90 회천(懷川) : 회덕(懷德)을 가리킨다. 295쪽 각주87 참조.

병 앓는 그대 소식 듣고도 안타깝기만 했지　聞君疾痼但相憐

지난겨울 그대의 조카가 와서 떠난다며　去冬令姪來告別
그대의 병세 말하고 서둘러 돌아갔지　告以君病倉黃歸
몇 달 동안 양쪽의 소식 끊어졌지만　音書數月兩斷絶
그대의 병 십분 위태한 줄을 알았지　已料君病十分危
지난번 비로소 소식 듣고서　頃者始得消息眞
그대의 조카 마주하고 눈물 흘렸네　却對令姪相涕洟

병신년과 정사년에 양세 태어났으니　丙申丁巳兩世生
기이하다 부자끼리 동갑인데[92]　奇哉父子是同庚
그대는 양친 모시고 나는 고로 신세라[93]　君奉雙親我孤露
매번 그대의 형제가 부러웠지　以此每羡君弟兄
아아 지금 그대가 세상 떠나니　嗚呼今君忽已矣
고당의 부모님 아들 그리는 마음 견딜 수 없으리　不忍高堂思子情

91 의화(醫和)와 편작(扁鵲)의 솜씨 : 화편(和扁)은 중국 진(秦)나라 때의 의화와 편작을 말하는데, 이들은 의술에 능통하였으므로 의술의 대명사로 쓰이기도 한다.

92 병신년(丙申年)과……동갑인데 : 박진채 부자와 이하곤 부자의 생년(生年)이 같다는 말이다. 박진채의 인적사항은 알 수 없기 때문에 고증할 수 없지만, 이하곤의 부친 이인엽(李寅燁)은 1656년(효종7) 병신년에 태어났고, 이하곤은 1677년(숙종3) 정사년(丁巳年)에 태어났다.

93 그대는……신세라 : 박진채는 양친(兩親)이 모두 생존한 상황이고, 이하곤은 양친을 모두 여의었다는 말이다. 고로(孤露)는 부모님이 없음을 의미한다.

어버이 생각에 죽어도 눈감지 못했으니	戀親一念死不瞑
분명 구천에서도 눈물 흘리고 있겠지	應將涕淚到九泉
색동옷 입고 어린 아이 울음으로	斑爛之衣小兒啼
슬하에서 사십 년 동안 기쁘게 해드렸으니[94]	游戲膝下四十年
인생살이 이만하면 또한 족하니	人生如是亦足矣
내가 이 말로 그대의 무덤에 위로하네	我欲持此慰君阡

듣자니 두 아들도 자식 두었는데	聞有兩兒亦抱雛
총명하고 빼어나 부친의 풍모 지녔다지	明秀頗有乃翁風
현계[95]에게 이르노니 반드시 잘 돌볼지어다	寄語賢季須善護
하늘이 이 아이들 통해 부친에게 보답하리	天將以此報乃翁
어진 이 장수하지 못하니 이치는 알 수 없구나[96]	仁者無壽理莫測
다시 고개 들어 하늘에 묻고 싶네	更欲仰首問天公

94 색동옷……해드렸으니 : 박진채가 비록 부모님보다 앞서 운명했지만, 살아 있는 동안 부모님께 효도했다는 말이다.

95 현계(賢季) : 상대방의 아우를 높여 부르는 말이므로, 박진채의 아우를 가리킨다.

96 어진……없구나 : 《논어》 〈옹야(雍也)〉에 "인한 사람은 장수한다.〔仁者壽〕"라고 하였는데, 박진채는 어진 사람이면서 장수하지 못했기에 이렇게 말한 것이다.

김삼연 어른이 뜻밖에 내 집에 들러 긴 시를 주시니,[97] 감격을 견딜 수 없었다. 삼가 그 운자에 맞춰 지어 방문해 주신 뜻에 사례하다

金三淵丈不意臨過弊廬 贈以長語 不勝感幸 謹次其韻 以謝訪問之意

선생을 뵙지 못한 지 이제 몇 년이던가	不見先生今幾年
안색이 붉은 옥 같아 늙으신 줄도 모르겠네	面如紅玉不知老
지난해에는 관북에서 지금은 호남에서	去歲關北今湖南
멋진 산수 찾아다니시니 흥취 넘치네[98]	佳山佳水興浩浩
장부는 평생 사방에 뜻을 두어야 하는 법[99]	丈夫平生志四方
어찌 한 집만 지키며 살겠는가	何用一室但自保
호남 천 리 아득한 길을	湖南千里路悠悠
필마와 어린 종으로 뜬구름처럼 다니시네	匹馬短僕如雲浮

97 김삼연(金三淵)……주시니 : 삼연은 김창흡(金昌翕, 1653~1722)으로, 본관은 안동(安東), 자는 자익(子益), 호는 삼연이다. 김창흡이 이하곤에게 준 시는 《삼연집(三淵集)》 권14에 수록된 〈이재대하곤금계별업(李載大夏坤金谿別業)〉이다.

98 지난해에는……넘치네 : 김창흡의 《삼연집습유(三淵集拾遺)》 권28 〈남유일기(南遊日記)〉 2월 29일 기사를 보면 "저녁에 이재대의 집에 도착하여 묵었다.〔夕至李載大家宿〕"라고 하였다. 따라서 김창흡이 이하곤을 방문한 것은 1717년(숙종43)의 일이다. 또 김창흡의 〈북관일기(北關日記)〉는 1716년에 작성되었으므로, 김창흡이 당시 관북과 호서를 두루 유람한 사실을 알 수 있다.

99 장부는……법 : 남아(男兒)는 사방(四方)을 경영하는 데에 뜻을 둔다는 말인데, 그런 의미에서 옛날에 남아가 태어나면 뽕나무 활과 쑥대화살 여섯 개로 천지와 사방을 향해 한 개씩 쏘았다고 한다. 《禮記 射義》

지난 밤 꿈에 선생께서 우리 집에 오셨지만　昨夢杖屨縱臨門
시냇가 누대에서 함께 묵을 줄 생각이나 했으랴　豈意對宿此溪樓
산속의 꽃들 피려 하고 난간은 고요한데　山花欲發軒檻靜
앉아 새소리 듣노라니 우릴 위해 머무는 듯　坐聽幽鳥爲我留
앞 시내 봄물에 배 띄울 만한데　前溪春水正可棹
시내에 한스럽게도 고깃배 하나 없네　溪中恨無一漁舟
영벽과 망천을 새 시에 담으시니　靈壁輞川入新詩
나의 작은 도구를 빛내 주시려 함이네[100]　欲以賁我小菟裘
선생께서 내게 큰 관심 가지시지 않았다면　倘非先生眷我厚
어찌 길을 돌아 찾아 주셨을까　焉能迂路枉鞭轡
예전에 삼주[101]에 갔던 일 꿈만 같은데　三洲舊遊已如夢
오늘 마주하니 마음 서글프네　今日相對愴我意

100 영벽(靈壁)과……함이네 : 김창흡이 이하곤의 집을 영벽과 망천(輞川)에 못지않다고 읊어서 그가 사는 곳을 빛내 주었다는 말이다. 영벽은 안휘성(安徽省) 영벽현(靈壁縣)을 가리킨다. 송(宋)나라 장차립(張次立)의 장원이 있는 곳으로, 소식(蘇軾)이 〈영벽장씨원정기(靈壁張氏園亭記)〉를 지어 군자(君子)의 사은(仕隱)에 관한 도리를 적으면서, 이곳이 출사(出仕)와 은거(隱居)에 모두 적합함을 칭송하였다. 《東坡全集 卷36》 망천은 중국 섬서성(陝西省) 남전현(藍田縣) 남쪽에 있는 계곡이다. 승경(勝景)으로 유명하여 당(唐)나라 시인 왕유(王維)가 이곳에 별장을 짓고, 그곳의 이십승경(二十勝景)을 화폭에 담아 〈망천도(輞川圖)〉를 제작하였다. 도구(菟裘)는 본래 춘추 시대 노(魯)나라의 지명인데, 은거지를 뜻하는 말로 쓰인다. 《춘추좌씨전》 은공(隱公) 11년 기사에 "내가 장차 도구 땅에 집을 짓고, 그곳에서 늙으리라."라고 한 은공의 말이 기록되어 있다. 여기서는 이하곤이 거주하는 곳을 지칭하는 말로 사용되었다.

101 삼주(三洲) : 경기도 남양주시 지금동에 있는 석실서원(石室書院) 앞쪽의 세 개의 모래톱을 가리킨다. 김창협(金昌協)의 《농암집(農巖集)》 권36 〈연보 하(年譜下)〉에 "8월에 삼주에 거처를 정했다.〔八月, 定居于三洲.〕"라고 하였다.

돌아가실 때 작약이 한껏 피리니	歸時芍藥應爛漫
선생께서 다시 오셔 취하시려나	先生更能來一醉

지난 밤 꿈에 삼연(三淵) 어른을 모시고 오순도순 이야기를 나누었다. 또 돌아가신 선생님[102]의 세 가지 일을 말하고 탄식하며 자리를 마쳤는데, 뜻밖에 삼연 어른이 찾아 주셨다. 이 꿈이 맞았으니 기이하고 기이하다.

붙임 **김창흡의 시**

멋진 산수 찾아 천 리 길 다니며	好水佳山千里道
집 사고 밭 구하느라 사람 쉬 늙는구나[103]	問舍求田人易老
어찌하여 그대의 집 선영 옆에 있는가	是何君家丘壟側
물빛과 산색이 푸르게 펼쳐졌구나	水光山色碧浩浩
뽕과 삼이 십 리나 우거진 나머지 땅에	桑麻十里有餘地
꽃과 바위를 평생 동안 길이 지키며 사누나	花石百年長自保
높다란 난간은 한낮에 고요하고[104]	迢迢軒檻白日靜

102 돌아가신 선생님 : 농암(農巖) 김창협(金昌協, 1651~1708)으로, 본관은 안동(安東), 자는 중화(仲和), 호는 농암·삼주(三洲)이다. 《三淵集 卷30 仲氏農巖先生墓表》

103 집……늙는구나 : 머물러 살 곳을 찾아다니다가 노년을 맞이했다는 말이다. 삼국시대 위(魏)나라 허사(許汜)가 일찍이 유비(劉備)와 함께 이야기를 나누던 중, 자기가 한번은 진등(陳登)을 찾아갔더니 진등이 손님 대접을 제대로 하지 않더라고 말하자, 유비가 말하기를 "그대는 전답이나 집을 구하려고 다니는 사람이라, 그대의 말에서 채택할 만한 것이 없기 때문이다.〔君求田問舍, 言無可采.〕"라고 말한 고사가 전한다. 《三國志 卷7 魏書 陳登傳》

104 높다란……고요하고 : 이 구가 김창흡의 《삼연집》에는 迢迢軒檻白日悠로 되어 있다.

울창한 숲에 푸른 구름 떠가네	鬱鬱松檟翠雲浮
영벽에 있는 장씨의 정원 어찌 꼽으랴	靈壁何數張氏園
망천에 있는 왕유의 누대 부럽지 않아라	輞川不羨王維樓
언덕 북쪽 마을 그림보다 빼어나고	坨北村墟畫不如
여울 가 높은 바위 신선도 머물 만하네	灘上巖嶽仙可留
유호와 지초 밭에 꽃이 타오를 듯하니	柳湖芝田花欲燃
날 개면 물고기 구경하는 배 띄울 만하네	新晴可放觀漁舟
그대가 몇 년 동안 서울 오지 않아 이상했는데	怪君數年不入洛
좋구나 이처럼 아름다운 도구 있었구나	樂哉有此佳菟裘
화음의 오활한 늙은이[105] 일머리 몰라	華陰迂叟不曉事
말 타고 사방을 이리저리 달렸네	浪走四方騁紳轡
평생 〈낙지론〉[106] 외우기 좋아했건만	平生喜誦樂志論
마음에 드는 언덕 만나지 못했는데	未遇一丘能當意
수레 비녀장을 금계 속에 던지고[107]	欲投征轄金溪中
그대와 열흘 동안 취했으면	爲君留作十日醉

105 화음(華陰)의 오활(迂闊)한 늙은이 : 김창흡 본인을 가리킨다. 화음은 《삼연집》에 여러 차례 보이는데 "화음동은 진실로 귀의할 만한 곳이다.〔若華陰一洞, 歸依固其所也.〕"라고 한 것으로 보아, 김창흡이 살았던 곳으로 보인다.

106 낙지론(樂志論) : 후한(後漢) 중장통(仲長統, 179~219)이 지은 작품으로, 번잡함을 버리고 마음을 편하게 살아야 한다는 내용을 담고 있다.

107 수레……던지고 : 투할(投轄)은 비녀장을 던진다는 뜻이다. 한(漢)나라 진준(陳遵)이 빈객(賓客)을 매우 좋아하여 항상 빈객들을 모아 놓고 잔치를 하였는데, 빈객이 떠나지 못하게 하려고 그가 타고 온 수레의 비녀장을 빼서 우물에 던졌다는 고사가 전한다.《漢書 卷92 游俠傳》 여기서는 김창흡이 이하곤의 거처에 더 머물고 싶다는 의지를 표현한 말이다.

또 삼연 어른의 탄 자 운[108]에 맞춰 짓다

又次淵丈灘字

반짝이는 별빛이 막 여울을 비출 때	星光熤熤初照灘
지팡이 짚고 있으니 솔숲에 어둠 깔리네	拄杖暝色生松間
선생의 꿈속 일 현실이 되어[109]	先生宿夢果驗矣
여행길 아득하고 봄도 한창이네	旅游茫茫春未闌
제가 제 집을 아끼는 것이 아니라	小子不是愛吾廬
그저 한가롭게 살며 독서를 즐길 뿐[110]	只愛閑居讀我書
자양 선생이 도를 말씀한 것이 오묘하니	紫陽夫子說道妙
누에실과 소털보다도 더 세밀하셨네[111]	蠶縷牛毫細不如

108 삼연(三淵)……운(韻) : 삼연은 김창흡(金昌翕, 1653~1722)으로, 본관은 안동(安東), 자는 자익(子益), 호는 삼연이다. 이하곤이 차운한 시는 《삼연집(三淵集)》에 실려 있지 않다.

109 선생의……되어 : 원주(原註)에서 말한 김창흡의 꿈 내용을 가리킨다.

110 제가……즐길 뿐 : 도잠(陶潛)의 시에 "새들이 의지할 곳 있어 즐거워하듯, 나도 내 집을 아끼노라. 이미 밭 갈아 씨 뿌리고서 때때로 나의 책도 읽노라.〔衆鳥欣有託, 吾亦愛吾廬. 旣耕亦已種, 時還讀我書.〕"라고 한 말을 변용하여, 자신의 생활 모습을 읊은 것이다. 《陶淵明集 卷4 讀山海經》

111 자양(紫陽)……세밀하셨네 : 자양은 주희(朱熹)를 가리킨다. 원(元)나라 학자 오징(吳澄, 1249~1333)이 주희의 〈육선생화상찬(六先生畫像讚)〉을 본떠 주희의 화상을 그려놓고 〈회암선생주문공화상찬(晦菴先生朱文公畫像讚)〉을 지었다. 이 화상찬에 주희의 학문을 기리면서 "현묘하고 은미한 의리는 누에실과 소털처럼 자세히 분석했네. 마음은 넓고 넓어 바다처럼 넓고 하늘처럼 높았네. 호걸스러운 재주요 성현의 학문이었고, 경성과 상서로운 구름이요 태산과 교악이셨네.〔義理玄微, 蠶絲牛毛. 心胸恢廓, 海

남기신 글 읽으며 생애 마치려는데　　欲將遺編作生涯
안타깝게 나도 이미 소장의 나이 아니구나　　歎我已非少壯時
선생이 눈꺼풀 제거해 주어[112]　　更待先生刮眼膜
은미한 뜻을 제가 알게 해 주시기를 기다리리　　微義須與小子知

삼연(三淵) 선생이 작년 겨울에 꿈에서 시 한 수를 얻었으니 "천지에 봄이 아득하여 꽃이 여행길에 피었다.〔乾坤春漠漠, 花發旅遊中.〕"라고 하였다.

붙임 김창흡의 시

열운정[113]에서 저녁 여울 소리 듣노라니　　悅雲亭上聽暝灘
소쩍새가 꽃 사이에서 우는구나　　子規啼聲在花間
희미해지는 호롱불 아래 동자는 잠들고　　篝燈欲暗童子眠
손님과 주인이 서로 보며 밤 깊어가네　　賓主相看到夜闌
그대와 헤어진 지 오래고 이 집 좋은데　　別君年久愛此廬
고요함 속에 공부는 어떤 책들 읽었나　　靜裏功課了幾書
마흔 살에 돌이켜 요약함을 소중히 여기니[114]　　四十頭顱貴返約
이제까지 섭렵한 것들 지금 어떠한가　　向來涉獵今何如

闊天高. 豪傑之才, 聖賢之學. 景星慶雲, 泰山喬嶽.〕"라고 찬양한 말을 원용하였다.

112 선생이……주어 : 김창흡에게 자신의 무지(無知)를 깨우쳐 달라고 요청하는 말이다. 옛날 인도(印度)의 의원이 쇠칼〔金篦〕로 맹인(盲人)의 눈꺼풀을 떼어 내어〔刮眼膜〕 광명을 되찾게 해 주었다는 고사가 전한다. 《涅槃經 卷8》

113 열운정(悅雲亭) : 이하곤의 고향에 있는 금계(金溪) 가에 자리한 정자이다. 《頭陀草 冊14 悅雲亭記》

114 마흔……여기니 : 마흔 살은 군자가 도명덕립(道明德立)하는 나이이다. 반약(返約)은 맹자(孟子)가 "널리 배우고 상세히 말함은 장차 돌이켜서 요약함을 말하고자 해서이다.〔博學而詳說之, 將以反說約也.〕"라고 한 데서 유래하였다. 《孟子 離婁下》

서리 내리고 물 마르면 끝이 드러나니　霜降水涸見涯涘
겉치레 거두고 내실 이루기를 때에 맞게 해야지　斂華就實惟其時
내가 책을 넓히는 게 아니라 책이 나를 넓혀 주니　非我博書書博我
그 속의 묘한 뜻을 그대는 알아야 하네　箇中妙意君應知

게을러 시를 짓지 않은 지 어느덧 한 달 남짓 되었다. 오늘 아침 우연히 동헌에 앉았다가 앞산을 보니, 매우 아름다워 마침내 기쁘게 절구 한 수를 읊어 지었다

懶不作詩者 已復月餘矣 今朝偶坐東軒 見前山甚佳 遂欣然吟成一絶

산속에 봄이 다한 줄 몰랐는데	春盡山中不自知
해당화 떨어진 지도 한참 지났구나	玫瑰花落亦多時
시내 남쪽에 푸른 이내 낀 경치를	溪南一帶蒼嵐色
오늘 아침에야 늙은이의 시에 담노라	始入今朝老子詩

숲 속 정자에서 한가롭게 지내면서 꾀꼬리 소리를 듣고 감회가 있어서

林亭閑居 聽黃鸝聲有感

여름 나무 우거지고 해는 긴데	夏木陰陰晝景遲
초가에 앉아 꾀꼬리 소리 듣노라	茅簷坐聽黃鸝聲
이 속에 절로 무궁한 정취 있건만	此中有自無窮趣
남들이 알까 봐 시도 짓지 않노라	只恐人知不賦詩

달밤에 흥이 나서 남쪽 시내에 가다

月夜乘興 步至南澗

지팡이 아래에서 그윽한 냇물 소리 울리고	杖底幽澗鳴
풀에 맺힌 이슬이 짚신 적시네	艸露濕芒屨
산에 뜬 달이 깊은 숲 비출 제	山月照深林
그윽한 사람 스스로 오가네	幽人自來去
안개 속에 종소리 아득히 들려오지만	烟鍾聞縹緲
절이 어디에 있는지 모르겠네	不知寺在處

밤이 깊어지자 달빛이 더욱 곱기에 일어나 뜰을 거닐다
夜深月色愈佳 起步中庭

두 달이나 시 짓지 않았더니	兩月不作詩
가슴 속에 먼지 앉았네	塵垢生肺脾
숲의 꽃 다 떨어지고	林花落已盡
교목에는 꾀꼬리만 남았구나	喬木但黃鸝
한가한 집에서 참선하는 승려처럼 지내며	閑戶如定僧
멋진 봄을 저버렸네	孤負好春時
긴긴 날 불볕더위에 시달리니	長日困炎暑
다리 뻗고 앉아 있을 뿐 무엇을 하겠는가	箕踞亦何爲
밤 되자 마음 상쾌해지니	入夜意泠然
숲에서 산들바람 불어오네	林間送輕颸
밝은 달빛이 창으로 들어오니	明月入我牖
내게 시를 재촉하는 듯	似欲催我詩
맨발로 뜰을 거니는데	跣足步中庭
나무 그림자가 들쭉날쭉	樹影正參差
동암은 깊은 솔숲에 숨어 있어	東菴隱深松
그윽하게 처량한 두견새 소리만 들리네	冥冥杜宇悲
시내와 산에 막혀 사방이 고요하니	溪山四寥闃
호탕하게 노래하며 먼 심사 부치노라	浩歌寄遠思

13일 밤에 짙은 구름이 달을 가려 광경이 어제와 너무 다르고, 풀숲에서 또 벌레 소리가 절절하였다. 마침내 느낀 대로 감회를 적다

十三夜陰雲蔽月 光景與昨頓異 艸間又有蟲聲切切 遂感而述懷

뜬 구름이 밝은 달을 가려	浮雲蔽明月
어제의 빛나던 모습 아니네	已非昨日輝
하늘은 본디 장난기 많아	天公本多戲
흐렸다 개었다 일정한 모습 없지만	陰晴無定姿
어찌 알았으랴 잠깐 사이에	豈意轉頭間
맑은 빛이 나와 어긋날 것을	淸光與我違
단지 시냇가의 누각 좋으니	但愛溪上樓
밤에 서늘하여 더운 줄 모르지	夜涼暑氣微
두건 젖혀 쓰고 숲 속에 앉았노라니	岸幘坐林根
이슬 기운이 내 옷에 스며드네	露氣生我衣
벌레 소리 벌써 풀숲에서 들려오니	蟲聲已在艸
미물도 변화의 기미를 따르는데	微物隨化機
지사는 강개한 마음 품고	志士懷慷慨
앉아서 빠른 세월만 안타까워하네	坐惜日月飛
세상 사람은 서캐와 이 같아서	世人如蟣蝨
호화로운 생활[115] 자랑하려 하지만	所欲誇輕肥

115 호화로운 생활 : 경비(輕肥)는 가벼운 가죽옷과 살찐 말이라는 뜻으로, 호화로운

갈옷 입었어도 주옥 품었으니[116]	被褐抱珠玉
누가 우리의 도를 그르다 하겠는가	孰云吾道非
때 놓치지 말고 좋은 덕을 높이 닦아	及時崇令德
소인으로 돌아가지 말아야지	毋爲小人歸

생활을 의미한다. 공자(孔子)께서 "공서적이 제나라에 갈 적에 살진 말을 타고 가벼운 갖옷을 입었다.〔赤之適齊也, 乘肥馬, 衣輕裘.〕"라고 말씀하신 데서 유래하였다. 《論語 雍也》

116 갈옷……품었으니 : 재덕(才德)을 지닌 인재가 그것을 깊이 감추고 드러내지 않는다는 뜻이다. 《노자(老子)》 제70장에 "나를 아는 자가 드물면 나에게 있는 것이 귀해진다. 그러므로 성인은 갈옷을 입고 보옥을 품는다.〔知我者希, 則我者貴, 是以聖人被褐懷玉.〕"라고 하였다.

율치 가는 길에

栗峙途中

오월이라 사담[117] 가의 길에	五月沙潭道
옅은 그늘이 나그네 발걸음 지켜 주네	輕陰護客行
먼 봉우리마다 비가 내릴 듯한데	遙峰俱雨意
길에는 온통 매미 소리 울리네	一路盡蟬聲
졸려서 자주 말 쉬게 하고	睡倦頻休馬
외로이 읊조리다가 문득 꾀꼬리 소리 듣네	吟孤忽聽鶯
까마득히 구름 낀 골짜기 지나며	迢迢雲峽內
초가집에 먼 마음을 부치노라	茅屋寄遐情

117 사담(沙潭) : 현재의 충청북도 괴산군 청천면 사담리 일대로, 이하곤 집안의 별업(別業)이 있던 곳이다. 《頭陀草 冊1 洪君汝寬……》

수월루[118]의 낙성을 기뻐하며

喜水月樓落成

사담[119]의 물 맑아 밑바닥 보이고	潭影淸無底
외로운 누대 우뚝 솟았는데	樓孤自百尋
오늘 밤 누워 보니	聊成今夜臥
이십 년 꿈 이루었네	穩遂廿年心
문으로 들어오는 샘물 소리 멀리서 들리고	入戶泉聲遠
덩굴 뚫고 달빛이 깊숙이 비추네	通蘿月色深
이내 인생 살 곳을 얻었으니	吾生爰得所
이제부터 운림에서 늙어 가야지	從此老雲林

118 수월루(水月樓) : 충청북도 괴산군 청천면 낙영산 근처에 이하곤의 별업(別業)이 있는데, 그 동쪽에 있던 누각이다.《頭陀草 冊16 水月樓記》

119 사담(沙潭) : 현재의 충청북도 괴산군 청천면 사담리 일대로, 이하곤 집안의 별업(別業)이 있던 곳이다.《頭陀草 冊1 洪君汝寬……》

동루에서 비가 내리는 가운데 앉아서

東樓雨坐

저물녘에 산사에서 돌아오니	晩從山寺回
푸른 하늘이 누대에 가득했는데	空翠滿樓來
석양에 한 차례 비 내리며	夕陽一片雨
외로운 봉우리에 몇 차례 우레 소리 울리네	孤嶂數聲雷
못 그림자는 차츰 안정되어 가고	潭影移時定
숲 속 비는 반쯤 개어	林霏半面開
서늘한 기운이 옷깃에 스며들 제	微涼入襟袖
가만히 앉았노라니 마음 한가롭다	端坐意悠哉

작은 누각에서

小閣

작은 누각에 푸른 덩굴 드리워	小閣青蘿表
쓸쓸히 여름에도 시원하네	蕭蕭夏自寒
기후는 산속이라 다르고	氣候山中別
경치는 세상 밖이라 편안하네	風烟世外安
한가로운 생활 그럭저럭 즐길 만한데	閑居聊可樂
그윽한 경계는 본래 얻기 어렵지	幽境本來難
비래석[120]은 무슨 물건인가	何物飛來石
오랜 세월 보았어도 질리지 않네	長年不厭看

120 비래석(飛來石) : 《두타초(頭陀草)》 책16 〈수월루기(水月樓記)〉에 "비래석이 연못에 거꾸로 드리워져 있다.〔飛來石已倒垂潭中〕"라고 한 것으로 보아, 이하곤의 집 동쪽에 지은 수월루 근처의 바위로 짐작된다.

새 거처가 점차 자리를 잡아 가니 기뻐서 짓다

新居漸次就緖 喜而賦之

첩첩산중에 집 지으니	作室萬山中
사람들마다 어리석다 비웃었는데	人皆笑我愚
이태 동안 완공하지 못했으니	二載不斷手
이 일 더욱 우활하다 않겠는가	此事尤不迂
작은 집 새로 완성하여	小樓新告成
집안에 아무 것도 없지만	四壁亦虛無
누각 앞의 푸른 웅덩이	樓前一碧泓
깊어서 맑은 호수에 임한 듯하네	滉若臨淸湖
물 마시며 나의 책을 읽으니	飮水讀我書
신선의 거처도 부럽지 않아라	不羨神仙居
게다가 비래봉이	況乃飛來峰
조용한 여인처럼 어여뻐	娟妙如靜姝
마주하고 한 번 웃게 되니	相對復一笑
이는 나의 좋은 형제로다	是我良友于
세속 사람들은 한갓 자질구레하여	俗子徒碌碌
나와 짝할 수 없으니	未堪配於吾
너와 함께 서로 지킬 뿐	與汝但相守
이 밖에 다른 것은 바라지 않노라	此外不願餘

사담[121] 가에서의 그윽한 회포

潭上幽懷

깊은 숲에서 꾀꼬리가 교묘히 사람 부르니	深樹黃鸝巧喚人
서둘러 시권 들고 누대에 자주 오르네	急携詩卷上樓頻
송라 아득하여 티끌조차 이르지 못하고	松蘿漠漠塵難到
누대 높아 마음 절로 새롭네	軒檻迢迢意自新
연못에 바람 불자 모양 변하고	一水風來還變態
봉우리는 비 그치자 진면모 드러나네	數峰雨罷更精神
문 닫아 가로막을 속객 본래 없으니	元無俗客關門拒
외로운 구름만 나의 짝이 되었네	只是孤雲伴我身

121 사담(沙潭) : 현재의 충청북도 괴산군 청천면 사담리 일대로, 이하곤 집안의 별업(別業)이 있던 곳이다. 《頭陀草 冊1 洪君汝寬……》

누대 위에서

樓上

누대에 자주 올라도 싫지 않으니	不厭登樓數
누대 밖의 경치 볼 수 있어서지	爲看樓外天
푸른 이내 끼어 산이 멀게 느껴지고	蒼嵐山氣遠
가랑비 내려 수면에 둥근 무늬 생기네	細雨水紋圓
소나무 그림자가 책에 처음 드리우더니	松影書初散
꾀꼬리 소리 들으려 방석 자주 옮기네	鶯聲席屢遷
앞 봉우리만 마주하고 있어도	前峰但相對
종일토록 마음이 초연해지네	終日意超然

한가로움

閑來

한가히 두건 젖혀 쓰고 솔바람 쐬며 앉았노라니　　閑來岸幘坐松風
한 조각 냇물 빛이 누대 동쪽에 반짝이네　　一片溪光小閣東
아득히 구름 깊은 곳이라 오는 손님 없는데　　漠漠雲深無客到
쓸쓸하다 승려 떠나니 다시 누구와 함께할까　　寥寥僧去更誰同
읊은 뒤에 산 빛이 시의 소재 보태 주고　　吟餘山色添詩料
잠 깬 뒤 샘물 소리는 꿈속인 듯 들려오네　　睡起泉聲似夢中
예전에 담옹이라 부른 것은 빌렸을 뿐　　舊號潭翁元是假
이제야 담옹이라 부를 만하네[122]　　從今只合號潭翁

122 예전에……만하네 : 연못가에 살지 않는데도 예전에 자신을 담옹(潭翁)이라고 한 것은 어울리지 않는 호(號)였고, 이제는 사담(沙潭) 가에 집을 짓고 살게 되었으므로 진정으로 담옹이라 불러도 된다는 의미이다.

산을 나와 새 누대를 떠올리니 더욱 그리웠다

出山憶新樓 更覺依依

사흘이나 높은 누대에 가랑비 내리더니	三日高樓細雨中
떠난 뒤에 도리어 마음 쓸리네	別來還覺意悤悤
오늘 밤 달빛 보기에 좋을 텐데	今宵月色看應好
누가 다시 화려한 난간 동쪽에서 시 읊을까	誰更微吟畫檻東

저물녘에 농촌[123]을 지나며

晩過農村

바닥 보이는 맑은 물이 몇 척이나 깊은데	見底淸流數尺深
작은 다리 건너서 푸른 숲으로 접어드네	小橋過盡轉靑林
물고기 노리는 흰 새는 모래톱 오가고	窺魚白鳥行沙嘴
새끼 딸린 누런 소는 버들 그늘에 누웠구나	將犢黃牛臥柳陰
빈 골목은 석양에도 연기 피지 않고	空巷夕陽烟不起
한가한 문에 비 내려 풀 자라네	閑門新雨艸交侵
야윈 노새 뜰에 매어 두고	瘦騾却向庭中繫
서쪽 창에 기대어 저녁 봉우리 보노라	自倚西窓看夕岑

123 농촌(農村) : 《두타초(頭陀草)》 책4 〈초평이십오영(草坪二十五詠)〉 가운데 하나로 등장하는 것으로 보아, 고유명사임을 알 수 있다.

밤에 앉아 있다가 미 자를 얻었다

夜坐得微字

이날 마침 짚신 한 켤레를 샀다.

빈 뜰에 그윽한 풀빛 물들고	空庭幽草色
사립문 고요하기 그지없네	寂寂一荊扉
산 구경 오는 나그네는 없는데	客不看山到
승려만 짚신 팔고 돌아가네	僧惟賣屨歸
서늘한 누대에 별빛이 문으로 스며들고	樓涼星入戶
시내에 비친 달빛이 옷에 어리네	溪映月生衣
절은 두견새 우는 곳에 있어	寺在鵑啼處
아득히 푸른 숲에 가려졌네	遙遙隔翠微

소쩍새 소리를 듣고 감회가 있어서

聞子規有感

어지러운 구름 서쪽에서 소쩍새 울고	子規聲隔亂雲西
우거진 숲 사이로 달은 지려 하네	山木沈沈月欲低
봄에 돌아가려고 하소연해도 되지 않아	爲訴春歸歸未得
오늘 밤 서글피 우는 것이겠지	只應今夜盡情啼

그윽한 거처에서 즉흥적으로 읊다

幽居卽事

풀 사이로 보일락 말락 철 늦은 꽃 붉고	艸間暗淡晚花紅
비 내린 초가집에 더위 사라졌네	新雨茅齋暑氣空
서책은 산속에 늘 펼쳐 있고	書帙長開山影裏
사립문은 새소리 가운데 닫아 두네	柴扉深掩鳥聲中
시냇가 절에서 일찌감치 연기 피어오르고	臨溪野寺生烟早
버들 드리운 민가마다 보리타작 한창이네	垂柳人家打麥同
낮잠 자고 나서 할 일 없어	午睡罷來無一事
다시 마른 나무에 기대어 솔바람 소리 듣노라	更凭槁木聽松風

임계(臨溪)는 격림(隔林)으로도 쓴다.

또 시 자를 얻었다

又得詩字

초가집에서 낮닭 울 때 잠에서 깨었는데	茅簷睡起午鷄時
깊은 숲에서 산들바람 불어 더운지 모르겠네	深樹微風暑不知
새 내려오면 기심 없이 늘 모이 주고	鳥下忘機常施食
나그네 와도 말없이 시만 읊조리네	客來無語但吟詩
한 웅덩이 푸른 물이 맑게 난간을 에웠고	一泓碧水晴圍檻
몇 겹의 푸른 산이 저물녘에 울타리 위로 솟았네	數疊青山晚出籬
우습다 게으름이 근래 버릇 되어	自笑頑慵成近癖
석류꽃 아래 늦게야 지팡이 짚고 왔구나	石榴花下試笻遲

밤에 앉았노라니 감회가 있어서

夜坐有感

옷깃 헤치니 냇가 누각에 좋은 바람 불어오고　　披襟溪閣好風來
숲 사이 풀벌레 소리 서글프네　　蟲語林間已自哀
백발은 시름 때문이니 원래 원인 있지만　　白髮緣愁元有種
청산은 주인 없으니 다시 누가 시기할까　　青山無主更誰猜
출처는 계수나무 깊숙이 은거할 것이고[124]　　行藏桂樹將深隱
계절은 석류꽃도 다 필 때 되었네　　節序榴花又盡開
푸른 바다에 병선 출몰하는 나쁜 소식 있는데　　滄海戈船消息惡
나라에서 뽑은 사람 과연 어떠한 인재인가[125]　　金甌枚卜果何材

근래에 또 바다에서 경보가 있었는데 정승을 뽑았다는 소식만 들었기에 결구(結句)에서 언급하였다.

124 출처(出處)는……것이고 : 행장(行藏)은 자신의 도를 펼 수 있느냐 없느냐의 여부에 따라 거취를 결정하여 나아가기도 하고 은퇴하기도 하는 것을 말한다. 《논어》 〈술이(述而)〉에 "써 주면 도를 행하고 버리면 은둔한다.〔用之則行, 舍之則藏.〕"라고 하였다. 계수(桂樹)는 한(漢)나라 유안(劉安)이 지은 〈초은사(招隱士)〉에 "계수나무 무더기로 자라누나 산골 깊은 곳에, 꼿꼿하고 굽은 가지 서로 얽히었네."라고 한 데서 나온 말로, 세속을 피해 산림에 숨은 은사(隱士)를 뜻한다. 《楚辭 卷12》

125 나라에서……인재인가 : 조정에서 정승으로 선발한 사람이 외환(外患)을 방비할 대책을 지녔는지 묻고 있는 것이다. 금구(金甌)는 국가의 영토를 뜻하는 말로, 남조(南朝) 양 무제(梁武帝)가 "우리나라는 마치 황금 단지와 같아, 하나도 상하거나 부서진 곳이 없다.〔我家國猶若金甌, 無一傷缺.〕"라고 말한 데서 유래하였다. 《梁書 卷56 侯景列傳》 매복(枚卜)은 고대에 관원을 임명할 적에 길한지의 여부를 점쳐 뽑는 것으로, 재상을 뽑는 것을 뜻하는 말로 쓰였다.

감회
感懷

조정에 관리들[126] 많은데	朝端紛肉食
바다에 병선이 몇 번이나 출몰했나	海上幾戈船
근래의 근심 나라 안[127]에 있으니	近患蕭墻在
사사로운 걱정 별의별 생각 다 드네[128]	私憂杞國偏
재해와 흉년 해만 탓할 수 없으니[129]	災荒難罪歲
자잘한 다툼[130] 어찌 하늘에 달려 있으랴	蠻觸豈關天

126 관리들 : 육식(肉食)은 높은 직책에 있는 사람을 가리키는 말이다. 춘추 시대에 제(齊)나라가 노(魯)나라를 치려고 하자 노나라 장공이 나가 싸우려고 하였는데, 조귀(曹劌)라는 사람이 장공을 뵙기를 요청했다. 그러자 그의 마을 사람이 말하기를 "고기를 먹는 사람들이 꾀할 일인데, 또 어찌하여 참견하려 하는가.〔肉食者謀之, 又何間焉.〕"라고 하자, 조귀가 말하기를 "고기 먹는 사람은 식견이 모자라서, 원대한 꾀를 내지 못한다.〔肉食者鄙, 未能遠謀.〕"라고 하였다. 《春秋左氏傳 莊公10年》

127 나라 안 : 소장(蕭墻)은 자기 담장 안에서 일어나는 변을 이른다. 《논어》 〈계씨(季氏)〉에 "계씨의 근심은 전유에 있지 않고 담장 안에 있다.〔季孫之憂不在顓臾, 而在蕭墻之內也.〕"라고 하였다.

128 사사로운……드네 : 기국(杞國)은 옛날 기(杞)나라 사람이 하늘이 무너지고 땅이 꺼지면 자기가 도망가서 살 곳이 없을까 걱정하여 침식을 폐하고 고민했다는 고사에서 온 말이다. 《列子 天瑞》 여기서는 나라 안에 문제가 많아 온갖 걱정이 다 든다는 의미로 사용되었다.

129 재해와……없으니 : 《맹자》 〈양혜왕 상(梁惠王上)〉에 "왕께서 흉년에 죄를 돌리지 않으시면, 천하의 백성들이 올 것입니다.〔王無罪歲, 斯天下之民, 至焉.〕"라는 말이 나온다.

홀로 서서 높은 대 바라보니 獨立高臺望

뜬 구름이 해 옆에 있구나[131] 浮雲自日邊

130 자잘한 다툼 : 만촉(蠻觸)은 장자(莊子)가 가상한 작은 두 나라인 만(蠻)과 촉(觸)을 가리킨다. 달팽이의 왼쪽 뿔에는 만씨(蠻氏)의 나라가 있고 오른쪽 뿔에는 촉씨(觸氏)의 나라가 있는데, 서로 땅을 다투며 싸우다가 수만 명이 죽었다고 하여, 이후로 작은 이익이나 일을 가지고 부질없이 다투는 것을 풍자하는 말로 쓰인다.《莊子 則陽》 여기서는 심한 당쟁을 비유하여 말한 것이다.

131 뜬……있구나 : 조정에서 간신(奸臣)이 임금의 총명(聰明)을 가리고 있다는 말이다. 후한(後漢)의 공융(孔融)이 "참소하는 간사한 무리들이 공정한 이를 해치니, 뜬구름이 밝은 해를 가린 것이네.〔讒邪害公正, 浮雲翳白日.〕"라고 하였다.《孔北海集 臨終詩》

잠에서 깨어

睡起

손님 없는 산속 방에서 낮잠 깨어	無客山房罷午眠
향 피우고 홀로 앉았노라니 더욱 쓸쓸하네	焚香獨坐更蕭然
시내는 간밤 비에 불어나 언덕에 넘실대고	溪添宿雨纔平岸
사찰은 깊은 숲에 있어 연기만 보이는구나	寺在深林只見烟
도를 배우니 마음이 맑음을 점차 알겠고	學道漸知心似水
한가롭게 지내니 바야흐로 하루가 일 년 같다	居閑方覺日如年
석양에 농사일 바라보다가 그윽한 흥 일어나	夕陽觀稼緣幽興
또 지팡이 끌고 시냇가에 왔노라	又曳笻枝到澗邊

시냇가 정자에서 밤에 앉아 있다가 6언

溪亭夜坐 六言

희미한 달이 산봉우리에 반쯤 솟아나고	微月峰頭半吐
그윽한 샘물 소리 소나무 아래 슬피 울리네	幽泉松下悲鳴
깜박이는 외로운 등불 마주하고 잠 못 이룬 채	孤燈自照無寐
때때로 소쩍새 울음소리 듣노라	時聽子規一聲
더위에 긴 해 보내기 어려운데	暑氣難消永日
벌레 소리는 문득 초가을 같구나	蟲聲忽似新秋
대나무 그림자 섬돌에 비끼는데	乍看竹影橫砌
시원한 솔바람이 누대 가득 불어와 좋구나	賸喜松涼滿樓
작은 절의 종소리 은은하고	小寺鍾聲隱隱
먼 마을에 등불 가물거리네	遠村燈火依依
산 위의 달빛 방에 들어오고	山月自來入戶
숲 속 바람이 끊임없이 옷에 불어오네	林風不絕吹衣
냇가 누대에 쓸쓸히 홀로 앉아	溪閣寥寥獨坐
부들방석에서 묵묵히 말을 잊었노라	蒲團默默忘言
울타리 사이에서 개들이 때때로 짖고	籬間村犬時吠
풀숲에서 반딧불 번득이네	草際流螢自翻

소나무 그림자 바람에 부서지고	松影因風破碎
시냇물은 달빛 받아 일렁이네	溪光受月漣漪
깊은 밤 풍경 참으로 아름다워	夜深光景奇絶
홀로 누대에 한참을 서 있노라	獨立樓頭幾時

시냇가에 살다 보니 하루 사이에 눈에 들어오는 광경이 각기 달랐다. 보는 대로 곧바로 시를 지어 한가로이 지내는 고실로 삼는다

溪居終日之間 光景觸目各異 隨見卽賦 以備閑居故實

종일 작은 창문 사이로 終日小牕間
푸른 산 빛만 마주하고 있노라 但對靑山色
문 앞의 풀을 보라 試看門前艸
어찌 사람 온 자취 있겠는가 那有人來跡

홀로 앉아 손님이 없어서

동쪽 창 아래 대나무 심었더니 種竹東牕下
새순이 몇 촌이나 자랐는데 新筍數寸强
꼿꼿하기가 이미 이와 같아 亭亭已如許
눈과 서리를 이기려고 하는 듯 意欲凌雪霜

창 아래의 새 대나무

대나무 사이의 사계화[132] 竹間四季花
몇 가지에 붉은 꽃 피었으니 數枝發紅蕚
봄 지난 지 오래되었어도 春歸雖已久
나의 집 적막하지 않구나 吾廬不寂寞

132 사계화(四季花) : 장미과에 속하는 상록 관목으로 월계화(月季花)라고도 한다.

사계화가 새로 피다.

산꼭대기에 한 조각 구름 일더니　一片峰頭雲
갑자기 시내 남쪽에 비 내리네　忽作溪南雨
앞마을에 자욱하게 안개 끼어　前村烟漠漠
안개 속 숲은 보이지 않네　不見烟中樹

남쪽 시내의 저물녘 비

늙은이 목동을 염려하여　老翁念牧童
저물녘에 사립문에서 기다리는데　日暮候荊扉
버들 드리운 남쪽 시냇가 길에　垂柳南溪路
송아지 타고 빗속에 돌아오네　騎犢雨中歸

빗속에서 목동이 소를 몰다.

자유[133]가 역병에 걸렸다가 조금 나았으나, 우리들이 꺼려하여 가보지 못하였으니 불쌍한 생각이 들었다. 침상에서 율시 한 수를 불러 지어 부쳐서 병중의 마음을 위로하다

子有遘癘 雖少可 吾輩嫌忌 不得往見 念之憫然 枕上口占一律寄去 以慰病懷

그의 딸과 아내가 먼저 병을 앓았는데, 자유가 이어 병에 걸렸다.

딸과 아내 병들어 흰머리 부쩍 늘었는데	女病妻憂鬢雪偏
지금 그대가 앓아누우니 누가 보살필까	君今臥疾更誰憐
전염될까 꺼려 집에 오는 이 끊기고	嫌拘門斷來人影
떠도는 신세라 주머니에는 약값도 없네	流落囊空買藥錢
잠깐만 헤어져도 꿈속에서 만났는데	乍阻猶能通夢寐
그리운 마음에 시편만 뒤적이네	相思但自檢詩篇
함께 물고기 구경하며 한바탕 웃던 곳에는	倂看一笑觀魚地
저물녘에 솔바람만 부는구나	只有松風暮颯然

연일 꿈에서 자유와 중화(仲和)[134]와 함께 모여 이야기했다.

133 자유(子有) : 이희함(李喜涵, 1673~?)으로, 본관은 덕수(德水), 자는 자유이다. 《두타초(頭陀草)》 책14에 〈제이자유문(祭李子有文)〉이 수록되어 있다.

134 중화(仲和) : 윤순(尹淳, 1680~1741)으로, 본관은 해평(海平), 자는 중화, 호는 백하(白下)·학음(鶴陰)이다. 《白下集 附錄 行狀》

비
雨

아득하게 안개 낀 숲과 어우러지려는 듯	漠漠欲和烟樹空
부슬부슬 시내 건너오는 바람 따라 내리네	霏霏還逐度溪風
난간 동쪽 긴 소나무 가지 끝에	闌干東角長松杪
한 줄기 앞산이 어둑어둑하구나	一抹前山黯淡中

시냇가 누각에서 비가 그친 뒤에

溪樓雨後

안개 낀 숲 희미한 저편에	烟樹微茫外
시냇물 한 줄기 밝게 빛나네	溪流一道光
높은 누대에 더위 사라져	高樓無復暑
가랑비에 절로 서늘하네	小雨自生涼
산은 구름 따라 검고	山意從雲黑
꾀꼬리 소리 해와 함께 길어지네	鶯聲與日長
저물녘 솔바람 좋아서	風松晩來好
말없이 평상에 기대노라	不語倚方床

비가 다시 내리다

雨更作

오락가락하는 두타산의 비	斷續頭陀雨
비스듬히 날려 저무는 하늘에 비치네	斜飛映暮天
시내 건너편은 어느새 안개 낀 듯하고	隔溪俄似霧
숲에 엉겨 문득 연기 되는구나	着樹忽成烟
먼 풍경은 흐릿흐릿 분별하기 어려운데	遠色渾難辨
조금 서늘해져 잠들기 좋구나	微涼好可眠
농부들 자못 흡족해하니	田家頗慰滿
올해 혹 풍년이 들려는가	大有或今年

단비

喜雨

마땅히 위에 있어야 한다.

두타산에 사흘이나 구름 끼더니	頭陀三日雲
비를 만들어 오늘 내리는데	醞釀爲今雨
그 기세 남풍을 끼고	勢挾南來風
이리저리 공중에서 춤추네	飄颻向空舞
처음에는 먼지를 씻어 낼 정도였는데	初猶灑埃塵
조금 지나자 노끈 드리운 듯	稍久引繩縷
저물녘에 더욱 거세게 쏟아져	晚勢尤豪縱
한 기운이 사방에 퍼지네	一氣彌四宇
포차가 대지를 달리는 듯하고	礮車馳大地
초목이 모두 성난 듯	草木俱含怒
가뭄 끝에 큰 비가 내려	旱餘得大霈
타들어가는 땅을 촉촉이 적시네	膏澤潤焦土
곡식을 한 번 씻어 주니	黍豆一沾洗
논과 밭에 광채가 도네	精采回田圃
주룩주룩 내리는 비 한때 지나더니	滂沱亦一時
남은 안개비 오락가락하네	餘霏倏散聚
안개 낀 시내는 희미하고	烟溪氣冥濛
먼 숲은 깃털 꽂아 놓은 듯	遠樹植如羽
실구름이 앞산을 반쯤 덮었는데	洩雲半前山

산 정상이 차츰 나오려 하네　　頂髻稍欲吐
흐렸다 맑았다 잠깐 사이에　　陰晴俄頃間
멋진 광경을 실컷 보았구나　　光景幸快覩
늙은 나만 아무 일 없어　　老夫但無事
시원한 저물녘에 오막에 누웠노라　　晚涼臥蓬戶

날이 갠 것을 기뻐하며

喜晴

비 내리고 갠 날 좋으니	旣雨喜新晴
비 오지 않았을 때보다 훨씬 낫구나	殊勝不雨時
아침에 세수하고 빗질하고 나서	朝來盥櫛罷
남쪽 창에 느긋하게 앉았노라	坐得南牕遲
먹구름이 여전히 엉겨 있어	崩雲尙輪困
앞산은 또 하나 멋진 모습 더했네	前山添一奇
곡식들 갑자기 훌쩍 자라	黍豆忽已高
바람 따라 하늘하늘 춤추네	隨風舞旖旎
늙은 농부가 가서 이 모습 본다면	老農行見此
먹지 않아도 배고픔 잊으리	不食已忘飢
깊고 깊은 구중궁궐에서는	深深九重內
이런 마음 알기나 할까	此意果能知
우리들은 어리석은 소인이라	吾儕小人耳
배 채울 걱정만 하노니	口腹但自私
산 밖의 어지러운 세상일은	紛紜山外事
누가 다시 안위를 주관하는가	誰復管安危
두건 젖혀 쓰고 빈시[135] 노래할 제	岸幘歌豳詩

135 빈시(豳詩) : 《시경》의 〈칠월(七月)〉을 가리킨다. 주공(周公)이 어린 성왕(成王)을 도와 섭정할 적에, 농사의 어려움을 전혀 모르는 성왕에게 주(周)나라의 선조(先

새들이 소나무 가지에서 지저귀네 鳥鳴躢松枝

祖) 후직(后稷)이 처음 빈(豳) 땅에 나라를 세우고 백성들에게 농사를 장려했던 일을 설명하며 경계시킨 내용으로 되어 있다.

누대의 밤
樓夜

누대 높아 전혀 덥지 않고	樓高失炎暑
별 떠올라 아스라이 빛나는데	星出正迢迢
산과 시내 갑자기 희미해지고	山水忽蒼莽
사립문 안이 마침내 고요하네	柴門遂寂寥
안개는 대숲에 어리고	烟光沈竹樹
만년을 낚시하고 나무하며 살리라	暮意定漁樵
노래와 휘파람으로 한가한 흥취에 젖을 뿐	歌嘯渾閑興
원래 세상을 멀리한 것 아니라네	元非與世遙

또 누 자를 얻었다

又得樓字

비 그친 맑은 시냇가	雨後淸溪上
서늘하여 가을 같구나	微涼忽似秋
마을 여기저기서 절구 소리 바쁘고	村聲數杵急
숲에는 반딧불 나누나	林影一螢流
방랑하는 신세 원래 은거하려는 게 아니라	浪跡元非隱
깊은 산에 들어왔을 뿐	深山只自投
끝없는 속세의 일에	無窮塵世事
머리 긁적이며 높은 누각에 서 있노라	搔首立危樓

빗속에서의 감회
雨中感懷

큰 뜻 품어 예전에 공명 세우려 했는데[136]	壯心舊欲勒燕然
헝클어진 흰머리만 머리에 가득하네	白髮蕭蕭已滿顚
푸른 숲 높은 누대 바람 부는 곳에 앉았다가	綠樹高樓風處坐
푸른 산 침상에서 빗속에 자노라	靑山半榻雨中眠
탁주 사다가 취할 만한데	賖來濁酒猶堪醉
새 시 읊고 나면 스스로 가엾어 하노라	吟罷新詩只自憐
책상 위 〈음부경〉은 이제 읽기 게을리하고	案上陰符今懶讀
때때로 높은 하늘 향해 긴 휘파람 부노라	時時長嘯向高天

136 공명(功名) 세우려 했는데 : 늑연연(勒燕然)은 연연산(燕然山)에 비를 새긴다는 말로, 공명을 세움을 의미한다. 연연산은 몽고 지방에 있는 산으로, 항애산(杭愛山)이라고도 부른다. 후한(後漢)의 두헌(竇憲)이 북흉노(北匈奴)와 전투를 벌여 1만 3000급(級)을 베고 20여만 명을 포로로 잡는 등 대승을 거둔 뒤, 연연산에 올라 반고(班固)로 하여금 글을 지어 기념비를 세우게 한 고사가 전한다. 《後漢書 卷23 竇融列傳 竇憲》

지겨운 비에 회포를 쓰다

苦雨寫懷

당시에 아내가 상경(上京)하였다.

잠시만 개도 좋으니	少霽旣云佳
많은 비에 어찌 근심하지 않으랴	多雨寧不憫
사람은 지루한 비 싫어서	人情厭支離
갤 날을 여러 번 점쳐 보네	晴候累占診
비가 엿새나 이어져	一雨連六朔
잡아끌 듯 계속 내리네	相續如挽引
높은 하늘에서 쉼 없이 새어 나와	高天漏不休
그 기세 마치 치민을 엎어 놓은 듯[137]	勢若倒淄澠
빽빽한 구름이 주로 뿌려 대고	蜜雲主吹噓
거센 바람이 세찬 빗줄기 돕네	獰飆助豪緊
앞 시내 불어나 바다가 되고	前溪漲爲海
온 산은 우뚝한 모습 감췄네	四山藏巉嶙
달이 필성에 걸렸다[138] 하니	傳聞月離畢

137 그 기세……듯 : 강물을 뒤집어 놓은 것처럼 비가 세차게 내린다는 말이다. 치민(淄澠)은 치수(淄水)와 민수(澠水)를 합하여 일컬은 말로, 모두 산동성(山東省)에 있다.

138 달이 필성(畢星)에 걸렸다 : 비가 내릴 조짐을 말한다. 《시경》 〈삼삼지석(漸漸之石)〉에 "달이 필성에 걸려 있으니, 비가 주룩주룩 내리리로다.〔月離于畢, 俾滂沱矣.〕"라고 하였다.

큰비가 내릴 조짐 이미 있었지　　滂沱已見眹
이러한 때에 길 떠나는 사람은　　此時念行者
답답함이 마음에 맺히네　　鬱鬱腸內軫
가는 길 과연 어떠할까　　跋涉果何如
중도에 어찌 고생하지 않으랴　　中途那免窘
머리 늘어뜨린 두 딸 아이는　　髧彼兩兒女
눈이 맑고 머리 숱 많은데　　目清頭髮鬒
작은딸은 이제 웃을 줄 알고　　少者始解笑
큰딸은 똘똘하네　　長者亦慧敏
아마도 아비 부르며 울 터　　想當喚爺啼
잊으려 해도 잊기 어려워라　　欲忘難可忍
인생 백년 사이에　　人生百年間
이별은 어느 때에나 끝날까　　離別何時盡

어제 백수(伯修)[139]의 말을 들으니 "일관(日官)이 이르기를 '달이 필성(畢星)에 걸렸으니 올해 큰 홍수가 날 것이다.' 하였다."라고 하였다.

139 백수(伯修) : 윤유(尹游, 1674~1737)로, 본관은 해평(海平), 자는 백수, 호는 만하(晩霞)이다.

비가 그치지 않다

雨不歇

아득한 골짜기 하늘 너무 검어 근심스러우니	漠漠峽天愁太黑
캄캄하게 세찬 비 그치지 않네	冥冥急雨無歇時
시냇물은 이미 하늘에 닿을 듯 흐르는데	溪流已欲浮天去
구름은 도리어 땅을 뒤집은 듯 드리웠네	雲氣還應倒地垂
황새와 학은 훌쩍 날아 여유롭고	鸛鶴翻飛方自得
교룡은 누워서 슬퍼하지 않는구나	蛟龍偃臥不須悲
한강의 물결 지금 어떠할까	漢江波浪今何似
홀로 높은 누대에 앉아 걱정하네	獨坐高樓有所思

저물녘에 우레가 치고 큰 비가 내렸다

晩來雷雨大作

저물녘에 서늘한 바람이 솔솔 누대에 불어오는데	涼氣翛翛晩入樓
강가의 우레 소리 사람을 시름겹게 하네	轟雷江上使人愁
바람 앞에 나는 나비는 무슨 마음인가	風前飛蝶元何意
빗속에 우는 꾀꼬리 그치려 하지 않네	雨裏啼鶯不肯休
들판의 언덕 구름에 닿아 숲 잠겼고	野岸連雲埋樹色
사촌[140]은 물가에 있어 시냇물 넘쳤네	沙村臨水漲溪流
올해는 이러하고 작년에는 가물었으니	今年如此去年旱
홀로 서서 하늘 바라보며 흰머리 긁적이네	獨立向天搔白頭

140 사촌(沙村) : 백사장 가의 마을이라는 뜻이지만, 고유명사일 가능성을 배제할 수 없다.

저물녘에 개다

暮晴

시냇가 푸른 산 저물녘에 안개 끼고	溪上青山晚是烟
민가는 깊숙이 버들 그늘 가에 있네	人家深在柳陰邊
짝지어 나는 백로는 어디로 가는가	雙飛白鷺歸何處
비 갠 하늘에 한 가닥 햇살 비꼈어라	一縷斜陽雨後天

밤에 시냇물 소리를 들으니 빗소리와 매우 흡사했다

夜聞溪聲 極似雨聲

산속 집에 외로운 등불 켜고 문 반쯤 열렸는데	山閣孤燈戶半開
바람이 가리개에 불어 그림자 흔들리네	風吹障子影徘徊
밤새 앉아서 세찬 시냇물 소리 듣노라니	終宵坐聽溪聲急
영락없이 솔숲에 쏟아지는 빗소리 같구나	一似松間雨驟來

밤이 되어 또 비가 내리려고 하였다

入夜 又有雨意

석양에 앞 시내가 잠깐 개더니	返照前溪乍放晴
먹구름이 밤에 또 겹겹이 일어나네	陰雲入夜又層生
조만간 갤 줄을 알지만	應知早晩終開霽
하늘의 변덕에 맡겨 둘 밖에	一任天公變化情

오랜 비에 한가롭게 지내며
久雨閑居

호사자 그 누가 밥 싸들고 찾아오랴[141]	好事何人裹飯尋
거문고 타지 않고 때때로 홀로 읊조릴 뿐	有琴不鼓時獨吟
부귀한 관상[142] 없음을 다행으로 여기는데	自幸本無肉食相
누가 산에 사는 마음을 알겠는가	誰能更會山居心
솔숲 덥지 않아 새도 즐거워하고	松林無暑鳥猶樂
비 오는 한가한 집에 사람은 깊숙이 머무네	風雨閑門人自深
대낮에 책 안고 한나절 잤더니	白晝抱書眠一晌
베개 너머 푸른 산색이 비녀를 비춘다	青山枕外來映簪

141 호사자……찾아오랴 : 자신을 찾아올 사람이 없다는 말이다. 293쪽 각주83 참조.

142 부귀한 관상 : 육식(肉食)은 후한 녹봉을 받는 벼슬아치들을 낮춰 부르는 말는데, 여기서는 부귀하게 될 관상의 의미로 풀이하였다. 327쪽 각주126 참조.

비가 개지 않아 사람을 근심스럽게 하였다

雨苦不晴 殊令人悶也

자욱이 내리는 지겨운 비 시름겨우니	冥冥苦雨正愁人
호숫가 사립문에 자주 물 불어나네	湖上柴扉急漲頻
습기가 책을 적셔 여기저기 곰팡이 슬었고	潤氣沾書黴繡徧
빗물 자국 벽에 스며들어 이끼 피었네	漏痕侵壁土花新
개구리가 알 깐 찬 아궁이에 연기 피기 어렵고[143]	產蛙冷竈烟難起
나비로 변한 빈 마당의 보리 이미 묵었네[144]	化蝶空場麥已陳
시냇가 밭이 다 침수되었다지만	更道溪田今盡沒
늙은이는 본래 가난 걱정 않노라	老夫元不恤窮貧

143 개구리가……어렵고 : 개구리가 알을 낳을 정도로 장마에 부엌이 물에 잠겨, 불을 피울 수 없다는 말이다. 《국어(國語)》 〈진어(晉語)〉에 "조 양자가 진양으로 달아나자, 진나라 군사가 그를 포위하고 성안으로 물을 대었더니, 물속에 잠긴 아궁이에서 개구리가 알을 낳았다.〔趙襄子乃走晉陽, 晉師圍而灌之, 沈竈產蛙.〕"라고 하였다.

144 나비로……묵었네 : 긴 장마에 보리 수확을 하지 못해 보리가 모두 썩어가는 것을 읊은 것이다. 양신(楊愼)의 《승암집(升菴集)》 권65 〈소어(瑣語)〉에 "썩은 오이는 물고기가 되고, 묵은 보리는 나비로 변한다.〔朽瓜爲魚, 陳麥化爲蝶.〕"라고 하였다.

저물녘에 개어 한가롭게 앉아 있다가

晩霽閑坐

집에 찾아오는 이도 없고 대숲도 깊어서	無客柴門竹樹幽
오건 벗고 더벅머리로 지내노라	烏巾不着只科頭
안개 속 흰 물결은 둑에 가득 평평하고	烟中白水平無岸
비 갠 뒤 푸른 산색이 저물녘 누대에 들어오네	雨後青山晩入樓
제비들 이리저리 날며 갠 날씨 축하하는데	燕子交飛新賀霽
매미들 한껏 울어대어 가을 재촉하누나	蟬聲作意已催秋
성격이 본래 고요함 즐겨서	僻性元來耽索寞
맑은 세상에 숲 속에서 늙음을 후회 않노라	清時不悔老林丘

평무안(平無岸)은 혼평안(渾平岸)으로도 쓴다.

밤에 앉았노라니 달빛이 구름에 가려 밝았다 어두웠다 하였다

夜坐月色爲雲所蔽 乍明乍暗

가물가물 외로운 등불이 사립문 비추는데	孤燈黯黯照柴門
한밤까지 말없이 혼자 앉았노라	獨坐無言到夜分
바람이 찌는 더위 몰아가 장마 만들고	風退炎蒸成積雨
달은 뜬구름 따라 나타났다 사라졌다 하네	月將顯晦任浮雲
시냇물 소리 흡사 창 사이에서 나오는 것 같고	溪聲怳自窓間出
벌레 소리가 차츰 침상 아래에서 들려오네	蟲語漸於床下聞
기쁘게도 근래 잠 적어	稍喜邇來眠睡少
산속 집에 새로 방옹[145]의 글 가져다 두었지	山房新置放翁文

《방옹집(放翁集)》을 새로 사왔다.

145 방옹(放翁) : 남송(南宋)의 시인 육유(陸游, 1125~1209)의 호이다.

10일 밤에 비가 개고 달빛이 매우 곱기에 이리저리 거닐다가 남쪽 시내에 이르렀다

十日夜雨快 月色佳甚 縱步至南澗

총총한 별들을 지팡이 끝에 매달고	纍纍星斗杖頭懸
늙은이 오늘 밤에야 시냇가에 나왔네	老子今宵始澗邊
비갠 뒤 밝은 달빛이 숲에 들어오고	明月入林新雨後
가을도 아닌데 벌레들 들에서 구슬피 우네	悲蟲啼野早秋前
사촌[146]의 등불은 멀리 물가에 반짝이고	沙村燈火遙臨水
산기슭 절간의 종소리 안개에 막히지 않는구나	崖寺鍾聲不隔烟
바람에 각건 떨어진 줄도 모르고 한참 서 있나니	風墮角巾忘久立
사람 마음 본래 갠 날을 좋아한다네	人情元自喜晴天

146 사촌(沙村) : 백사장 가의 마을이라는 뜻이지만, 고유명사일 가능성을 배제할 수 없다.

돌아온 뒤에도 그윽한 흥취가 그치지 않았다

歸後幽興未已

버들 드리운 울타리 옆 오솔길	垂柳籬邊徑
선선함 감도는 비 갠 하늘	微涼雨後天
사람이 달 비치는 그윽한 시냇가 걸어가니	人行幽澗月
개들이 안개 낀 마을에서 짖는구나	犬吠一村烟
고요한 물에 별빛이 희게 빛나고	定水星光白
빈 뜰에 나무 그림자 둥글게 드리웠네	虛庭樹影圓
초가집으로 천천히 돌아오니	徐歸茅屋下
등불만 쓸쓸하구나	燈火更蕭然

밤이 깊어지자 달빛이 더욱 고왔다. 사랑스러워 잠들지 못하고 다시 마당을 거닐다

夜深月色尤奇 愛而不寢 又步庭中

산들산들 산들바람이 얼굴 스칠 제	颯颯輕颸拂面吹
지팡이 짚고 시냇가에 홀로 섰노라	倚杖臨溪獨立時
외로운 소나무도 속세의 기운 없지만	孤松亦自無塵氣
밝은 달만 내 시를 사랑하리	明月唯應愛我詩
오늘 밤 더없이 상쾌하니	快事莫如今夜最
하늘이 끝내 맑게 개었어라	皇天終有一晴私
삼복의 찌는 더위 모르겠으니	不知三伏朱炎苦
늙은이 늦게 잠드는 것을 이상타 마라	休怪衰翁入睡遲

감회 8수

感懷 八首

두타산 아래 고즈넉한 마을	頭陀山下一孤村
저물녘 상마 속에 홀로 문 닫고 있노라	暮色桑麻獨掩門
안개에 가린 먼 숲은 온통 흐릿하고	遠樹隔烟渾黯黮
비 거둔 엷은 구름은 황혼에 물들었네	薄雲收雨自黃昏
장하던 마음 늙어가며 부질없이 시만 즐기고	雄心老去空詩卷
세상일에 서글퍼 술 마시네	世事悲來有酒尊
우습다 당구[147]여 많은 일에 곡하다니	可笑唐衢多事哭
풍진의 자잘한 다툼[148] 분분하든 말든	風塵蠻觸任紛紛

2

갈포로 지은 홑옷에 오각건 쓰고	葛布單衣烏角巾
비 오는 쑥대문에 누운 그윽한 사람	蓬門風雨臥幽人
하늘 끝 아우들 부질없이 그리워하며	天涯弟妹空相憶
들 노인과 고기 잡고 나무하며 친하게 지내네	野老漁樵但自親

147 당구(唐衢) : 당(唐)나라 시인으로, 여러 차례 진사시에 응시하였으나 급제하지 못하였다. 그가 지은 작품에는 서글픈 감회가 많이 나타나고, 다른 사람의 시문(詩文)에서 비탄(悲嘆)의 내용을 보면 반드시 통곡하였다고 한다. 《天中記 卷23 哭》

148 자잘한 다툼 : 만촉(蠻觸)은 세상 사람들이 분분하게 명리를 다투는 것을 비유하는 말이다. 달팽이의 두 뿔에 만(蠻)과 촉(觸)이라는 나라가 각기 자리를 잡고, 하루가 멀다 하고 영토 쟁탈전을 벌인다는 우화에서 유래하였다. 《莊子 則陽》

상당산은 북쪽에서 뻗어와 백령에 이어졌고　上黨北來連柏嶺
반계는 서쪽으로 흘러가 웅진으로 들어가네[149]　磻溪西下入熊津
십 년 동안 이곳에서 서글피 머물렀으니　十年此地悲留滯
연화 피었던 상국의 봄 떠올리네　回首烟花上國春

3

한양의 대궐 오색구름 속에 있는데　漢陽城闕五雲中
호랑이 웅크리고 용 서린 듯 지세 웅장하네　虎踞龍盤地勢雄
성조께서 원대한 계획으로 큰 운수 여시고　聖祖訏謨開景運
맑은 조정이 예악으로 오랑캐 풍속 혁파했네　淸朝禮樂革夷風
제도와 인물이 삼한에서 빼어나고　衣冠民物三韓上
경착하는 민가가 육진까지 고르게 퍼졌네[150]　耕鑿人烟六鎭同
오늘 소신은 부질없이 많은 감회 있어　今日小臣空百感
때때로 머리 돌려 건원릉[151] 동쪽 바라보네　時時回首健陵東

149 상당산(上黨山)은……들어가네 : 이하곤이 거주하던 곳의 지리를 읊은 것인데, 상당과 백령(柏嶺)은 분명하지 않다. 웅진(熊津)은 충청남도 공주시에 있으므로, 반계가 금강으로 흘러 들어감을 말한 것으로 보인다.

150 경착(耕鑿)하는……퍼졌네 : 백성들이 멀리 변방까지 퍼져 태평하게 거주한다는 말이다. 경착은 밭을 갈고 우물을 판다는 말로, 태평 시대를 의미한다. 요 임금 때에 어느 노인이 지었다는 〈격양가(擊壤歌)〉에 "해가 뜨면 일어나고 해가 지면 쉬면서, 내 샘을 파서 물을 마시고 내 밭을 갈아서 밥을 먹을 뿐이니, 임금님의 힘이 나에게 무슨 상관이랴.〔日出而作, 日入而息, 鑿井而飮, 耕田而食, 帝力於我何有哉.〕"라고 하였다.

151 건원릉(健元陵) : 건릉(健陵)은 본래 정조(正祖)의 능인데, 이하곤의 시대와 맞지 않고, 시의 내용으로 볼 때 태조(太祖)와 관련이 있으므로, 여기서 건릉은 경기도

4

화창한 봄날 임금께서 온양에 오시니 春和玉輦下溫陽
호서의 산천에 경필 소리 높이 울렸네[152] 湖甸山川警蹕長
신령한 샘이 효험 없을 줄 어찌 알았으랴 豈料靈泉終不驗
백성들 날마다 쓰러지니 가엾기만 하구나 徒憐黔首日相僵
붉은 글씨 씻어 내자는 많은 말들 교묘한데[153] 洗滌丹筆群言巧
권세가에 물건 대느라 고을마다 바쁘네 供給朱門列郡忙
조금이라도 함부로 취하면 다 처벌하였으니 妄取一毫皆有律
남은 백성들 부질없이 선왕 생각에 눈물 흘리네 遺民空自泣先王

선조(先朝) 때 행조(行朝)에 있던 여러 사람들이 남들이 주는 뇌물을 받았는데, 모두 한 가지 죄로 논의하였다.

5

이번 생에 맑은 시대 다시 볼 것 같았는데 今生擬復見淸時
세상일 바둑과 같아 알 수 없구나 世事如棋未可知
누가 화봉에 흰 성가퀴 더하게 했나 誰遣華峰增粉堞
멀리 창해에 붉은 기 날린다 전해 왔네[154] 遙傳滄海閃朱旗

구리시에 있는 태조의 능인 건원릉을 가리키는 것으로 보인다.

152 화창한……울렸네 : 《숙종실록》 43년 3월 3일 기사에, 숙종이 온양(溫陽)으로 거둥하였다는 기록이 있다. 경필(警蹕)은 임금이 거둥할 때 행인의 통행을 금지하는 것을 말한다.

153 붉은……교묘한데 : 어떤 일을 지적한 것인지 자세하지 않지만, 단필(丹筆)은 죄상을 기록하는 것을 의미하므로, 누군가의 죄상 기록을 삭제하자고 여러 신하들이 요청했던 것으로 보인다.

북두성 사이의 기운 용천검이 쏘는 것인데[155] 斗間有氣龍光射
대 위에 황금 없으니 준골이 슬퍼하네[156] 臺上無金駿骨悲
황허의 공명을 누가 다시 세울까 黃許功名誰更辦
큰 집을 부질없이 어린아이에게 맡겼네[157] 空將大廈付纖兒

154 누가……왔네 : 화봉(華峯)이 어디인지 알 수 없으나, 당시 일본의 침략 조짐이 있어서 화봉에 성을 증축하고 전쟁에 대비했던 것으로 보인다.

155 북두성(北斗星)……것인데 : 진(晉)나라 장화(張華)가 천문(天文)을 보니, 풍성(豐城) 지방에서 붉은 기운이 하늘의 두성(斗星)과 우성(牛星) 사이를 쏘고 있었다. 이에 뇌환(雷煥)을 불러 물었더니 "그것은 땅속에 보검(寶劍)이 묻혀 있어, 그 기운이 쏘는 것입니다."라고 하였다. 뇌환을 풍성 영(豐城令)으로 보냈더니, 과연 땅을 파서 용천(龍泉)과 태아(太阿)라는 보검을 찾아냈다.《晉書 卷36 張華列傳》여기서는 훌륭한 인재를 의미하는 말로 사용되었다.

156 대(臺) 위에……슬퍼하네 : 전국 시대 제(齊)나라에게 패하여 피폐해진 연(燕)나라의 소왕(昭王)이 곽외(郭隗)에게 현명한 인물을 천거해 달라고 하자, 곽외가 "죽은 말 한 마리의 뼈를 500금(金)에 사들였더니, 1년도 채 안 되어 살아 있는 천리마 세 마리가 찾아왔습니다."라고 하고, 자신을 먼저 후하게 대접해 준다면, 자신보다 더 뛰어난 인재들이 천하에서 모여들 것이라고 하였다. 이에 소왕이 대를 짓고 황금을 그 위에 비치한 다음 천하의 선비들을 맞이하였는데, 추연(鄒衍)이 제나라에서 오고, 악의(樂毅)가 위(魏)나라에서 오고, 극신(劇辛)이 조(趙)나라에서 와서, 결국 국력이 크게 강성해져 마침내 제나라를 격파하였다.《戰國策 燕策1》여기서는 이 고사를 인용하여 조정에서 어진 인재를 등용하지 않는 현실을 지적한 것이다. 준골(駿骨)은 준마의 뼈를 말한다.

157 황허(黃許)의……맡겼네 : 조정에서 임명한 재상이 나랏일을 감당하기에 적합한 인물이 아니라고 본 것이다. 황허는 조선의 명재상으로 꼽히는 황희(黃喜, 1363~1452)와 허조(許稠, 1369~1439)의 병칭이다. 황희의 본관은 장수(長水), 자는 구부(懼夫), 호는 방촌(厖村), 시호는 익성(翼成)이다. 허조의 본관은 하양(河陽), 자는 중통(仲通), 호는 경암(敬菴), 시호는 문경(文敬)이다.

6

늙어 가며 산을 살 돈 없어[158]	老去無錢可買山
사담[159]에 새로 세 칸 집 지었네	沙潭新置屋三間
이미 버들 심어 동쪽 언덕까지 이어졌는데	已曾揷柳連東埯
다시 복숭아 심어 북쪽 굽이 비추게 하려 하네	更擬栽桃映北灣
기리계는 영지 먹어 본래 죽지 않았고[160]	綺季啖芝元不死
방공은 약초 캐며 돌아올 마음 없었지[161]	龐公採藥意無還

158 늙어……없어 : 은거할 땅을 마련하지 못했다는 말이다. 진(晉)나라 승려 지도림(支道林)이 심공(深公)의 소유인 인산(印山)을 사서 은거하려고 하자, 심공이 "소부와 허유가 산을 사서 숨어 살았다는 말을 듣지 못했다.〔未聞巢由買山而隱〕"라고 기롱한 고사에서 유래한 것이다.《藝文類聚 卷36 隱逸上》 참고로 백거이(白居易)의 시에 "지금부터 세상만사 떨쳐 버리고, 처자 데리고 산속에 들어가 살고 싶어라.〔從此萬緣都擺落, 欲攜妻子買山居.〕"라는 구절이 나온다.《白樂天詩集 卷16 端居詠懷》

159 사담(沙潭) : 현재의 충청북도 괴산군 청천면 사담리 일대를 가리키는 것으로 보인다. 272쪽 각주48 참조.

160 기리계(綺里季)는……않았고 : 기리계는 동원공(東園公)・하황공(夏黃公)・녹리선생(甪里先生)과 함께 상산사호(商山四皓)로 불리는 인물이다. 이들은 진 시황(秦始皇)의 학정을 피하여 상락(商洛)의 남전산(藍田山)에 은거해 살았는데, 그들이 불렀다는 〈자지가(紫芝歌)〉에 "높고 높은 산에 깊은 골짜기 구불구불. 빛나는 붉은 지초로 주림을 달랠 만하네. 요순의 세상은 멀기만 하니, 내 장차 어디로 돌아갈까. 사마가 끄는 높은 수레는 그 근심 매우 크나니, 부귀를 누리며 남을 두려워하느니 빈천할지언정 내 뜻대로 살리라.〔莫莫高山, 深谷逶迤. 曄曄紫芝, 可以療饑. 唐虞世遠, 吾將何歸. 駟馬高蓋, 其憂甚大. 富貴之畏人, 不如貧賤之肆志.〕"라고 하였다.《高士傳 卷上 四皓》

161 방공(龐公)은……없었지 : 방공은 후한(後漢) 양양(襄陽) 사람인 방덕공(龐德公)을 가리킨다. 방덕공은 현산(峴山) 남쪽에서 농사짓고 살면서 성시(城市)를 가까이 하지 않았다. 형주 자사(荊州刺史) 유표(劉表)가 초빙하자, 가솔을 모두 거느리고 녹문

가을에는 집 옮겨 가서　　秋來定欲移家去
만 겹 구름 낀 산속에 대나무 문 만들리라　　萬疊雲峰一竹關

7

높다란 대보단을 눈물 흘리며 바라보노니　　大報高壇淚眼中
삼한을 다시 세워 준 것 누구의 공인가[162]　　三韓再造果誰功
황금과 비단은 길 있어 북쪽으로 조회가는데[163]　　金繒有路長朝北
강한만 무정하게 홀로 동쪽으로 흐르네[164]　　江漢無情獨向東
중국의 문물 옛날과 같지 않으니　　中土衣冠非舊日
영릉의 송백은 몇 번이나 가을바람 겪었나[165]　　寧陵松柏幾秋風

산(鹿門山)에 들어가 약초를 캐고 살며 다시는 세상에 나오지 않았다. 《後漢書 卷83 逸民列傳 龐公》

162 높다란……공인가 : 명(明)나라가 임진왜란 때 조선을 도와주었던 일을 읊은 것이다. 대보단(大報壇)은 임진왜란 때 지원군을 파견해 주었던 명나라 신종(神宗)의 은혜를 추모하기 위해 쌓은 제단으로, 1704년(숙종30) 예조 판서 민진후(閔鎭厚, 1659~1720)의 발의에 따라 창덕궁(昌德宮) 금원(禁苑) 옆에 설치하고, 명나라 태조(太祖)와 신종과 의종(毅宗)을 제사하였다. 그 명칭에 관해서는 송상기(宋相琦)의 《옥오재집(玉吾齋集)》 권7 〈예조 참판과 대제학을 사직하면서 고향으로 돌아가 아버지를 보살필 수 있게 해 달라고 요청하고, 대보단의 명칭을 정해 올리는 소장〔辭禮曹參判及大提學仍乞歸省定入大報壇名疏〕〉에 자세히 보인다.

163 황금과……조회가는데 : 조선을 도와준 명나라는 망했는데, 청(淸)나라에 황금과 비단으로 조공(朝貢)을 바치는 현실을 읊은 것이다.

164 강한(江漢)만……흐르네 : 국력이 미약하여 어쩔 수 없이 청나라에 조공하지만, 마음만은 명나라에 대한 생각으로 강한과 함께 흐른다는 말이다. 《서경》 〈우공(禹貢)〉에 "강수와 한수가 바다로 달려간다.〔江漢朝宗于海〕"라고 하였다.

165 중국의……겪었나 : 청나라가 중원을 차지하고 있지만, 명나라를 위해 복수하지

당시 공자께서 존주의 의리 외치셨는데[166] 當時尼父尊周義
다만 남은 경서 끌어안고 대숲에 누웠노라 只抱遺經臥竹叢

8

사립문 안에 누워 슬픈 노래 부르는데 柴門伏枕動悲吟
쓸쓸한 비바람이 밤에 숲 가득 내리네 風雨蕭蕭夜滿林
지난 일 생각에 강호에서 공연히 눈물 흘리지만 往事江湖空掩涕
술 마시며 마음 논할 사람 누구인가 何人樽酒可論心
푸른 산에서 옥수는 진토 되었을 테고[167] 靑山玉樹應成土
〈유수곡〉 타던 붉은 거문고 줄 이미 끊겼네[168] 流水朱絃已斷琴

못한 상황을 읊은 것이다. 영릉(寧陵)은 효종(孝宗)과 인선왕후(仁宣王后) 장씨(張氏)의 능(陵)으로, 경기도 여주군(驪州郡) 능서면(陵西面) 왕대리(旺垈里)에 있다. 효종이 북벌(北伐)을 추진하였기에 인용한 것이다.

166 공자(孔子)께서……외치셨는데 : 이보(尼父)는 공자에 대한 존칭이다. 공자의 자(字)가 중니(仲尼)이기 때문에 이렇게 부르는데, 이보(尼甫)라고도 한다. 존주(尊周)는 주나라 왕실을 높인다는 말로, 공자께서 《춘추》를 지어 존주양이(尊周攘夷)의 대의(大義)를 내세웠다.

167 푸른……테고 : 옥수(玉樹)는 재주 있는 사람을 묻는다는 의미이다. 진(晉)나라 유량(庾亮)이 땅에 묻힐 즈음에, 하충(何充)이 "옥수를 땅속에 묻으니, 사람의 슬픈 정을 어찌 억제할 수 있으리오.〔埋玉樹箸土中, 使人情何能已已.〕"라고 한 데서 유래하였다.《世說新語 傷逝》 여기서는 이하곤이 그리워하는 친구가 망자(亡者)가 되어 그 시신이 다 진토(塵土)로 변했을 것이라는 말인데, 미련(尾聯)의 내용으로 보아 김숭겸(金崇謙, 1682~1700)을 가리키는 것으로 보인다. 그의 본관은 안동(安東), 자는 군산(君山), 호는 관복암(觀復菴)이다. 농암(農巖) 김창협(金昌協)의 아들이다.

168 유수곡(流水曲)……끊겼네 : 마음을 알아주는 친구가 없다는 말인데, 미련의 내용으로 볼 때 죽은 김숭겸을 떠올린 것이다. 유수(流水)는 〈고산유수곡(高山流水曲)〉,

백발에 다만 몽혼만 남아	白首獨餘魂夢在
조각배 타고 달 아래 누워 미수 남쪽 떠가네[169]	扁舟臥月渼陂陰

"술 마시며 마음 논할 사람 누구인가.〔何人樽酒可論心〕"는 "남은 삶 천지 사이에서 누구와 마음 논할까.〔殘生天地孰論心〕"라고도 쓴다.

갱(更)은 가(可)로도 쓴다.

〈아양곡(峨洋曲)〉 등으로 불리는 거문고 곡조이다. 춘추 시대 백아(伯牙)가 거문고를 타면 그의 벗 종자기(鍾子期)가 잘 알아들었는데, 백아가 높은 산을 마음에 두고 거문고를 타면 종자기가 이를 알아듣고 "훌륭하다, 험준하기가 태산과 같다.〔善哉. 峨峨兮若泰山.〕" 하였으며, 백아가 마음속에 흐르는 물을 두고 거문고를 타면 종자기가 이를 알아듣고 "훌륭하다, 광대히 흐름이 강하와 같다.〔善哉. 洋洋兮若江河.〕" 하였다고 한다. 《列子 湯問》

169 백발에……떠가네 : 김숭겸과 미음(渼陰)에서 함께 지내던 때를 떠올린 것이다. 미피(渼陂)는 본래 섬서성(陝西省) 호현(鄠縣)의 서쪽에 있는 못을 가리킨다. 그러나 이하곤의 《두타초(頭陀草)》 책11 〈첩전운(疊前韻)〉에 "미피에서 밤에 배 띄웠던 일 부럽지 않고, 도리어 적벽에서 나는 신선 낀 것 같네.〔不羨渼陂成夜泛, 還疑赤壁挾飛仙.〕"라고 한 것으로 보아, 여기서는 경기도 남양주시의 미음을 가리킨다.

시냇가에서 저물녘에

溪上晩事

시냇가 외로운 구름이 저물녘에 개려 하고	溪上孤雲晩欲晴
숲 바람이 산들 불어 갈건에 맑게 스치네	林風徐拂葛巾清
소나무 사이에 손님 떠나고 쓸쓸히 앉았노라니	松間客去寥寥坐
꾀꼬리가 문득 날아와 우는구나	黃鳥忽來啼一聲

시냇가 누각에 밤에 앉아서

溪閣夜坐

큰 나무에서 서늘한 바람 불고 비 개었는데	涼生喬木雨初晴
깊은 밤 등불 밝히고 빈 초가 누각에 앉았노라	深夜懸燈草閣虛
한가롭게 지내노라니 게을러진 줄 알겠고	自覺居閑一身懶
병이 많은 것도 아닌데 벗들 뜸하네	不緣多病舊交疏
바람이 작은 방에 불어와 잠을 쫓고	風來小塌工除睡
달이 그윽한 창을 비추어 독서를 돕는구나	月到幽窓助看書
큰 사업도 나물 먹는 데서 이루어지니[170]	事業皆從咬菜得
칼 두드리며 생선 반찬 없다 탄식 말아야지[171]	莫須彈鋏嘆無魚

170 큰 사업도……이루어지니 : 송(宋)나라 왕신민(汪信民)이 "사람이 항상 나물 뿌리를 먹으려 하면, 모든 일을 할 수 있다.〔人常咬得菜根, 則百事可做.〕"라고 하였다. 《小學 善行》

171 칼……말아야지 : 빈한(貧寒)한 살림을 한탄하지 않겠다는 말이다. 전국 시대 제(齊)나라 풍환(馮驩)이 손잡이를 노끈으로 감은 칼을 두드리며, 맹상군(孟嘗君)에게 처우 개선을 요구하면서 "장협이여, 돌아가자. 밥에 생선이 없구나.〔長鋏歸來乎, 食無魚.〕"라고 하였다. 《史記 卷75 孟嘗君列傳》

저물녘에 작은 누각에 앉아 일을 기록하다
晩坐小閣書事

시냇물과 사립문에 작은 오솔길 나 있고 澗水柴門小徑通
푸른 산의 저녁 빛깔 한 마을이 같구나 青山晩色一隣同
백사장 가에 석양 지는데 부슬부슬 비 내리고 沙邊返照絲絲雨
버들 끝에서 서늘하게 산들산들 바람 부네 柳杪微涼嫋嫋風
시냇가 숲 겹겹이 우거져 안개도 푸르고 溪樹數重烟借綠
봉우리에 노을 물들어 물도 붉구나 峰霞千片水分紅
두건 젖혀 쓰고 높은 누각에 향 피우고 앉았노라니 岸巾高閣焚香坐
몸이 영구의 취한 수묵화 가운데 있구나[172] 身在營丘醉墨中

172 몸이……있구나 : 마치 그림처럼 아름다운 경치 속에 있다는 말이다. 영구(營丘)는 산동성(山東省)의 지명인데, 중국 송(宋)나라 초기의 화가 이성(李成, 919~967)이 이곳에 살았다. 그는 산수화(山水畫)에 뛰어났으며, 평탄한 산야를 그리는 평원산수법(平遠山水法)을 대성시켜 관동(關同), 범관(范寬)과 함께 북송의 3대 화가로 일컬어졌다.

저녁 숲의 매미 소리가 매우 맑아 사람 마음을 시원하게 하였다
晩林蟬聲極淸 令人灑然

동쪽 봉우리의 구름 보노라니 생각 끝이 없어	看雲東嶺意何長
사립문에 지팡이 짚고 서니 또 석양이 지네	曳杖柴門又夕陽
비가 삼복더위 몰아가지 못했어도	雨氣未驅三伏熱
매미 소리가 문득 숲의 시원함 보내 주네	蟬聲忽送一林涼
종려나무 잎 아래 푸른빛 어여쁘고	栟櫚葉底憐新翠
치자나무 꽃 앞에서 저녁 향기 맡노라	梔子花前嗅晩香
맑으나 흐리나 시만 지으니	不管陰晴唯覓句
사람들 분명 백발의 미치광이라 비웃겠지	傍人應笑白頭狂

달이 잠시 나오더니 문득 먹구름이 산꼭대기를 덮어 달이 구름에 가렸다 나왔다 하였다. 그 광경이 매우 빼어나 한결같이 희고 깨끗한 것은 도리어 멋이 없다는 것을 알게 되었다

月乍出 忽有黑雲蒙羃山頂 月爲雲呑吐 光景奇絶 一色皓潔 反覺無味也

남쪽 하늘에 비록 단비 내리지만	南天雖好雨
어찌 하루라도 개는 날 없으랴	豈無一日晴
날 개자 고운 달 나와	及晴送佳月
사람 마음을 기쁘게 하네	以此作人情
달 나와 앞 시내 비춰	月出照前溪
시냇물이 밝은 빛 받더니	溪水受之明
괴이한 구름이 문득 산처럼 일어나	怪雲忽如山
가로막으니 달이 가지 못하네	橫截月不行
나왔다 사라졌다 구름에 맡길 뿐	呑吐任於雲
감히 강경하게 맞서지 못하더니	不敢强項爭
조금 있다가 시원스레 나와	須臾快放出
희고 곱게 높이 솟았네	皓彩高崢嶸
항아[173]가 웃으며 말하는 듯하고	嫦娥欲笑語

173 항아(嫦娥) : 중국 고대 전설에 등장하는 여신으로, 달을 상징한다. 전설에 의하면 그녀는 활을 잘 쏘는 후예(后羿)의 아내였는데, 남편이 서왕모(西王母)에게서 훔쳐 온 불사약을 몰래 훔쳐 먹었다가 발각되어 달로 도망쳤다고 한다. 《淮南子 卷6 覽冥訓》

찬란하게 하늘에 의지했네 燦然倚玉京
흰 소매로 예상무 추고[174] 素袖舞霓裳
바람 따라 옥 생황 소리 드날리네 天風飛玉笙
변하는 모습 진실로 갖가지라 變態固不一
아름다운 자태 마구 생겨나네 姿媚却橫生
나는 점점이 이어진 구름 좋은데 我自愛點綴
누가 하늘을 더럽힌다 하는가[175] 誰云滓太淸
바람과 이슬이 맑고 시원하게 하여 風露助淸泠
더운 기운 퍼지지 못하게 하니 不使炎氛橫
긴긴 여름이 폐를 괴롭게 했는데 長夏苦肺氣
병이 가벼워짐을 알겠네 頓覺病意輕
내가 하느님께 아뢰어 我欲箋天公

174 흰……추고 : 달빛이 환하게 빛나는 모양을 형용한 말이다. 무예상(舞霓裳)은 예상무(霓裳舞), 즉 예상우의무(霓裳羽衣舞)를 춘다는 말이다. 당 현종(唐玄宗)이 도사 섭법선(葉法善)의 도술로 월궁(月宮)에 올라가 보았는데, 월궁 항아들이 무지개 같은 치마와 새털로 된 옷을 입고 춤추고 노래하는 것을 보고 와서 그 곡조대로 작곡하여 예상우의곡(霓裳羽衣曲)과 예상우의무(霓裳羽衣舞)를 창작하고, 그것을 양귀비에게 추게 하였다고 한다.

175 나는……하는가 : 진(晉)나라 태부(太傅) 사마도자(司馬道子)가 하늘에 밝고 고요한 달이 떠서 조금도 가리어진 것이 없는 것을 보고, 기막히게 아름답다고 탄식하였다. 사중(謝重)이 옆에 있다가 "가느다란 구름 조각이 엉겨 있는 것보다는 못할 듯하다.〔不如微雲點綴〕"라고 하자, "경의 마음가짐이 깨끗하지 못하기 때문에, 억지로 태청을 더럽게 오염시키려고 하는 것이 아니냐.〔卿居心不淨, 乃復强欲滓穢太淸耶.〕"라고 했다는 고사가 전한다.《世說新語 言語》 여기서는 이 고사를 염두에 두고, 구름 한 점 없이 깨끗한 하늘에 밝게 빛나는 달보다 구름에 가렸다 나타났다 하는 달이 더 운치 있고 멋지다고 말한 것이다.

달이 차고 기울지 못하게 하리니	使月無虧盈
맑은 빛 언제나 이와 같다면	清光長如此
마주하고 금 술잔 기울이리	相對金罍傾

달빛이 좋아 잠들지 못해 청령대[176]에 갔다가 또 재미 삼아 장구를 짓다

愛月未寢 縱步至淸泠臺 又戲賦長句

호서에 한 달 내내 비 내려　湖西一月雨不已
민가 낡은 지붕에 목이버섯 자라네　人家老屋生木耳
오늘 밤 쾌청하게 개지는 않았지만　今宵晴意縱未快
빗소리 속에 시름하며 자는 것보다야 낫구나　猶勝愁眠雨聲裏
산꼭대기 검은 구름 열십자로 갈라지더니　山頭黑雲十字坼
문득 밝은 달빛 보내 시냇물 비추네　忽送明月照溪水
달빛과 시냇물 빛이 서로 다투다가　月色溪光兩相鬪
시냇물 빛이 금세 엉겨 일어나지 않네　溪光須臾凝不起
내가 이를 보고 일어나 춤추고 싶으니　令人見此欲起舞
건 쓰고 버선 신을 겨를 없고 신도 거꾸로 신었네　不暇巾襪還倒屣
높은 청령대 백 척이나 우뚝한데　淸泠高臺危百尺
문득 대 위에 와서 소나무에 의지했네　却來臺上松樹倚
솔 사이로 맑은 그림자 계속 새어 나와　松間淸影漏不停

176 청령대(淸泠臺) : 이하곤의 《두타초(頭陀草)》에 여러 번 등장하는 이름이다. 특히 《두타초》 책4 〈초평이십오영(草坪二十五詠)〉에 청령대가 포함된 것으로 보아, 청령대는 현재의 충청북도 진천군 초평면 용정리에 있는 것으로 보인다. 또 책4 〈사군부조대지승우시일률봉화(使君賦釣臺之勝又示一律奉和)〉의 원주(原註)에 "청령은 낚시터의 이름이다.〔淸泠卽釣臺之號〕"라고 한 것으로 보아, 청령대는 낚시터로 사용했던 바위의 이름임을 알 수 있다.

곧장 물 복판에 쏟아져 비단 무늬 어리네 直瀉波心縈文綺
비단 물결 넘실대며 달빛 흔들리니 文綺蕩漾月動搖
옥루가 따라 기울까 두렵구나[177] 却恐玉樓隨傾圮
누가 큰물을 흐르지 못하게 하여 誰禁洪波駐不流
항아와 소녀를 편안히 머물게 할까[178] 恒娥素女安所止
밤 깊어지자 바람과 이슬이 다시 씻어내 夜深風露更洗濯
맑은 빛이 골수까지 들어오는 것 같네 蓋覺淸光洞骨髓
옥토끼는 절구 속에 무슨 약을 찧기에 玉兎臼中擣何藥
초하루와 그믐에 달 사라짐을 막지 못하나 不救晦朔月魄死
평소 달 볼 때는 그저 그래서 平時看月只尋常
이처럼 아름다울 줄 몰랐네 未料奇態能至此
내가 시 지어 밝은 달에 사죄하고자 하니 我欲作詩謝明月
달이 마땅히 나를 지기로 여기리라 月應以我爲知己

177 비단물결……두렵구나 : 물에 비친 달이 물결 따라 흔들리므로, 달에 있다는 집이 무너질까 걱정스럽다는 표현이다.

178 누가……할까 : 물을 잔잔하게 하여 물에 비친 달이 흔들리지 않게 했으면 좋겠다는 말이다. 항아(恒娥)는 항아(嫦娥)와 같은 말로, 달을 가리킨다. 소녀(素女)는 황제(黃帝) 때 술수를 잘 부리던 선녀를 가리키기도 하는데, 항아를 의미하여 달의 이칭(異稱)으로 사용되기도 한다.

한밤중에 우레가 치고 비가 많이 내려 사람을 대단히 두렵게 하였다. 방옹의 시[179]에 차운하다

中夜雷雨大作 令人極驚怖 次放翁韻

검은 구름이 달을 눌러 달이 뜨지 못하고	黑雲壓月月不起
빗줄기가 화살처럼 땅에 쏟아지니	雨脚射地如弩矢
상제께서 가슴 속에 불평 쌓여	上帝胸中積磈磊
비바람으로 한번 씻어내려는 것이지	要以風雨一滌洗
천둥과 번개가 바다와 산을 뒤엎고	雷車電旗翻海嶽
용들이 내달리며 죽음도 아랑곳 않네	群龍趨走不計死
늙은이는 옷 단정히 입고 밤에 일어나 앉고	老夫整衣夜起坐
아이들은 놀라 소리치며 귀를 막는구나	小兒驚呼爭掩耳
창문 들썩대니 앉아 있기 불안하고	窓櫺撼搖坐不安
잠자리 시원해도 좋은 줄 모르겠다	枕席清涼未覺喜
대록에서 혼미하지 않았던 것은[180] 어떤 도인가	大麓不迷果何道
성인은 평소의 행실을 편안히 여기셨을 뿐이지[181]	聖人但自安素履

179 방옹(放翁)의 시(詩) : 방옹은 남송(南宋)의 시인 육유(陸游)의 호이다. 이하곤이 차운(次韻)한 작품은 《검남시고(劍南詩稾)》 권7의 〈중야문대뢰우(中夜聞大雷雨)〉이다.

180 대록(大麓)에서……것은 : 요(堯)가 순(舜)에게 제위를 물려줄 때, 그를 시험한 내용 가운데 "큰 산기슭에 들어가게 하시니, 맹렬한 바람과 천둥 번개와 비에 혼미하지 않으셨다.〔納于大麓, 烈風雷雨, 弗迷.〕"라고 하였다. 《書經 舜典》

181 성인(聖人)은……뿐이지 : 소리(素履)는 본분대로 행하는 것으로, 꾸밈없이 질

비록 소나기는 하루도 가지 못한다지만	縱云驟雨不終日
은하의 물 다 마를까 걱정이네	只恐涸盡銀河水
아침에 일어나 하늘 바라보면	朝來睡起視天宇
드넓게 푸르러 만 리까지 깨끗하리	廓然一碧洗萬里

박하고 청백(淸白)한 자세를 견지하는 것을 말한다. 《주역》 〈이괘(履卦) 초구(初九)〉에 "본분대로 행하면 허물이 없으리라.〔素履往, 無咎.〕"라고 하였다. 여기서는 순이 대록에서 혼미하지 않았던 이유를 소리대로 행함에 있었다고 본 것이다.

저물녘에 농촌[182]으로 가다가 말 위에서 짓다

晩向農村 馬上有賦

석양이 야윈 말 비출 제	夕陽照瘦馬
한가롭게 시냇물 건너노라	悠悠涉溪水
물 맑아 사람 그림자 보이는데	水淸見人影
오리와 기러기 놀라 날아가네	鳧鴈忽驚起
북쪽 비탈에는 연기 자욱하고	北坨烟漠漠
초가집이 깊은 숲 속에 있구나	茆屋深樹裏
벼와 콩은 사람만큼 자랐고	禾豆長如人
가을빛이 마을에 가득하다	秋光滿墟里
작은 오솔길 지나 사립문 들어서는데	微徑入柴門
매미 울음 그치지 않네	一蟬鳴不已

182 농촌(農村) : 《두타초》 책4 〈초평이십오영(草坪二十五詠)〉 가운데 하나로 등장하는 것으로 보아, 고유명사임을 알 수 있다.

칠석날 새벽에 우레가 치고 비가 많이 내렸다

七夕之曉 雷雨大作

당시 사담(沙潭)[183]에 있었다.

찌는 더위 물러가고	忽怪炎蒸退
한밤에 서늘해져 이상하더니	中宵涼氣多
우레 소리가 노목에 서리고	雷聲蟠老木
빗줄기가 긴 강을 뒤집은 듯	雨勢覆長河
기장과 콩은 젖어 좋을 테고	黍豆沾應好
교룡은 얼마나 기뻐할까	蛟龍喜若何
알겠다 견우와 직녀도 늙어서	漸知牛女老
이별의 눈물 펑펑 쏟는 줄을	別淚亦滂沱

183 사담(沙潭) : 현재의 충청북도 괴산군 청천면 사담리 일대를 가리키는 것으로 보인다. 272쪽 각주48 참조.

침상에 누워

伏枕

침상에 눕자 은하수 떠가는데 伏枕星河動
사립문은 밤에 참 그윽하구나 柴門夜正幽
시냇물은 달빛 듬뿍 받고 溪光偏受月
벌레 소리에 가을이 성큼 다가온 줄 알겠네 蟲語早知秋
세상일은 원래 헤아리기 어려우니 世事元難料
덧없는 인생 스스로 꾀하지 못하네 浮生不自謀
뱁새는 나뭇가지 하나면 족하니 鷦鷯一枝足
끝내 산림에서 늙어 가려네[184] 終欲老林丘

184 뱁새는……가려네 : 스스로의 분수에 만족하며 자연 속에서 삶을 마치겠다는 말이다 《장자(莊子)》 〈소요유(逍遙遊)〉에 "뱁새가 깊은 숲 속에 보금자리를 만드는 데 필요한 것은 나뭇가지 하나에 불과하다.〔鷦鷯巢於深林, 不過一枝.〕"라고 하였다.

성망의 무리가 돌아간 뒤에[185] 마음이 너무나 무료하여 서글피 쓰다

聖望輩歸後 懷甚無聊 悵然有述

손님 떠난 빈 집에 밤도 이미 깊은데	客散空齋夜已遙
가을비마저 부슬부슬 내리니 견디지 못하겠네	不堪秋雨更蕭蕭
등불 앞의 차가운 귀뚜라미 소리만	燈前只有寒蛩語
시름겨운 사람의 쓸쓸함 위로하는 듯	似向愁人慰寂寥

185 성망(聖望)의……뒤에 : 성망은 이석로(李錫老)로, 본관은 경주(慶州), 자는 성망이다. 이하곤의 사촌인 이항곤(李恒坤)의 아들이다. 저본(底本)에는 聖望歸輩後로 되어 있으나, 국립중앙도서관 소장본의 수정 부호에 근거하여 聖望輩歸後로 수정하여 번역하였다.

감회가 있어서

有感

효공이 상앙을 등용하자	孝公用商鞅
법령이 비곗덩이처럼 치밀하였지[186]	法令密如脂
농간을 막으려는 의도였지만	意欲塞奸竇
많은 폐단이 날로 늘어나고	衆弊日益滋
백성들은 자유롭게 행동할 수 없어	民無措手地
진나라는 순식간에 버려지듯 망했네	秦亡忽如遺
후대 선비들은 제대로 알지 못하고	後儒不解事
왕왕 이사를 탓했네[187]	往往罪李斯
이사도 죄가 있지만	斯固亦有罪

186 효공(孝公)이……치밀하였지 : 효공은 전국 시대 진(秦)나라의 제후로, 위(衛)나라 출신의 상앙(商鞅)을 중용한 뒤에 변법을 시행하여 강성한 나라를 만들었다. 재위 기간 동안 통일 제국 성립의 기반을 닦았으나, 엄격한 법령을 제정하여 백성들로부터 많은 원한을 샀다.《史記 卷68 商君列傳》

187 후대……탓했네 : 천하를 제패한 진나라가 허무하게 망한 책임이 이사(李斯)에게 있지 않고 상앙에게 있지만, 후대 선비들이 제대로 알지 못하고 이사에게 그 책임이 있다고 한다는 말이다. 이사는 전국 시대 초(楚)나라 사람으로, 일찍이 순경(荀卿)에게서 수학하고 뒤에 진나라의 객경(客卿)으로 있으면서 시황(始皇)의 천하 통일을 도와 승상에 올랐다. 그 후 시황이 죽었을 때, 간신 조고(趙高)의 꾀를 따라 시황의 조서(詔書)를 위조하여 태자 부소(扶蘇)를 폐하여 죽이고 이세(二世) 호해(胡亥)를 세웠다가, 마침내 조고의 계략에 의해 무함을 입어 함양(咸陽)의 시중(市中)에서 요참형(腰斬刑)을 당하였다.《史記 卷87 李斯列傳》

상앙이 진실로 화근이었지	鞅實爲禍基
요순은 법을 숭상하지 않았어도	堯舜不崇法
만고토록 지치라 일컬어지거늘	萬古稱至治
어찌하여 후대의 사람들은	奈何後來者
도리어 진나라의 행태를 본받으려 하는가	反欲效秦爲
때문에 기리계의 무리는	所以綺季輩
상산의 영지를 소리 높여 노래했지[188]	高歌商嶺芝

188 기리계(綺里季)의……노래했지 : 기계(綺季)는 기리계로, 진(秦)나라 말기에 동원공(東園公), 하황공(夏黃公), 녹리선생(甪里先生)과 함께 상산(商山)에 은거했던 상산사호(商山四皓)의 한 사람이다. 이들은 장생불사한다는 영지(靈芝)를 캐 먹으며 〈자지가(紫芝歌)〉를 지어 불렀다고 한다. 363쪽 각주160 참조.

시냇가 집에서의 가을 흥취

溪齋秋興

콩 꽃 가운데 초가집들	人家茅屋荳花中
한 눈에 보이는 마을의 가을 풍경 똑같구나	墟里秋光一望同
외로운 연기 낀 먼 언덕은 겹겹의 숲이고	遠岸孤烟數重樹
낙조 드리운 푸른 산은 반쪽 무지개로구나	青山落照半邊虹
일없이 한가한 백로는 막 갠 하늘을 날고	鷺閑無事翻新霽
다정한 늙은 매미는 저녁 바람을 원망하네	蟬老多情怨晩風
병석에서 일어난 요즈음 들녘의 홍취 많아	病起邇來饒野趣
시내 머리에 지팡이 짚고 선 시골 늙은이라네	溪頭拄杖玆村翁

근래의 소식을 듣고 감회가 있어서

得近報有感

골짝 하늘 사방에 누런 안개 덮여	峽天四塞溪霧黃
가을 해 황량한 채 맑은 빛 적어라	秋日荒荒少晶光
한나라 노란 고니는 한 번 날기 어려웠고[189]	漢宮黃鵠難一擧
상산의 자지는 부질없이 자랐구나[190]	商嶺紫芝空自長
은밀한 말 누구를 의지해 역사에 전할까	密語誰憑傳竹策
깊은 근심 담장 안에 있음을 예전부터 알았지[191]	深憂久識隱蕭墻
하늘 끝에서 시대 아파하는 눈물 끝없이 흘리며	天涯無限傷時淚
홀로 높은 누각에 서서 석양에 기대었네	獨立高樓倚夕陽

189 한(漢)나라……어려웠고 : 한 무제(漢武帝) 때 강동왕(江東王) 유건(劉建)의 딸 유세군(劉細君)을 공주로 삼아 오손국(烏孫國)의 곤막(昆莫)에게 시집보냈다. 그러나 곤막이 늙은 데다 말도 통하지 않자, 공주가 비수(悲愁)에 젖어 "원컨대 노란 고니 되어 고향에 돌아갔으면.〔願爲黃鵠兮歸故鄕〕"이라고 노래하였다. 《漢書 卷96下 西域傳下 烏孫國》 여기서는 종실(宗室)의 어떤 여인을 공주에 봉하여 청나라로 보낸 일이 있기에 한 말로 추측된다.

190 상산(商山)의……자랐구나 : 저본(底本)에는 시지(柴芝)로 되어 있으나 문맥을 고려하여 자지(紫芝)로 수정하여 번역하였다. 상령(商嶺)은 중국의 상산으로, 진(秦)나라 말기에 난리를 피하여 상산에 은거한 네 노인, 즉 동원공(東園公)·기리계(綺里季)·하황공(夏黃公)·녹리선생(甪里先生) 등 사호(四皓)를 가리킨다. 이들은 자줏빛 영지버섯을 캐 먹으면서 〈자지가(紫芝歌)〉를 지어 불렀다. 《高士傳 卷上 四皓》

191 깊은……알았지 : 나라의 근심거리가 외부에 있는 것이 아니라 내부에 있다는 말이다. 소장(蕭墻)은 《논어》 〈계씨(季氏)〉에서 유래한 말로, 조정이나 임금 측근에서 일어나는 내적인 요인의 우환을 말한다. 327쪽 각주127 참조.

밤에 누워 감회를 쓰다

夜臥書懷

흘러가는 세월 고개 돌리듯 빨라	滾滾流年劇轉頭
전원의 풍물은 또 새 가을 되었네	田園風物又新秋
밤 깊어지자 벌레 소리 더욱 벽에 의지하고	夜深蟲語偏依壁
달 오르자 시냇물 빛이 점점 누대로 들어오네	月上溪光漸入樓
늙을수록 마음 이끌리는 건 한 골짜기이고	垂老關心惟一壑
덧없는 인생 뜻대로 된 건 한가한 유람이었네	浮生得意是閑遊
사담[192]에 작은 집 짓는 일 지금 잘못되었으니	沙潭小築今差了
앞 시내에 낚싯배나 띄워야겠네	料理前溪置釣舟

192 사담(沙潭) : 현재의 충청북도 괴산군 청천면 사담리 일대를 가리키는 것으로 보인다. 272쪽 각주48 참조.

가을밤의 감흥

秋夜感興

귀뚜라미가 침상 머리에서 울며	蟋蟀語床頭
찌륵찌륵 가을이 왔음을 알리네	喞喞告秋至
이것으로 흐르는 세월 느끼니	以此感流年
등불 마주하고 잠들지 못하네	對燈不肯睡
문 열자 산 위로 달이 높이 올랐고	開戶山月高
큰 소나무는 그림자를 땅에 드리웠네	長松影在地
소리 높여 읊조리며 시냇가로 가서	高詠臨溪水
때때로 떨어지는 성긴 별빛 보노라	時見疏星墜

가을날 집에서 비 온 뒤에

秋齋雨後

열흘 동안 문 닫고 지냈더니 쑥대 자랐는데	經旬閉戶長蓬蒿
뒷짐 지고 구름 바라보니 마음 절로 호기롭네	負手看雲意自豪
시냇물은 가을 되자 세 자나 줄었건만	溪水秋來三尺減
매미 소리는 비 온 뒤에 한층 높구나	蟬聲雨後一層高
시원한 솔바람이 갈수록 상쾌하게 불어오니	涼松每送移時快
늦더위가 며칠이나 기승을 부리겠는가	老暑能爲幾日驕
이미 안다네 서풍은 생각이 많아	已覺西風多意緒
쓸쓸히 귀밑머리에 먼저 불어오는 줄을	蕭蕭先入鬢邊毛

서(暑)는 화(火)로도 쓰고, 쾌(快)는 상(爽)으로도 쓴다.

죽산에서 비에 막혀 시 한 수를 얻었다. 돌아온 뒤에 성망[193]에게 부쳐 보여 주다
滯雨竹山得一詩 歸後寄示聖望

궁핍함과 적막함이 연래에 심해지고	窮寂年來甚
깊은 시름이 술 마신 뒤에 늘어나네	牢愁酒後增
갈바람 부는데 무너진 집만 남았고	秋風餘破屋
밤비 내리는데 외로운 등불만 반짝이네	夜雨只孤燈
천리마가 엎드린 듯 늙은 나 가련하고[194]	驥伏憐吾老
붕새의 도모 그대가 잘하기를 바라노라[195]	鵬圖佇爾能
내일 아침 헤어지면	明朝分手地
돌아가는 길에 흰 구름이 겹겹이 드리우겠지	歸路白雲層

성망(聖望)이 가을 시험을 치르러 떠났기에 여섯째 구에서 언급하였다.

193 성망(聖望) : 이석로(李錫老)로, 본관은 경주(慶州), 자는 성망이다. 이하곤의 사촌인 이항곤(李恒坤)의 아들이다.

194 천리마가……가련하고 : 이하곤 자신이 늙은 말처럼 가련하다는 말이다. 조조(曹操)가 지은 〈보출하문행(步出夏門行)〉에 "늙은 천리마가 구유에 누웠어도 뜻은 언제나 천리 밖에 있고, 열사의 나이 비록 늙었어도 장한 마음은 변함이 없네.〔驥老伏櫪, 志在千里. 烈士暮年, 壯心不已.〕"라고 하였다. 《宋書 卷21》

195 붕새의……바라노라 : 이석로가 과거에 급제하기를 바란다는 말이다. 《장자(莊子)》〈소요유(逍遙遊)〉에 "붕새가 남쪽 바다로 옮겨 갈 때에는 물결을 치는 것이 삼천 리요, 회오리바람을 타고 구만 리를 올라가 여섯 달을 가서야 쉰다.〔鵬之徙於南冥也, 水擊三千里, 摶扶搖而上者九萬里, 去以六月息者也.〕"라고 하였는데, 후대에는 이로 인해 영웅호걸이 품고 있는 큰 뜻을 마음껏 펼치는 것을 뜻하는 말로 쓰였다.

집에서 지내며 즉흥적으로 짓다

齋居卽事

좀먹은 책과 필기구가 책상머리에 펼쳐졌고 蠹書鉛槧攤床頭
한낮 사립문에 대나무 그림자 그윽하네 日午柴門竹影幽
산 빛깔 잠시 개더니 구름이 나무에 피어나고 山色乍晴雲起樹
매미 소리 문득 급하더니 바람이 누대에 가득하네 蟬聲忽急風滿樓
게으름이 버릇된 줄 이미 알지만 已知一懶仍成癖
새 시가 가을을 저버리지 않았네 只有新詩不負秋
일 많은 숲 속 새들은 지친 잠 재촉하는데 多事林禽催倦睡
소나무 아래에 와서 시냇물 소리 듣노라 却來松下聽溪流

저물녘 시냇가에서 감회가 있어서

暮臨溪水有感

담헌거사는 성이 이씨인데	澹軒居士身姓李
이십 년 동안 글 읽고 문장 지었네	卄載讀書作文字
붉은 종이에 이름 적는 건 내 분수 아니라[196]	紅紙題名非我分
오직 흰 구름과 함께 살아가네	唯與白雲同臥起
갈바람 쓸쓸히 양쪽 귀밑머리에 부는데	秋風蕭蕭吹兩鬢
지팡이 짚고 큰 솔숲에서 길게 휘파람 부네	倚笻長嘯長松裏
괴롭게도 금계[197]에 이끌려 살게 되니	苦被金溪相挽住
아침저녁으로 시냇물 보노라	朝朝暮暮看溪水

196 붉은……아니라 : 문과에 급제하는 것이 이하곤 자신의 분수에 맞지 않는다는 말이다. 홍지(紅紙)는 조선 시대 문·무과의 전시(殿試) 급제자에게 주었던 증서이다. 붉은색의 종이에 성명과 등급을 기입하고, 연·월·일의 밑에 어보(御寶)를 찍었다.

197 금계(金溪) : 이하곤의 고향에 있는 시내 이름이다. 255쪽 각주11 참조.

밤에 앉아서

夜坐

비 온 뒤 빈 산에 날씨 싱그러워	雨後空山天氣新
사립문에 걸린 조각달이 오건을 비추네	柴門微月照烏巾
소갈증 오래 앓아 야위었는데	長年渴疾餘臞骨
시원한 바람 만나니 벗처럼 반갑구나	一遇涼風似故人
숲 자락 반딧불은 스스로 반짝이고	林際螢光還自照
등불 앞 벌레 소리는 참으로 친근하네	燈前蟲語正相親
가을 들어 한가롭게 지내는 맛 넘쳐나니	秋來賸有閑居味
거듭 책상에 쌓인 먼지 쓸어 낸다	重向床書掃積塵

자유[198]를 곡하고 돌아온 뒤에 망자를 애도하는 마음을 견딜 수 없었다. 또 미 자를 써서 율시 한 수를 짓다
哭子有歸後 不勝悼亡之懷 又用微字 賦一律

인생살이 물거품보다도 덧없다지만	人生泡沫較猶微
타향에서 갑자기 운명[199]할 줄 어찌 알았으랴	豈料他鄕遽復衣
지초와 혜초는 돋아나도 쉽게 떨어지고[200]	芝蕙生來元易隕
원앙은 짝이 죽으면 홀로 날지 않는다네[201]	鴛鴦死去不孤飛
먼지 엉긴 속에 참담하게 두 속옷[202]만 남았고	凝塵慘惔留雙襯
저물녘에 쓸쓸히 사립문 닫았네	斜日蕭條掩一扉
서풍에 통곡하며 한이 끝없으니	慟哭西風無限恨
끝내 손잡고 멀리 가는 이 전송하지 못했네	終違執手送長歸

198 자유(子有) : 이희함(李喜涵, 1673~?)으로, 본관은 덕수(德水), 자는 자유이다. 《두타초(頭陀草)》 책14에 〈제이자유문(祭李子有文)〉이 수록되어 있다.

199 운명 : 복의(復衣)는 초혼(招魂)할 때에 대마루로 올라가 죽은 사람의 혼을 불러올 때 흔드는 망자(亡者)의 옷으로, 여기서는 죽음을 의미한다.

200 지초(芝草)와……떨어지고 : 지초와 혜초(蕙草)는 모두 향초(香草)로서 뛰어난 인재를 비유한다. 여기서는 이희함처럼 훌륭한 인재가 단명한 것을 읊은 것이다.

201 원앙(鴛鴦)은……않는다네 : 이희함의 부인이 운명하고 나서 이희함도 운명한 일을 읊은 것이다. 《두타초》 책14 〈이자유애사(李子有哀辭)〉에 "얼마 지나지 않아 역병에 걸려 그의 아내가 먼저 죽고, 또 사흘 만에 자유 또한 일어나지 못했다.〔未幾遘癘, 其妻先歿, 又三日子有亦不起.〕"라고 하였다.

202 두 속옷 : 이희함과 그의 아내가 역병에 걸려 사흘 간격으로 죽었기에 한 말이다. 393쪽 각주201 참조.

명정은 암담하고 기와 등불 희미한데　粉旌黯淡瓦燈微
일곱 척 검은 관은 구의[203]에 덮여 있네　七尺玄棺掩柩衣
뜻밖의 재앙으로 두 검이 합하니[204]　奇禍終成雙劍合
덧없는 인생 날리는 먼지 같구나　浮生忽若一塵飛
하늘은 객지에 뼈를 묻으려 하지만　天將客土還埋骨
사람은 산을 나누어 집 지으려 했었지[205]　人擬分山欲設扉

203 구의(柩衣) : 영구(靈柩)를 덮는 홑겹으로 된 이불로, 이금(侇衾)을 가리킨다. 《예기》 〈상대기(喪大記)〉에 "소렴을 마친 뒤로는 이금을 쓰는데, 이금의 질과 쇄를 만드는 방법은 모를 만드는 법과 같이 재단하여 만든다.〔自小斂以往, 用夷衾. 夷衾質殺之裁, 猶冒也.〕"라고 하였다.

204 뜻밖의……합하니 : 이희함 부부가 역병에 걸려 죽어서 나란히 묻히게 되었다는 말이다. 쌍검(雙劍)은 용천(龍泉)과 태아(太阿)를 가리킨다. 진(晉)나라 장화(張華)가 뇌환(雷煥)을 시켜 풍성(豐城)의 옥터〔獄基〕를 파서 두 검을 얻었는데, 하나는 장화가 갖고 다른 하나는 뇌환이 가졌다. 장화가 화(禍)를 당하여 죽은 뒤에 칼이 어디로 간 줄을 몰랐다. 뇌환이 죽은 뒤에 그 아들이 그 칼을 차고 연평진(延平津)을 건너가다 칼이 문득 칼집에서 빠져 나와 강물 속으로 들어갔다. 사람을 시켜 물속에 들어가 보니, 칼은 보이지 않고 용 두 마리가 서려 있었다. 뇌환의 아들이 "전일에 돌아가신 아버지께서 이 칼은 신물(神物)이므로 반드시 끝에 가서는 서로 합쳐질 것이라 하더니, 과연 오늘 두 칼이 서로 합친 것이다."라고 말하였다. 《晉書 卷36 張華列傳》 여기에서 유래하여 쌍검이 합쳐진다는 말은 부부의 합장을 의미하게 되었다.

205 하늘은……했었지 : 이희함이 타향에서 운명하는 신세가 되었지만, 생전에는 이하곤과 가까운 곳에서 살려고 했다는 말이다. 분산(分山)은 산을 나눈다는 말로, 같은 산에서 은거함을 의미한다. 송(宋)나라 사람 장영(張詠)의 자는 복지(復之), 호는 괴애(乖崖), 시호는 충정(忠定)이다. 《시화총귀(詩話總龜)》 권31 〈시참문(詩讖門)〉에 "장충정이 젊었을 때 화산을 유람하다가 진도남을 만나고, 드디어 화산에 은거하고자 하여 도남에게 말하기를 '선생의 산 절반을 나누어서 살고자 하는데, 그럴 수 있겠습니까?' 하자, 도남이 말하기를 '다른 사람은 그럴 수 없지만, 공이라면 내가 마땅히 산 절반을 나누어서 드리겠소.' 하였다.〔張忠定少年遊華山, 謁陳圖南, 遂欲隱華山, 謂圖南曰, 欲

너른 백사장의 방초 우거진 길 돌아보니	回首平沙芳艸路
당시 나란히 말 타고서 봄 구경하고 돌아갔지	當時併馬賞春歸

미 자로 압운한 열 수의 맑은 시[206]	十首淸詩韻押微
읽노라니 슬픈 눈물이 절로 옷을 적시네	讀來哀淚自沾衣
영수암에 술 들고 가서 만발한 꽃 구경하고[207]	靈菴携酒看花發
관아에 등불 매달고 날리는 빗소리 들었지	官閣懸燈聽雨飛
만사가 이제는 한바탕 꿈이 되었으니	萬事卽今成一夢
외로운 마음 종일토록 문 두 짝 마주하고 있네	孤懷終日對雙扉
천연정[208] 아래 버드나무 드리운 길	天然亭下垂楊路
여기로 돌아가는 명정을 차마 보내겠는가	忍送銘旌向此歸

就分先生山半住可否. 圖南曰, 他人卽不可, 如公者, 吾當分半山相奉.〕"라는 내용이 전한다.

206 미(微) 자로……시 : 이희함이 미 자 운으로 지은 시 10수는 《두타초(頭陀草)》 책7의 〈동백수중화자유제군설포어영수암자유기시일율화운답지(同伯修仲和子有諸君設泡於靈水菴子有寄示一律和韻答之)〉 1수, 〈자유우첩미자기시우부이수이기(子有又疊微字寄示又賦二首以寄)〉 2수, 〈우첩미자기중화(又疊微字寄仲和)〉 3수, 〈자유우첩미자기시부차기지(子有又疊微字寄示復次寄之)〉 4수를 통해 확인할 수 있다.

207 영수암(靈水菴)에……구경하고 : 이희함이 살아 있을 때에 함께했던 추억을 언급한 것이다. 《두타초》 책7의 〈백수・중화・자유 등과 함께 영수암에서 두붓국을 마련했는데……〔同伯修仲和子有諸君設泡於靈水菴……〕〉를 통해 이하곤이 이희함과 함께 영수암에 갔었음을 알 수 있다.

208 천연정(天然亭) : 현재의 서울시 서대문구 독립문 근처에 있었던 정자로, 조선시대에는 경기도 중군영이 자리하고 있었다. 《新增東國輿地勝覽 卷3 漢城府》

자유[209]의 부인 만사

子有室內挽

이웃 노파가 가족 잃은 듯 곡하는 걸 보고서	卽看隣媪哭如私
부인의 부덕이 아름다운 줄 비로소 알았네	始識夫人壼德宜
타향에서 흉년 만났으니 가난을 짐작하겠고	異土逢荒貧可念
온 식구가 앓아누우니[210] 재앙이 너무도 심하네	全家臥疾禍偏奇
장막으로 덮은 흰 널은 사흘 간격이지만	隔帷素櫬差三日
청산에 함께 묻히는 것은 또 한때로구나[211]	同穴青山又一時
듣자니 관성은 물산이 풍부하다는데	聽說管城饒物産
어헌 타고 갓 돌아왔어도 염할 옷조차 없구나[212]	魚軒新返斂無衣

209 자유(子有) : 이희함(李喜涵, 1673~?)으로, 본관은 덕수(德水), 자는 자유이다. 《두타초(頭陀草)》 책14에 〈제이자유문(祭李子有文)〉이 수록되어 있다.

210 온 식구가 앓아누우니 : 《두타초》 책7 〈자유구려수소가오배혐기부득왕견……(子有遘癘雖少可吾輩嫌忌不得往見……)〉의 소주에 "그의 딸과 아내가 먼저 병을 앓았고, 자유가 연이어 병석에 누웠다.〔其女與妻先痛, 子有繼臥.〕"라고 하였다.

211 장막으로……한때로구나 : 《두타초》 책14 〈이자유애사(李子有哀辭)〉에 "얼마 지나지 않아 역병에 걸려 그의 아내가 먼저 죽고, 또 삼 일 만에 자유 또한 일어나지 못했다.〔未幾遘癘, 其妻先歿, 又三日子有亦不起.〕"라고 한 것으로 보아, 이희함과 그의 부인이 사흘 간격으로 운명하여 같은 날 장사 지낸 것으로 보인다.

212 관성(管城)은……없구나 : 이희함의 부인이 매우 검소했음을 읊은 것이다. 관성은 충청북도 옥천(沃川)의 옛 지명이다. 어헌(魚軒)은 제후의 부인이나 귀부인 등이 타는 어피(魚皮)로 장식한 수레이다. 이희함은 1715년(숙종41) 8월에 옥천 군수에 임명되어 9월에 부임하였다.

가을비 내리는 밤에 앉아 있다가
秋雨夜坐

몇 굽이 맑은 시냇물 흐르고	幾曲淸溪水
민가마다 문 닫았는데	人家各掩扉
쓸쓸한 등불 밝히고 높은 누각에 앉았노라니	寒燈坐高閣
가랑비 속에 한 반딧불 나는구나	微雨一螢飛
마을의 절구 소리 가을이라 급한데	村杵逢秋急
이웃의 종소리 밤에 드물구나	隣鍾入夜稀
초가을 서늘한 바람이 궤장에 불어와	新涼動几杖
처음으로 무명옷 꺼내 입었네	初御木綿衣

자유의 반우[213] 행렬을 전송하니 대단히 서글펐다. 돌아올 때 말 위에서 입으로 읊다

送子有返虞之行 極愴然 來時馬上口占

타향에 백골 버려지는 일 서글프지만	委骨他鄉事可哀
당시에 한 번 묻기 위해 왔었지	當時只爲一埋來
서풍에 서둘러 반혼하는 수레 돌아가니	西風草草魂車返
문안산[214] 앞에서 통곡하고 돌아오네	文雁山前痛哭廻

문안산은 바로 자유의 새 무덤이 있는 주산(主山)이다.

213 자유(子有)의 반우(返虞) : 자유는 이희함(李喜涵, 1673~?)으로, 본관은 덕수(德水), 자는 자유이다. 반우는 장사 지낸 뒤 신주(神主)를 모시고 집으로 돌아와서 우제(虞祭) 지내는 것을 말한다.

214 문안산(文雁山) : 충청북도 진천군 진천읍에 위치한 산이다.

근래에 아내가 병에 걸려 시를 짓지 않았는데, 국화를 마주하니 감회가 있어서

近以室人之病 絶不作詩 對菊花有感

늙은 아내가 한 달이나 병을 앓아	老妻病一月
치료하느라 갖은 방법 동원했네	醫藥煩調治
어린 딸이 내 품에 파고들어	小女竄我懷
젖을 찾으며 배고프다 우니	索乳苦啼飢
이 때문에 마음이 아파	以玆情懷惡
새 시 읊을 겨를이 없었지	未暇吟新詩
갈바람이 날로 쓸쓸히 불어	秋風日蕭條
초목이 다 시들었는데	艸木盡變衰
아름답게 동쪽 울타리 아래에	燦燦東籬下
부질없이 국화 남았구나	空餘黃菊枝
많은 꽃들 다시 얼마나 갈까	繁英復幾何
애써 술잔 들이키고 싶네	强欲進酒巵
인생살이 백 년 동안에	人生百年內
걱정거리도 한 때일 뿐	憂患亦一時
마땅히 마음에 두지 말아야 하니	但當勿嬰懷
달관한 사람이 비웃을까 두렵다	恐爲達者嗤

사담[215] 가는 길에

沙潭途中

길에 쓸쓸히 누런 잎 날리고	一路蕭蕭黃葉飛
가을빛이 물처럼 나그네 옷에 스미네	秋光如水着征衣
외로운 기러기는 하늘 밖으로 볕 따라 가는데	孤鴻天外隨陽去
필마로 산속에서 비 맞으며 돌아오네	匹馬山中冒雨歸
여기저기 단풍 숲은 맑은 이슬에 시들었고	幾處楓林凋白露
등불 켜진 몇몇 집은 사립문 닫았네	數家燈火掩柴扉
청휘정[216] 아래 찬 연못 푸르니	淸暉亭下寒潭綠
헤엄치는 물고기들이 물가에 뛰어오르겠지	應有游魚躍上磯

215 사담(沙潭) : 현재의 충청북도 괴산군 청천면 사담리 일대를 가리키는 것으로 보인다. 272쪽 각주48 참조.

216 청휘정(淸暉亭) : 충청북도 괴산군 청천면 낙영산(落影山)에 있었던 정자이다. 이하곤이 "산수에는 청휘함이 있도다.〔山水有淸暉〕"라고 한 사영운(謝靈運)의 시구를 좋아하였으므로, 정자의 이름을 이렇게 지었다.《頭陀草 冊16 淸暉亭記》

늦가을

秋晩

국화꽃이 다 피었는데 寒菊開花盡
술 싣고 오는 이 없구나[217] 無人載酒過
푸른 봉우리는 베개 가에 가깝고 青峰欹枕近
누런 잎은 한가한 문에 수북하구나 黃葉閑門多
늙은이의 흥취 오직 산수에 있어 老興惟山水
곤궁한 생활에도 노래 부를 뿐 窮居亦嘯歌
서울 소식이 끊어졌어도 京師消息斷
어떠한지 다시 묻지 않노라 不復問如何

217 국화꽃이……없구나 : 가을이 저물어 가는데 찾아오는 사람이 하나도 없음을 읊은 것이다. 도잠(陶潛)이 중양절(重陽節)을 맞아 술 생각이 간절한데도 마실 술이 없었는데, 마침 자사(刺史) 왕홍(王弘)이 흰 옷 입은 사람을 도잠에게 보내 술을 전달했다는 고사가 전한다. 《宋書 卷93 隱逸列傳 陶潛》

암아[218]의 시를 차운하다

次巖兒韻

저녁 연기가 시든 버들 끝에 엉기고	晩烟衰柳杪
석양이 멀리 숲 서쪽에 걸렸네	斜景遠林西
늙은 국화는 찬 날씨에도 피었고	老菊寒仍發
그윽한 새는 저녁에 지저귀네	幽禽夕自啼
마을 풍경은 누런 잎 어지럽고	村容黃葉亂
누대 그림자는 푸른 산에 희미하네	樓影碧山迷
낙엽 소리 우수수 세차게 일어	落木蕭蕭急
가을 소리가 시내에 가득하다	秋聲滿一溪

218 암아(巖兒) : 이하곤의 조카 이석암(李錫巖)을 가리킨다.

아침에 길을 가며

早行

아침 해가 나그네 옷 비추는데	初日照征衣
서리가 먼 길에 가득하네	新霜滿長路
저 멀리 앞 사람 바라보니	遙遙望前侶
아득히 안개 속에 가는구나	蒼茫烟中去
문득 마을의 닭 소리 들려오는데	忽聞村鷄聲
들 넓어 어디인지 모르겠네	野遠不知處

가을이 다하다

秋盡

마땅히 위에 있어야 한다.

사립문에 나갔더니 또 삭풍 부는데	杖履柴門又北風
해 지고 서리 내리는 하늘 견딜 수 있으랴	況堪斜日下霜空
기러기는 아득히 비낀 노을 너머로 날아가고	鴻飛漠漠橫霞外
가을은 쓸쓸히 낙엽 지는 나무 가운데 다하네	秋盡蕭蕭落木中
높은 곳에 오르지 않아도 매우 감회 많으니	未用登高偏有感
어찌 늘그막에 곤궁함을 꺼리랴	何須臨老更嫌窮
국화 시들었어도 비할 바 없는 줄 아노니	寒花憔悴知無比
이 늙은이처럼 티끌에 물들지 않는구나	不染塵埃似此翁

새로 돌아오다

新歸

한양에 서풍 불어 먼지가 얼굴을 때렸는데	漢北西風面撲塵
돌아오니 예전처럼 한가한 몸이로다	歸來依舊是閑身
기러기 날고 나뭇잎 떨어져 가을은 막 다했지만	雁飛木落秋初盡
구름 희고 산 푸르니 흥이 더욱 새롭구나	雲白山青興轉新
벼슬살이[219]는 끝내 우리의 일이 아니니	肉食終非吾輩事
산골에 살며 풀 사이의 사람 되려네	巖居聊作艸間人
제공들의 섭리는 어떤 재주인가	諸公變理元何術
시월에도 호서는 봄처럼 따뜻하네	十月湖西煖似春

219 벼슬살이 : 육식(肉食)은 후한 녹봉을 받는 벼슬아치들을 낮춰 부르는 말이다. 327쪽 각주126 참조.

집으로 돌아오다

還家

집에 돌아오니 가을도 벌써 저물어	還家秋已盡
기러기 날아오는 때에 홀로 앉았네	獨坐雁來時
시냇물 얕아 물고기는 돌 틈에 숨고	溪淺魚依石
숲 차가워 새는 나뭇가지를 골라 깃드네	林寒鳥擇枝
풍상에 양쪽 귀밑머리 세었는데	風霜欺兩鬢
세월을 새 시에 담노라	歲月入新詩
마당의 국화마저 이제 떨어지니	庭菊今搖落
그윽한 기약을 무엇에 의탁할까	幽期更托誰

시냇가 집에서 저물녘에 앉아
溪齋暮坐

적적하게 사립문 두 짝 닫혔는데	寂寂雙扉掩
쓸쓸히 기러기 한 마리 지나가네	蕭蕭獨雁過
가을 소리는 높은 나무에 다하고	秋聲高樹盡
차가운 빛깔은 온 마을에 많구나	寒色一村多
세상일이 이처럼 부질없으니	世事空如此
하늘의 마음은 과연 어떠한가	天心果若何
푸른 등불만 외로이 앉은 나를 비추는데	靑燈照孤坐
흰머리로 다시 슬픈 노래 부르네	頭白更悲歌

해거름에

薄暮

초가에 가을 저물고 마음도 무료하여	茆齋秋盡意無聊
지팡이 짚고 쓸쓸히 섰노라	遂有笻枝立寂寥
산 어두워지자 돌아가는 까마귀 아득히 날고	山暝歸鴉飛莫莫
하늘 차가워 낙엽 소리 쓸쓸히 들리네	天寒落木響蕭蕭
묵은 버들에 가린 마을에 외로운 등불 보이고	村藏老柳孤燈出
깊은 구름 너머 절에서 풍경 소리 들려온다	寺隔深雲一磬飄
냇가 길 어둑하여 도무지 분간할 수 없는데	溪路蒼蒼渾未辨
저 멀리 노랫소리는 별빛 아래 나무꾼이구나	遙歌認是帶星樵

저녁 하늘

暮天

뜬 구름이 만 리에 생겨나	浮雲來萬里
갑자기 저녁 하늘 흐려지네	忽作暮天陰
감히 날아오르려는 뜻 있으랴	敢有飛騰志
부질없이 감개한 마음만 많구나	空多感慨心
푸른 등불 아래 예악을 말하며	青燈談禮樂
흰머리로 산림에 누웠어라	白首臥山林
무한한 바람 앞의 나뭇잎이	無限風前葉
쓸쓸히 짧은 시에 화답하네	蕭蕭和短吟

시냇가에서 저물녘 풍경을 바라보며
溪上晩望

서리 맞은 갈대꽃 모두 떨어지고	蘆花霜落盡飄零
조는 오리들 저물녘 물가에 모였네	睡鴨相依聚晩汀
수양버들이 쉽게 떨어진다 말하지 마라	莫道垂楊搖落易
긴 가지가 연기 띠고 아직도 푸르구나	長條猶得帶烟青

밤비에 감회가 있어서
夜雨有感

시월에도 날씨 따뜻하여	十月天猶煖
사흘 동안 누런 안개 끼었네	三朝霧已黃
종이창에 등불 작아지는데	紙牕燈火小
초가집에 빗소리 커지네	茅屋雨聲長
기러기는 한밤중에 날아가고	鴻雁中宵去
이무기는 큰 못에 숨는구나	龍蛇大澤藏
평생 나라 걱정하며 눈물 흘렸는데	平生王室淚
백발 되어 다시 천 줄기 흐르네	頭白更千行

즉흥적으로 감회를 쓰다 3수

卽事書感 三首

초겨울 시월에 안개비 많이 내려　孟冬十月多霧雨
열흘 동안 하루도 맑은 날 없었네　十日元無一日晴
하늘은 흐릿하여 낮에도 늘 어둡고　天氣昏昏晝常黑
숲은 애처로워 바람 소리 구슬피 울리네　山木慘慘風悲鳴
음양의 변화를 누가 알랴　陰陽變化誰更測
한양의 이름난 동산에는 도리 꽃 피었다지　漢陽名園桃李榮
올해는 옷 지을 솜도 없었으니　今年無絮可授衣
제공의 섭리 백성을 위해 하였던가　諸公燮理爲蒼生

2

남쪽 이웃의 노파가 울고 가면서　南隣老嫗行且泣
언덕에서 면화를 줍네　手拾綿花在中阿
두 아들의 신포를 반도 내지 못했는데　二男身布半未輸
게다가 일족의 침징[220]까지 많구나　況乃一族侵徵多
흉년이 사람을 죽일 수 있다고 누가 말했던가　誰道凶年能殺人
올해는 조금 익었어도 해 보내기 어려워라　今年小熟難更過
앞마을 사람들 어젯밤에 모두 달아나　前村昨夜盡逃走
무너진 담장과 집만 부질없이 솟았구나　崩墻敗屋空嵯峩

220 침징(侵徵) : 징수하지 못한 조세를 그 친족이나 이웃에게서 강제로 걷는 것이다.

3

북쪽 산 깊은 곳에 소나무 숲 우거져서 北山幽幽多松樹
호랑이가 소나무 숲에 산다네 有虎來據松樹裏
동쪽 마을 노인이 저물녘에 돌아오다가 東村老翁日暮歸
호랑이에 머리 물려 붉은 피 줄줄 흐르는데 虎嚙翁頭流血紫
칡덩굴 끊어 머리 묶고 돌아왔으나 斷葛縛頭自歸來
슬프다 사흘 만에 죽고 말았네 嗚呼三日翁乃死
호랑이야 호랑이야 사람 해치지 마라 虎乎虎乎勿傷人
가련한 백성들의 곤궁함이 지금 이와 같단다 可憐民困今如此

눈이 내리는 가운데 홀로 앉아 있다가 감회가 있어서

雪中獨坐有感

세모의 빈 산에 기러기 날고	歲暮空山鴻雁飛
쓸쓸히 눈보라 내려 사립문 닫아 두었네	蕭蕭風雪掩荊扉
붉은 문서[221] 든 고을 관리가 세금 독촉하니	朱牌縣吏徵求急
오두막의 가난한 백성들 생계 어렵구나	白屋窮民生事微
오늘날 조정에 곧은 말 끊어졌으니	今日朝廷直言絶
다른 때 숲 속 골짜기로 돌아올 이 누구인가	異時林壑誰人歸
늙은이 세상 근심에 원래 광태 있어	老夫憂世元狂態
흰머리로 슬피 노래하며 석양 바라보네	白首悲歌對落暉

221 붉은 문서 : 주패(朱牌)는 주군(州郡)에서 영(令)을 낼 때 사용하던 붉은 도장이 찍힌 문서로, 세금 독촉장과 같은 것이다.

밤이 되어 눈이 갰는데 바람 소리가 대단히 쓸쓸하였다

入夜雪霽 風聲殊蕭瑟

구름 엷어져 은하수가 종횡으로 나타나고	雲淡星河縱復橫
산 위에 남은 눈 더 분명히 보이네	山頭餘雪更分明
높은 나무에 남은 잎 없어 가련한데	却憐高樹無留葉
쓸쓸히 낙엽에서 바람 소리 일어나네	也作蕭蕭葉底聲

빈 산

空山

빈 산에서 세모 맞으니 절로 서글픈데	空山歲暮自生哀
함께 탁주 마실 사람 없구나	濁酒無人共把杯
나뭇잎 다 떨어졌는데 바람 더욱 세차고	木葉全稀風更急
매화 피려는데 눈이 내리네	梅花欲動雪初來
만년의 사귐 청산이 있어 어여쁘지만	獨憐晩契青山在
흰머리 늘어가는 늙은 모습 견딜 수 있으랴	可耐衰容白髮催
하늘 밖 기러기 떼 아득히 날아오니	天外亂鴻來杳杳
쓸쓸함 견딜 수 없어 다시 누대에 오르노라	不堪蕭瑟更登臺

우리 집 매화가 이미 망울이 맺혀 피려 하였다.

사담[222]으로 가면서 말 위에서 우연히 짓다

向沙潭 馬上偶成

골짝에서 나의 도 지키다가	丘壑存吾道
다시 사담으로 가노라	沙潭又此行
찬 시내에 뾰족한 바위 솟았고	寒溪危石出
가는 눈 내려 먼 봉우리 선명하네	微雪遠峰明
저물녘 마을에는 외로운 연기 피어나고	村晩孤烟色
높은 하늘에는 기러기 한 마리 우는구나	天高一雁聲
어부와 나무꾼이 한가롭게 살아가니	漁樵閑自得
참으로 여생을 의탁할 만하구나	眞可托餘生

222 사담(沙潭) : 현재의 충청북도 괴산군 청천면 사담리 일대를 가리키는 것으로 보인다. 272쪽 각주48 참조.

율치로 가는 중에

栗峙途中

해 저물녘 시냇물 급히 흐르고	日暮溪流急
날 추운데 골짜기 길은 멀구나	天寒峽路長
돌아오는 나무꾼 구름 속에서 말소리 들리고	歸樵雲際語
타고 가는 말은 눈 속에서 넘어지네	去馬雪中僵
위험한 길이라 몸동작 도리어 빨라지고	畏道身還捷
깊숙한 벼랑에서 더욱 주의 기울이네	幽崖意不忘
산림에 사는 신세 벼슬아치와 다른데	山林異軒冕
나의 조급함 스스로 우습구나	吾自笑吾忙

제곡촌에서 묵다

宿第谷村

물가에 자리한 집에서	柴門臨水際
차례로 떠오르는 별 보노라	次第見星升
말은 눈 쌓인 차가운 마당에 누웠고	馬臥寒庭雪
사람들은 등 밝힌 초가에서 시끄럽네	人喧艸屋燈
바람결의 샘물 소리 끝내 그치지 않아	風泉終不歇
물레방아 소리와 멀리서 호응하네	水碓遠相應
천 봉우리 속에서 개가 짖으니	一犬千峰裏
무릉에서 자는 것 같구나	還疑宿武陵

신경준의 시를 차운하다

次申生慶濬韻

가는 눈 내려 시냇물 처음 얼었고	微雪溪初凍
빈 숲에 날도 어두워지려 하네	空林日欲昏
민가는 어지러운 바위에 의지했고	人家依亂石
나그네 길은 깊은 구름 속으로 들어가네	客路入深雲
저물녘 종소리에 승려는 절로 돌아가고	鍾晩僧歸寺
찬 연기 속에 개들이 마을에서 짖는구나	烟寒犬吠村
말 멈추고 초가에 앉았노라니	歇鞍坐茅舍
흐르는 물소리 사립문까지 들려오네	流水到柴門

조공염 군이 운정[223]으로 찾아와 이틀을 머물고, 또 함께 식영정[224]과 청휘정[225] 사이를 노닐었다. 이별할 때에 슬픔을 견디지 못하여 암아[226]의 시를 차운하여 보여 주다

趙君公琰 委訪於雲亭 留二宿 又從遊于息影淸暉之間 臨別不勝悵然 次巖兒韻以示

손잡고 사담[227]길 가노라니	携手沙潭路
구름 깊고 어지러운 바위 높았지	雲深亂石嶒
언 시내는 막 단단해지고	氷溪初爂贔
눈 쌓인 숲은 아득히 헝클어진 머리 같았네	雪樹遠鬅鬙
험한 길이라 호랑이 근심스럽지만	畏道應愁虎
추운 날씨에 매 사냥하기 좋았지	寒天好放鷹
내일 아침 그대를 보내고 나면	明朝送汝後
짝할 것은 푸른 등불 하나 뿐	相伴一靑燈

223 운정(雲亭) : 이하곤의 고향에 있던 열운정(悅雲亭)을 가리킨다. 266쪽 각주36 참조.

224 식영정(息影亭) : 이하곤 집안의 별업이 있는 낙영산(落影山)에 지은 정자이다. 《頭陀草 冊16 息影亭記》

225 청휘정(淸暉亭) : 식영정 남쪽 근처에 있는 정자이다. 400쪽 각주216 참조.

226 암아(巖兒) : 이하곤의 조카인 이석암(李錫巖)이다.

227 사담(沙潭) : 현재의 충청북도 괴산군 청천면 사담리 일대를 가리키는 것으로 보인다. 272쪽 각주48 참조.

밤에 앉아 있다가 냇물 소리를 들으니 쏴아 빗소리 같아 감회가 있어서

夜坐聞泉聲 颯颯如雨有感

온 식구 산으로 돌아오려던 계획 어긋났으나	盡室還山計又非
아이 데리고 다행히 눈 내리는 날 돌아왔네	携兒幸趁雪天歸
깊은 밤에 쓸쓸한 등불 홀로 마주하고 앉았노라니	深宵獨對寒燈坐
베개 아래 시냇물 소리 마치 빗소리 같구나	枕底流泉似雨飛

아이들과 저물녘에 청휘정[228]에 가서

與兒曹晩至淸暉亭

소나무 사이의 한 작은 정자에	松間一小亭
두건 쓴 두세 사람이	幅巾二三子
난간에 기대 서로 말 없이	倚闌各不言
붉게 물드는 산 빛 바라보네	回望山光紫

228 청휘정(淸暉亭) : 식영정(息影亭) 남쪽 근처에 있는 정자이다. 400쪽 각주216 참조.

집에서 지내며 즉흥적으로 짓다

齋居卽事

해 저물어도 사립문 닫지 않은 채	日暮柴扉不用關
쓸쓸히 눈보라 내리는 빈 산에 누웠노라	蕭蕭風雪臥空山
몸 들어갈 정도라도 새 집 좋기만 한데	却憐新屋堪容膝
멋진 모습의 산봉우리까지 있구나	遂有孤峰亦好顏
달빛 아래 지팡이 짚고 높은 벼랑에 오르고	步月杖臨危壁上
글 읽는 등불 소나무 숲 사이에 있네	讀書燈在亂松間
알겠다 조물주가 나를 궁하게 한 것이 아니라	始知造物非窮我
늘그막에 한가롭게 하려는 줄을	要乞殘年一味閑

눈 내리는 밤의 감회

雪夜感懷

사방 숲에 차가운 바람 이는데　四山山木寒颼颼
눈 내리는 외로운 누대에 홀로 누웠노라　獨臥雪中之孤樓
깊은 밤 그윽한 샘은 누구와 이야기하나　夜永幽泉與誰語
빈 하늘의 밝은 달은 근심 하나 없구나　天空明月無一愁
영웅의 일 붉은 종이[229]에 있는 것 아니니　英雄事業非紅紙
한평생 경사 익히며 흰머리 되었네　經史生涯自白頭
내일 동암[230]으로 매화 보러 가리니　明日東菴問梅去
누런 잎 쌓인 시냇가를 소 거꾸로 타고 가리라　一溪黃葉倒騎牛

229 붉은 종이 : 홍지(紅紙)는 대과(大科)에 급제한 사람에게 주던 속칭 홍당지(紅唐紙), 곧 홍패(紅牌)를 가리킨다.

230 동암(東菴) : 《두타초(頭陀草)》 책1 〈동암과우장로(東菴過雨長老)〉 아래에 "암자는 천후산에 있다.〔菴在天吼山〕"라는 원주(原註)가 있다.

위 소주의 시[231]를 차운하다

次韋蘇州韻

날 춥고 눈마저 시내에 가득하여	天寒雪滿溪
산속에 찾아오는 나그네 없는데	山中無來客
작은 달이 솔 사이로 떠올라	微月松間出
시내 아래 바위를 비추네	復照溪下石
지팡이 짚고 그윽한 샘물 소리 들으며	倚杖聞幽泉
홀로 서서 이 밤을 보내노라	獨立度此夕
삭풍이 높은 누각에 불어와	北風入高樓
흰 구름을 몽땅 쓸어버렸네	掃盡白雲跡

231 위 소주(韋蘇州)의 시 : 위 소주는 당(唐)나라의 시인 위응물(韋應物, 737~804)을 가리킨다. 이하곤이 차운한 시는 《위소주집(韋蘇州集)》 권3의 〈기전초산중도사(寄全椒山中道士)〉이다.

눈이 내린 뒤에 청휘정[232]에 올라 중화[233]를 그리워하다
雪後登淸暉亭 有懷仲和

눈 쌓인 사방의 산들 우뚝하고	四山巃嵸雪嵯峩
쓸쓸히 삭풍 불어 물결도 세차지네	北風蕭蕭水增波
나는 지금 빈 골짝에 머물러	我今留滯在空谷
세밑에 근심도 많아라	歲云暮矣憂思多
미인은 아득히 산하에 막혔으니	美人渺渺隔山河
가서 만나려 해도 어찌하겠는가	欲往從之可奈何
가서 만나려 해도 어찌하겠는가	欲往從之可奈何
미인은 아득히 산하에 막혔어라	美人渺渺隔山河
미인이여 미인이여 일찍 돌아오시게	美人兮美人兮早歸來
붉은 영지가 산언덕에서 빛난다네	紫芝爗爗山之阿

232 청휘정(淸暉亭) : 식영정(息影亭) 남쪽 근처에 있는 정자이다. 400쪽 각주216 참조.

233 중화(仲和) : 윤순(尹淳, 1680~1741)으로, 본관은 해평(海平), 자는 중화, 호는 백하(白下)·학음(鶴陰)이다.《白下集 附錄 行狀》

석유[234]가 사정이 있어 산을 나가게 되었다. 이별할 때 시 한 수를 보여 주기에 차운하여 답하다

錫裕有事出山 臨別示一詩 次韻答之

사담[235]에 책 상자 지고 오리라던 계획 이뤘으니	負笈沙潭宿計成
여기 온 것은 속세 사람의 마음 아니어라	此來不是俗人情
소나무 사이 달 그림자가 등불 그림자에 이어지고	松間月影連燈影
눈 속의 샘물 소리가 책 읽는 소리와 어우러지네	雪裏泉聲和讀聲
의심하는 데서 마음이 얽매이지 않음을 알겠고	疑義可知心不括
새 시에 눈이 번뜩 밝아졌네	新詩能使眼偏明
찬 구름이 내일 아침 돌아가는 말을 따르리니	寒雲明旦隨歸馬
겹겹 산길을 조심히 가시게	珍重千山愼去程

234 석유(錫裕) : 이하곤의 칠촌 조카이다. 276쪽 각주53 참조.

235 사담(沙潭) : 현재의 충청북도 괴산군 청천면 사담리 일대를 가리키는 것으로 보인다. 272쪽 각주48 참조.

수월루[236]에 올라 앞 봉우리의 눈 내린 경치를 바라보니 매우 좋았다

登水月樓 望前峰雪色 極可喜

물 건너 종소리 은은히 들려오고	隔水鍾聲隱隱來
차가운 숲 일대에 저녁연기 피어나네	寒林一帶暮烟開
눈 그친 동쪽 봉우리 경치 보려고	爲看雪後東峰色
높은 누대에 날마다 열두 번 오르네	日上高樓十二回

236 수월루(水月樓) : 이하곤 집안의 별업이 있는 낙영산(落影山)에 지은 정자이다. 《頭陀草 冊16 息影亭記》

저물녘에 돌아오다

暮歸

이때 괴산(槐山)에 갔다가 돌아왔다.

해 저무는 빈 산 길에	日暮空山路
쓸쓸히 낙엽 날리네	蕭蕭落葉飛
연기 속에 외로운 개 짖고	烟中孤犬吠
눈 속에 한 승려 돌아가네	雪裏一僧歸
작은 달 오르는데 멀리서 절구 소리 들리고	微月遙聞杵
쓸쓸한 등불 밝힌 집 이미 사립문 닫았네	寒燈已掩扉
깊은 밤에 돌아오려니	歸來犯深夜
옷에 서리가 가득 내렸구나	霜氣滿人衣

달밤에 청휘정[237]에 오르다

月夜登淸暉亭

큰 바위 아래서 샘물 소리 울리고	泉鳴危石底
먼 솔숲 사이로 달 떠오르네	月出遠松間
한밤까지 머무르며	夜深猶不去
홀로 소금산 마주하고 있노라	獨對小金山

237 청휘정(淸暉亭) : 식영정(息影亭) 남쪽 근처에 있는 정자이다. 400쪽 각주216 참조.

산을 나가며 매화가 이미 다 진 것을 보고 서글피 감회가 있었다
出山見梅花已盡 悵然有感

집 떠나 석 달이나 돌아가지 못한 채	離家三月未言歸
매화 다 지도록 감상하지 못했네	孤負梅花已盡飛
달빛 속 성긴 그림자 사랑스러워	獨愛月中疏影在
작은 창으로 마주하고 하염없이 있노라	小牕相對兩依依

밤에 청담암에 들러 재징을 방문하다

夜過淸潭菴 訪載澄

절름대는 나귀 타고 숲 속 승려 찾아가노라니	蹇驢獨去喚林僧
산길에 구름 깊고 묵은 등덩굴 그늘 어둑하네	山路雲深暗古藤
차가운 밤에 그대 잠들지 않은 줄 알겠으니	知爾寒宵應不寐
솔숲 사이로 글 읽는 소리 가늘게 나온다	松間微出讀書聲

12월 27일 밤에 석호[238] 무리와 암아[239]가 열운정[240]에서 만나 묵었는데, 당시[241]에서 운자를 정해 각각 한 수의 시를 지었다. 뒤에 그 운자에 맞춰 짓다

臘月二十七日夜 錫祜輩與巖兒 會宿雲亭 拈唐律各賦一詩 追次其韻

저무는 한 해를 함께 아쉬워하며	共惜殘年盡
오늘 밤 만났구나	聊成此夜逢
서로 바라보노라니 외로운 촛불 빛나고	相看有孤燭
뜬 눈으로 지새니 새벽종 울리려 하네	不寐欲晨鍾
머리털 보며 나의 늙음 한탄하는데	鬢髮嗟吾老
다행히 그대들과 술을 함께 나누네	壺樽幸爾從
새 시 읊어도 마음 편치 않은데	新詩吟未穩
가느다란 달이 동쪽 봉우리에 오르네	細月更東峰

238 석호(錫祜) : 이하곤의 칠촌 조카이다. 276쪽 각주53 참조.

239 암아(巖兒) : 이하곤의 조카 이석암(李錫巖)이다.

240 열운정(悅雲亭) : 운정(雲亭)은 《두타초(頭陀草)》 책4 〈초평이십오영(草坪二十五詠)〉에 열운정이 등장하는 것으로 보아, 이하곤의 고향에 있던 정자임을 알 수 있다.

241 당시(唐詩) : 이 시에서 사용한 운자는 《문원영화(文苑英華)》 권235에 수록된 사공서(司空曙)의 〈숙청룡사고담상인원(宿靑龍寺故曇上人院)〉과 일치한다.

또 두보의 율시[242]를 차운하다

又次杜律韻

초가집 종이창에 등불이 쓸쓸히 빛나고	茅屋紙窓燈火寒
마주한 매화도 시들었는데	梅花相對亦凋殘
묵은 해 내일 아침이면 바뀌기에	卽知舊歲明朝改
큰 잔으로 마시며 오늘 밤 새기를 마다하지 않노라	不厭深杯此夜看
그대들은 시간 아낄지어다	爾輩惟須寸陰惜
인생살이 젊은 시절 다시 오지 않는다네	人生元得少年難
병든 나야 어쩔 수 없으니 무슨 일을 이루랴	病夫已矣成何事
임천에서 늙어 가며 분수에 만족해야지	垂老林泉分自安

242 두보(杜甫)의 율시 : 이하곤이 차운한 작품은 《두소릉집(杜少陵集)》 권14의 〈숙부(宿府)〉이다.

수세[243]하는 밤에. 대숙륜의 시[244]를 차운하다

守歲夜 次戴叔倫韻

홀로 찬 등불 마주하고 앉아	獨對寒燈坐
오직 술만 가까이 하노라	惟將綠酒親
정유년[245] 다시 오지 않을 테지만	難逢丁酉歲
오래도록 진천 사람 되었어라	久作鎭川人
눈처럼 하얗게 머리털 온통 세었어도	雪色偏侵鬢
매화 향기가 주위를 맴도네	梅香故繞身
멀리 있는 형제들 그리워하며	相思弟妹隔
서글피 또 새봄 맞이하네	惆悵又新春

재첩 再疊

올해도 오늘 밤으로 끝인데	歲從今夜盡
등불만 벗처럼 가까이 있구나	燈似故人親
단약 만들 줄 몰라	未解金丹術
어느새 백발 되었어라	翻爲白頭人

243 수세(守歲) : 음력 섣달 그믐날 밤에 잠을 자지 않고 새해를 맞이하는 것을 말한다.

244 대숙륜(戴叔倫)의 시 : 대숙륜은 당(唐)나라 중기의 시인으로, 용주 자사(容州刺史) 등을 지냈다. 이하곤이 차운한 작품은 《어정전당시(御定全唐詩)》 권273 등에 수록된 〈제야숙석두역(除夜宿石頭驛)〉이다.

245 정유년(丁酉年) : 1717년(숙종43)으로, 이 시를 짓고 있는 해이다.

산림에 떠도는 자취 맡기고 山林容浪跡
농사와 낚시로 한가한 몸 늙어 가네 耕釣老閑身
앉아서 매화의 뜻 바라보니 坐看梅花意
봄날의 버들과 다툼을 부끄러워하네 羞爭柳色春

춘첩 무술년(1718, 숙종44)

春帖 戊戌

거친 밥과 절인 김치도 넉넉하길 바라지 않나니	糲飯鹽蔬不願餘
한가롭게 일 없이 초가에 누웠노라	閑來無事臥茅廬
바람 살랑대고 날 따뜻해 새들 지저귈 제	風輕日暖幽禽語
조용히 서쪽 창 서가의 책 마주하네	靜對西窓一架書

아이들이 후산의 시[246]를 차운하여 보여 주기에 서둘러 써서 화답하다 무술년(1718, 숙종44)

兒輩次后山韻示之 走艸和之 戊戌

앓아누운 몸으로 새해 맞았는데	病臥逢新歲
시름 속에 또 입춘일세	愁中又立春
시내 녹아 얼음 복판 갈라지고	溪融氷坼腹
산 얕아 쌓인 눈에 비늘 생겼네	山淺雪生鱗
늙은 꽃에 매화나무 야위는데	老蘂梅呈瘦
고운 소리로 새들은 새봄 다투어 노래하네	嬌音鳥鬪新
남쪽 시내에 드리운 버들 빛	南溪垂柳色
그윽한 사람 저버리지 않는 듯	似不負幽人

246 후산(后山)의 시 : 후산은 송(宋)나라 시인 진사도(陳師道)의 호이다. 여기서 차운한 작품은 《후산집(后山集)》 권4의 〈조춘(早春)〉이다.

시냇가의 저물녘 눈

溪上晩雪

봄눈이 자욱이 내려 저물도록 개지 않으니	春雪漠漠晩未晴
사촌[247]의 작은 다리에 행인도 없구나	沙村小橋無人行
남쪽 시내 십 리까지 어두운 산 비꼈고	南溪十里暝山橫
우거진 숲 가득히 외로운 연기 피어나네	長林羃歷孤烟生
높은 집에서 바라보니 생각 맑아지는데	高齋縱目懷思淸
비록 물감 있어도 그려 내지 못하겠네	縱有丹靑畫不成
잠시 뒤 동쪽 봉우리에 달이 희미하게 밝아와	須臾東嶺月微明
졸졸 흐르는 시냇물 소리와 어우러지네	澗水瑟瑟和新聲

247 사촌(沙村) : 백사장 가의 마을이라는 뜻이지만, 고유명사일 가능성을 배제할 수 없다.

아이들이 후산의 시[248]를 차운하여 시 한 수를 지어 보여 주므로 다시 화운하다

兒輩次后山韻 賦示一詩 復和之

봄바람 언제 불어오나	春風來幾日
봄눈 쏟아져 고즈넉한 마을 어둑하네	春雪暗孤村
어지러운 나무가 멀리 언덕을 나누었고	亂樹遙分岸
높은 봉우리는 반쯤 구름 속에 들어갔네	高峰半入雲
날 추워 사립문도 닫지 않았는데	柴荊寒不掩
저물녘에 새들만 시끄럽게 지저귀네	鳥雀晚多喧
한 조각 남쪽 호수의 빛깔이	一片南湖色
아득히 문을 비추네	迢迢已映門

248 후산(后山)의 시 : 후산은 송(宋)나라 시인 진사도(陳師道)의 호이다. 여기서 차운한 작품은《후산집(后山集)》권1의 〈성남우거(城南寓居)〉이다.

박태화가 들렀는데 아이들이 함께 시 한 수를 지어 보여 주므로 화운하다

朴泰和見過 兒輩同賦一詩見示 和韻

가까이 살아도 오래도록 만나지 못하다가	尺地久不見
들러 주니 내 마음 위로되네	相過慰此情
요즈음 나는 삭막하게 지내지만	邇來吾索莫
후배인 그대들 총명하구나	後輩汝聰明
안석에 기대어 산 빛깔 좋아하고	隱几憐山色
시 지으려니 새소리 사랑스럽다	題詩愛鳥聲
만류해서 저녁까지 있다가	挽留遂終夕
돌아가는 길에 별빛 나오네	歸路一星生

눈 내린 뒤에 시냇가 집에서 즉흥적으로 짓다

雪後溪齋卽事

사립문에 봄눈이 수북이 쌓이고	柴門春雪深
높은 집에서 먼 봉우리 바라보네	高齋見遠峰
산 비어 찾아오는 손님 없는데	山空無來客
흰 구름만 묵은 소나무에서 피어나네	白雲生古松
두건 젖혀 쓰고 단풍나무 아래 앉았더니	岸幘楓樹根
그윽한 시냇물 졸졸 소리 내며 흐르네	幽澗鳴淙淙
동쪽 숲에 절간 있어	東林有僧舍
밤낮으로 아득하게 종소리 들리네	日夕遙聞鍾

이른 봄날 그윽한 집에서. 위 소주의 운자[249]로 짓다

早春幽居 用韋蘇州韻

늙어서 졸렬한 분수에 안주한 채	老去安拙分
집 가난해도 하는 일 없네	家貧寡所營
산에서 지낸 지 이십 년	山居二十載
은자의 마음 잘 알게 되었어라	頗識靜者情
시서는 또 무슨 물건인가	詩書復何物
그럭저럭 한평생 즐기노라	聊以娛平生
봄 되자 만물 생동하여	春至物欣欣
새들도 저마다 지저귀네	衆鳥各自鳴
나도 홀로 누워 있기 싫어	吾亦厭孤臥
지팡이 짚고 숲 거니노라	扶杖繞林行
동쪽 봉우리의 흰 구름 바라보니	東峰望白雲
피었다 사라지는 모습 마치 덧없는 영화 같구나	興滅如浮榮

249 위 소주(韋蘇州)의 운자 : 위 소주는 소주 자사(蘇州刺史)를 지낸 당(唐)나라 시인 위응물(韋應物, 737~804)을 가리킨다. 이하곤이 차운한 작품은 《위소주집(韋蘇州集)》 권8의 〈유거(幽居)〉이다.

다시 위응물의 운자[250]로 짓다
復用韋韻

평생 편히 누워 있기 좋아하여	平生愛高臥
한 칸 방에도 마음 넉넉하네	一室意有餘
해 높이 솟아 새들 지저귀니	日高衆禽喧
기지개 켜며 잠에서 깨노라	欠伸睡起初
맑은 샘물 길어 세수와 양치질하고	盥漱汲淸泉
서가의 책 읽노라	諷誦架上書
수레 몰아 분주히 다니는 사람들	紛紛車馬客
어이하여 산에서 살기 싫어하나	何事厭山居

250 위응물(韋應物)의 운자 : 《위소주집(韋蘇州集)》 권2의 〈후교서심(侯校書審)〉을 가리킨다.

봄날 한가롭게 지내며 소회를 적다 12운

春日閑居書懷 十二韻

금당리[251]에서 세월 보내며	歲月金塘里
낙수성[252] 경치 바라보네	風烟落水城
깊은 마을에 드리운 버들 푸르고	村深垂柳色
긴긴 날 새들 지저귀네	日永衆禽聲
골짜기 끝에 사립문 외졌어도	窮谷柴荊僻
외로운 집에 궤안 맑구나	孤齋几案淸
모래 개울은 봄 되자 물 불어나고	沙溪春欲漲
눈 덮인 산은 저물녘에 밝구나	雪岫晩爭明
물가에서 구름 바라보며 섰다가	水際看雲立
숲 사이로 책 들고 가노라	林間把卷行
바람 부는 소나무 종일 마주하는데	風松終日對
오솔길에 풀들이 한꺼번에 자라네	徑艸一時生
떠돌이 신세 참된 은자 아니지만	浪跡非眞隱
그윽이 지내노라니 도심 생겨나네	幽居卽道情

251 금당리(金塘里) : 이하곤의 《두타초(頭陀草)》 책4 〈초평이십오영(草坪二十五詠)〉에 금당(金塘)이 있으므로, 현재의 충청북도 진천군 초평면 용정리 부근으로 추정된다.

252 낙수성(落水城) : 《두타초》 책4 〈적탄도중(赤灘途中)〉에 "연암령 북쪽에 눈발 날리고 낙수성 서쪽에 해 지려 하네.〔硯巖嶺北雪初飜, 落水城西日欲昏.〕"라는 내용이 있는 것으로 보아 고유명사로 보이는데, 어디인지 미상이다.

와운재에서 세상 피할 만하고	臥雲堪避世
와운재는 거처하는 집 이름이다.	
식영정에서 명예 구하지 않노라	息影不求名
식영정은 사담(沙潭)에 있는 정자의 이름이다.	
근력은 노년에도 굳세고	筋力衰年健
문장은 속인들 경시하네	文章俗子輕
선비의 삶 본래 그르치기 쉬운 법	靑衿元易誤
센 머리털 놀라지 않노라	白髮不須驚
기러기가 높은 하늘 날아가고	鴻鵠冲霄擧
둔한 말 마음껏 우네	駑駘得意鳴
아득한 천 년의 뜻	悠悠千載意
끝내 녹문의 밭갈이 배우리라[253]	終學鹿門耕

253 끝내……배우리라 : 은자의 삶을 살겠다는 말이다. 한(漢)나라의 방덕공(龐德公)과 당(唐)나라의 맹호연(孟浩然)이 녹문산(鹿門山)에 들어가 은거한 사실이 있다.

2월 10일 밤에 달빛이 대단히 아름다웠다. 암아[254]가 가리키며 말하기를 "이것은 옥으로 빚은 만두이다."라고 하니 또한 멋진 풀이이다. 한 수의 시로 이 일을 기록한다

二月十日夜 月色頗佳 巖兒指曰此玉饅頭也 亦妙解 以一詩記之

한 줄기 흰 구름 아득히 펼쳐져	一道白雲方渺漫
밝은 반달 가렸다 나왔다 하는데	半輪明月乍沈浮
기쁘다 아이가 멋지게 풀이하여	却喜癡兒能妙解
하늘에 옥 만두 붙었다 하네	天中粘着玉饅頭

254 암아(巖兒) : 이하곤의 조카 이석암(李錫巖)이다.

근래 바람이 몹시 사나워 겨울처럼 매서웠다
日來風色甚惡 寒凜如冬

바람 세차 눈에 티끌 들어가고	眯目埃塵風力狂
산골 먼 하늘에 뜬구름 어둑어둑	浮雲黯黯峽天長
차가운 봄 날씨 쓸쓸한데	春寒氣象還蕭瑟
해 저무는 시냇가 산 절로 아득하네	日落溪山自莽蒼
한 달 내내 비와 눈 그치지 않으니	一月未曾乾雨雪
제공들은 음양을 어떻게 다스리는가	諸公何以燮陰陽
호남의 버들 빛만 실없이	湖南柳色空無賴
길게 드리운 가지에 벌써 누런 빛 맺혔네	百尺垂絲已着黃

봄밤에 기경[255]이 들러 주니 기뻤다. 함께 자면서 춘 자를 얻었다

春夜喜紀卿見過 同宿得春字

자주 어울리지 못한 것 한하지 않고	不恨過從懶
만나서 진심으로 담소 나누네	相逢笑語眞
사립문 안에서 밤 지새우며	柴門聊卜夜
등불 가까이하네	燈火更親人
술 익고 꽃가지 흔들거리고	酒熟花枝動
시 지으니 버들에 봄빛 돌아왔네	詩成柳色春
은근히 숲 속 절에서 만나기로 약속하니	殷勤林寺約
꾀꼬리 소리 들을 날을 저버리지 마시게	莫負聽鶯辰

255 기경(紀卿) : 김세적(金世績)의 자인데, 인적사항은 미상이다.

한가롭게 지내며 즉흥적으로 읊다

閑居卽事

벌써 청명 다가오는데	已覺淸明近
언제 봄기운 무르익었던가	何曾春意闌
풀빛은 밤비에 무성해지고	草痕滋宿雨
버들은 쌀쌀함 견디는구나	柳色勝微寒
맑은 물가에 말없이 앉아	水淨忘言坐
푸른 산을 눈 비비고 보노라	山靑刮目看
백사장의 새들은 나그네 없음을 이상하게 여기며	沙禽怪無客
종일 난간 주위 맴도네	終日繞闌干

한식날에 감회가 있어서

寒食日有感

당시 양산(陽山)[256]의 묘사(墓舍)에 있었다. 이날 바람이 거세고 차가웠다.

불을 금한 외로운 마을에 봄기운 늦어	禁火孤村春未闌
동풍에 버들이 추워 견디지 못하네	東風柳色不勝寒
옛 동산으로 돌아가면 꽃이 피었을 터	故園歸去花應發
아창[257]과 술잔 들고 감상하리라	擬與阿昌把酒看

256 양산(陽山) : 현재의 경기도 용인시와 안성시 사이에 있는 지명으로, 이하곤의 어머니 묘소가 있는 곳이다. 《두타초(頭陀草)》 책12 〈망아봉석광명(亡兒鳳錫壙銘)〉에 "같은 달 어느 날에 양지 신창리에 있는 어머니 묘소 곁에 묻어, 너의 혼백으로 하여금 의지할 바가 있게 한다.〔以同月某日, 瘞于陽智新倉里先夫人墓傍, 使汝魂魄, 有所依歸也.〕"라고 하였다.

257 아창(阿昌) : 이하곤의 막내아우 이명곤(李明坤)의 자가 재창(載昌)이므로, 그를 가리키는 것으로 보인다.

죽산으로 가는 길에

竹山途中

삼월에도 봄추위 가시지 않아	三月春寒不解圍
나그네 아직도 겨울옷 벗지 못했네	征人猶未換冬衣
수정산 경치 바라보니 꿈결 같은데	水晶山色看如夢
한스럽게도 하루 묵고 서둘러 돌아가네	只恨悤悤一宿歸

며칠 사이에 꽃이 아름답게 피었기에 시로 기록하다

數日來花事稍姸 有詩記之

동풍이 날마다 매섭고	東風連日惡
단비도 내리지 않지만	好雨亦屯膏
초목은 스스로 때를 알아	艸木自知時
꽃들이 섬세하게 피었네	雜花開如毛
시골 사람의 울타리 사이에	野人籬落間
붉고 푸르게 저마다 무리지어	紅綠各分曹
적막함 달래 줄 만하니	庶可慰寂寥
호사함 부럽지 않노라	不復羨豪奢
자리 펴고 그 아래 앉아	展席坐其下
즐겁게 막걸리 마시려니	陶然揮濁醪
많은 꽃들이 술잔 비추고	繁英照酒巵
취해 부르는 노래 풍소[258]에 걸맞네	醉歌當風騷
난초와 국화는 이미 싹이 텄는데	蘭菊亦已抽
쑥에 가릴까 걱정이네	所憂翳蓬蒿
구름과 숲에서 마음대로 살아가니	雲林恣偃息
부귀는 가을 터럭이나 마찬가지	軒冕等秋毫
솔바람이 옷깃 가득 불어올 제	松風滿襟袖
시내 위로 높이 오른 달 우러러보노라	仰視溪月高

258 풍소(風騷) : 《시경》의 국풍(國風)과 《초사(楚辭)》의 〈이소(離騷)〉를 병칭한 말로, 뛰어난 시문을 비유하는 말로 사용된다.

일찍 일어나 즉흥적으로 짓다
早起卽事

바쁘게 한식 지난 뒤	悤悤寒食過
허름한 시골 사람의 집	草草野人棲
아침 안개는 꽃기운 피어오르는 듯	早霧蒸花氣
엷은 그늘에서 새소리 시끄럽네	微陰鬧鳥啼
민가의 연기는 먼 언덕에 흩어지고	人烟分遠岸
버들 빛이 맑은 시내를 가렸네	柳色隔淸溪
오솔길이 이끼로 푸르니	有逕從苔碧
무심코 말 가는 대로 두노라	無心聽馬蹄

시냇가 집에서 자고 일어나

溪齋睡起

밥 먹고 산속 집에서 늦게까지 잠자며	飯畢山齋倦睡遲
오래도록 숲에서 편의 찾노라	久從林下討便宜
새소리는 문득 솔바람 소리와 요란하고	鳥聲乍與松聲亂
꽃 그림자는 해 그림자 따라 옮겨 가네	花影徐隨日影移
이 빠져 고기 먹기 어렵지만	齒落已知妨食肉
혀는 남아 아직도 시 읊조리네	舌存猶未廢吟詩
시골 사람은 나라의 안위에 관련 없으나	野人不管安危事
하늘 걱정한 기나라 사람 슬플 뿐[259]	杞國憂天只自悲

259 시골사람은……뿐 : 이하곤 자신은 국가의 안위(安危)에 책임이 없지만, 하늘이 무너지고 땅이 꺼질 것을 염려했던 기(杞)나라 사람처럼, 실제로는 나라의 안위를 걱정하는 마음이 담긴 표현이다. 옛날 기나라 사람이 하늘이 무너지고 땅이 꺼지면 살 곳이 없을 것이라고 염려하여 침식(寢食)을 폐했다는 고사가 전한다. 《列子 天瑞》

비가 그친 뒤에 남쪽 마루에 앉아 꽃을 마주하고 감회가 있어서

雨後坐南軒 對花有感

아침에 가랑비 그치자	微雨朝來歇
초목이 기름처럼 윤기 나고	艸木如膏潤
봄 산은 아름답기 그지없어	春山佳有餘
푸른 빛깔이 천 길 높이 떴구나	翠色浮千仞
두건 벗고 남쪽 마루에 앉았더니	不巾坐南軒
산 빛이 흰머리를 비웃는 듯	山色笑霜鬢
꽃을 좋아하는 내 마음	顧我愛花心
어릴 때와 조금도 달라지지 않았네	了不異髫齔
활짝 핀 모습도 좋기는 하지만	爛熳雖云可
그때는 이미 꽃이 시드는 법	已是花之疹
피고 지는 사이 살펴보면	點檢開落間
한 순간도 빈틈이 없어	曾未容一瞬
한 기운이 호연하게 끊이지 않고	一氣浩無盡
도장을 찍은 듯 낳고 또 낳는구나	生生如相印
묵묵히 천기를 살펴보니	窅然觀天機
도심이 발전함을 알겠네	頗覺道心進
아이 불러 새 시 쓰게 하니	呼兒寫新詩
시어가 시원하여 칼날처럼 날카롭네	語快如利刃

이(異)는 감(減)으로도 쓴다.

14일 밤에 달빛이 조금 맑고 고왔다

十四夜 月色稍晴佳

당시 사담(沙潭)[260]에 가려고 했다.

꽃 피고 달도 차니	花開又値月輪盈
하늘이 내가 가는 길 빛내는 줄 알겠네	始覺天公侈我行
항아[261]가 약속을 잘 지켜	爲向恒娥勤約束
청휘정[262] 위에 더욱 밝구나	淸暉亭上更分明

260 사담(沙潭) : 현재의 충청북도 괴산군 청천면 사담리 일대를 가리키는 것으로 보인다. 272쪽 각주48 참조.

261 항아(恒娥) : 중국 고대 전설에 등장하는 여신으로, 달을 상징한다. 371쪽 각주173 참조.

262 청휘정(淸暉亭) : 충청북도 괴산군 청천면 낙영산(落影山)에 있었던 정자이다. 《頭陀草 冊16 淸暉亭記》

율치의 민가에서

栗峙人家

굽은 시냇물이 절벽 따라 돌고	回溪隨崖轉
절벽마다 꽃이 거꾸로 늘어졌네	崖崖花倒垂
동암은 흰 구름 속에 있고	東埯白雲裏
닭과 개는 초가집에서 조용하네	鷄犬靜茅茨
뭉게뭉게 연기가 집에서 피어오르고	曖曖烟出屋
푸릇푸릇 보리가 언덕에 가득하다	青青麥滿陂
나그네는 그저 멍하니 바라보며	遊子但悵望
말 세우고 새 시 읊노라	駐馬吟新詩

산을 나오고 나서 추후에 읊다[263] 절구 10수

出山後追詠 十絶句

닷새 동안 사담[264]에서 한 수도 시 짓지 않았으니 五日沙潭無一詩
산의 꽃들이 나를 늙었다 비웃으리 山花應復笑吾衰
이제 꽃 지고 봄도 저무니 如今花盡春隨盡
사담의 아름다운 풍경 놓친 것을 후회하네 悔負沙潭一段奇

2

다벽동 앞에 꽃이 눈처럼 피고 多碧洞前花似雪
청휘정[265] 아래 냇물이 쪽빛처럼 푸르네 淸暉亭下水如藍
누대에 앉아 동쪽 봉우리 바라보니 樓頭坐看東峰色
반은 봄 불인 듯 반은 아지랑이인 듯 半是春燒半是嵐

263 산을……읊다 : 저본(底本)에는 이 작품 아래에 여섯 수가 실려 있고, 다시 그 아래에 동일한 제목을 표기한 다음 네 수가 실려 있다. 이 제목의 아래에 열 수의 절구〔十絶句〕라고 하였으므로, 여기서는 두 번째 소제목을 삭제하고 이 제목 아래에 10수의 시가 연이어 오도록 수정하였다.

264 사담(沙潭) : 현재의 충청북도 괴산군 청천면 사담리 일대를 가리키는 것으로 보인다. 272쪽 각주48 참조.

265 청휘정(淸暉亭) : 충청북도 괴산군 청천면 낙영산(落影山)에 있었던 정자이다. 《頭陀草 冊16 淸暉亭記》

3

가사 입은 승려 죽장 짚고 와서 雪衲山僧紫竹杖
말없이 폭포 가운데 함께 앉았다가 忘言同坐瀑泉中
구름 헤치고 오솔길로 깊숙이 들어가니 穿雲一逕深深去
수많은 꽃들 피어 물에 붉게 비치네 無數花開映水紅

4

재징은 오늘 초행길이라 載澄今日是初行
낯선 풍경 자세히 품평하더니 生眼偏能仔細評
송영담 앞에서 발길 돌리지 못하고 松影潭前留不去
더없이 맑은 연못물 사랑스레 바라보네 愛看潭水十分淸

5

종일 꽃 그림자 속을 한가로이 가는데 盡日閑行花影中
동쪽 절벽으로 난 길에서 솔바람 불어오네 東崖一路只松風
고개 돌려 아창[266]에게 묻노니 回頭試向阿昌問
가을 숲 울긋불긋함과 견주어 어떠한가 何似寒林淺深紅

6

어둠 내리고 구름 숲 평평한데 暝色初沈雲木平
저 멀리 동암[267]에서 소쩍새 소리 들리네 東菴深隔子規聲

266 아창(阿昌) : 이하곤의 막내아우 이명곤(李明坤)의 자가 재창(載昌)이므로, 그를 가리키는 것으로 보인다.

청휘정[268] 위에 단란히 앉아	淸暉亭上團圓坐
난간에 기대 달 나오기 기다리네	倚着闌干候月生

7

동쪽 산에서 나오는 달빛 기다리니	漸看東峰吐月光
솔 그늘과 못 그림자 아득하다가	松陰潭影尙蒼茫
숲에서 수정 같은 빛 나오니	林間射出晶熒色
너른 바위가 온통 서리 앉은 듯하네	盤石翻爲一道霜

8

매번 소금산[269] 바라보며 돌아가지 못하니	每見金山自不還
아침마다 소금산만 마주하네	朝朝相對只金山
둘도 없이 아름다운 줄 알지만	卽知秀色元無匹
다른 산들이 다 못난 것도 아니라네	未必他峰盡是頑

267 동암(東菴) : 이하곤의 《두타초(頭陀草)》 책1 〈동암과우장로(東菴過雨長老)〉라는 작품의 아래에 "암자는 천후산에 있다.〔菴在天吼山〕"라는 원주(原註)가 있다.

268 청휘정(淸暉亭) : 충청북도 괴산군 청천면 낙영산(落影山)에 있었던 정자이다. 《頭陀草 冊16 淸暉亭記》

269 소금산(小金山) : 금산(金山)은 소금산을 가리키는 것으로 보인다. 《두타초(頭陀草)》 책1 〈홍군여관……(洪君汝寬……)〉에 "사담의 눈 속 봉우리 떠오른다.〔遙憶沙潭雪裡峯〕"라고 하였는데, 그 아래에 "사담은 소금산 아래에 있다. 이곳에 우리의 별업이 있다.〔沙潭在小金山下, 是吾家別業.〕"라는 소주(小註)가 있다.

9

풍겨 오는 꽃향기 속에 절로 잠들고　薰人花氣自成眠
그윽한 새 소리 속에 해도 길구나　幽鳥聲中日抵年
속세의 시끄러운 소리 들리지 않으니　已覺俗喧無到耳
머리 빠진 늙은이 냇물 베고 누우리라[270]　猶將禿鬢枕流泉

10

미륵암 앞 새로 지은 초가집　彌勒巖前艸屋新
승려 두세 명 산다 하네　居僧聞有兩三人
넌출과 노목 우거진 남쪽 시냇가 길　幽藤老木南溪路
몇 그루의 산꽃이 눈 속의 봄이로구나　幾樹山花雪裏春

270 머리……누우리라 : 만년(晩年)을 산림에서 은거하겠다는 말이다. 진(晉)나라 손초(孫楚)가 숨어 살려고 하면서 "돌을 베고 물에 양치질하련다.〔枕石漱流〕"라고 말해야 할 것을 "물을 베고 돌로 양치질하련다.〔枕流漱石〕"라고 잘못 말했다. 왕제(王濟)가 그 말을 듣고 잘못을 지적하자, 손초가 "물을 베는 것은 속세에 찌든 귀를 씻어 내기 위함이요, 돌로 양치질하는 것은 연화(煙火)에 물든 치아의 때를 갈아서 없애려 함이다."라고 대답했던 고사가 전한다. 《世說新語 排調》

초여름에 즉흥적으로 짓다

早夏卽事

사립문 안에 편안히 누워	高臥柴荊內
봄 내내 시 짓지 않았네	無詩過一春
늦은 꽃은 다 떨어지지 않았고	晩花飛不盡
그윽한 새는 여기저기서 지저귀네	幽鳥語多新
물 마시며 세상 잊고	飮水堪忘世
구름 보며 사람들 얕보노라	看雲自傲人
정원에 물 주고 약초도 옮겨 심으니	灌園兼蒔藥
이따금 천진함에 가까워지네	種種近天眞

사복[271]이 시 한 수를 부쳐 왔기에 차운하여 답하다
士復寄示一詩 次韻答之

뜻밖에 새 시를 푸른 산에 보내 주니	不意新詩問碧岑
그립던 차에 또 해 넘긴 소식이네	相思又是隔年音
근래 강호에서 전원으로 돌아온 즐거움 누리고	邇來江海歸田樂
늙어 문장에 깊이 힘쓴다지	老去文章用力深
청은당[272] 안에 홀로 누울 텐데	淸隱堂中應獨臥
고란사[273] 아래에서 몇 번이나 길게 읊조렸나	皐蘭寺下幾長吟
병든 나는 위어회가 먹고 싶은데	病夫饞想葦魚膾
어찌하면 술 마시며 속마음 이야기할까	尊酒何緣一話心

271 사복(士復) : 이희지(李喜之, 1681～1722)로, 본관은 전주(全州), 자는 사복, 호는 응재(凝齋)이다. 이하곤의 이종사촌이다. 저서에 《응재집(凝齋集)》이 있다.

272 청은당(淸隱堂) : 이희지의 증조부인 이경여(李敬輿)의 집으로, 충청남도 부여군(扶餘郡) 백마강(白馬江) 가에 있었다. 《踈齋集 卷10 淸隱堂重建記》

273 고란사(皐蘭寺) : 충청남도 부여군 부여읍 쌍북리 부소산에 있는 절이다.

초여름에 한가로이 지내며

早夏閑居

산들바람에 두건 젖혀 쓰고 냇가 누각 앉으니	微風岸幘坐溪樓
땅에 가득 솔 그림자 그윽하다	滿地松陰也覺幽
봄 지났어도 숲 꽃은 오히려 피었고	春去林花猶自發
날 길어 우는 새들 쉬지 않는구나	日長啼鳥不知休
세상에 반가운 사람[274] 만나기 어려워	已難處世逢青眼
산 바라보며 늙음을 기뻐하노라	只喜看山到白頭
한가한 집에서 글 지음도 맛이 있으니	閑戶著書差有味
남은 인생 다시 무엇을 바라랴	殘生此外復何求

274 반가운 사람 : 청안(青眼)은 반가워하는 눈빛을 의미한다. 진(晉)나라 죽림칠현(竹林七賢)의 한 사람인 완적(阮籍)이 예교에 얽매인 속된 선비가 찾아오면 흰 눈〔白眼〕을 뜨고, 고결한 선비가 찾아오면 청안을 뜨고 대했다는 고사가 전한다.《晉書 卷49 阮籍列傳》

시냇가 집에서 비 내리는 밤에 감회가 있어서

溪齋雨夜有感

내일은 자유(子有)[275]가 죽은 날이다.

시냇가에 가랑비 내려	溪上微雨來
어둑어둑 안개 낀 저녁	昏昏煙水夕
시원한 바람이 방안으로 들어오고	涼氣入戶牖
빈 정원에 둥구나무 많구나	庭空多喬木
푸른 등불만 베 이불 비추는데	青燈照布衾
외로운 집에서 홀로 자다가	孤齋獨自宿
평생의 친분 떠올라	感念平生親
한밤중에 앉아 탄식하네	中宵坐歎息

275 자유(子有) : 이희함(李喜涵, 1673~1717)으로, 본관은 덕수(德水), 자는 자유이다. 《頭陀草 冊14 李子有哀辭》

석류꽃이 활짝 핀 것을 보고 감회가 있어서

見榴花開盡有感

한가로이 짝하는 건 오피궤 뿐	閑來相伴只烏皮
긴 날 숲 정자에서 늦게야 일어났네	永日林亭睡起遲
해마다 시흥이 줄어듦 느끼니	自覺年年詩興減
석류꽃 활짝 피었어도 시 읊지 않았네	榴花開盡不吟詩

밤에 앉아 있다가

夜坐

해 지고 더위 가셔	日入炎氛歇
머리 풀고 숲 정자에 앉았노라니	散髮坐林亭
풀숲에 반딧불 날고	艸際度流螢
소나무 사이로 성긴 별 보이네	松間見疎星
밤공기 맑고 깨끗하며	夜氣穆淸澄
시냇물 소리 청량하네	澗水自泠泠
이런 구경하며 잠들지 못하니	卽此不能寢
기쁘다 내 성정에 맞는구나	怡悅適性靈

유월 그믐날

六月晦日

외진 사립문에 콩 꽃 무성한데	柴門晝僻荳花深
안석에 기대 솔숲에서 홀로 읊조리네	隱几松間只獨吟
외로운 마음 조수와 어울리려는 것 아니라	不是孤情群鳥獸
애오라지 꼿꼿한 몸을 산림에 의지했네	聊將傲骨寄山林
매미소리는 어느덧 가을 느낌 일으키고	蟬聲已作秋風意
대나무는 낮에도 그림자 짙게 드리웠네	竹色偏令晝景陰
안인처럼 한가한 흥취 노래하려 했는데	欲擬安仁賦閑興
요즈음 시 지을 마음도 잊었네[276]	邇來文字亦忘心

276 안인(安仁)처럼……잊었네 : 한가로운 생활을 시로 읊조리지 못했다는 말이다. 안인은 진(晉)나라 사람 반악(潘嶽, 247~300)의 자인데, 일찍이 〈한거부(閑居賦)〉를 지은 바 있다.

김창언 군이 귀암초당에 대한 시를 여러 번 요구하기에 원운에 화운하여 주다[277]

金君昌彦累索歸巖艸堂詩 和原韻贈之

명리의 길목에서 일찍 몸을 깨끗이 하여	名利關頭早潔身
임천에 돌아와 누우니 고고한 사람이네	林泉歸臥是高人
이미 꽃과 대나무 기르는 데에 뜻을 두었고	已將花竹存經濟
절로 새와 물고기 있어 본성을 즐기네	自有禽魚樂性眞
잠자리에서 서씨의 나라 노닐 텐데[278]	夜枕應遊胥氏國
풍창에서 어찌 갈천의 백성 부러워하랴[279]	風窓何羨葛天民

277 김창언(金昌彦)……주다 : 김창언(1676~1722)의 본관은 안동(安東), 자는 자미(子美)이다. 참고로 이하곤의 장인인 송상기(宋相琦)도 김창언에게 같은 운으로 지어 준 시가 있다. 《玉吾齋集 卷4 次金弟歸巖隱居詩韻》

278 잠자리에서……텐데 : 물욕(物欲)에 빠지거나 부귀(富貴)를 탐하는 마음도 없이 천연스러운 삶을 살고 있을 것이라는 말이다. 서지국(胥氏國)은 중국 고대의 황제(黃帝)가 낮잠을 자면서 꿈에서 여행한 화서지국(華胥氏國)을 가리킨다. 이 나라는 임금도 없고 백성들도 욕망이 없어 자연히 나서 자연히 살다가 죽을 뿐이며, 산다는 것을 좋아할 줄도 모르고 죽는다는 것을 싫어할 줄도 모르며, 비명에 죽는 일도 없고 어려서 죽는 일도 없었다고 한다. 《列子 黃帝》

279 풍창(風窓)에서……부러워하랴 : 이미 상고 시대의 백성처럼 자족(自足)하는 삶을 살고 있다는 말이다. 갈천(葛天)은 전설에 나오는 상고 시대의 제왕으로, 나라를 다스릴 때에 말하지 않아도 믿고 가르치지 않아도 교화가 이루어졌다고 한다. 도잠(陶潛)의 〈오류선생전(五柳先生傳)〉에 "술에 흠뻑 취하여 시를 읊으면서 자신의 뜻을 즐겼으니 무회씨의 백성인가, 갈천씨의 백성인가.〔酣觴賦詩, 以樂其志, 無懷氏之民歟 葛天氏之民歟.〕"라고 하였다. 《陶淵明集 卷6》

가슴 속에 평소 천 권의 책 담았으니	胸中素蓄書千卷
그대가 평생 가난 싫어하지 않을 줄을 알겠네	知爾平生不厭貧

7월 1일
七月一日

한가로이 지내며 가을 그리워	閑居愛秋至
항상 벗을 기다리는 듯이 했는데	常若候故人
문득 여름이 지나	夏行忽告盡
이미 천기 새로워졌네	已覺天氣新
풀벌레가 무엇을 알랴마는	艸蟲復何知
찌륵찌륵 구슬피 울어대네	喞喞語悲辛
별빛이 창으로 들어오니	星斗入我牖
고개 들어 맑은 하늘 바라보네	仰頭視淸旻
늦더위 괴롭기야 하지만	老炎雖云苦
며칠이나 기승부리겠는가	用事能幾旬
평생 폐가 좋지 않아	平生苦肺氣
무더위에 자주 신음했는데	畏暑輒頻呻
한번 시원한 바람 불어오니	一遇涼飆起
진귀한 선약을 얻은 것 같네	如獲大藥珍
새로운 매미 소리 문득 들려와	新蟬忽到耳
내 마음 맑게 하고	令我淸心神
서늘한 바람이 휘장 안으로 들어오니	微涼漸入帷
다시 등불과 친해지네	更與燈火親

저녁에 솔숲을 거닐며

晩步松間

사립문에서 손님 보낸 뒤 돌아서지 못한 채	柴門送客自忘還
멀리 산에서 피어나는 흰 구름 사랑스레 보노라	愛看白雲遙出山
마을은 저녁연기 너머로 희미하고	村落依微晩烟外
냇물은 노송 사이로 구불구불 흐르네	溪流曲折古松間
너른 백사장에 백로는 외로이 멀리 날고	平沙鷺影孤飛遠
깊은 숲에 매미 소리 한껏 한가롭다	深樹蟬聲盡意閑
서풍이 짧은 머리에 불어와 매우 기쁜데	剩喜西風吹短鬢
다시 가을 물가에서 늙은 얼굴 비추네	更臨秋水照衰顔

두타초

제8책

詩시

7월 4일 무더위 무술년(1718, 숙종44)

七月四日苦熱 戊戌

찌는 듯한 더위에 종일 정신 혼미하니	終日昏昏暑氣蒸
늘그막에 병든 몸 괴롭기 짝이 없네	衰年病骨困侵凌
다만 대지가 불구덩이 될까 근심하며	只愁大地都成火
문득 추운 겨울 얼음 밟았던 일 떠올리네	却憶寒天好踏氷
폭염에 말 타고 가는 나그네 괴이한데	怪客觸炎能跨馬
조느라 파리 쫓지 않는 아이 꾸짖노라	嗔僮耽睡懶驅蠅
이러한 때 수월루[1]에서 지내기 좋을 텐데	此時水月樓居好
동쪽 바라보지만 무슨 수로 오를 수 있으랴	東望何由可一登

1 수월루(水月樓) : 이하곤 집안의 별업이 있는 낙영산(落影山)에 지은 정자이다. 《頭陀草 冊16 息影亭記》

가을밤에 회포를 쓰다
秋夜書懷

빈 뜰에 노목이 사립문 가리고	空庭老木掩荊扉
비 온 뒤 서늘한 바람이 갈옷에 스미네	雨後微涼入葛衣
달 뜨자 풀벌레 소리만 더욱 급할 뿐	月出艸蟲啼更急
밤 깊어도 이웃집 개 짖지 않는구나	夜深隣犬吠初稀
부귀에는 위기가 있음을 아노니	卽知富貴危機在
산림에서 살겠다던 옛 계획 저버리지 않으리	且莫山林宿計違
자식들 혼인을 다 시킨 뒤에[2]	稍待尙平婚嫁畢
남은 삶 그저 청휘정[3]에서 누워 지내리라	殘年聊欲臥淸暉

욕(欲)은 부(復)로도 쓴다.

근래 아이의 혼사 때문에 북쪽 서울로 돌아가려 하였기에 결어(結語)에서 언급하였다.

2 자식들……뒤에 : 상평(尙平)은 후한(後漢)의 은사(隱士)로 자가 자평(子平)인 상장(向長)을 가리킨다. 그는 일찍이 《노자(老子)》와 《주역》에 모두 정통했는데, 젊어서부터 벼슬하지 않고 은거하면서 일찍이 말하기를 "아들과 딸의 혼사를 마치고 나면, 집안일은 끊어버리고 다시 상관하지 않겠다.〔男女嫁娶旣畢, 敕斷家事勿相關.〕"라고 했다. 뒤에 광무제(光武帝) 연간에 아들과 딸의 혼사를 다 마치자, 정말로 친구들과 함께 오악(五嶽) 등의 명산을 두루 유람하고 끝내 신선이 되러 갔다고 한다. 《後漢書 卷83 逸民列傳 向長》

3 청휘정(淸暉亭) : 식영정(息影亭) 남쪽 근처에 있는 정자이다. 이하곤이 "산수에는 청휘함이 있도다.〔山水有淸暉〕"라고 한 사영운(謝靈運)의 시구를 좋아하였으므로, 정자의 이름을 이렇게 지었다. 《頭陀草 冊16 淸暉亭記》

6일에 비가 조금 내렸는데 더위는 더 심해졌다

六日小雨 熱又劇

가랑비가 부슬부슬 내렸지만	小雨雖霂霡
불볕더위를 몰아내지 못하네	未能驅炎暑
백 척이나 높은 나의 누대	我樓自百尺
소나무 숲 속에 숨어 있는데	隱在萬松處
산발하고 종일 누웠어도	散髮臥終日
이처럼 후덥지근하네	煩歊乃如許
가을 더위가 여름보다 심하다	秋暑劇於夏
예부터 이런 말 있었지	自古有斯語
매미 소리가 높은 나무에 가득하니	蟬聲滿高樹
미물도 계절을 아는구나	微物感節序
선선한 바람은 언제나 불어올까	新涼幾時動
내일 아침 견우직녀 만나는데[4]	明朝會牛女

4 내일……만나는데 : 이 시를 짓고 있는 날이 7월 6일이므로, 내일이면 견우와 직녀가 만나는 칠월 칠석이 된다는 말이다.

칠석에 감회가 있어
七夕有感

하늘에 무엇이 있는가	天上何所有
별들이 빽빽이 줄지어 있도다	星辰森成行
아득히 쌓인 기운 가운데	蒼蒼積氣中
수많은 정기가 반짝반짝 빛나네	群精耀光芒
옛사람이 억지로 이름 붙였지만	古人强立名
그 뜻을 누가 알랴	厥義誰能詳
견우와 직녀도 우연히	牛女亦偶爾
별자리가 서로 마주하고 있을 뿐인데	位著正相望
사람들이 제멋대로 끌어대서	世俗妄傅會
황당한 말을 가지가지 만들었네	醜誣固萬方
칠월 칠석에	七月七日夕
까마귀와 까치가 은하수를 가득 메우니	烏鵲塡天潢
기쁜 나머지 베 짜기 멈추고	歡娛輟鳴梭
만나려고 곱게 단장하며	會合儼明粧
수레를 씻어 비가 내리고[5]	洗車霈雨澤
솜씨 비느라 술을 바친다고 하네[6]	乞巧薦酒漿

5 수레를……내리고 : 견우(牽牛)가 직녀(織女)를 만나러 가기 위해 수레를 씻는데, 이로 인해 비가 내린다는 전설이 있기에 한 말이다. 7월 6일에 내리는 비를 세거우(洗車雨)라고도 한다.

이 일은 참으로 허황한데	此事誠荒誕
그 전설 몇천 년이나 전해지며	傳說幾千霜
어리석은 자들은 믿어 의심하지 않고	愚者信不疑
어진 이들은 글로 지었네	賢者騁詞章
사람이 혈기를 받고 태어나니	人生稟血氣
암수는 하늘이 정한 것이지	牝牡自天常
신령한 별은 본디 사람 아닌데	靈星本非人
어찌 다시 음양을 알랴	寧復感陰陽
이 이치 매우 분명한데	此理甚昭著
누가 하늘을 모욕하는가	孰爲侮上蒼
하늘과 사람이 감응할 때에	天人感應際
다만 재앙과 복을 알 수 있을 뿐이네	但可占災祥
내가 지금 이 시를 지어	我今作此詩
애오라지 황당한 말을 타파하노라	聊以破荒唐

6 솜씨……하네 : 칠월 칠석에 부녀자들이 과일과 떡을 차려 놓고 직녀와 견우에게 길쌈과 바느질 솜씨가 좋아지게 해 달라고 빌던 풍속이 있었는데, 이를 걸교(乞巧)라고 한다.

달밤의 감회

月夜感懷

하늘에 북두성 뜨고 비가 막 개었는데	中天星斗雨初開
다시 서풍이 만 리에서 불어오네	更有西風萬里來
잠깐 서서 넘실대는 호수 바라보고	小立爲看湖瀲灩
천천히 걸으며 달과 함께 배회하네	徐行聊與月徘徊
지금 조정에서는 당쟁만 일삼고 있으니	卽今廊廟尋戈戟
예부터 영웅은 초야에서 곤궁하였지	自古英雄困草萊
미물은 원래 불평하는 일 없는데	微物元無不平事
어찌하여 벌레 소리 가을에 구슬픈가	如何蟲語入秋哀

달이 나온 뒤 매미 소리를 들으며

月出聞蟬

매미 소리 그치지 않았는데	蟬鳴猶未歇
산 위의 달은 이미 숲을 비추네	山月已照林
동암[7]은 어디쯤 있는가	東菴在何許
아득히 풍경 소리 들린다	遙遙鍾磬音

7 동암(東菴) : 《두타초(頭陀草)》 책1 〈동암과우장로(東菴過雨長老)〉라는 작품의 아래에 "암자는 천후산에 있다.〔菴在天吼山〕"라는 원주(原註)가 있다.

비가 내리는 가운데 시냇가 누각에 홀로 앉아서

雨中溪閣獨坐

깊은 소나무 숲 초가 누각에서	深松一草閣
온종일 냇물 소리 듣노라	終日聽溪流
콩잎 우거진 외로운 마을에 비 내리고	豆葉孤村雨
매미 우는 노목에 가을 되었구나	蟬聲老木秋
소식은 강한에서 아득하기만 한데	音書江漢遠
늙고 병든 몸으로 시절을 근심하네	衰病歲時憂
아이들과 헤어진 지 오래라	兒女離違久
그리움에 머리 세려 하네	相思欲白頭

밤에 앉아 책을 읽다. 방옹의 시[8]를 차운하다
夜坐讀書 次放翁韻

늦더위가 아직도 기승부려	老火尙用事
밤에도 가시지 않는데	入夜殊未已
조각달이 서창을 비추고	微月照書牕
풀숲에서 벌레 소리 일어나네	草間蟲語起
늙은이는 감회 많으니	老夫感懷多
흐르는 세월 이렇게 가는구나	流年徂如此
시골 노인은 곤히 잠들어	村翁睡眠酣
이웃에 사람 소리 고요한데	人聲靜隣里
깊은 밤 짧은 등불 아래에서	夜深一短檠
꼿꼿이 앉아 《당사》 읽노라니	兀坐讀唐史
치란이 서로 반복되고	治亂互乘除
화복이 서로 이어지네	禍福相因倚
평생 책에 빠져	平生有書癖
맛난 고기보다 더 좋아하지[9]	嗜逾芻豢美

8 방옹(放翁)의 시 : 방옹은 송(宋)나라 시인 육유(陸游, 1125~1209)의 호이다. 이하곤이 차운한 시는 《검남시고(劍南詩藁)》 권19의 〈동야독서(冬夜讀書)〉이다.

9 맛난……좋아하지 : 맛있는 음식을 먹는 것보다 책을 더 좋아한다는 말이다. 추환(芻豢)은 초식(草食) 가축과 잡식(雜食) 가축으로, 맛있는 고기 음식을 뜻한다. 《맹자》 〈고자 상(告子上)〉에 "마음에 똑같이 옳게 여긴다는 것은 어떤 것인가. 이와 의를 이른다. 성인은 우리 마음에 똑같이 옳게 여기는 바를 먼저 아셨다. 그러므로 이와 의가

전생에 좀벌레였나보다	前身是蠹魚
이를 끌어안고 살만 하구나	抱此堪生死
다행히 상자에는	幸無滿籯金
자손에게 남겨 줄 황금 없네	可以遺孫子
아이들아 시간을 낭비하지 말아라	兒曹勿浪擲
세월은 물처럼 빠르단다	歲月如水駛

우리 마음에 기쁨은 마치 고기가 우리 입에 좋음과 같은 것이다.〔心之所同然者, 何也. 謂理也義也, 聖人先得我心之所同然耳. 故理義之悅我心, 猶芻豢之悅我口.〕"라고 하였다.

밤에 쓸쓸한 빗소리를 들었다. 양 자를 얻었다

夜聞雨聲凄然 得涼字

이날 바람이 매우 모질었다.

밤에 남풍이 갈수록 거세지더니	入夜南風勢轉狂
외로운 마을에 비 내려 서늘한 바람 보내오네	孤村雨色送新涼
좀 먹은 책을 이미 푸른 등불에서 가까이하는데	蠹書已向靑燈近
벌레 소리가 흰머리를 재촉하는구나	蟲語偏催白髮長
천하에 본래 뜻대로 되는 일 없으니	天下元無如意事
세상에 어찌 시름 없앨 방법 있으랴	人間寧有却愁方
산림에서도 편안히 누워 있지 못하니	山林亦未容高臥
우습다 덧없는 인생 절로 바쁘구나	可笑浮生本自忙

다시 앞의 운을 사용하다

復用前韻

차운한 것은 아니다.

높이 솟은 둥구나무에서 서늘한 밤바람 부는데	喬木空參動夜涼
등 앞에 홀로 앉았노라니 빗소리 거세네	燈前獨坐雨聲長
누가 귀뚜라미 재촉해 슬피 울게 하는가	誰催蟋蟀作悲語
달과 별을 씻으려 해도 다른 방법 없구나	欲洗月星無異方
백발에도 기개를 더할 수 있으니	白首猶能增氣概
청산은 끝내 미친 사람 싫어하지 않네	青山終不厭顚狂
구름 보고 샘물 마시는 것이 나의 분수이니	看雲飮水元吾分
풍진세상에서 다시 바쁘게 살지 않으리라	莫向風塵更着忙

또 앞 시의 결구 의미를 뒤집어서 어울리게 하였다.

비 오는 밤에 달빛이 조금 아름다웠다. 기쁜 마음에 시를 짓다

雨夜月色稍佳 喜而有賦

밝은 가을 달 좋은 것이 아니라	不愛秋月明
이처럼 맑은 가을밤 좋아하노라	愛此秋夜淸
더운 열기 모두 쓸어버리고	炎歊盡掃除
둥구나무에 서늘한 바람 일어나네	喬木微涼生
맑은 이슬이 풀뿌리에 맺히고	淸露在草根
온갖 벌레들 구슬프게 우누나	百蟲自悲鳴
여러 날 밤 먹구름 짙게 끼어	連夜醲雲黑
잠자리에서 빗소리 근심했는데	伏枕愁雨聲
날 개어 아름다움 넉넉하니	新霽佳有餘
하늘의 마음에 감사하노라	爲謝天公情
흐르는 세월은 부질없이 지나가니	流年忽苒苒
장한 마음 참으로 깜짝 놀라네	壯心固多驚
애타는 마음으로 잠자리에 들지 못하고	耿耿未就寢
깊은 밤에 짧은 등잔대 마주하고 있노라	深夜對短檠

중화[10]가 편지로 안부를 묻기에 장률을 부쳐 주다

仲和有書相問 以長律寄示

누가 병든 이의 안부 물으랴 　豈有人來問病夫
깊은 솔숲에서 종일 취해 노래[11]할 뿐인데 　深松終日醉烏烏
편지가 문득 갈바람과 함께 도착하니 　尺書忽與秋風到
천 리 밖 그리는 마음에 밤 달도 외롭구나 　千里相思夜月孤
지난 자취는 문득 세월 지나 서글프고 　往迹翻悲換桑海
초심은 관직에 나갔던 일 후회하네 　初心應悔佩銅符
알겠다 첨학정에서의 꿈 　遙知添鶴亭中夢
사담에 있지 않고 유호에 있구나[12] 　不在沙潭卽柳湖

첨학(添鶴)은 강서(江西)의 연못에 있는 정자 이름이다.

10 중화(仲和) : 윤순(尹淳, 1680~1741)으로, 본관은 해평(海平), 자는 중화, 호는 백하(白下)·학음(鶴陰)이다. 《白下集 附錄 行狀》

11 노래 : 오오(烏烏)는 노래하는 소리이다. 《한서(漢書)》 권66 〈양운전(楊惲傳)〉에 "술을 마시고 귀가 빨갛게 뜨거워지면, 하늘을 우러러 장군을 두드리며 오오하고 노래를 불렀다.〔酒後耳熱, 仰天拊缶, 而呼烏烏.〕"라고 하였다.

12 첨학정(添鶴亭)에서의……있구나 : 윤순이 이하곤이 사는 곳을 방문하려는 뜻을 전해 왔기에 한 말이다. 윤순은 1717년(숙종43)에 강서 현령(江西縣令)으로 부임하였는데, 첨학정은 그곳의 연못에 있던 정자이다. 《白下集 卷1 添鶴亭夜懷》 사담(沙潭)은 현재의 충청북도 괴산군 청천면 사담리 일대를 가리키는 것으로 보인다. 유호(柳湖)는 《두타초》 책4 〈초평이십오영(草坪二十五詠)〉에 보이므로, 현재의 충청북도 진천군 초평면 용정리에 있는 것으로 보인다.

달빛이 매우 아름다워 깊은 밤까지 잠들지 못하다
月色佳甚 至深夜不寐

하얀 이슬 내린 삼경의 밤	白露三更夜
서늘한 바람 부는 칠월	微涼七月天
책을 탐독해도 힘들지 않고	耽書自忘倦
달 사랑스러워 잠들지 못하네	愛月不知眠
늙어서 양쪽 귀밑머리 세었고	垂老雙蓬鬢
평생 낚싯배 하나 남았어라	平生一釣船
장한 마음 쓸쓸해져 가련한데	壯心憐寂寞
벌레 소리만 더욱 처량하네	蟲語更悽然

책을 읽고 감회가 있어서 3수

讀書有感 三首

내 집에 무엇이 있는가	吾廬何所有
서가에 만 권의 책 뿐	揷架萬卷書
샘물 마시며 육경 외우니	飮水諷六經
이 맛 과연 어떠한가	此味果何如
좋은 구절 가려내고 찌꺼기 버리니	掇英遺糟粕
책 덮고서 마음이 넉넉하네	掩卷意有餘
때때로 외로운 바위에 앉아	時來坐孤石
헤엄치는 물고기 구경하네	因之玩游魚

2

공맹께서 돌아가신 지 이미 오래라	孔孟沒已久
은미한 말만 남았는데	但有微言在
옷깃 여미고 책 펼치니	斂衽展黃卷
성현을 마주한 듯하네	儼與聖賢對
밝은 가르침이 마치 해와 달 같아	明訓如日月
그 빛이 천 년을 비추네	光華照千載
가슴에 새기고 잊지 말았어야 하는데	佩服愼勿忘
인생살이 후회가 많구나	人生多所悔

3

옛사람은 즐겁게 놀기를 좋아하여	古人惜歡遊
술 마시며 촛불 잡는 것을 권했지만[13]	飮酒勸秉燭
내 생각은 이와 다르니	吾意異於斯
촛불 잡고 책 읽어야 하네	秉燭書可讀
《시경》과 《예기》를 두루 보지 못했는데	詩禮窺未遍
어느덧 머리가 세었구나	荏苒頭已白
초라한 집에 홀로 앉아	獨坐窮廬下
쯧쯧 혀를 찬들 무슨 소용이랴	咄咄更何益

13 옛사람은……권했지만 : 옛사람들이 촛불을 밝히고 밤까지 놀기를 좋아했다는 말이다. 참고로 〈고시(古詩)〉에 "낮은 짧고 괴롭게도 밤은 기니, 어찌 촛불 잡고서 놀지 않을까.〔晝短苦夜長, 何不秉燭游.〕"라고 하였다. 《古文眞寶 前集 卷2》

한가로이 지내며 회포를 쓰다

閑居述懷

"산의 달은 새벽에도 남아 있고, 숲의 바람은 서늘하게 계속 불어오네.〔山月曉仍在, 林風涼不絶.〕"[14]를 운으로 삼았다.

평생 조용한 삶 좋아하여	平生愛端居
십 년 동안 외진 산에 누웠노라	十載臥窮山
흐르는 물에 절로 배고픔 잊고	流水自忘飢
흰 구름과 함께 한가롭네	白雲相與閑
물고기와 새들은 시기하지 않아	魚鳥不嫌猜
서로 만나면 반가운 기색이네	相見亦怡顔
소박한 즐거움 참으로 이와 같으니	微尙固如此
길이 이 속에서 늙으리라	永擬老此間

이(怡)는 해(解)로도 쓴다.

아득한 시냇가의 누대	縹緲溪上樓
옷깃 헤치고 솔숲 달 아래 누웠노라니	披襟臥松月
서풍이 만 리에서 와서	西風萬里來

14 산의……불어오네 : 이 시구는 《만수당인절구(萬首唐人絶句)》 권15에 실린 왕진(王縉)의 〈별망천(別輞川)〉 가운데 일부이다. 이하곤은 이 시구에 사용된 글자를 운자로 삼아 10수를 지었는데, 저본(底本)에는 아홉 번째 수가 작은 글씨로 수록되었으므로, 이를 바로잡아 번역하였다.

쓸쓸히 짧은 머리에 부는구나	蕭蕭吹短髮
가을벌레는 또 어찌 알았는지	寒蛩復何知
밤새도록 울음 그치지 않네	竟夜啼未歇
오십 되도록 홀로 이룬 것 없어	五十獨無成
새벽까지 탄식하노라	感歎至明發
이처럼 맑은 달빛 사랑하여	愛此晴月色
잠자지 않고 새벽까지 앉았노라	不眠坐到曉
아스라한 수월루[15]	迢迢水月樓
동쪽 바라보니 구름 낀 산 아득하네	東望雲山杳
세상사 누에 실과 같아	世故如蠶絲
부질없는 인생 절로 얽히었구나	浮生自纏繞
평생 오악 유람을 바랐는데	平生五嶽願
자녀들 혼사 언제 끝나나[16]	婚嫁何時了
아침에 일어나 세수하고	朝起盥櫛罷
그윽한 일 매번 이어지네	幽事每相仍
샘물 길어다 새로 자란 대에 뿌리니	汲泉澆新竹
날마다 푸른 빛깔 짙어지고	日覺翠色增

15 수월루(水月樓) : 이하곤 집안의 별업이 있는 낙영산(落影山)에 지은 정자이다. 《頭陀草 冊16 息影亭記》

16 평생……끝나나 : 자녀들의 혼사(婚事)를 모두 마친 뒤에 상장(向長)처럼 산수를 유람하며 살고 싶다는 말이다. 478쪽 각주2 참조.

두건 젖혀 쓰고 소나무 아래 앉아　岸幘坐松根
한낮에 더운 열기 잊노라　亭午忘炎蒸
밤공기 서늘하여 점차 좋아지니　夜涼漸宜人
다시 독서하는 등불을 가까이 하노라　更欲親書燈

난초를 국화 동산에 심었더니　種蘭菊圃中
향기가 둘 다 빼어나네　馨香俱絶代
저 가지와 잎이 무성해지면　冀彼枝葉茂
따서 차고 다니려 했는데　採之結幽佩
쑥이 갑자기 여기저기 자라나　蕭艾忽紛盈
여러 꽃들 가렸네　衆芳空晻曖
서리 내린 후에 살펴보면　試看風霜後
과연 무엇이 푸르게 남을까　靑靑果誰在

예부터 영웅호걸은　自古英豪士
속세 피해 깊이 들어갔으니　遁世恐不深
경제의 재주가 없음이 아니라　非無經濟才
산림에 눕기를 달게 여겨서지　甘心臥山林
부귀를 뜬구름같이 여겼으니　浮雲視富貴
멀리 떠나려는 마음을 누가 잡으랴　孰能挽遐心
알아주는 이 없었다면　不有匪熊獵
태공도 위수에서 늙었으리[17]　太公老渭潯

17 알아주는……늙었으리 : 자신을 알아주는 사람이 없다면, 태공(太公)처럼 훌륭한

젊어서는 큰 뜻 있어 少小有壯志
파도 헤치며 긴 바람에 올랐지[18] 破浪乘長風
칼을 두드리며 병서를 읽어 擊劍讀孫吳
용호의 기백이 가슴에 서렸네[19] 龍虎蟠心胸
십 년 동안 운림 아래에서 지내며 十載雲林下
푸성귀 씹어도 곤궁함 싫지 않네 喫蔬不嫌窮
한밤중에 오두막에 누워 中宵臥斗屋
기운 뿜어내니 긴 무지개 되는구나[20] 吐氣成長虹

숲에 사니 모두 아름다운데 林居無不佳
무엇보다 좋은 것은 서늘한 바람이네 最佳是新涼
서풍이 살랑살랑 불어와 西風嫋嫋至

인재도 결국 초야에서 삶을 마쳤을 것이라는 말이다. 주(周)나라 문왕(文王)이 사냥하기 전에 친 점괘에 "잡을 바가 범도 아니고 웅비도 아니며, 패왕을 보좌할 인물이다.〔所獲非虎非羆, 所獲霸王之輔.〕"라고 하였다. 이에 사냥을 나갔다가 위수에서 강 태공을 만나 그를 스승으로 삼았다.《史記 卷32 齊太公世家》

18 젊어서는……올랐지 : 젊은 시절에 큰 뜻을 이루고자 노력했다는 말이다. 남조 송(南朝宋)의 종각(宗慤)이 소년 시절에 "장풍을 타고 만 리의 물결을 부수고 싶다.〔願承長風破萬里浪〕"라고 포부를 밝힌 고사가 전한다.《宋書 卷76 宗慤列傳》

19 칼을……서렸네 : 젊은 시절에 병법서를 읽고 기백을 품었다는 말이다. 손오(孫吳)는 춘추 시대 병법가(兵法家)인 제(齊)나라 손무(孫武)와 전국 시대 위(衛)나라 오기(吳起)를 말하는데, 그들이 남긴 병법은《손오병법(孫吳兵法)》에 수록되었다.

20 한밤중에……되는구나 : 산속 작은 집에 누워 시문을 짓는다는 말이다. 후한(後漢) 강엄(江淹)이 곽공(郭鞏)에게 이르기를 "그대는 침을 뱉으면 그대로 주옥(珠玉)이 되고 기운을 토하면 무지개가 되니, 녹록한 무리에 비할 바가 아니다."라고 하였다.《後漢書 卷80 文苑列傳 張壹》

매미 소리와 함께 길게 이어지네	蟬聲與之長
산발한 채 지팡이 끌고	散髮曳笻枝
천천히 숲 연못을 거니노라니	徐步繞林塘
남쪽 두둑에 농가 소리 울리고	南畝農歌聲
때때로 벼꽃 향기 보내오네	時送稻花香
나는 두타산 사랑하여	我愛頭陀山
마주하면 기쁘기 그지없네	相對輒怡悅
자나깨나 두타산과 함께하여	臥起與之俱
십 년을 하루처럼 보냈네	十年如一日
내가 지금 산신령을 사절하고	我今謝山靈
너와 잠시 이별하려는데	與汝暫相別
산신령은 웃으며 답하기를	山靈笑以答
그대의 마음먹기에 달렸다 하네	在君肯與不
내 집이 과연 무엇이 좋은가	吾廬果何好
시내와 산이 가장 빼어나다네	溪山最奇絶
마음대로 꽃과 대나무 심어	隨意蒔花竹
여기저기에 줄지어 자랐네	左右紛成列
이웃들과 다정하게 지내고	隣閭相款曲
친척들과 한가롭게 사노라	親戚共幽逸
가려다가 다시 머뭇거리며	欲去更遲回
차마 결단하지 못하겠네	意有不忍決

비 내리는 밤에 홀로 앉아 감회가 있어
雨夜獨坐有感

가을비 부슬부슬 내리고 갈바람 서늘할 제	秋雨蕭蕭秋風涼
풀숲에 찌륵찌륵 쓰르라미 우는구나	艸間喞喞啼寒螿
깊은 밤 등불이 초가집에 빛나는데	夜深燈火耿茅屋
늙은이는 자리에 누워 시름 많구나	老夫伏枕愁思長
십 년 동안 숲에서 게으름 기르며	十載林下養疏懶
영예와 부귀도 잊었노라	榮名富貴亦相忘
인생살이 괴롭게도 세상일에 얽매여	人生苦被世故縛
종신토록 동쪽 산에 눕지 못하네[21]	未能終身臥東岡
낡은 관과 파리한 말로 한양으로 가니	弊冠羸馬漢陽道
누런 먼지가 눈에 낄 것을 미리 걱정하네	預愁眯目埃塵黃

21 종신토록……못하네 : 산림에 묻혀 은거하지 못한다는 말이다. 동강(東岡)은 은거지를 뜻하는 말이다. 후한 때 주섭(周燮)이 벼슬길에 나아가지 않자, 그의 종족(宗族)이 "선세 이래로 공훈과 총애가 서로 이어졌거늘, 그대는 어찌하여 홀로 동쪽의 언덕만을 지키려 하는가."라고 한 데서 유래하였다. 《後漢書 卷53 周燮列傳》

판교에서 묵는 날 밤 꿈에서 몇 사람과 함께 모여 시를 지었는데, "규중간월"과 "강호간월"의 제목이 있었다. 내가 "규중간월"의 시를 먼저 완성했는데, 위 두 구는 "계영단"과 "수삼한" 여섯 글자만 기억나고 아래 두 구는 한 글자도 빠짐없이 분명히 기억났다. 꿈에서 깨어 보충해 완성하였다

宿板橋之夕　夢與數人同會賦詩　有閨中看月江湖看月之目　余賦得閨中看月先成　首句只記其桂影團繡衫寒六字　下句心下了然不失一　覺後仍補成之

이슬 젖은 옥빛 하늘에 계수나무 그림자 둥글고	露濕瑤空桂影團
바람 불어와 수놓은 적삼 차갑구나	天風吹動繡衫寒
깊은 밤에 아이와 함께 자지 못하니	夜深不共阿姨宿
홀로 붉은 난간에 기대어 실컷 보노라	獨倚朱欄盡意看

객지에서 지내며 밤 비 소리를 듣고 감회가 있어
僑居聞夜雨有感

객지의 잠 본래 편하지 않은데　客眠元不穩
잠자리에 이미 서늘한 기운 생겨나네　枕席已生涼
계절은 가을벌레 급히 우는 때이고　節序寒蟲急
시름은 밤비와 함께 길구나　愁懷夜雨長
산림으로 넋만 홀로 달려가니　山林魂獨往
성시에서 마음 도리어 바쁘네　城市意還忙
십 년 동안 금계[22]에서의 꿈　十載金溪夢
어찌 일찍이 한양에 왔었던가　何曾到漢陽

22 금계(金溪) : 《두타초(頭陀草)》 책1에 〈침우담은 진천현 남쪽 10여 리 쯤에 있다.……금계와 석탄의 물이 대 아래에 합쳐져서 큰 못을 이루는데……〔沈牛潭在鎭川縣南十餘里……金溪石灘之水 合流滙于臺下 成巨潭……〕〉라고 하였으므로, 이하곤의 고향에 있는 물 이름임을 알 수 있다.

저잣거리에서 세 들어 살려니 마치 갇혀 있는 것 같았는데, 오늘 양산[23]으로 가려고 성곽을 나서며 기뻐서 짓다

僑居闤闠若拘囚 今日往陽山出郭 欣然有賦

열흘 동안 공연히 저자의 누런 먼지 마시다가	一旬空喫市塵黃
잠시 교외로 나오니 흥이 절로 길구나	暫出郊原興自長
우거진 노목에 매미 소리 급하고	老木陰陰蟬響急
아득한 서풍에 벼꽃 향기 실려 오네	西風漠漠稻花香
때마침 말 멈추고 가을 물가에 갔다가	正須歇馬臨秋水
문득 구름 바라보며 석양에 섰노라	忽復看雲立夕陽
생각하니 고향 동산에서 그윽한 일 많겠기에	遙想故園幽事足
동복들 고향으로 돌아가자는 말에 화답하네	更和僮僕說還鄉

23 양산(陽山) : 현재의 경기도 용인시와 안성시 사이에 있는 지명으로, 이하곤의 어머니 묘소가 있는 곳이다. 《두타초(頭陀草)》 책12 〈망아봉석광명(亡兒鳳錫壙銘)〉에 "같은 달 어느 날에 양지 신창리에 있는 어머니 묘소 곁에 묻어, 너의 혼백으로 하여금 의지할 바가 있게 한다.〔以同月某日, 瘞于陽智新倉里先夫人墓傍, 使汝魂魄, 有所依歸也.〕"라고 하였다.

15일 밤 달빛이 매우 아름다워 땅바닥에 앉아 깊은 밤까지 잠들지 못하였다

十五夜 月色佳甚 席地至夜深不寢

아득한 하늘 만 리까지 드넓고	碧落迢迢萬里寬
차고 맑은 바람과 이슬에 이미 싸늘하네	凄淸風露已微寒
엷은 구름은 물고기 비늘처럼 주름지고	輕雲淡作魚鱗皺
밝은 달은 고니 알처럼 둥글구나	明月眞成鵠卵團
아마도 나처럼 한가로운 사람 없을 터	只恐閑人如我少
누가 오늘 밤에 실컷 바라보랴	誰能此夜盡情看
빈 뜰에 쇠덕석 깔고 앉았어도	空庭更藉牛衣坐
외진 마을에 멋진 누대 없음을 한하지 않노라	不恨窮村欠畫欄

송자화[24] 정명 만사

宋子和 正明 挽

두타산 구름 속에 편히 누워	高臥頭陀雲
십 년 동안 그대 만나지 못했네	十載阻君面
지난겨울 편지 한 통 보내와	前冬寄一札
빈 산에서 곤궁하게 사는 나를 위로했지	空山慰窮賤
이처럼 두터운 의기에 감격하여	感此意氣厚
생각날 때마다 여러 번 편지 펼쳐 보았지	思至屢舒卷
아아 생사의 사이에서	嗚呼存沒間
일찍이 한번 만나지도 못했네	曾不容一眄
평생 장부의 눈물	平生丈夫淚
사사로운 정의 때문에 흘리는 것만은 아니라네	不獨爲私濺
숲 꾀꼬리 나의 슬픔 더하게 하는 듯	林鸎助我悲
벗을 부르며 맑게 지저귀네	喚友一淸囀
말세의 풍속 오히려 경박해지고	末習尙儇薄
세도는 날로 추락하는데	世道日汚下
마음이 후덕한 모습과 부합하여	中心副厚貌
홀로 세속의 변화를 따르지 않았지	獨不隨俗化

24 송자화(宋子和) : 송정명(宋正明, 1670～1718)으로, 본관은 여산(礪山), 자는 자화, 호는 지와(止窩)이다. 개성 유수(開城留守), 경상도 관찰사, 충청도 관찰사 등을 역임하였다. 《約軒集 卷12 祭亡子留守文》

담박하게 고인의 풍모 지녔으니	沖然古人風
보는 이들마다 비루함과 거짓됨 떨쳐냈네	見者祛鄙詐
때때로 실마리[25]를 이끌어 내어	有時出緒餘
공황과 멍에를 나란히 하였으니[26]	龔黃可竝駕
지금도 호서 사람들이	至今湖西人
칭송해 마지않네[27]	口碑頌不暇
우뚝한 동량의 재주 갖추었으니	嶷嶷棟樑具
길이 큰 집 지탱하기를 기약하였지	永期扶大廈
벼슬에 나아가 밝은 임금 보좌했으니	策名佐明主
젊은 나이에 문장 이미 뛰어났네	妙年文已奇
만 리가 눈앞에 있는 듯	萬里在眼前
벼슬길에서 높이 치달렸지	雲路方高馳
두 아우 또한 빼어나서	兩季復秀出

25 실마리 : 서여(緖餘)는 실을 뽑아낸 누에고치에 남은 실오리를 이르는 말로, 근본이 되는 사상이나 학설, 또는 여론(餘論)의 뜻으로 쓰인다. 여기서는 송정명의 뛰어난 재주의 일부라는 의미로 사용되었다.

26 공황(龔黃)과……하였으니 : 송정명이 지방관으로서 선정(善政)을 베풀었다는 말이다. 공황은 한나라 때 지방 장관으로 선정을 베풀어 치민(治民)이 으뜸으로 꼽혔던 발해 태수(渤海太守) 공수(龔遂)와 영천 태수(潁川太守) 황패(黃霸)를 아울러 일컬은 말이다.

27 지금도……마지않네 : 송정명이 충청도 관찰사로 부임하여 선정을 베풀었기 때문에 지역 사람들의 칭송이 끊이지 않는다는 말이다. 구비(口碑)는 사람들의 입에 칭송되는 덕행이 마치 문자를 돌에 새기는 것과 같음을 의미한다. "그대여 돌덩이에다 새길 것 없나니, 노상에 행인의 입이 비석과 같다네.〔勸君不用鐫頑石, 路上行人口似碑.〕"라고 한 데서 유래하였다. 《五燈會元 卷17》

수월하게 과거 급제하니[28] 決科如摘髭
영광이 집안에 넘쳐나고 榮光溢門闌
사람들 모두 감탄했는데 世人咸歎咨
천도는 가득 참을 꺼리고 天道忌滿盈
인사는 성쇠를 반복한다네 人事迭盛衰
비단옷 입고 춤추던 고당에서 高堂舞綵地
백발의 어버이 슬퍼하시네[29] 鶴髮空自悲

작년에 용절을 잡았으니 去歲持龍節
왕께서 개경을 맡으라 하셨네[30] 王曰尹舊京
양쪽 귀밑머리 아직 검은데 兩鬢尙漆黑
허리에 황금 띠 둘렀지 腰間黃金橫
위엄과 명성으로 온 경내를 다스리니 威名鎭四境
송악산과 함께 우뚝하였지 崧嶽與崢嶸
임금에게 보답하려는 뜻 간절하였고 耿耿報主志

28 두……급제하니 : 송정명의 동생 송성명(宋成明, 1674~1740)과 송진명(宋眞明, 1688~1738)이 과거에 급제한 사실을 말한다. 송성명은 1699년(숙종25), 송진명은 1714년에 급제하였다. 적자(摘髭)는 턱밑의 수염을 뽑듯이 쉽게 과거에 급제함을 의미한다.

29 비단……슬퍼하시네 : 당시 송정명의 부친 송징은(宋徵殷, 1652~1720)이 살아 있었기에 한 말이다. 무채(舞綵)는 색동옷을 입고 춤춘다는 말로, 노래자(老萊子)의 고사에서 유래하여 효자의 효성을 상징하는 말로 사용된다.

30 작년에……하셨네 : 1716년(숙종42)에 송정명이 개성 유수(開城留守)에 임명된 사실을 말한다. 용절(龍節)은 용의 형상으로 만들어진 부절인데, 옛날 택국(澤國)으로 나가는 사자(使者)에게는 이 부절을 주었다고 한다. 《周禮 地官 掌節》

나라를 걱정하는 성의 정성스러웠는데　　懇懇憂國誠
문득 병[31]에 걸려　　二豎忽相侵
만사가 어그러졌네　　萬事逝水傾
쓸쓸한 임진강 길에　　蕭蕭臨津路
서글픈 바람이 명정에 불어오네　　悲風送銘旌

듣자하니 광릉 나루에　　聞說廣陵渡
높은 누대를 강가에 세웠다지　　臨江起高樓
평생 용퇴에 뜻을 두어　　平生志勇退
만년에 여기로 돌아가 쉬려 했는데　　晚歲此歸休
임금의 은혜 날로 두터워지니　　主恩日隆厚
일신을 감히 도모하랴　　一身敢自謀
신무문에 관을 걸지 못하고[32]　　未掛神武冠
부질없이 치이의 배만 비껴 있구나[33]　　虛橫鴟夷舟

31 병(病) : 이수(二豎)는 병마(病魔)의 별칭이다. 춘추 시대 진(晉)나라 경공(景公)의 꿈에 병마가 두 아이〔二豎〕의 모습으로 나타나 고황(膏肓) 사이에 숨는 바람에 끝내 병을 고칠 수 없었다는 고사에서 유래하였다. 《春秋左氏傳 成公10年》

32 신무문(神武門)에……못하고 : 사직(辭職)하고 떠나지 못했다는 말이다. 양(梁)나라 도홍경(陶弘景)이 의관(衣冠)을 신무문에 걸어 놓고 사직한 고사를 인용한 것이다. 《南史 卷76 隱逸列傳 陶弘景》

33 부질없이……있구나 : 송정명이 벼슬을 그만두고 강호에서 유유자적하며 살지 못했다는 말이다. 치이(鴟夷)는 춘추 시대 월왕(越王) 구천(句踐)의 모신(謀臣)인 범려(范蠡)의 별칭이다. 범려가 일찍이 월왕을 보좌하여 오나라를 쳐서 멸망시키고, 월나라를 떠나 오호(五湖)에 배를 띄워 돌아다니다가, 제나라에 들어가서 치이자피(鴟夷子皮)로 성명을 바꾼 고사가 전한다. 《國語 越語下》《史記 卷129 貨殖列傳》

사람의 일 갑자기 바뀌니	人事忽變改
경물 바라보며 부질없이 시름겹네	雲物空自愁
다른 날 혹시 한 번 오른다면	他時倘一登
눈물 뿌려 흐르는 강물에 부치리라	灑涕寄江流

판서 윤지인[34] 만사

尹判書 趾仁 挽

형님들이 왕실에서 충신이라 불렸는데[35]	伯仲王家號藎臣
공의 맑은 명성도 조정에서 으뜸이었네	淸名公復冠朝紳
집안은 쓸쓸하여 한미한 선비 같았고[36]	門庭蕭寂如寒士
흉금은 온화하여 고인의 풍모 지녔네	襟抱沖和卽古人
다만 혈성으로 세상일 걱정하고	但有血腔憂世事
빙벽[37]의 자세로 자신을 단속했네	自將氷蘗律吾身
위태로운 때에 들보와 기둥 꺾였으니	樑摧棟折艱危際
강가 갈바람에 눈물로 수건 흠뻑 적시네	江漢秋風淚滿巾

34 윤지인(尹趾仁) : 1656~1718. 본관은 파평(坡平), 자는 유린(幼麟), 호는 양강(楊江)이다. 1715년(숙종41) 5월에 병조 판서에 임명되었다. 《西堂私載 卷6 兵曹判書尹公墓碑銘 幷序》

35 형님들이……불렸는데 : 윤지인은 부친 윤강(尹絳)의 다섯째 아들로 태어났다. 윤지인의 형으로 윤지미(尹趾美), 윤지선(尹趾善), 윤지완(尹趾完)은 모두 문과(文科)에 급제하였고, 윤지경(尹趾慶)은 진사시에 합격하였다.

36 집안은……같았고 : 윤지인이 검소하게 생활했기 때문에 그의 집이 한미한 선비의 집과 같았다는 말이다.

37 빙벽(氷蘗) : 맑은 얼음물을 마시고 쓰디쓴 소태나무를 씹는다는 뜻으로, 굳게 절조를 지키면서 청백하게 사는 것을 비유할 때 쓰는 표현이다. 당(唐)나라 백거이(白居易)의 "3년 동안 자사로 있으면서, 맑은 얼음물을 마시고 쓰디쓴 소태를 씹었노라.〔三年爲刺史, 飮氷復食蘗.〕"라는 시구에서 유래하였다. 《白樂天詩集 卷1 三年爲刺史》

밤에 앉아 감회를 적다
夜坐書感

문 닫고 지내는 서울에 어느덧 가을 깊은데	閉門京口已秋深
병든 나그네 돌아갈 생각에 월음만 내노라[38]	病客懷歸只越吟
세상에 분개해 늘 눈 감을 생각만 하고	憤世唯思長闔眼
사람 만나도 마음 논할 이 하나 없네	逢人無可一論心
가을벌레 우는 시든 풀에 바람 거세지고	寒蟲衰草風初緊
노목 자란 빈 마당에 뜬 달 흐려지려 하네	老樹空庭月欲陰
평생 내 집 아꼈는데	平生自愛吾廬好
구름 너머 두타산은 몇 봉우리나 막혀 있나	雲外頭陀隔幾岑

38 병든……내노라 : 병든 몸으로 고향 생각이 간절하다는 말이다. 전국 시대 월나라의 장석(莊舃)이 일찍이 초(楚)나라에 가서 높은 벼슬을 하다가 병이 들었을 때, 자기 고향인 월나라를 그리워하여 월나라의 노래를 불렀던 고사가 전하는데, 월음(越吟)은 이 고사에서 유래하였다. 《史記 卷70 張儀列傳》

뒷날 밤 달빛이 더욱 고왔다. 홀로 앉아 감회를 쓰다
後夜月色又佳 獨坐書懷

잠자리에 눕자 슬픈 벌레들 찌르르 울어대니 伏枕悲蟲唧唧鳴
서글픈 먼 길 나그네는 마음 가누지 못하네 悽然遠客不勝情
차가운 별은 달 밖에서 드문드문 빛나고 寒星月外猶疎點
새로 온 기러기는 등불 앞에서 또 한 번 우네 新雁燈前又一聲
어찌 산림에서만 자취 감출 수 있으랴 豈獨山林能遁跡
저자에서도 이름 숨기려 하노라 且從城市欲藏名
굶주림 참다가 부끄럽게도 이웃에게 구걸하였으니 忍飢羞向隣人乞
당시 오류선생의 삶을 배우지 않으리라[39] 不學當時五柳生

독(獨)은 필(必)로도 쓴다.

39 굶주림……않으리라 : 빈한(貧寒)한 처지에 놓이더라도 선비로서의 지조를 지키겠다는 말이다. 오류(五柳)는 진(晉)나라의 은사(隱士) 도잠(陶潛)을 가리킨다. 그는 팽택 영(彭澤令)의 벼슬을 그만두고 고향으로 돌아와 자기 집 문 앞에 버드나무 다섯 그루를 심고, 오류선생이라 자칭하여 〈오류선생전(五柳先生傳)〉을 지은 바 있다. 도잠의 《도연명집(陶淵明集)》 권2에 〈걸식(乞食)〉이라는 시가 수록되어 있는데, 이 시는 굶주린 끝에 남의 집에 가서 밤새 담소를 나누며 술을 얻어 마셨다는 내용이다. 그 시의 끝에서는 "고마움을 어찌 보답할까, 저승에서라도 갚으리.〔銜戢知何謝, 冥報以相貽.〕"라고 하였는데, 이에 대해 소식(蘇軾)은 이는 거지들이나 하는 말이라며 안타까움을 나타낸 바 있다.

세 들어 살며 일을 쓰다

僑居書事

좀먹은 한 다발 책에 생애 맡긴 채	蠹書一束寄生涯
저자든 산림이든 정착한 곳이 집이라네	城市山林着處家
경솔히 나왔더니 사람들이 소초라 비웃고[40]	輕出人多嘲小草
잠시 머물다가 나도 국화를 저버리네	乍淹吾亦負寒花
한가하여 손님 사절하려 주렴 막 드리우고	閑來謝客簾初下
취해서 시 쓰니 글자가 반쯤 기울었네	醉後題詩字半斜
홀로 마른 오동나무 기대 종일 앉아 있노니	獨據槁梧終日坐
문 밖이 모래 날리는 속세라도 싫지 않네[41]	不嫌門外卽塵沙

나그네 중에 내가 산에서 나왔다고 조롱하는 사람이 있었으므로, 세 번째 구에서 언급하였다.

40 경솔히……비웃고 : 이하곤이 본래 은거(隱居)하려는 뜻이 있으면서도 서울에 왔으므로, 사람들이 그 행태를 비웃는다는 말이다. 진(晉)나라 사안(謝安)이 처음에는 동산(東山)에 은거하였다가 뒤에 환온(桓溫)의 사마(司馬)가 되었다. 환온에게 약초를 보내온 사람이 있었는데, 그 가운데 원지(遠志)라는 약초가 있었다. 환온이 "이 약초의 다른 이름은 소초(小草)인데 어째서 한 약초에 두 가지 이름이 있는가?"라고 사안에게 물었다. 사안이 즉시 답변하지 못하자, 학융(郝隆)이 곁에 있다가 대답하기를 "이는 매우 알기 쉽습니다. 조용히 산곡에 처해 있을 때는 원지이고, 그것이 세상에 나왔을 때는 소초입니다.〔此甚易解, 處則爲遠志, 出則爲小草.〕"라고 하였다. 이 말을 듣고 사안이 무척 부끄럽게 여겼다고 한다. 《山堂肆考 卷109 山水自娛》

41 홀로……않네 : 비록 먼지가 날리는 도성의 저자거리에서 지내고 있지만, 은일(隱逸)의 자세를 지키고 있다는 말이다. 《장자(莊子)》 〈덕충부(德充符)〉에 "마른 오동나무 안석에 기대어 눈을 감고 있다.〔據槁梧而瞑〕"라고 하였다.

비 내리는 밤에 유하[42]의 시를 읽고 감회가 있어서
雨夜 讀柳下詩有感

외로운 등불 켜진 깊은 집에 비바람 부는데	深院孤燈風雨來
맑은 시 읽고 나니 문득 서글퍼라	淸詩讀罷却生哀
고명한 사람은 예부터 비방 많이 받았나니	高名自古元多謗
말세에 누가 다시 인재를 아끼랴	末俗何人更愛才
낮은 벼슬로 끝내 배부름도 도모하지 못하니	薄宦終難謀一飽
남은 삶을 깊은 술잔에 의탁하려는데	餘生只欲託深杯
가슴 속에 무지개 만들 기운 남아 있어[43]	成虹尙有胸中氣
밤마다 하늘 찌르며 울적함 풀리지 않는구나	夜夜衝霄鬱未開

42 유하(柳下) : 홍세태(洪世泰, 1653~1725)로, 본관은 남양(南陽), 자는 도장(道長), 호는 창랑(滄浪)·유하이다. 저서에 《유하집(柳下集)》이 있다. 《浣巖集 卷4 滄浪洪公墓誌銘》

43 가슴……있어 : 홍세태가 신분 차별로 벼슬길에서 제약을 받아 곤궁하게 살면서 사무친 한이 남아 있다는 말이다. 삼국 시대 위(魏)나라의 조식(曹植)이 〈칠계(七啓)〉에서 "옷소매를 휘날리니 구주에서 바람이 일고, 강개하니 의기가 무지개를 이루네.〔揮袂則九野生風, 慷慨則氣成虹蜺.〕"라고 하였다.

중양절에 홀로 앉아 있다가 감회가 있어서

九日獨坐有感

부슬부슬 가랑비 속에 세월 흐르는데	蕭蕭細雨作年華
중양절인 오늘 홀로 집에 누웠네	是日重陽獨臥家
빈 술통 마주한 나는 온통 백발이고	人對空樽偏白髮
고향 땅 아니지만 국화 피었구나	地非故里亦黃花
짝 잃고 우는 기러기 소리 견디기 어려워	不堪失侶鳴鴻急
높이 올라 모자 삐뚤어지도록 취할 마음 없네[44]	無意登高醉帽斜
일찍이 봉황대[45]에서 바라보니	曾向鳳凰臺上望
띠처럼 맑은 물이 깨끗한 백사장 휘감았었지	清流如帶遶明沙

44 높이……없네 : 중양절(重陽節)에는 높은 곳에 올라가 술을 마시는 풍속이 있었기에 한 말이다. 참고로 백거이(白居易)의 시에 "해마다 술잔 잡고 국화를 대하며, 취하여 모자 삐딱해도 서풍에 맡겼네.〔年年把酒對黃花, 一任西風醉帽斜.〕"라고 하였다. 《香山集 卷13 九日無酒》

45 봉황대(鳳凰臺) : 이하곤의 《두타초(頭陀草)》 책4 〈초평이십오영(草坪二十五詠)〉에 등장하는 것으로 보아, 현재의 충청북도 진천군 초평면에 있는 바위로 추정된다. 또한 《두타초》 책6에 〈9일에 재창과 함께 봉황대에 올라……〔九日與載昌登鳳凰臺……〕〉라는 시가 실려 있다.

유하[46]에 들렀다가 박사빈[47]을 만나 종일 시에 대해 이야기했다. 시 한 수를 얻어 도장에게 부쳐 화답을 구하다
過柳下會朴士賓 終日談詩 得一詩寄道長求和

시냇가 한 그루 버드나무	獨樹臨溪柳
그 옆에 쓸쓸한 초가 정자 하나	蕭然一草亭
닫힌 문 주위에 가을 나뭇잎 떨어지고	閉門秋葉落
흩어진 책 너머로 저녁 봉우리 푸르구나	散帙晩峰靑
허옇게 센 머리 서로 안타까워하고	白髮空相惜
새로 지은 시를 각자 들려주네	新詩各自聽
솔 사립에 말 매어둔 지 오래라	松扉繫馬久
석양이 차가운 뜰을 비추네	西日照寒庭

46 유하(柳下) : 홍세태(洪世泰, 1653~1725)로, 본관은 남양(南陽), 자는 도장(道長), 호는 창랑(滄浪)·유하이다. 저서에 《유하집(柳下集)》이 있다. 여기서는 홍세태가 지은 서재인 유하정(柳下亭)을 가리키는 것으로 보인다.《浣巖集 卷4 滄浪洪公墓誌銘》

47 박사빈(朴士賓) : 박태관(朴泰寬, 1678~1719)으로, 본관은 반남(潘南), 자는 사빈, 호는 응재(凝齋)·백애자(白厓子)이다. 저서에 《응재유고(凝齋遺稿)》가 있다.

중관[48]과 기경[49]과 사후[50]가 한꺼번에 돌아가겠다고 하니, 마음이 몹시 서글퍼져 이 시를 써서 보여 주다

仲寬紀卿士厚 一時告歸 懷殊悵然 書此以示

말없이 등불 앞에서 이별의 눈물 닦으니	無語燈前別淚揮
눈보라 치는 내일 아침 떠날 이들 전송하겠지	明朝風雪送將歸
올 때는 기러기가 다 날아왔는데	來時鴻雁飛初盡
돌아가는 날에는 매화가 떨어져 드물구나	到日梅花落已稀
덧없는 세상 공명에 몸은 늙어가건만	浮世功名身漸老
고향으로 돌아갈 계획 많이 어그러졌네	故山歸去計多違
운정[51]도 꿈속 넋을 수고롭게 하는데	雲亭亦自勞魂夢
감히 사담[52] 향해 낚시터 떠올릴까	敢向沙潭憶釣磯

48 중관(仲寬) : 이석위(李錫褘)로, 이하곤의 7촌 조카이다.

49 기경(紀卿) : 김세적(金世績)으로, 인적사항은 미상이다.

50 사후(士厚) : 박필중(朴弼重)으로, 본관은 반남(潘南), 자는 사후이다.

51 운정(雲亭) : 이하곤의 고향에 있던 열운정(悅雲亭)을 가리키는 것으로 보인다. 《頭陀草 冊4 草坪二十五詠》

52 사담(沙潭) : 현재의 충청북도 괴산군 청천면 사담리 일대로, 이하곤 집안의 별업(別業)이 있던 곳이다. 490쪽 각주12 참조.

동호의 배 안에서 효백[53]과 상보[54]와 대년[55]과 재방[56]과 윤양직[57]과 함께 연구로 짓다 기해년(1719, 숙종45)

桐湖舟中 同孝伯尙輔大年載方尹養直聯句 己亥

봄 강에 해 뜰 무렵 배 띄웠더니 _재대	春江初日放舟廻
흰 새들 맞아 주며 시샘하지 않네 _양직	白鳥相迎故不猜
강호 곳곳을 이리저리 다니는데 _효백	在處湖山容浪迹
함께 한묵 즐기는 뛰어난 인재 많구나 _대년	同時翰墨盛高才
유도와 원례가 함께한 것 아니라 부끄럽고[58] _재방	慚非有道偕元禮

53 효백(孝伯) : 최창대(崔昌大, 1669~1720)로, 본관은 전주(全州), 자는 효백, 호는 곤륜(昆侖)이다. 최석정(崔錫鼎)의 아들이며, 이하곤의 고종사촌이다. 저서에 《곤륜집(昆侖集)》이 있다.

54 상보(尙輔) : 이광좌(李光佐, 1674~1740)로, 본관은 경주(慶州), 자는 상보, 호는 운곡(雲谷)이다.

55 대년(大年) : 조태억(趙泰億, 1675~1728)으로, 본관은 양주(楊州), 자는 대년, 호는 겸재(謙齋), 시호는 문충(文忠)이다. 저서에 《겸재집(謙齋集)》이 있다.

56 재방(載方) : 이형곤(李衡坤)으로, 본관은 경주, 자는 재방, 호는 위헌(韋軒)이다. 이하곤의 백부(伯父) 이인소(李寅熽)의 둘째아들이다.

57 윤양직(尹養直) : 윤지호(尹志浩, 1672~1699)로 추정된다. 《陶菴集 卷44 進士尹公墓誌》 참고로 조태억의 《겸재집(謙齋集)》 권15 〈2월 13일 최효백·이상보·이재방·이재대·신양직과 함께 소동작에서 배를 타고 용산에 도착하여 배 안에서 연구로 짓다〔二月十三日與崔孝伯李尙輔李載方李載大申養直 自小銅雀乘舟到龍山 舟中聯句〕〉에는 윤양직이 아니라 신양직으로 되어 있다.

58 유도(有道)와……부끄럽고 : 함께 배를 타고 있는 자신들에 대한 겸사이다. 유도는 후한(後漢)의 은사(隱士) 곽태(郭太, 128~169)로, 자는 임종(林宗)이다. 유도지

황학루와 봉황대에 양보하지만[59] _상보　讓與黃樓且鳳臺
꽃과 버들 어여쁠 청명절 기다려　稍待淸明花柳好
그대들과 술 들고 다시 오기를 기약하네 _재대　期君携酒此重來

사(有道之士)라는 과목으로 천거되었기 때문에 곽유도(郭有道)라고 불렸다. 원례(元禮)는 후한의 이응(李膺)으로, 자는 원례이다. 169년에 일어난 당고(黨錮)의 화(禍) 때 사형을 당했다. 곽태가 일찍이 낙양(洛陽)에서 놀 때 하남 윤(河南尹)이었던 이응과 함께 깊이 사귀어 명성을 떨쳤는데, 낙양에서 고향으로 돌아올 때 이응과 함께 배를 타고 하수(河水)를 건너자, 전송 나왔던 사람들이 그 광경을 보고 신선과 같다고 찬탄한 고사가 전한다. 《後漢書 卷98 高士列傳》

59 황학루(黃鶴樓)와 봉황대(鳳凰臺)에 양보하지만 : 자신들이 노닐고 있는 곳의 경치가 황학루나 봉황대보다는 못하다는 말이다.

집에서 지내며 즉흥적으로 짓다

齋居卽事

빈 집에서 안석에 기대 낮에도 문 닫은 채	隱几空齋晝掩關
마당의 봄풀을 사랑스레 보노라	愛看春艸一庭間
시 지어 반복해 읊으니 더욱 맛 좋은데	詩成累諷偏多味
손님 떠나고 외로이 자노라니 절로 한가롭네	客去孤眠自覺閑
울타리에 높은 꽃 솟았어도 먼 숲 아닌데	籬出高花非遠樹
창가에서 그윽한 새 우니 깊은 산 같구나	牕啼幽鳥似深山
고향의 경치가 응당 기다릴 텐데	故園物色應相待
청명 지났어도 돌아가지 못하네	度盡淸明亦未還

비가 내리는 가운데 건지[60]의 남쪽 동산에 가서 꽃을 구경하다가 농 자를 얻었다

雨中赴健之南園 看花得濃字

좋은 벗이 초대해 주니 마음 설레어	勝友招呼意不慵
멋진 동산에서 한가한 날 서로 어울리네	名園暇日輒相從
꽃가지는 봄바람과 함께 재잘대는 듯하고	花枝欲與春風語
버들 빛은 온통 비에 젖어 짙구나	柳色渾和雨氣濃
늙으면서 시는 더욱 질탕해지는데	老去詩篇偏跌宕
한가하여 술은 한층 차분히 마신다네	閑來尊酒更從容
고향의 봄 경치는 지금 어떠할까	故園春色今何似
고개 돌리니 구름 낀 산이 만 겹이나 아득하네	回首雲山杳萬重

60 건지(健之) : 정건일(鄭健一)을 가리킨다. 《두타초(頭陀草)》 책17 〈송정건지건일부임성주서(送鄭健之健一赴任星州序)〉를 참고하면, 이하곤은 10여 년 동안 두타산에서 지내다가 1718년(숙종44)에 서울로 돌아왔는데, 아우 이명곤(李明坤)과 정건일이 이웃에 살았으므로 자주 어울렸다고 한다. 특히 정건일의 동산과 정자는 도성 안에서도 으뜸으로 꼽힐 정도로 아름다웠다고 한다.

일본으로 사신 가는 이계통[61] 명언 을 전송하다
送李季通 明彦 使日本

예부터 교린은 사신의 중요한 임무라	自古交隣使事重
항상 대각에서 문학하는 신하 선발했지	每從臺閣揀詞臣
진실하여 만맥에도 갈 수 있음을 알기에[62]	已知忠信行蠻貊
글 지어 해신에게 맹세하지 않노라	不用文章誓海神
도착하는 날 일본에는 귤이 익었을 테고	到日蜑村逢橘熟
돌아오는 날 판옥에서 매화 보겠네	歸期板屋見梅新
섬 오랑캐 아직도 동산 정승[63] 말하는데	島夷尙說東山相
조선에 또 사람 있음을 알게 하오	教識朝鮮更有人

61 이계통(李季通) : 이명언(李明彦, 1674~?)으로, 본관은 한산(韓山), 자는 계통이다. 1719년(숙종45) 4월에 통신사 종사관으로서 정사 홍치중(洪致中), 부사 황선(黃璿)과 함께 일본에 갔다가 1720년 1월에 돌아왔다. 《承政院日記 肅宗 45年 4月 11日》

62 진실하여……알기에 : 이명언이 충신(忠信)을 갖춘 인물이라는 말이다. 공자(孔子)께서 말씀하시기를 "말이 충성스럽고 미더우며 행실이 돈독하고 공경스러우면, 비록 오랑캐의 나라라도 행해질 수 있을 것이다.〔言忠信, 行篤敬, 雖蠻貊之邦, 行矣.〕"라고 하였다. 《論語 衛靈公》

63 동산(東山) 정승 : 동산상(東山相)은 숙종(肅宗) 대에 우의정에 올랐던 윤지완(尹趾完, 1635~1718)으로, 본관은 파평(坡平), 자는 숙린(叔麟), 호는 동산, 시호는 충정(忠正)이다. 1682년(숙종8)에 통신사 정사로 일본에 다녀와서 《승사록(乘槎錄)》을 남겼다. 《白下集 卷7 右議政忠正尹公墓誌銘》

나주 목사 정복선[64] 만사

鄭羅州 復先 挽

정공(鄭公)이 관사(館舍)에서 운명하였다.

책상 두드리고 뱦족한 수염 쓸어내리지 않아도	不須抵几戟髥張
간사한 아전들 등에 서리 맞은 듯 쓰러졌네	顚倒奸胥背負霜
호수와 산에서 자득한 생활 기뻤는데	已喜湖山人自得
문서 더미에 병들었으니 가련하네	還憐簿牒病相妨
명정은 문득 노봉[65]에서 돌아왔지만	銘旌忽自蘆峰返
끼친 은혜는 금수처럼 길게 흐르리[66]	遺惠應同錦水長
훗날 어진 관리의 기록을 만든다면	異日倘修循吏傳
어찌 탁무와 노공만 향기를 드날리랴[67]	寧敎卓魯擅芬芳

홀자(忽自)의 자(自)는 향(向)으로도 쓴다.

64 정복선(鄭復先) : 1658~1719. 본관은 동래(東萊), 자는 양중(陽仲)이다. 1718년(숙종44) 4월에 나주 목사(羅州牧使)에 임명되었는데, 이듬해 4월 1일에 관사에서 운명하였다. 《承政院日記 肅宗 45年 4月 9日》

65 노봉(蘆峰) : 내용으로 볼 때 나주에 있는 산으로 보이지만 미상이다.

66 끼친……흐르리 : 정복선이 나주 목사로 선정(善政)을 베푼 은혜는 영원히 전해질 것이라는 말이다. 금수(錦水)는 영산강(榮山江)을 가리킨다. 나주의 고호(古號)가 금성(錦城)이므로, 영산강을 금천(錦川) 또는 금강(錦江)이라고도 불렀다.

67 훗날……드날리랴 : 정복선이 탁무(卓茂)와 노공(魯恭)에게 비견될 만큼 선정을 베풀었다는 말이다. 탁무는 전한(前漢) 말기에 수령이 되어 선정을 베풀어 인망이 높았고, 노공은 후한(後漢) 장제(章帝) 때 중모(中牟) 지방의 수령이 되어 선정을 베풀었다. 《後漢書 卷55 卓茂列傳, 魯恭列傳》

상주 목사 이징해[68] 만사

李尙州 徵海 挽

가슴에 어찌 권모술수 있었으랴　　胸中寧有機關事
눈앞에 악착스러운 무리 없었네　　眼底元無齷齪儔
다만 술로 울분을 씻어 냈고　　但用杯尊澆磊隗
담소에서도 풍류를 보았네　　卽從談謔見風流
그동안 쌓인 비방은 쇠도 녹일 만했으나[69]　　向來積毁金猶鑠
가는 곳에서 어려운 일을 잘 처리했네[70]　　到處盤根刃自游
동향에 남긴 사랑[71] 있음을 보았는데　　看取桐鄕遺愛在

68 이징해(李徵海) : 1659~1719. 본관은 전의(全義), 자는 계함(季涵)이다. 1716년(숙종42) 윤3월 3일에 상주 목사(尙州牧使)에 임명되었다.

69 그동안……만했으나 : 이징해가 사람들로부터 비방을 받았다는 말이다. 전국 시대 장의(張儀)가 위(魏)나라 왕에게 "뭇사람의 입은 무쇠도 녹일 수 있고, 참소가 쌓이면 뼈도 녹일 수 있다.〔衆口鑠金, 積毁銷骨.〕"라고 하였다. 《史記 卷70 張儀列傳》

70 가는……처리했네 : 이징해가 지방관으로서 능력을 발휘했다는 말이다. 반근(盤根)은 반근착절(盤根錯節)의 준말로, 서린 뿌리와 얼크러진 마디라는 뜻인데, 일반적으로 처리하기 어려운 일을 가리킨다. 한편 《장자(莊子)》 〈양생주(養生主)〉에 "소의 마디와 마디 사이에는 틈이 있고 칼날은 두께가 없으니, 두께가 없는 것을 그 틈 사이에 밀어 넣으면 그 공간이 널찍하여 칼을 놀릴 적에 반드시 여유가 있게 마련이다.〔彼節者有間, 而刀刃者無厚, 以無厚入有間, 恢恢乎其於遊刃, 必有餘地矣.〕"라고 한 포정해우(庖丁解牛)의 고사가 있다. 이징해는 평강 현감(平康縣監), 대구 판관(大丘判官), 성주 목사(星州牧使), 원주 목사(原州牧使), 연안 부사(延安府使), 재령 군수(載寧郡守)를 역임하였다.

71 동향(桐鄕)에 남긴 사랑 : 지방관이 정사를 잘하여 백성들에게 칭송받음을 비유하

정삽[72] 실은 배가 원주로 올라가네　　一船旌翣上原州

는 말이다. 한(漢)나라 주읍(朱邑)이 동향 색부(桐鄕嗇夫)로 있으면서 선정을 베풀었는데, 그가 죽은 뒤에 그곳 백성들이 그의 묘 옆에 사당을 짓고 세시(歲時)에 향사를 올렸던 고사에서 유래하였다. 《漢書 卷89 循吏傳 朱邑》

72 정삽(旌翣) : 명정(銘旌)과 운삽(雲翣)의 줄임말로, 명정은 죽은 이의 관직과 성씨 등을 기록하여 상여 앞에 들고 가는 깃발이고, 운삽은 발인(發靷) 때 영구의 앞뒤에 세우는 구름무늬를 그린 부채 모양의 상구(喪具)이다.

여름에 사의정[73]에 모여 운자를 뽑아 군칙[74]·일원[75]과 함께 각각 짓다
夏日會四宜亭拈韻 同君則一源各賦

베개 베고도 일천 민가 내려다보이고	攲枕臨千室
옷깃 풀어헤치니 하늘과 가깝구나	披襟近九霄
높은 정자 절로 아스라하여	危亭自縹緲
유월에도 바람 거세네	六月尙風飆
기암괴석이 줄지어 있고	怪石還成列
맑은 매미 소리 기다릴 필요 없네	淸蟬不待招
마음에 맞는 것 이러한 데 있으니	會心元在此
고향이 먼 줄 다시금 깨닫네	重覺故山遙

"기암괴석이 줄지어 있고〔怪石還成列〕"는 "산 그림자가 짝을 이루고〔峰影還成偶〕"로도 쓰고, 청선(淸蟬)은 선성(蟬聲)으로도 쓴다.

73 사의정(四宜亭) : 조선 시대 두모포(豆毛浦)에 있던 정자로, 두모포는 현재의 서울특별시 성동구 옥수동 일대이다. 《기언(記言)》 별집 권9 〈삼월산수소기(三月山水小記)〉에 "사의라는 것은 봄에는 꽃이 좋고, 여름에는 폭포가 좋고, 가을에는 단풍이 좋고, 겨울에는 눈이 좋아, 사철 모두 경치가 빼어나다는 뜻이다.〔四宜者, 春宜於花, 夏宜於瀑, 秋宜於楓, 冬宜於雪, 俱爲佳景.〕"라고 하였다.

74 군칙(君則) : 홍중성(洪重聖, 1668~1735)으로, 본관은 풍산(豐山), 자는 군칙, 호는 운와(芸窩)이다. 김창흡(金昌翕)의 문인이다. 저서에 《운와집(芸窩集)》이 있다.

75 일원(一源) : 이병연(李秉淵, 1671~1751)으로, 본관은 한산(韓山), 자는 일원, 호는 사천(槎川)·백악하(白嶽下)이다. 김창흡의 문인이다. 저서에 《사천시초(槎川詩抄)》가 있다.

바위는 천 년의 빛깔 지녔고	石有千年色
소나무는 하늘 높이 솟았네	松餘幾尺霄
올 때마다 햇살 뜨거워도	每來當畏景
언제나 맑은 바람 부는구나	無日不淸飆
호숫가에서 헤어지려는데	湖海將成別
술자리에 다시 초대 받았네	壺尊更見招
이제부터 자주 들를 테니	從今數相過
말 타고 어찌 먼 길을 마다하랴	騎馬肯辭遙

비 내리는 밤에 감회를 쓰다

雨夜書懷

찌는 더위 며칠이나 남았나	炎蒸餘幾日
비바람 속에 가을로 접어드네	風雨入新秋
오래도록 산림의 약속 저버렸기에	久負山林約
가는 세월에 자주 놀라노라	頻驚歲月流
종소리에 나그네 꿈 이어지고	鍾聲仍客夢
벌레 소리에 고향 생각 간절하네	蟲語盡鄉愁
잠자리에 누워 허공에 글씨 쓰는데	伏枕書空內
외로운 등불이 흰머리를 비추네	孤燈照白頭

뒷날 밤에 비바람이 더욱 쓸쓸하여 고향 생각을 자못 견딜 수 없게 하였다

後夜風雨益復凄然 令人殊不任故山之思也

속세에서 병 걸린 날	風塵淹病日
강가에 초가을 돌아왔네	江漢早秋時
부서진 벽에서 찬 벌레 소리 급하고	破壁寒蟲急
외로운 등불이라 밤비 구슬프네	孤燈夜雨悲
점점 고달픈 일 많아지는데	漸知多苦況
아직도 돌아갈 날 정하지 못했네	猶未卜歸期
내가 몹시 쇠한 줄을 아노니	更覺吾衰甚
올해는 시 짓기도 게을리하는구나	今年懶作詩

김석대 군이 그린 산수 병풍에 쓰다

題金君錫大所寫山水障子

자욱이 안개 낀 숲에 비 지나간 흔적 남았고	漠漠烟林過雨痕
외로운 배 돌아가는 황혼녘일세	孤舟歸去正黃昏
그대 따라 가을 산색 그리려 하니	憑君欲寫秋山色
흥이 강남의 붉게 단풍 든 마을에 있구나	興在江南紅葉村

초가을에 감회를 쓰다

早秋書感

장맛비가 어찌 그친 적 있었던가마는	積雨何曾歇
서풍이 어느덧 서늘해지려 하네	西風已欲涼
가을 되어 더욱 곤궁한데	秋來窮轉甚
늙어 생각만 부질없이 많구나	老去意空長
고목은 빈 창문에 닿았고	古木連虛牖
찬 벌레가 한 침상을 함께하네	寒蟲共一床
새 시 또한 흥이 나지만	新詩亦漫興
태반은 고향 돌아갈 생각이네	太半憶歸鄉

군칙[76]과 일원[77]이 들렀기에 공동의 시[78]를 차운하여 함께 짓다

君則一源見過 次空同韻同賦

갑자기 가을 기운 일어나	忽爾生秋氣
아련히 고향 떠오르네	悠然憶故林
다행히 좋은 벗 찾아오니	幸逢良友至
옛 정 깊은 줄 알겠네	自覺舊情深
둘러 앉아 함께 그림을 보고	圍席同看畫
술잔 들고 속마음 다 터놓네	持杯細話心
백 년도 안 되는 인생살이	人生百年內
귀한 것은 벗[79]이라네	所貴在知音

결구(結句)는 "머무름을 그대는 아끼지 말게나, 지금 세상에 나를 알아주는 이 드물다네.〔淹留君莫惜, 今世少知音.〕"로도 쓴다.

76 군칙(君則) : 홍중성(洪重聖, 1668~1735)으로, 본관은 풍산(豐山), 자는 군칙, 호는 운와(芸窩)이다. 저서에 《운와집(芸窩集)》이 있다.

77 일원(一源) : 이병연(李秉淵, 1671~1751)으로, 본관은 한산(韓山), 자는 일원, 호는 사천(槎川)·백악하(白嶽下)이다. 저서에 《사천시초(槎川詩抄)》가 있다.

78 공동(空同)의 시 : 공동은 명(明)나라 사람 이몽양(李夢陽, 1475~1529)으로, 자는 헌길(獻吉), 호는 공동자(空同子)이다. 시문(詩文)의 복고를 주장한 전칠자(前七者)의 한 사람이다. 저서에 《공동자집(空同子集)》이 있다. 이하곤이 차운한 시는 《공동자집》 권23의 〈교산(橋山)〉이다.

79 벗 : 지음(知音)은 서로를 이해하고 알아주는 벗을 뜻한다. 춘추 시대 거문고의 명인 백아(伯牙)와 그의 벗 종자기(鍾子期)의 고사에서 유래하였다. 《列子 湯問》

그대가 편히 누운 마음 헤아려 보니 看君高枕意
빈 땅이 산림과 같구나 隙地似山林
먼 산이 뜰에 그림자 드리워 고요하고 遠峀庭陰靜
외로운 소나무에 비 기운 짙구나 孤松雨色深
때때로 북창 아래에서 꿈꾸며 時成北牕夢
홀로 고인의 마음 지녔구나[80] 獨有古人心
귀는 있어도 종자기 아니라서 有耳非鐘子
그대의 산수음에 부끄럽네[81] 愧君山水音

괴군(愧君)은 감론(敢論)으로도 쓴다.

위는 일원(一源)의 시이다.

저자에서도 도의 기운 있으니 闤中亦道氣
운림에 누울 필요 없네 不必臥雲林
거마가 큰길에 요란하지만 車馬通衢鬧
도서 즐기며 작은 집 깊숙이 살아가네 圖書小屋深
풍진 세상에 늙어가는 마음이며 風塵老大意
강가에서 이별하는 심정이라 江海別離心

80 때때로……지녔구나 : 이하곤이 태곳적 사람처럼 한가롭게 살아간다는 말이다. 도잠(陶潛)이 "한가로운 여름철 북창 아래에 편히 누워 있을 때 맑은 바람이 불어오면, 스스로 복희 시대의 사람이라고 생각했다.〔夏月虛閑, 高臥北窓之下, 淸風颯至, 自謂羲皇上人.〕"라고 말한 고사가 전한다.《晉書 卷94 隱逸列傳 陶潛》

81 귀는……부끄럽네 : 이병연(李秉淵)이 이하곤의 마음을 제대로 이해하지 못한다는 겸사이다. 종자기(鍾子期)는 춘추 시대 거문고의 명인 백아(伯牙)의 벗이다. 531쪽 각주79 참조.

날 저물도록 돌아가는 말 세워 두었더니 竟日淹歸騎
서늘한 매미가 저녁 울음소리 보내오네 涼蟬送夕音

위는 군칙(君則)의 시[82]이다.

82 군칙(君則)의 시 : 이 작품은 홍중성의 《운와집(芸窩集)》 권2에 〈이재대제분운공부(李載大第分韻共賦)〉라는 제목으로 실려 있다.

또 앞의 운자를 거듭 사용하여 지어서 군칙[83]과 일원[84]에게 부쳐 주고 화답을 구하다

又疊前韻 寄示君則一源 求和

초연히 한가롭게 지내는 곳	超然燕處地
나의 마음 절로 산림에 있는 것 같네	吾意自山林
한산한 벼슬로 저자와 멀리 떨어졌고	散秩市塵遠
문도 닫았으니 비바람마저 깊어지네	閉門風雨深
그대들이 때때로 들러 주지 않는다면	非君時過我
어디에서 마음 논할까	何處更論心
마주 앉아 새로운 시 읊조리니	對坐哦新句
가을벌레도 소리에 화답하네	秋蟲亦和音
멋진 그대의 집 늘 생각나니	每憶君家好
높은 집이 단풍 숲에 있지	高齋楓樹林
갈바람과 함께 석성으로 가니	秋風石城去
이별의 한이 한강[85]에서 깊구나	別恨漢水深

83 군칙(君則) : 홍중성(洪重聖, 1668~1735)으로, 본관은 풍산(豐山), 자는 군칙, 호는 운와(芸窩)이다. 저서에 《운와집(芸窩集)》이 있다.

84 일원(一源) : 이병연(李秉淵, 1671~1751)으로, 본관은 한산(韓山), 자는 일원, 호는 사천(槎川)·백악하(白嶽下)이다. 저서에 《사천시초(槎川詩抄)》가 있다.

85 한강(漢江) : 저본(底本)에 "수는 아마도 강으로 써야 할 것이다.〔水疑作江〕"라는 내용이 있다.

백발로 지방관으로 가서 白首分符地
청산에서 홀로 턱 괴는 마음이리[86] 靑山拄笏心
북쪽으로 돌아가는 기러기 만나거든 如逢北歸雁
하나하나 소식 부쳐 주시게 一一寄書音

억(憶)은 부(赴)로도 쓰고, 호(好)는 회(會)로도 쓴다.

위는 군칙(君則)에 관한 것이다.

군칙이 새로 석성 현감(石城縣監)이 되어[87] 곧 부임하려고 하였다.

진창길에 말 타기 불편한데 泥滑妨騎馬
그대가 북쪽 숲에서 찾아왔네 君來自北林
매미 소리는 높은 버드나무 멀리서 들리고 蟬聲高柳遠
산 빛깔은 주렴 깊은 곳까지 들어오네 山色一簾深
그림 좋아하는 맑은 풍치 있는데다 愛畫元淸致
벗을 찾아 주는 고인의 마음까지 지녔구나 尋朋亦古心
천진한 시어 아름다워 天然詩語妙
거듭 성당의 음률[88] 보노라 重覩盛唐音

위는 일원(一源)에 관한 것이다.

86 청산(靑山)에서……마음이리 : 홍중성이 석성 현감(石城縣監)으로 부임하여 한가롭게 지낼 것이라는 말이다. 진(晉)나라 왕휘지(王徽之)가 상관의 말에 대꾸도 하지 않은 채 홀(笏)로 턱을 괴고서 "서산에 아침이 오니, 상쾌한 기운이 드는구나.〔西山朝來, 致有爽氣耳.〕"라고 한 고사가 있는데, 주홀(拄笏)은 여기에서 유래한 말이다.《世說新語 簡傲》

87 군칙이……되어 : 홍중성은 1719년(숙종45) 5월에 석성 현감에 임명되었다.

88 성당(盛唐)의 음률 : 두보(杜甫)와 이백(李白)의 시풍을 말한다.

울산에 감목관으로 가는 홍도장[89]을 전송하다

送洪道長監牧蔚山

죽서루(竹西樓)에서 조촐히 모였을 때의 운자를 사용하여 지었다.

조령의 푸르고 푸른 숲	鳥嶺蒼蒼樹
그대가 이제 그곳으로 가는구나	君今向此行
생계 위해 미관말직 맡았지만	微官元爲口
멀리 떠나가니 절로 마음 아프네	遠別自傷情
관아가 교인의 집과 이웃했으니[90]	官廨隣鮫舍
가는 길에 기러기 소리 듣겠지	征途聽雁聲
알겠다 마필 세는 날에	遙知數馬日
홀로 턱 괴고 맑은 바다와 산 감상하겠지[91]	拄笏海山淸

89 홍도장(洪道長) : 홍세태(洪世泰, 1653~1725)로, 본관은 남양(南陽), 자는 도장, 호는 창랑(滄浪)·유하(柳下)이다. 울산 감목관(蔚山監牧官)을 지냈다. 《浣巖集 卷4 滄浪洪公墓誌銘》

90 관아가……이웃했으니 : 홍세태가 부임하는 울산이 남쪽 바닷가에 위치해 있다는 말이다. 교인(鮫人)은 전설 속의 인어(人魚)를 말한다. 진(晉)나라 사람 장화(張華)가 지은 《박물지(博物志)》에 "남해 밖에 교인이 있는데, 물고기처럼 물에 산다. 그들은 비단을 짜서 뭍에 나와 남의 집에 기거하며 팔고, 떠날 때에 주인에게 빈 그릇을 달라고 하여, 그 그릇에 눈물을 흘려 진주를 만들어 선물로 준다."라고 하였다.

91 마필(馬匹)……감상하겠지 : 홍세태가 감목관으로 부임하여 한가로운 관직생활을 할 것이라는 말이다. 주홀(拄笏)은 진나라 왕휘지(王徽之)의 고사에서 유래하여 한가로운 관직 생활을 의미한다. 535쪽 각주86 참조.

흉년이라 입에 풀칠하기도 어려우니　儉歲難糊口
미관말직 맡았어도 슬퍼할 것 없네　微官不足悲
목축하는 사람은 뛰어난 공적 생각하고　牧人懷異績
바닷가 사람들은 새로운 시 외겠지　蜑戶誦新詩
섬의 절에서 두루 매화 찾아보고　島寺尋梅遍
관전에서 적절하게 귤을 세금으로 거두겠지　官田稅橘宜
그대가 바다 전복 먹는 것이　知君啗海鰒
육 년이나 늦춰졌구나　六載數該遲

갑오년(1714, 숙종40)에 도장(道長)이 송라도 찰방(松羅道察訪)에 임명되었는데, 합당하지 않다고 말하는 사람 때문에 결국 부임하지 못했다. 올해 또 울산에 감목관(監牧官)으로 가게 되었으니, 전후로 임명된 곳이 모두 영남 지방이다. 그 사이에 만 6년이 지났으므로 결구(結句)에서 언급하였다.

14일 밤 일원[92]·기중[93]과 함께 군칙[94]의 집에 묵으며, 우리나라 사람의 시를 차운해 지어 석성으로 부임하는 주인을 전송하다

十四夜 偕一源祈仲宿君則宅 次東人韻同賦 仍送主人赴任石城

기러기 오는 가을에 현감[95] 부임하는데	五馬去時鴻雁秋
석성현 아래로 백마강 흘러가네	石城縣下馬江流
슬프구나 중년에 멀리 헤어지니	悲哉遠別當中歲
늙었구나 우리들 모두 머리 벗겨졌네	老矣吾儕俱禿頭
오늘 밤 달 바라보며 시 짓지만	對月賦詩還此夜
관아 누대에서 턱 괴고 산 바라보겠지[96]	看山拄笏有官樓
낙화암과 고란사[97]	落花巖與皐蘭寺

92 일원(一源) : 이병연(李秉淵, 1671~1751)으로, 본관은 한산(韓山), 자는 일원, 호는 사천(槎川)·백악하(白嶽下)이다. 저서에 《사천시초(槎川詩抄)》가 있다.

93 기중(祈仲) : 조영명(趙永命, 1674~1722)으로, 본관은 풍양(豐壤), 자는 기중이다. 《鶴巖集 冊5 仲氏交河府君墓表》

94 군칙(君則) : 홍중성(洪重聖, 1668~1735)으로, 본관은 풍산(豐山), 자는 군칙, 호는 운와(芸窩)이다. 저서에 《운와집(芸窩集)》이 있다. 1719년(숙종45) 5월 14일에 석성 현감(石城縣監)에 임명되었다.

95 현감(縣監) : 오마(五馬)는 한(漢)나라 때 태수(太守)가 다섯 필의 말이 끄는 수레를 탔던 고사에서 유래하여 고을 수령을 가리키는 말로 사용된다.

96 관아……바라보겠지 : 홍중성이 석성 현감으로 부임하여 한가로운 관직생활을 할 것이라는 말이다. 주홀(拄笏)은 진(晉)나라 왕휘지(王徽之)의 고사에서 유래하여 한가로운 관직 생활을 의미한다. 535쪽 각주86 참조.

그대와 함께 유람하지 못해 한스럽네　　恨未從君一同遊

97 낙화암(落花巖)과 고란사(皐蘭寺) : 충청남도 부여군 부여읍 쌍북리에 있는 삼국시대의 유적이다. 낙화암은 660년(의자왕20) 백제가 나당연합군의 침공으로 함락되자, 후궁들이 백마강(白馬江)으로 투신한 바위이다. 고란사는 원래 백제의 왕들을 위한 정자였다고 하며, 백제가 멸망할 때 낙화암에서 숨진 삼천 궁녀의 넋을 위로하기 위하여 1028년(현종19)에 지은 사찰이라고도 한다.

14일 밤 일원과 함께 군칙의 집에 묵으며, 간재의 시[98]를 차운해 지어 석성으로 부임하는 주인을 전송하다

十四夜 偕一源宿君則宅 次簡齋韻同賦 因送主人赴任石城

정겹게 등불 앞에서 새벽까지 담소 나누는데	款款燈前話五更
벌레 소리도 이별의 한도 견디기 어렵구나	蟲聲別恨各難平
한 술잔으로 오늘 밤 취해야지	一尊今夜且須醉
외로운 달이 훗날 부질없이 밝으리라	孤月他時空自明
현감[99]이 가을 기러기 따라 부임하면	五馬還隨秋雁去
새로운 시에 고을 사람들 놀라겠지	新詩應使邑人驚
옥당에 있는 사람들 누구인가	玉堂盛却何如者
노쇠한 그대도 이제 백발 되었구나	潦倒君今白髮生

98 간재(簡齋)의 시 : 간재는 남송(南宋)의 진여의(陳與義, 1090~1139)로, 자는 거비(去非), 호는 간재이다. 이하곤이 차운한 시는《간재집(簡齋集)》권11의〈제야(除夜)〉이다.

99 현감(縣監) : 오마(五馬)는 한(漢)나라 때 태수(太守)가 다섯 필의 말이 끄는 수레를 탔던 고사에서 유래하여 고을 수령을 가리키는 말로 사용된다.

도장[100]을 전별하는 자리에서 임 자 운에 맞춰 지어 주다
道長別席 次林字韻爲贈

술자리에서 손잡고 슬픈 시 읊조리니	尊前握手一悲吟
내일 아침 북쪽 숲 떠나는 그대 전송하겠지	送汝明朝發北林
백발로 남쪽으로 가니 뜻 이룬 것 아닌데	白首南征非得計
중년에 이렇게 이별하니 또 마음 놀라네	中年此別又驚心
울산은 바다와 이어져 물고기와 용이 다투고	蔚山接海魚龍鬪
조령은 하늘에 닿아 구름과 나무 우거졌네	鳥嶺連天雲木深
서풍이 집집마다 불어오니	已覺西風吹萬戶
이별의 한이 모두 가을 다듬이 소리에 들어가네	盡將離恨入秋砧

100 도장(道長) : 홍세태(洪世泰, 1653~1725)로, 본관은 남양(南陽), 자는 도장, 호는 창랑(滄浪)·유하(柳下)이다. 울산 감목관(蔚山監牧官)을 지냈다. 《浣巖集 卷4 滄浪洪公墓誌銘》

밤에 도장[101]에게 들러 다시 앞의 운자를 사용해 지어 작별하다

夜過道長 又用前韻作別

등불 앞에서 코 잡고 길게 읊조리는데[102]	燈前捉鼻對長吟
종소리 울리는 누각에 달이 숲에 떠오르네	鍾動街樓月上林
삼경까지 말 세워 두니 내 뜻 알 테고	駐馬三更知我意
한 시대를 시로 논하니 그대 마음 알겠네	論詩一代見君心
남쪽 구름 개지 않고 갈 길은 머니	南雲不盡征途遠
동해가 어찌 이별의 한보다 깊으랴	東海何如別恨深
아마도 관재에서 겨울에 편안히 누워 지낼 테니	想爾官齋冬臥穩
늙은 아내가 추위 속에 다듬이질 하지 않겠네	老妻應不事寒砧

신로(莘老)[103]의 시에 이르기를 "백발로 멀리 부임하는 그대도 걱정스러운

101 도장(道長) : 홍세태(洪世泰, 1653~1725)로, 본관은 남양(南陽), 자는 도장, 호는 창랑(滄浪)·유하(柳下)이다. 울산 감목관(蔚山監牧官)을 지냈다. 《浣巖集 卷4 滄浪洪公墓誌銘》

102 등불……읊조리는데 : 홍세태와 함께 시를 읊조리는 모습을 형용한 것이다. 옛날 낙양(洛陽) 서생들의 음영(吟詠)하는 성조는 그 음색이 본디 무겁고 탁했는데, 동진(東晉) 때 사안(謝安)은 본래 비질(鼻疾)로 인해 음성이 탁해져서 낙양 서생들의 성조에 능했다. 당시 명사들이 대부분 그 성조를 좋아하면서도 따를 수가 없었으므로, 혹자는 손으로 코를 쥐고 읊조려 그 성조를 흉내 내기도 했는데, 착비(捉鼻)는 여기에서 유래한 말이다. 《晉書 卷79 謝安列傳》

103 신로(莘老) : 《두타초(頭陀草)》 책11에 〈우용전운송김신로상리입협(又用前韻送金莘老相履入峽)〉이라는 작품이 있는 것으로 보아, 김상리(金相履)를 가리키는 것으

데, 늙은 아내가 힘겹게 또 다듬이질 하네.〔念爾白頭當遠役, 老妻辛苦又鳴砧.〕"라고 하였는데, 내가 농담 삼아 그 뜻을 뒤집었다.

로 보인다. 인적사항은 미상이다.

경복궁을 지나다가 감회가 있어

過慶福宮有感

무성한 가을 풀 사이로 나비 날고	秋草萋萋蛺蝶飛
궁궐 담장 무너지고 늙은 홰나무가 에웠는데	御垣頹盡老槐圍
백발의 궁감만 남아	惟餘白首宮監在
한가롭게 낚싯대 잡고 석양 마주하네	閑把漁竿對夕暉

병을 앓던 중에 기력을 시험하려고 잠시 앞마루로 나가다
病中試氣力 暫出前軒

억지로 야윈 몸 끌고 난간에 기댔더니	强將瘦骨倚闌干
어느덧 가을도 저물어 가는데	不覺秋光已許殘
고맙게도 하늘이 병든 나를 가엾게 여겨	多謝天公憐病物
국화 남겨 마주하게 하였구나	獨留黃菊使相看

비가 내리는 밤의 감회

雨夜感懷

당시 병이 아직 낫지 않았다.

빈 집에 앓아누워 잠들지 못하는데　　病臥空齋自不眠
캄캄하게 비바람마저 불어 하룻밤이 일 년 같네　　冥冥風雨夜如年
하늘 찌를 듯한 평생의 뜻 아직도 남아　　凌雲尙有平生志
때때로 베개 가에서 용천검 어루만지네[104]　　時撫龍泉木枕邊

104 하늘……어루만지네 : 병든 몸이지만 아직도 굳센 의지가 남아 있음을 읊은 것이다. 용천(龍泉)은 용천검(龍泉劍)을 가리킨다. 오나라 때 북두성과 견우성 사이에 늘 보랏빛 기운이 감돌기에, 장화(張華)가 예장(豫章)의 점성가(占星家) 뇌환(雷煥)에게 물었더니 보검의 빛이라 하였다. 이에 풍성(豐城)의 감옥 터에서 춘추 시대에 만들어진 전설적인 보검인 용천검과 태아검(太阿劍)을 발굴했다는 고사가 전한다. 《晉書 卷36 張華列傳)》

원백[105]의 그림에 쓰다

題元伯畫

노목과 푸른 넌출 우거져 길 보이지 않고	古木蒼藤路不分
산꽃 모두 피어 그윽한 향기 풍기네	山花開盡暗香聞
비 그친 폭포를 구경하는 이 없어	飛泉雨後無人賞
종일 빈 정자 흰 구름 속에 누웠구나	盡日亭空臥白雲

105 원백(元伯) : 정선(鄭敾, 1676~1759)으로, 본관은 광산(光山), 자는 원백, 호는 겸재(謙齋)·겸초(兼艸)·난곡(蘭谷)이다.

신형의 그림에 쓰다

題申瑩畫

일원(一源)[106]을 위해 짓다.

드넓은 물가에 갈대꽃 피고	極目汀洲蘆荻花
기러기 무수히 날아와 백사장에 앉았네	雁飛無數點平沙
붉은 나무 푸른 산 집은 더욱 먼데	紅樹青山家更遠
몸은 가을 풍경 따라 하늘 끝에 왔구나	身隨秋色到天涯

106 일원(一源) : 이병연(李秉淵, 1671~1751)으로, 본관은 한산(韓山), 자는 일원, 호는 사천(槎川)이다.

사녀장자에 쓰다 경자년(1720, 숙종46)

題仕女障子 庚子

매화 필 때 낭군과 헤어져	昔別阿郎梅發時
매화 다시 피었건만 그리워만 하고 있으니	梅花又發但相思
봄날 무한한 그 심사를	春來無限心中事
향 태우는 시녀만 알리라	獨有焚香侍女知

청풍으로 부임하는 홍도진[107]을 전송하다

送洪道陳之任淸風

은하수 사이 높은 한벽루[108]에서	寒碧高樓霄漢間
사군은 오랫동안 한가롭게 앉아 졸고	使君長得坐眠閑
또 구루산의 단사법 익혀	且將句漏丹砂法
선인의 빙설 같은 얼굴 변하지 않겠지[109]	擬駐仙人氷雪顔
맑게 읊조리는 데 어찌 문서가 방해되랴	淸嘯何曾妨簿牒
새 시가 강산을 저버리지 않으리라	新詩應不負江山
구담에 복사꽃 뜬 물 불어나리니	龜潭欲漲桃花水
작은 배로 한번 다녀올 것을 미리 기약하네[110]	預約輕刀一往還

107 홍도진(洪道陳) : 홍중주(洪重疇, 1672~?)로, 본관은 풍산(豐山), 자는 도진이다. 1720년(숙종46) 1월 4일 청풍 부사(淸風府使)에 임명되었다.

108 한벽루(寒碧樓) : 충청북도 제천시(提川市) 청풍면(淸風面)에 있는 누대이다. 고려 때 세워졌으며, 조선 태종(太宗) 때 군수 정수홍(鄭守弘)이 중건하였다. 《新增東國輿地勝覽 卷14 忠淸道 淸風郡》

109 구루산(句漏山)의……않겠지 : 홍중주가 청풍 부사로 부임하여 선약(仙藥)을 복용하며 젊음을 유지할 것이라는 말인데, 청풍의 산수(山水)가 신선이 살 정도로 아름답기 때문에 이렇게 읊었다. 구루(句漏)는 구루산으로, 도서(道書)에서 말하는 제22번째의 동천(洞天)이다. 진(晉)나라 갈홍(葛洪)이 늙자, 연단(鍊丹)을 해서 수명을 늘려볼 목적으로, 교지(交阯)에서 단사(丹砂)가 나온다는 소문을 듣고 자원하여 구루의 현령이 되었다고 한다. 《晉書 卷72 葛洪列傳》

110 구담(龜潭)에……기약하네 : 복사꽃이 필 무렵 홍중주의 임지(任地)에 다녀오겠다는 말이다. 구담은 본래 충청북도 단양군 단성면과 제천시 수산면에 걸쳐 있는 구담봉(龜潭峯)을 가리키는데, 여기서는 그 아래 흐르는 물을 가리키는 말로 사용되었다.

이송로의 부채에 쓰다

題李松老扇頭

원백(元伯)[111]이 그림을 그렸다.

기울어진 사립문에 오솔길 통하고	欹側柴門小徑通
바둑 끝난 한가로운 정자에 솔바람만 부는구나	閒亭棊罷只松風
외로운 배로 그윽한 사람 찾아가니	孤舟欲訪幽人去
한 자락 봄 산이 엷은 안개 속에 있구나	一抹春山淡靄中

111 원백(元伯) : 정선(鄭敾, 1676~1759)으로, 본관은 광산(光山), 자는 원백, 호는 겸재(謙齋)·겸초(兼艸)·난곡(蘭谷)이다.

이상태 만사

李尙泰挽

판관(判官) 형을 대신해서 짓다.

술 마시며 사귄 지 사십 년　把酒論交四十年
귀밑머리 바라보니 하얗게 세었지　相看鬢髮各蒼然
급제 못해 여전히 베옷 입었고　未成一第衣猶布
굶주림 구제 못한 채 벼루를 밭 삼아 살았지[112]　不救長飢硯是田
눈 녹은 악려에 잣나무만 남았고[113]　雪盡堊廬餘栢樹
쌀쌀한 봄 서재 휘장에는 바람과 안개만 남았네　春寒書幌只風烟
삼청의 옛 자취 모두 꿈만 같으니　三淸舊迹渾如夢
밤마다 들보 사이에 흰 달이 걸리겠지[114]　夜夜樑間素月懸

112 굶주림……살았지 : 이상태가 가난한 가운데 글을 지어 생계를 유지했다는 말이다. 참고로 소식(蘇軾)의 시에 "나는 밭이 없어 깨진 벼루로 먹고 살았는데, 요즈음엔 벼루도 말라 갈아도 먹물 안 나오네."라고 하였다. 《東坡全集 卷13 次韻孔毅甫久旱已而甚雨》

113 눈……남았고 : 이상태가 거상(居喪) 중에 운명하였기에 이렇게 읊은 것으로 보인다. 악려(堊廬)는 거상하는 사람이 거처하는 집을 가리킨다. 진(晉)나라 왕부(王裒)의 아버지 왕의(王儀)가 문제(文帝) 때에 사마(司馬)로 재직하던 중 직간했다가 억울하게 죽임을 당하였는데, 왕부가 여막에서 지내며 아침저녁으로 묘소 곁의 잣나무를 잡고 우니, 흐르는 눈물에 젖어 나무가 말라 죽었다는 고사가 전한다. 《晉書 卷88 王裒列傳》

114 삼청(三淸)의……걸리겠지 : 이상태와 삼청동에서 유람했던 때를 떠올리면서, 그의 사후(死後)에 그리움이 간절할 것이라는 표현이다. 두보(杜甫)가 이백(李白)을 그리워하며 "들보 위에 가득히 기우는 저 달빛이여, 그대의 얼굴을 비춰 주는 듯하네. 〔落月滿屋梁, 猶疑照顏色.〕"라고 하였다. 《杜少陵集 卷7 夢李白》

군칙[115]이 이자야[116] 군과 함께 다시 지난가을의 임 자 운에 맞춰 지은 시[117]를 부쳐 왔기에 화운하여 답하다

君則同李君子野 復次前秋林字寄示 和韻答之

자야(子野)는 묘헌(妙軒)[118]의 아들로, 이름은 신(莘)이다.

맑은 시는 과녁을 꿰뚫어[119]	淸詩能破的
화려한 명성이 문단에 드높네	華譽擅詞林
꽃 피고 바위 많아 사는 곳 외지지만	花石居仍僻
거문고와 글 즐기며 흥취 절로 깊구나	琴書興自深
푸른 산과 애오라지 교분 맺어	青山聊托契
붉은 인끈에는 이미 마음 없구나	朱紱已無心
날 개면 찾아가	欲待新晴去
술잔 잡고 새소리 들으려네	持杯聽鳥音

위는 군칙(君則)에 관한 것이다.

115 군칙(君則) : 홍중성(洪重聖, 1668~1735)으로, 본관은 풍산(豐山), 자는 군칙, 호는 운와(芸窩)이다. 저서에 《운와집(芸窩集)》이 있다.

116 이자야(李子野) : 이신(李莘)으로, 본관은 성주(星州), 자는 자야이다.

117 지난가을의……시 : 《두타초(頭陀草)》 책8의 〈군칙과 일원이 들렀기에 공동의 시를 차운하여 함께 짓다〔君則一源見過 次空同韻同賦〕〉를 가리킨다.

118 묘헌(妙軒) : 이규명(李奎明, 1653~?)으로, 본관은 성주, 자는 서경(瑞卿)이다. 《柳下集 卷10 妙軒詩集跋》《三淵集 卷23 妙軒遺藁序》

119 과녁을 꿰뚫어 : 파적(破的)은 과녁을 꿰뚫는다는 말로, 요점을 찔러 정확하게 말하는 것을 가리키는데, 여기서는 시가 격식에 맞음을 의미한다.

그대의 떠도는 마음 보니	看爾棲棲意
슬픈 노래에 고향 생각 담겼구나	悲歌憶故林
동풍에 산의 눈 다 녹았고	東風山雪盡
버들 빛이 거적문에 깊구나	柳色席門深
짧은 베옷에 광태도 사랑스러우며	短褐憐狂態
새 시에서 괴로운 심사 알겠네	新詩見苦心
관상 좋아도 선비의 본색 잃은 이 많으니	相肥多失士
지금 세상에 마음 알아주는 이 누구인가	今世孰知音

위는 자야(子野)에 관한 것이다.

높은 집에서 일 없이 지내니	高齋無一事
영락없이 빈 숲에 누운 것 같구나	頗似臥空林
비 그치자 꽃가지 생동하고	雨歇花枝動
새 지저귀어 봄기운 깊어라	鳥啼春意深
풍진세상에서 낮은 벼슬에 얽매였으니	風塵縻薄宦
계절 바뀌어도 기쁜 마음 줄어드네	節序減歡心
취해서 상가 부르니	醉後商歌發
하늘 가득 금석 소리 울리네[120]	滿天金石音

위는 나 스스로에 대해 서술한 것이다.

120 취해서……울리네 : 빈한한 생활 속에서도 맑은 절조를 지키는 스스로의 모습을 읊은 것이다. 증자(曾子)가 위(衛)나라에 있을 때, 사흘이나 불을 때지 못하고 십 년 동안 새 옷을 해 입지 못하는 극빈(極貧)의 생활 속에서도 "신발을 끌고 상송을 노래하니, 그 소리가 천지간에 가득 차면서 마치 금석에서 나오는 것과 같았다.〔曳縱而歌商頌, 聲滿天地, 若出金石.〕"라는 고사가 전한다. 《莊子 讓王》

또 임 자를 사용해 지어 군칙[121]과 자야[122]에게 부쳐 주다
又用林字 寄示君則子野

그대 집 붉은 누각 아래이니	君家紫閣下
차지한 곳 동산 숲 멋지지	粧點好園林
기이한 바위가 비낀 안개 속에 서 있고	怪石橫烟立
그윽한 꽃들이 대숲 비추며 우거졌지	幽花映竹深
흥이 나면 자주 가마 타고 가서	興來頻命駕
아름다운 곳에 문득 마음 이끌렸네	佳處輒關心
마주하고 말을 잊은 채 앉았노라면	相對忘言坐
고요 속에 자연의 소리[123] 일었지	寥寥天籟音

위는 군칙(君則)에 관한 것이다.

담장 동쪽에서도 세상 피할 만하니[124]	墻東堪避世

121 군칙(君則) : 홍중성(洪重聖, 1668~1735)으로, 본관은 풍산(豐山), 자는 군칙, 호는 운와(芸窩)이다. 김창흡(金昌翕)의 문인이다. 저서에 《운와집(芸窩集)》이 있다.

122 자야(子野) : 이신(李莘)으로, 본관은 성주(星州), 자는 자야이다.

123 자연의 소리 : 《장자(莊子)》 〈제물론(齊物論)〉에 "자네는 인뢰는 들었더라도 지뢰는 못 들었을 것이요, 지뢰는 들었더라도 천뢰는 못 들었을 것이다.〔汝聞人籟而未聞地籟, 汝聞地籟而未聞天籟夫.〕"라고 하였다.

124 담장……만하니 : 깊은 산속으로 들어가지 않고 시정(市井)에서도 은자(隱者)처럼 지낼 수 있다는 말이다. 후한(後漢) 때의 봉맹(逢萌), 서방(徐房), 이자운(李子雲), 왕군공(王君公) 등이 친하게 지냈는데, 왕망(王莽)이 전한(前漢)을 찬탈(簒奪)하여 세상이 어지러워지자, 모두들 덕을 숨기고 고의로 나쁜 행동을 저질러 면책(免責)된

꼭 산림에 누울 필요는 없어라　不必臥山林
갈옷 입은 채 푸른 봄 저물어가고　擁褐青春晚
주렴 드리운 채 한낮 깊어가네　垂簾白日深
시가 맑아 속태 벗었고　詩淸元脫俗
모습 예스러워 그 마음과 같네　貌古卽如心
언제 다시 들러 주어　幾日重來過
사립문에서 발소리 들을 수 있을까　柴門聽足音

위는 자야(子野)에 관한 것이다.

봄 되었어도 자리에 누워　逢春猶伏枕
돌아가고픈 꿈 언제나 구름 낀 숲에 있네　歸夢每雲林
서울에는 친지들 드문데　京國親知少
고향에는 꽃나무 깊겠지　故園花木深
창망한 오늘의 일이며　蒼茫今日事
쓸쓸한 만년의 마음일세　牢落暮年心
거문고 연주 끝나도 알아주는 이 없건만　琴罷人無會
뭇 산들은 함께 소리를 내는구나　衆山俱動音

위는 나 스스로에 대해 서술한 것이다.

다음 시골로 돌아가 은둔하였다. 그런데 왕군공 만은 관비(官婢)와 간통하여 면직되자, 고향으로 돌아가지 않고 시장에서 거간꾼 노릇을 하며 은둔하였는데, 당시 사람들이 그를 두고 "담장 동쪽으로 세상 피한 왕군공〔避世墻東王君公〕"라고 하였다. 《後漢書 卷113 逸民列傳 逢萌》

즉흥적으로 회포를 쓰다

卽事書懷

저잣거리 앞에서 종일 발 드리운 채	垂簾終日市門前
손님 떠난 뒤 쓸쓸히 안석에 기대 자노라	客去寥寥隱几眠
꽃들은 봄추위에 참담한데	花意春寒猶慘憺
버들가지는 산들바람에 절로 곱구나	柳條風緩自嬋娟
구학에서도 나의 도 보존할 수 있으니	已知丘壑存吾道
궁통을 하늘에 물을 필요 없다네	不必窮通問上天
송죽 우거진 고향 동산은 잘 있는가	松竹故園無恙否
고개 돌려 금계[125] 바라보니 풍연에 가렸구나	金溪回首隔風烟

125 금계(金溪) : 이하곤의 고향에 있는 물 이름이다. 501쪽 각주22 참조.

자야[126]가 단율을 부쳐 왔기에 서둘러 써서 답하다

子野寄示短律 走草以答

외로이 누운 오두막에	蓬門孤臥處
나를 방문해 주었을 때	步屧枉過時
그윽한 새는 긴긴 날 지저귀고	幽鳥啼長日
높은 꽃은 먼 가지에 솟았었지	高花出遠枝
새 시를 외울 만한데	新詩聊可誦
광태를 누가 알아줄까	狂態更誰知
흥에 겨워 내일 아침에 가리니	乘興明朝去
남쪽 동산에 멋진 기약 있다네	南園有好期

126 자야(子野) : 이신(李莘)으로, 본관은 성주(星州), 자는 자야이다.

봄날 자야[127]와 함께 군칙[128]의 남쪽 동산에서 만나다
春日同子野 會君則南園

문득 남산에서 취해 노래하니	忽有南山當醉歌
늙은이의 높은 흥취 산처럼 우뚝하네	老夫高興與嵯峨
안개 끼고 노을 물든 골짝 외져 속세와 멀고	烟霞洞僻離塵遠
꽃과 새는 봄 깊어 한껏 화려하네	花鳥春深得意多
한양의 풍광이 지금 이러한데	禁里風光今若此
고향의 경치는 다시 어떠할까	故園雲水更如何
고개 돌려 지난가을밤 떠올려 보니	回頭却憶前秋夜
취한 뒤에 시 지어 달 보며 읊조렸지	酒後詩成對月哦

127 자야(子野) : 이신(李莘)으로, 본관은 성주(星州), 자는 자야이다.

128 군칙(君則) : 홍중성(洪重聖, 1668~1735)으로, 본관은 풍산(豐山), 자는 군칙, 호는 운와(芸窩)이다. 저서에 《운와집(芸窩集)》이 있다.

도장[129]에게 부치다

寄道長

마땅히 위에 있어야 한다.

이월 한양에 매화 필 때	漢陽二月梅發時
몇 번이나 매화 보았나 그때마다 그대 떠올렸네	幾度看梅輒爾思
늙은 몸으로 장기 가득한 곳에서 어찌 지내는가[130]	老去何堪居瘴土
봄 돌아왔어도 새 시 보내 주지 않는구나	春來不復寄新詩
넓은 하늘에 기러기는 헤어져 멀리 나니[131]	天長鴻雁分飛遠
드넓은 바다에 어룡의 울음 서글프겠지	海闊魚龍叫嘯悲
병든 사람의 오늘 일을 묻지 말라	莫問病夫今日事
쓸쓸한 양쪽 귀밑머리 모두 세었다네	蕭蕭雙鬢盡成絲

129 도장(道長) : 홍세태(洪世泰, 1653~1725)로, 본관은 남양(南陽), 자는 도장, 호는 창랑(滄浪)·유하(柳下)이다. 《浣巖集 卷4 滄浪洪公墓誌銘》

130 늙은……지내는가 : 당시 홍세태가 울산 감목관(蔚山監牧官)으로 재직하고 있었으므로, 바닷가의 장기(瘴氣)를 염려하여 한 말이다.

131 넓은……나니 : 홍세태가 형제들과 멀리 떨어져 있는 상황을 말한 것이다.

가 자를 다시 사용해 지어 군칙[132]에게 부쳐 주다
再疊歌字 寄示君則

꽃가지는 춤추고 새는 노래하는 듯한데	花枝如舞鳥如歌
그대의 집 우뚝한 다섯 바위 찾아 마주했네	來對君家五石峩
향기로운 술 있어 함께 취할 뿐	但有芳尊須共醉
봄빛 바라보니 또한 무르익지 않았네	卽看春事亦無多
더디 돌아와 이미 청산과 멀어졌으니	遲回已與靑山遠
노쇠한 몸 백발을 어이하리	潦倒其如白髮何
그대가 원래 세속 사람 아닌 줄 아노니	知爾元來非俗物
문 닫고 종일토록 시만 읊조리겠지	閉門終日只吟哦

여(與)는 각(覺)으로도 쓴다.

꽃 속에서 만나 슬피 노래하는데	相逢花裏卽悲歌
짧은 머리에 해진 관만 부질없이 높구나	短髮弊冠空自峩
쌀 빌어먹으니 아침 연기 피는 일 드물고	乞米朝烟出屋少
글 짓느라 봄풀이 닫힌 문에 많아라	著書春艸閉門多
청산에 기약 있어 나는 돌아갈 텐데	靑山有約吾歸矣
백설을 알아주는 이 없으니 그대 어이할까[133]	白雪無知爾奈何

132 군칙(君則) : 홍중성(洪重聖, 1668~1735)으로, 본관은 풍산(豐山), 자는 군칙, 호는 운와(芸窩)이다. 저서에 《운와집(芸窩集)》이 있다.

133 백설(白雪)을……어이할까 : 이신(李莘)의 뛰어난 글재주를 알아주는 이가 없어

이곳의 안개와 노을로 흥을 달랠 만하니 此地烟霞堪遣興
새 시로 한번 길게 읊조리기를 아끼지 말라 新詩莫惜一長哦

위는 자야(子野)[134]에 관한 것이다.

안타깝다는 말이다. 백설은 〈백설곡(白雪曲)〉을 가리키는데, 〈양춘곡(陽春曲)〉과 함께 초(楚)나라의 2대 명곡으로, 내용이 너무도 고상하여 예부터 창화(唱和)하기 어려운 곡으로 일컬어졌다. 《宋玉 對楚王問》

134 자야(子野) : 이신(李莘)으로, 본관은 성주(星州), 자는 자야이다.

비가 내리는 가운데 즉흥적으로 짓다

雨中卽事

이때 중관(仲寬)[135]이 진천에서 왔다.

버드나무 저잣거리 다리 서쪽 집	柳市橋西宅
쓸쓸히 낮에도 문 닫았네	寥寥晝掩關
꽃 바라보며 삼월 저물어 가고	看花三月暮
빗소리 듣노라니 한 창문 한가롭네	聽雨一窓閒
꿈은 남쪽 구름으로 들어가는데	夢入南雲去
사람은 북쪽 기러기 따라왔네[136]	人隨北雁還
하염없이 마주하고 앉았노라니	悠然成對坐
산빛이 주렴 사이를 비추네	山色映簾間

135 중관(仲寬) : 이석의(李錫禕)로, 이하곤의 조카이다.

136 꿈은……따라왔네 : 이하곤은 남쪽에 있는 고향을 꿈에서도 그리는데, 이석의는 진천에서 서울로 왔기에 한 말이다.

비가 내리는 가운데 중관[137]에게 보여 주다

雨中示仲寬

홀연 해 바뀌도록 헤어졌다가	忽忽經年別
만나서 옛 유람 이야기하네	相逢說舊遊
고향에는 어느 날에 갈까	故園何日到
가랑비 내리는 늦봄에 시름겹네	細雨晩春愁
세상일에 자주 두 줄기 눈물 흘리며	世事頻雙涕
이내 신세 절로 백발 되었네	吾生自白頭
금계[138]가 눈에 보이는 듯하니	金溪如在眼
꽃 만발해 서재 둘렀겠지	花發繞書樓

137 중관(仲寬) : 이석의(李錫禕)로, 이하곤의 조카이다.

138 금계(金溪) : 이하곤의 고향에 있는 냇물 이름이다. 501쪽 각주22 참조.

군칙[139]이 시 한 수를 부쳐 왔기에 그 운에 따라 지어 답하다
君則寄一詩 依韻答之

종일 향 피우고 세속 일 드물어	終日焚香俗事稀
저자 문에 버들 드리우고 사립문 닫았네	市門垂柳掩荊扉
봄 깊어 작은 집에 제비 막 날아왔건만	春深小院燕初至
꽃은 지는데 고향으로 사람은 돌아가지 못했네	花落故園人未歸
지팡이 짚고 서니 냇물은 다리 밖으로 내달리고	倚杖溪流橋外急
주렴 거두니 산빛이 빗속에 희미하네	捲簾山色雨中微
무슨 마음으로 풍진에 발 들였던가	風塵混迹元何意
부럽다 마음대로 나는 저 숲 속의 새들이여	坐羨林禽自在飛

139 군칙(君則) : 홍중성(洪重聖, 1668~1735)으로, 본관은 풍산(豐山), 자는 군칙, 호는 운와(芸窩)이다. 김창흡(金昌翕)의 문인이다. 저서에 《운와집(芸窩集)》이 있다.

또 가 자를 거듭 사용해 짓다

又疊歌字

취하여 병 두드리며 홍얼홍얼[140] 노래하고　烏烏醉後擊壺歌
앉아서 남산 마주하니 푸른 빛 우뚝하네　坐對南山翠色峩
만 리의 강호는 시름 밖에 아득하고　萬里江湖愁外遠
한 성의 안개 낀 나무는 빗속에 많구나　一城烟樹雨中多
물 따라 가는 봄날도 잡을 수 없는데　春光逐水不可挽
뜬구름 같은 세상사를 어이하랴　世事如雲其奈何
노원의 이자야[141] 참으로 괴이하니　深怪蘆原李子野
옷도 식량도 없는데 날마다 높이 읊조리네　無衣無食日高哦

140 홍얼홍얼 : 오오(烏烏)는 노래 부르는 소리이다. 《한서(漢書)》 권66 〈양운전(楊惲傳)〉에 "술을 마시고 귀가 뻘겋게 뜨거워지면, 하늘을 우러러 장군을 두드리며 오오하고 노래를 불렀다.〔酒後耳熱, 仰天拊缶, 而呼烏烏.〕"라고 하였다.

141 노원(蘆原)의 이자야(李子野) : 이자야는 이신(李莘)으로, 본관은 성주(星州), 자는 자야이다. 노원은 현재의 서울특별시 노원구 일대인데, 그곳에 이신의 집이 있었던 것으로 짐작된다.

석전[142]의 그림에 쓰다

題石田畫

석전의 시체(詩體)를 흉내 내다.

말 타고 돌아가려니 천 봉우리 하얗고	騎馬欲歸千嶂白
채찍 휘두르며 한번 바라보니 노송 푸르구나	揮鞭一望老松青
다리에 인적 끊겨 근심스러운데	正愁人跡橋頭絶
강가에서 듣는 어부의 노래 좋구나	只好漁歌江上聽

원운 原韻

찬 매화 피지 않았는데 하늘이 흰 빛 보태 주고	寒梅未開天補白
언 풀 돋아나려는데 산은 푸른색 감췄구나	凍草欲發山藏青
둘이서 나란히 말 타고 눈 속을 가노라니	兩人聯騎雪中去
백 줄기 가는 샘물 소리가 바람 너머에서 들리네	百道細泉風外聽

백석옹(白石翁)의 시이다.

142 석전(石田) : 명(明)나라 중기의 문인화가 심주(沈周, 1427~1509)로, 자는 계남(啓南), 호는 석전·백석옹(白石翁)이다.

병사 김중구[143] 만사

金兵使 重九 挽

장렬한 심하의 일 천하가 아니[144]	壯烈深河天下知
공은 훌륭한 자손이라 칭해도 부끄럽지 않네[145]	公眞不愧克家兒
장한 마음 연산의 돌에 새기고자 했고[146]	雄心欲勒燕山石
남다른 업적이 해읍의 빗돌에 자자했네[147]	異績曾聞海邑碑

143 김중구(金重九) : 1660~1720. 본관은 안동(安東), 자는 현경(鉉卿)이다. 전라 우수사(全羅右水使), 전라 병마사(全羅兵馬使), 김해 부사(金海府使) 등을 역임하였다. 《素谷先生遺稿 卷6 兵使金公墓誌銘》

144 장렬(壯烈)한……아니 : 김중구의 증조(曾祖) 김응해(金應海)는 김응하(金應河)의 아우이다. 1618년(광해군10)에 후금(後金)의 누르하치가 명나라의 무순(撫順)·청하(淸河) 등의 보(堡)를 침입하자, 명나라는 요동에 군대를 파견하고 조선에 원병을 요청하였다. 이에 조선에서는 1619년에 강홍립(姜弘立)을 도원수(都元帥)로 삼아 군대를 파견하였다. 당시 김응하는 대패한 명나라 군대를 구원하기 위하여 휘하 군사 3,000명으로 후금의 군대를 맞아 싸웠으나, 중과부적으로 전사하였다. 뒤에 신종(神宗)이 이에 보답하기 위하여 김응하를 요동백(遼東伯)에 봉한 사실이 있다. 심하(深河)는 요동에 있는 강 이름이다.

145 공은……않네 : 김중구가 조상의 사업을 잘 계승한 사람이라는 말이다. 극가아(克家兒)는 극가자(克家子)라고도 하는데, 《주역》 〈몽괘(蒙卦) 구이(九二)〉에 "구이는 몽매함을 포용해 주면 길하고, 부인의 말을 받아들이면 길할 것이니, 자식이 집안일을 잘하도다.〔九二, 包蒙吉, 納婦吉, 子克家.〕"라고 한 데에서 유래하였다.

146 장한……했고 : 김중구가 공훈을 세우려는 웅심(雄心)을 지녔다는 말이다. 연산(燕山)은 요동에 있는 연연산(燕然山)을 말한다. 후한(後漢)의 장군 두헌(竇憲)이 북선우(北單于)를 대파한 공적을 그의 종사관(從事官)이었던 반고(班固)로 하여금 비(碑)에 새겨 연연산에 세우게 하였다. 《後漢書 卷53 竇融列傳 竇憲》

어찌 알았으랴 장수 임명되었는데	豈意戎壇推轂地
상복 입고 혼 부르는 것을 보게 될 줄을[148]	忍看縗服復魂時
푸른 산에 간성의 장수[149] 묻으니	青山埋却干城器
동문에서 통곡하며 흰 깃발 보내네	慟哭東門送素旗

147 남다른……자자했네 : 김중구가 지방관으로 부임하여 선정(善政)을 베풀자, 고을 백성들이 송덕비를 세웠기에 한 말이다. 김중구가 부임했던 개천군(价川郡), 금산군(金山郡), 개령군(開寧郡)에 백성들이 송덕비를 세웠다.《素谷先生遺稿 卷6 兵使金公墓誌銘》

148 어찌……줄을 : 김중구의 죽음을 예상하지 못했다는 말이다. 퇴곡(推轂)은 수레바퀴를 밀어 준다는 말로, 옛날에 장수가 출정(出征)할 때 제왕이 몸소 수레바퀴를 밀어 주면서 "곤내(閫內)는 과인이 처리할 테니, 곤외(閫外)는 그대가 처리하라."라고 격려했던 고사가 전한다.《史記 卷102 馮唐列傳》 복혼(復魂)은 죽은 사람의 혼백을 부르는 것이다.

149 간성(干城)의 장수 : 국가를 위하여 방패가 되고 성이 되는 훌륭한 장수라는 말로, 김중구를 가리킨다.《시경》〈토저(兔罝)〉에 "굳세고 굳센 장수여, 공후의 방패와 성이로다.〔赳赳武夫, 公侯干城.〕"라고 하였다.

자고 일어나 일을 쓰다

睡起書事

조금 갠 날 아침 해에 창 밝아오는데	微晴初日暈牕明
잠 깨니 문 앞에 나물 파는 소리 들리네	睡覺門前賣菜聲
앉아서 배추 뿌리가 비에 젖었을 것을 생각하니	坐想菘根新雨潤
짓는 시마다 고향 그리는 마음 많아라	題詩多是故園情

달밤에 감회를 쓰다

月夜書感

황사 바람과 짙은 안개가 저물녘에 모두 걷혀	霾風昏靄晩幷收
밤에 은하수가 가을처럼 맑구나	入夜星河淡似秋
자꾸 모양 변하는 뜬구름 우습구나	可笑浮雲多變態
밝은 달도 한가한 시름 있는지 몰랐네	不知明月有閒愁
삼 년 동안 고향의 푸른 산에 가지 못했으니	三年故國迷青嶂
만 가지 일 외로운 등불 앞에서 백발 한탄하네	萬事孤燈嘆白頭
야인의 근폭하는 뜻 절로 간절하니	自切野人芹曝志
영단을 어찌하면 용루에 바칠 수 있을까[150]	靈丹那得獻龍樓

150 야인(野人)의……있을까 : 보잘것없는 자신의 충심(忠心)을 임금께 바치고 싶다는 뜻이다. 근폭(芹曝)은 하찮은 것이라도 임금께 바치려고 하는 아랫사람의 정성을 의미한다. 시골 사람이 토호(土豪)에게 미나리를 진미(珍味)라고 여겨 바쳤다는 고사와 송(宋)나라의 어떤 사람이 봄철의 따스한 햇볕을 쬐며 더없이 좋은 것이라고 여겨 임금에게 바치고자 했던 고사에서 유래하였다. 《列子 楊朱》《博物志》 용루(龍樓)는 왕세자의 거처를 가리키는 말인데, 여기서는 궁궐을 의미한다. 아마도 당시에 숙종(肅宗)의 건강이 좋지 않았던 것으로 보인다.

비가 내리는 가운데 회포를 쓰다
雨中書懷

아득한 남산에 구름이 사방에 드리우고	漠漠南山雲四垂
산 앞 안개 낀 나무가 저물녘에 들쑥날쑥하네	山前烟樹晚參差
찌는 듯한 천지는 삼복인데	炎蒸天地當三伏
비바람이 누대에 또 한 차례 내리네	風雨樓臺又一時
어지러운 세상사 누가 힘써 해결할까	世事糾紛誰更辦
적막한 하늘의 마음 끝내 알기 어렵구나	天心錯莫竟難知
훗날 짝 지어 밭 갈 사람 누가 있나[151]	耦耕他日何人在
눈에 가득한 강호에 그리움 있노라	滿目江湖有所思

151 훗날……있나 : 자신과 함께 은거할 사람이 누구냐는 말이다. 우경(耦耕)은 두 사람이 짝을 지어 밭을 가는 것인데, 《논어》 〈미자(微子)〉에 "장저와 걸닉이 함께 밭을 갈고 있었는데, 공자께서 지나가실 적에 자로를 시켜 나루터를 묻게 하셨다.〔長沮桀溺, 耦而耕, 孔子過之, 使子路問津焉.〕"라고 한 데서 유래하였다.

도장[152]이 편지로 안부를 묻기에 이 시를 써서 부치다
道長有書相問 書此寄之

한 해 지나도록 찾아오는 이 없더니	經年不見一人來
고개 넘어 온 편지[153]에 도리어 놀라네	度嶺還驚尺素迴
봄날 바닷가에서 지은 시 많을 텐데	春後應多臨海作
하늘 끝에서 몇 번이나 망향대 올랐는가	天邊幾上望鄉臺
서책 적시는 장맛비를 견딜 수 있으랴만	可堪梅雨侵書帙
나그네 술잔 비추는 석류꽃 싫어하지 마시게	莫厭榴花照客杯
삼신산이 가깝다고 하니	聞說三神元咫尺
내 그대 따라 봉래산을 찾아가려네[154]	吾將從汝問蓬萊

152 도장(道長) : 홍세태(洪世泰, 1653~1725)로, 본관은 남양(南陽), 자는 도장, 호는 창랑(滄浪)・유하(柳下)이다. 《浣巖集 卷4 滄浪洪公墓誌銘》

153 고개……편지 : 당시 홍세태가 울산 감목관(蔚山監牧官)으로 있었으므로, 조령(鳥嶺)을 넘어 편지가 왔다고 한 것이다.

154 삼신산(三神山)이……찾아가려네 : 홍세태가 있는 울산에 가 보고 싶다는 말이다. 동해에 봉래(蓬萊)・영주(瀛洲)・방장(方丈) 등 이른바 삼신산이 있다는 전설이 전한다.

군서[155]의 묘에 곡하다

哭君敍墓

빈 산속에서 만 가지 생각 드는데	萬事空山裏
외로운 무덤에 석양 비추네	孤墳落照時
여기 오면 혹 만날 것 같았는데	此來如或見
한번 통곡한들 어찌 알겠는가	一慟更何知
저녁 풀숲에는 가을벌레 소리 급하고	夕草寒蟲急
가을 언덕에는 흰 이슬 가득하네	秋原白露滋
정기가 완전히 묻히지 않아	精英埋不盡
응당 다시 영지로 화하리라	應復化靈芝

155 군서(君敍) : 이석구(李錫九, 1678~1720)로, 본관은 전주(全州), 자는 군서이다. 명재(明齋) 윤증(尹拯)의 문하에서 공부하였다. 《樗村遺稿 卷46 李公君敍墓誌銘》《歸鹿集 卷14 李君敍墓表》

동쪽으로 나가다

東出

해 저무는 높은 숲 아래 日暮長林下
쓸쓸한 시골 노인의 집 蕭然野老家
사립문에 밥 짓는 연기 고요하고 柴門靜煙火
가을빛이 상마에 물들었네 秋色在桑麻
소는 맑은 시냇물 마시고 牛飮淸溪水
벌레들은 산국화에서 우는구나 蟲鳴山菊花
잠깐 동쪽으로 성곽 벗어났을 뿐인데 暫時東出郭
이미 모래바람 면했네 已復免風沙

홀연히

忽忽

홀연히 남은 해 다하는데	忽忽殘年盡
아득히 먼 길 가는구나	悠悠遠道征
시골 연기는 쓸쓸히 이어지고	村烟寒不斷
봉우리의 눈만 저물녘에 도리어 밝네	峰雪暮還明
말 타고 드넓은 산천 오가며	鞍馬山川闊
세시마다 아녀자와 같은 마음 일어나네	歲時兒女情
인생은 근본에 보답함이 중요하니	人生重報本
경솔하게 집 떠나는 것 아니라네	非是別家輕

판교촌에서 묵다

宿板橋村

홀로 앉아 공중에 글씨 쓰노니	獨坐書空字
외로운 마을에 밤 깊어가네	孤村夜色闌
종이창은 눈빛과 함께 희고	紙牕兼雪白
초가집에 등불 쓸쓸하네	茅屋有燈寒
먼 길에 풍상 괴로운데	長道風霜苦
늙은 나이라 근력도 떨어지네	衰年筋力殘
고향 산이 눈에 보이는 듯한데	故山如在眼
솔과 대는 아마도 평안하겠지	松竹倘平安

길을 가다가 감회를 쓰다

途中書懷

밤에 눈 내리는 황량한 마을에서 묵고	夜宿荒村雪
새벽에 등불 밝힌 허름한 집에서 밥 먹고	晨餐破屋燈
홀로 어지러운 산 밖으로 가다가	獨行亂山外
문득 떠오르는 아침 해 보노라	忽看初日升
천지 사이에 나는 어디로 가는가	天地吾安適
힘들고 위태하지만 의기는 오히려 솟구치네	艱危氣尙騰
평생 나라 걱정하는 마음 가졌지만	平生憂國意
늘그막에 다시 무엇을 하겠는가	投老更何能

집 생각
思家

바람 거세고 하늘 어두워지는데　　風急天將黑
산은 차갑고 길은 절로 비껴 있네　　山寒路自斜
올 때는 눈송이에 시름겹더니　　來時愁雪片
돌아가는 날에 매화 마주했네　　歸日對梅花
섣달 다하도록 나그네 되어　　臘盡還爲客
늘그막에 점점 집이 그립구나　　年衰漸戀家
어여뻐라 어린 아이　　遙憐少兒子
새로 말 배워 아빠 아빠 부르겠지　　新學喚爺爺

수세[156] 2수

守歲 二首

선영에서 수세하는 밤	守歲松楸夜
외로운 등불 밝힌 채 홀로 잠들지 못하네	孤燈獨不眠
봄에 돌아갈 날 언제인가	春還知幾日
객지에서 남은 해 보내네	客裏送殘年
마을 적막해 닭 울음소리 아득하고	村寂鷄聲杳
빈 창문에 눈빛이 더욱 선명하네	牕虛雪色偏
이내 삶 미련하기 짝이 없었으니	吾生頑更甚
술잔 앞에서 온갖 생각 드는구나	萬感集尊前

초가집에서 눈 내리는 소리 들으며	茅簷聞雪墮
닭 울 때까지 홀로 앉았노라	獨坐到鷄時
남은 해 다함이 안타까울 뿐	但惜殘年盡
이 밤 더딤을 어찌 싫어하랴	寧嫌此夜遲
덧없는 인생 본래 쉬 늙는 법	浮生元易老
만사가 매우 서글프네	萬事只深悲
붓을 호호 불며 새 시 쓰노라니	呵筆題新詩
등불 꽃이 벼루에 떨어지네	燈花落硯池

156 수세(守歲) : 제석(除夕)에 밤새도록 잠을 자지 않고 새해 아침이 밝아 오는 것을 기다려 맞는 것을 의미한다.

제야에 감회를 쓰다
除夜書感

눈 내린 차가운 산에 홀로 누웠지만	獨臥寒山雪
내일 아침이면 또 봄을 보겠지	明朝又見春
술잔도 소용없어	酒杯亦無賴
등불만 가까이할 뿐	燈火自相親
늙고 병들어 몰골 달라졌지만	老病形容異
문장에는 의기가 새롭네	文章意氣新
두타산은 속물 아니니	陀山非俗物
아마도 돌아오지 않는 사람 비웃겠지	應笑未歸人
하나하나 떠오르는 평생의 일	歷歷平生事
아득히 오십 년 세월 흘렀네	悠悠五十年
시서 즐기며 부질없이 백발 되었고	詩書空白首
골육들 절반은 운명 달리했네	骨肉半黃泉
통한을 묻을 땅 본래 없는데	埋恨元無地
글을 지어 감히 하늘에 물으랴	陳辭敢問天
하늘이 꼿꼿한 성격 주셔서	天公付傲骨
남들이 가엾게 여겨 줌 받아들이지 못하네	定不受人憐

제석에 홀로 앉아 있는데 눈보라가 서글피 몰아쳤다. 다만 차가운 등불을 마주하고 있으려니, 죽은 누이가 떠올라 서글픈 마음을 견딜 수 없었다. 마침내 눈물을 흘리며 이 시를 쓴다

除夕獨坐 風雪悽然 只與寒燈相對 有懷亡妹 不勝悲怛 遂和淚書此

누구나 한 번 죽지만	一死人皆有
너의 죽음 가장 가엾구나	捐生爾最憐
사랑 끊고 어린 딸 두고서	割慈抛幼女
미소 머금고 황천으로 들어갔네	含笑入黃泉
눈은 쌓이고 외로운 무덤 멀기만 하니	積雪孤墳遠
새봄에 온갖 감회 더욱 많아라	新春百感徧
다시금 잣나무 붙잡고 흘리던 눈물을[157]	更將攀栢淚
멀리 마산의 하늘에 뿌리노라	遙洒馬山天

입(入)은 종(從)으로도 쓴다.

157 잣나무……눈물을 : 부모님의 묘소에서 흘리던 눈물을 말한다. 반백(攀栢)은 잣나무를 부여잡는다는 의미인데, 진(晉)나라 왕부(王裒)가 아버지의 무덤가에 여막을 짓고 아침저녁으로 묘소에 가서 절하고 잣나무를 붙잡고 슬피 울자 잣나무가 눈물 때문에 말라 버렸다는 고사가 전한다. 《晉書 卷88 王裒列傳》

또 서매를 생각하다

又懷庶妹

네 어머니는 성이 무너지는 슬픔[158] 안고	汝母崩城慟
여생을 너에게 의지했는데	餘生獨汝依
꽃다운 나이에 어찌 이렇게 되었나	芳年胡至此
만사가 다 잘못되었네	萬事忽成非
산에 달 떴을 때 화장 거울 묻고	山月埋粧鏡
창에 등불 켜고 시집갈 옷으로 염했네	牕燈斂嫁衣
함께 한 십칠 년 세월	提携十七載
모두가 꿈처럼 아련하구나	一似夢依俙

158 성이 무너지는 슬픔 : 남편을 잃은 슬픔을 말한다. 춘추 시대 제(齊)나라 장공(莊公)의 대부 기량(杞梁)이 전사하자, 그의 아내가 시체를 성 아래에 놓고 열흘 동안 통곡하니 성이 무너졌다는 고사가 전한다. 《列女傳》

새해 신축년(1721, 경종1)

新年 辛丑

어느새 새해 되어	忽爾新年改
쓸쓸히 백발로 읊조리네	悽然白首吟
치아는 이제 다 빠지고	齒牙今盡落
늙음과 질병만 날마다 침범하네	衰病日相侵
밤새 내린 눈 속에 술잔 남았는데	夜雪山樽在
봄바람에 무덤가 나무[159] 무성해지네	春風宰木陰
해마다 상로의 감회[160] 있어	每年霜露感
지금까지 오갔네	來往到于今

159 무덤가 나무 : 재목(宰木)은 묘소 주변에 심은 나무를 의미한다. 아래에 등장하는 시들의 내용을 볼 때, 이 시를 지을 당시 이하곤은 서울에서 경기도 용인에 다녀왔음을 알 수 있고, 어머니 묘소가 있는 양산(陽山)에 들렀으므로 이렇게 읊은 것이다.

160 상로(霜露)의 감회 : 돌아가신 부조(父祖)에 대한 생각을 말한다. 《예기》 〈제의(祭義)〉에 "가을에 서리와 이슬이 내리면 군자가 그것을 밟고 반드시 슬픈 마음이 생기나니, 이는 날이 추워져서 그런 것이 아니다. 또 봄에 비와 이슬이 내려 땅이 축축해지면 군자가 그것을 밟고 반드시 섬뜩하게 두려운 마음이 생기면서, 마치 죽은 부모를 곧 만날 것 같은 생각이 들게 된다.〔霜露既降, 君子履之, 必有悽愴之心, 非其寒之謂也. 春雨露既濡, 君子履之, 必有怵惕之心, 如將見之.〕"라고 하였다.

저물녘에 바라보다

晩眺

저물녘에 사립문에 섰노라니	晩向柴門立
거친 들판이 먼 하늘에 닿았네	平蕪接遠天
석양 질 때 시내에 눈 내리고	夕陽一溪雪
고목에는 몇 마을의 연기 엉겼구나	古木幾村烟
돌아가는 꿈 밤마다 이어지니	歸夢應連夜
집 떠난 지 어느덧 해가 지났네	離家忽隔年
늙은 아내와 어린 아이	老妻與稚子
내일은 함께 단란하게 모이겠네	來日共團圓

정월 초하루 밤에 감회가 있어서

元旦夜有感

온갖 일에 나는 이제 늙어	萬事吾今老
남은 삶 뜻은 이미 어긋났네	殘生志已違
천지 사이에 세월 빨리 흘러	乾坤日月疾
사십오 년 세월 그르쳤네	四十五年非
눈 쌓여 베개 높이 베고 누워	積雪仍高枕
쓸쓸한 등불 밝힌 채 문 닫았네	寒燈與掩扉
두타산에 봄빛 이르렀을 터	陀山春色至
올해는 남쪽으로 돌아가야지	今歲定南歸

밤에 박규가 찾아와 기뻤다

喜朴生 珪 夜至

시냇가에 사립문 외졌으니	澗水柴門僻
눈 속에 누가 찾아오랴	誰能雪裏來
말 타고 온 그대 멋지구나	多君騎馬至
배를 돌리지 않았네[161]	不作放船迴
밤 깊도록 등불 밝히고	夜永猶燈火
봄 날씨 쌀쌀해 술잔만 나누네	春寒只酒杯
나란히 이불 덮고 자며	深憑聯被宿
매번 객지의 회포 푸노라	每得客懷開

161 배를 돌리지 않았네 : 박규가 방문한 것을 왕휘지(王徽之)의 고사를 이끌어 읊은 것이다. 왕휘지가 눈 내리는 밤에 섬계(剡溪)에 사는 벗 대규(戴逵)가 보고 싶어 배를 타고 찾아갔다가 만나지 않고 돌아왔다. 사람들이 그 이유를 묻자 "흥이 나서 갔다가 흥이 다해 돌아왔다.〔乘興而行, 興盡而返.〕"라고 했다는 고사가 전한다. 《世說新語 任誕》

또 장 자를 얻었다

又得藏字

함께 새해 맞은 감회 있는데	共有新年感
서로 바라보니 흰머리 자랐구나	相看素髮長
그대는 어찌 자벌레의 굽힘을 한탄하는가	君何嘆蠖屈
나는 용이 숨음을 배우려 하네[162]	我欲學龍藏
세상만사 하늘에 달려 있으니	萬事皇天在
뜬 명성을 말세에 싫어하노라	浮名末俗妨
구름 낀 산 가는 곳마다 좋으니	雲山隨處好
어디든 내 고향일세	無地不吾鄉

162 그대는……하네 : 고향으로 돌아가는 이하곤의 모습을 보면서 박규는 그 불우함을 안타깝게 생각하지만, 이하곤 본인은 자신의 분수에 만족하며 성명(性命)을 보존하려고 한다는 말이다. 《주역》 〈계사전 하(繫辭傳下)〉에 "자벌레가 몸을 굽힘은 폄을 구하기 위해서요, 용과 뱀이 칩거함은 몸을 보존하기 위해서다.〔尺蠖之屈, 以求信也, 龍蛇之蟄, 以存身也.〕"라고 하였다.

감회를 기록하다

志感

예전에 저포 놀이 즐겼는데	伊昔摴蒲戲
이제는 양쪽 귀밑머리 세었구나	于今兩鬢絲
천지 사이에 한 마리 좀처럼 남아	乾坤餘一蠹
세월 속에 새 시만 짓노라	歲月只新詩
틈새로 들어오는 눈이 책을 침범하고	隙雪侵書卷
창가의 등불이 술잔을 비추네	牕燈照酒巵
동풍이 문 앞의 버들 흔드니	東風動門柳
문득 다시 고향이 떠오르네	忽復故園思

일찍 양산[163]을 출발하다

早發陽山

새벽에 일어나니 별도 아직 지지 않았는데 晨興星未落
석인 사이에서 절하네 拜跪石人間
고작 사흘 밤 묵고서 但辦三宵宿
문득 해 지나서 돌아왔네 翻成隔歲還
좌잔령[164]에 눈 높이 쌓이고 雪高左棧嶺
수정산[165]에 구름 엷게 드리웠네 雲薄水晶山
남은 그리움 선산에 맺혀 餘戀松楸在
동풍에 다시 눈물 흘리네 東風眼更潸

163 양산(陽山) : 현재의 경기도 용인시와 안성시 사이에 있는 지명으로, 이하곤의 어머니 묘소가 있는 곳이다. 502쪽 각주23 참조.

164 좌잔령(左棧嶺) : 경기도 안성시 죽산면 일대에 있는 산이다.

165 수정산(水晶山) : 경기도 용인시의 동남쪽에 위치한 산이다.

금량[166]으로 가는 길에

金梁途中

취해서 흰 나귀 등에 걸터앉아	醉橫白騾背
쉼 없이 구름 낀 산을 지나는데	滾滾閱雲岑
마을 없어 들판 드넓고	野以無村闊
눈 내릴 듯 하늘 흐려지네	天將欲雪陰
산천은 아름다운 시구 기다리는데	山川待佳句
가는 세월에 장한 마음 사라지네	時序損雄心
예부터 영웅호걸들은	自古英豪輩
쓸쓸히 바위 숲에 누웠었지	寥寥臥石林

166 금량(金梁) : 현재의 경기도 용인시 처인구에 김량장동이 있는데, 이하곤의 여정으로 볼 때 이곳으로 추정되지만 정확하지는 않다. 용인에 금량역(金梁驛)이 있었다.

금량역[167]을 지나며 다시 음 자를 사용해 짓다

過金梁驛 復用陰字

검푸른 부아산[168] 북쪽에	蒼蒼負兒北
오래된 역이 숲에 의지했네	古驛只依林
햇빛은 찬 들판에 엷고	日色寒郊薄
닭 울음은 눈 쌓인 깊은 집에서 울리네	鷄聲雪屋深
풍연에 먼 길 아득한데	風烟迷遠道
천지 사이에 한겨울 지났네	天地改窮陰
머리털 짧아짐을 스스로 알지만	自覺顚毛短
늙은 천리마의 마음만은 남았노라[169]	猶存老驥心

167 금량역(金梁驛) : 현재의 경기도 용인시에 있었던 역이다.

168 부아산(負兒山) : 경기도 용인시 처인구 삼가동에 있다.

169 머리털……남았노라 : 머리가 세는 노년을 맞이했지만, 원대한 뜻만은 간직하고 있다는 말이다. 조조(曹操)의 〈보출하문행(步出夏門行)〉에 "늙은 천리마가 구유에 누웠어도 뜻은 천리 밖에 있고, 열사가 늙었어도 장한 마음 변함이 없네.〔老驥伏櫪, 志在千里. 烈士暮年, 壯心不已.〕"라고 하였다.

길을 가며 본 것을 기록하다

途中記所見

몇 폭의 푸른 치마와 한 자의 쪽진 머리	數幅青裙一尺髻
시골 아낙의 단장한 모습 누가 싫어할까	村婆粧束更誰猜
모름지기 눈 밟고 가는 종종걸음 볼지어다	須看蹋雪纖纖步
앞마을로 세배하러 왔구나	自向前村拜歲來

직곡[170]으로 가는 길에

直谷途中

힘든 여정 언제나 끝날까	征役何時了
이내 인생 이 사이에서 늙는구나	吾生老此間
민가의 연기가 눈 내린 나무에 자욱하고	人烟渾雪樹
나그넷길은 찬 산으로 끝없이 뻗어 있네	客路盡寒山
외로운 학은 꼿꼿이 서 있고	獨鶴亭亭立
저물녘 까마귀는 아득히 돌아오네	昏鴉漠漠還
날고 깃들기를 저마다 자유롭게 하니	飛栖各自在
저들의 한가로움 부럽지 않으랴	得不羨渠閑

170 직곡(直谷) : 경기도 용인시에 있는 지명이다. 용인에서 남쪽으로 가는 길에 직곡현(直谷峴)이 있었다. 《萬機要覽 軍政篇4 關防 京畿》

말 위에서 입으로 부르다
馬上口號

무슨 일로 분주한가	擾擾元何事
허둥지둥 이 인생 보내네	栖栖送此生
판교 객점에는 저녁연기 끼었고	暮烟板橋店
남한산성 숲에는 눈 쌓였네	雪樹漢山城
섣달 지나고 봄기운 겨우 꿈틀대는데	臘盡纔春動
남으로 왔다가 또 북으로 가네	南來又北征
돌아가면 처자와 이야기하며	歸應話妻子
객지의 괴로운 마음 말하리	辛苦客中情

판교의 객점

板橋店

푸른 산이 빙 두른 십 리의 들판	蒼山十里野
즐비하게 객점 늘어선 마을이네	撲地店人村
삼남으로 통하는 요충지로[171]	轂綰三南口
샘물 솟듯 온갖 재화 있구나	泉輪百貨存
저자의 창기는 문에 기대섰고	市倡倚門立
마구간의 말은 울타리 너머에서 우는구나	櫪馬隔籬喧
언제나 밥 짓는 연기 일어나	常看炊烟起
높은 하늘이 절반은 어둡구나	高天一半昏

171 삼남(三南)으로 통하는 요충지로 : 판교가 충청·전라·경상도로 통하는 교통의 요충지라는 말이다. 곡관(轂綰)은 관곡(綰轂)과 같은 말로, 교통의 요충지로서 사방의 물산이 집중됨을 의미한다. 《사기(史記)》 권129 〈화식열전(貨殖列傳)〉에 "사방이 산으로 막혔어도 천리를 잔도로 연결하여 관중과 통하지 않음이 없었으나, 오직 포사 지역에 병목처럼 모여들어 많은 물자를 가지고 부족한 물자와 교환하였다.〔四塞, 棧道千里, 無所不通, 唯褒斜綰轂其口, 以所多易所鮮.〕"라고 하였다.

오씨의 집에서 묵다

宿吳家

객점의 서쪽 골목 외진 곳에　　店舍西巷僻
별도로 한 사립문 만들었네　　別開一柴荊
사방 벽에 쓸쓸한 등불만 남았고　　寒燈餘四壁
빈 정원에 고목만 있구나　　古木只虛庭
베 이불이 눈에 젖을까 걱정되니　　布被愁沾雪
초가에 눕자 별 보이네　　茆茨臥見星
머문 곳에 어진 주인 있으니　　居停有賢主
오가며 몇 번이나 들렀던가　　來往幾曾經

2일에 달을 보다

二日見月

봄 된 지 겨우 이틀	入春纔二日
달을 보니 새해로구나	見月卽新年
늙은 나무 아래를 때때로 천천히 걷고	老木時徐步
차가운 창에서 잠들지 못하네	寒牕遂不眠
가느다란 빛에 별들 다 사라지는데	細光星盡奪
잠깐 비추자 눈빛 곱구나	暫燭雪相鮮
맑은 빛이 두루 비춤을 알고자 한다면	欲識淸輝遍
보름날 둥근 달을 기다려 보아야지	留看十五圓

현운으로 가는 길에

懸雲途中

섣달 날씨도 늘 따뜻하더니	臘候常暄暖
봄 되자 바람과 햇살 맑구나	入春風日淸
백 년이 이제 반 지나려 하는데[172]	百年今欲半
만사 가운데 끝내 무엇을 이루었나	萬事竟何成
갈매기와 깊은 맹약 있고[173]	鷗鷺深盟在
시서가 늙은 눈에 밝게 들어오네	詩書老眼明
울컥한 마음 가질 필요 없으니	不須懷感激
이것으로 여생 보내리라	卽此送餘生

172 백 년이……하는데 : 이하곤은 1677년에 태어났으므로, 이 시를 짓고 있는 1721년에 45세였다.

173 갈매기와……있고 : 갈매기와 벗하기로 약속했다는 말로, 자연에 은거함을 의미한다. 송(宋)나라 황정견(黃庭堅)의 시에 "만 리 돌아가는 배에서 젓대 부니, 이 마음 백구와 맹세하였네.〔萬里歸船弄長笛, 此心吾與白鷗盟.〕"라고 하였다.《山谷集 卷7 登快閣》

한강에서

漢江

강물이 바다로 흘러가며	江漢流滄海
밤이나 낮이나 넘실거리네	滔滔日夜間
양쪽 언덕에 누대 있는데	樓臺兩岸有
배들은 언제나 돌아올까	帆船幾時還
안개 속의 나무들 들쭉날쭉하고	高下烟中樹
눈 내린 뒤에 산들 종횡으로 펼쳐졌네	縱橫雪後山
힘찬 만 리의 기세	居然萬里勢
여기로부터 남관으로 보내네	從此送南關

정원백[174]의 사계절 병풍 그림에 쓰다
題鄭元伯四時屛畫

동쪽 언덕 민가가 푸른 산에 있는데 東墻人家住翠微
살구꽃 다 떨어지고 사립문 닫았네 杏花落盡掩荊扉
시내 남쪽에서 비 그친 뒤에 밭 갈고 溪南雨後看耕罷
구름 사이로 난 길로 천천히 돌아오네 一道穿雲緩緩歸
봄

한낮의 푸른 아지랑이 걷히지 않는데 日午蒼嵐暗不開
동쪽 시냇가 나무 빛깔은 이끼보다 푸르구나 東溪樹色綠於苔
그윽한 사람 홀로 거문고 가지고 가니 幽人獨自携琴去
산속 정자에서 폭포 구경하려는 게지 知是山亭看瀑來
여름

단풍 숲 깊은 곳에 모두 어부의 집인데 楓林深處盡漁家
몇 조각 주막 깃발이 저녁노을에 어른대네 數片靑帘隔晚霞
하늘 끝 석양에 돛 그림자 멀어지고 天際夕陽帆影遠
온 강물의 가을빛 갈대꽃에 있구나 一江秋色在蘆花
가을

174 정원백(鄭元伯) : 정선(鄭敾, 1676~1759)으로, 본관은 광산(光山), 자는 원백, 호는 겸재(謙齋)·겸초(兼艸)·난곡(蘭谷)이다.

강가 사립문에 고목이 나직하고	江上柴門古木低
온 하늘이 구름과 눈으로 저물녘에 희미하네	一天雲雪晚來迷
울타리 밖으로 매화 가지 삐져나와	梅花側出疏籬外
때때로 맑은 향기가 강물 서쪽을 스치네	時有淸香過水西

겨울

다시 가을 경치 한 수를 쓰다

又題秋景一首

강가 어부의 집 일찍 문 닫고	江上漁家早掩門
단풍 숲에 달 나오니 황혼녘이네	楓林月出正黃昏
갈대꽃 우거진 곳에 외로운 배 있는데	蘆花深處孤舟在
가을 물은 안개에 가려 흔적 보이지 않네	秋水如烟不見痕

군칙[175]이 〈제석탄〉 한 편을 보내왔기에 화운하여 답하다
君則寄示除夕歎一篇 和韻答之

작년 섣달 그믐밤에	去年臘月三十夕
나는 멀리 양산[176]에 갔었지	余方遠作陽山客
삭풍 매섭고 하늘 캄캄해지더니	北風慘慄天氣黑
수정봉[177] 앞에 눈송이가 방석처럼 내렸네	水晶峯前雪如席
초가에 홀로 누워 만감이 교차하는데	茆齋獨臥萬感集
지난 삶 돌아보니 한 가지 즐거움도 없었네	點檢平生無一樂
젊어서는 기린각에 초상 그릴 뜻 있었지만[178]	少年有志畫麒麟
만사 어긋나고 머리만 어느새 세었구나	萬事濩落頭已白
세월은 바삐 흘러 잠시도 멈추지 않으니	日月駸駸不少停
누가 채찍질해 몰아가는가	有誰鞭策相驅逐
조충전각[179]을 장부들이 비웃나니	雕蟲篆刻壯夫嗤

175 군칙(君則) : 홍중성(洪重聖, 1668~1735)으로, 본관은 풍산(豐山), 자는 군칙, 호는 운와(芸窩)이다. 김창흡(金昌翕)의 문인이다.

176 양산(陽山) : 현재의 경기도 용인시와 안성시 사이에 있는 지명으로, 이하곤의 어머니 묘소가 있는 곳이다. 502쪽 각주23 참조.

177 수정봉(水晶峯) : 경기도 용인시의 동남쪽에 위치한 수정산(水晶山)을 가리킨다.

178 젊어서는……있었지만 : 이하곤이 젊어서는 원대한 포부를 가지고 있었다는 말이다. 기린(麒麟)은 기린각(麒麟閣)으로, 한 선제(漢宣帝)가 일찍이 곽광(霍光), 장안세(張安世), 소무(蘇武) 등 공신(功臣) 11인의 초상을 그려서 걸게 했던 전각(殿閣) 이름이다. 《漢書 卷54 李廣蘇建傳》

179 조충전각(雕蟲篆刻) : 벌레 모양이나 전서(篆書)를 새기듯이 미사여구(美辭麗

이러한 뜬 명성 널리 알려진들 무엇 하랴	如此浮名何用博
티끌 속에는 하루도 머물 수 없는데	塵中不可一日留
하물며 세상사의 변화가 많음에랴	況乃世事多變易
사방 둘러봐도 갈 곳 없으니	回瞻四方靡所騁
쓸쓸한 이 마음 예나 지금이나 다름없네	此意蕭條無今昔
꼬끼오 닭 울음소리 사방 이웃에서 울리니	鳴鷄腷膊撼四隣
축시가 된 줄을 알겠네	乃知刻漏行到丑
인정은 본래 늘그막을 애석하게 여기는 법	人情本自惜殘年
젊은 시절 떠올리며 눈물로 가슴 적신다오	忽憶少壯淚沾臆

句)로 글을 꾸미는 작은 기예(技藝)를 가리키는 말로, 화려한 문장을 의미한다.

자야[180]가 율시 한 수를 보내왔기에 화운하여 답하다

子野寄示一律 和韻答之

늙어서 봄 만나도 기쁘지 않으니	老去逢春自不歡
매화가 어찌 시름을 달래 주랴	梅花何以破愁端
골목 걸어 보니 진흙 길이 막 미끄러운데	步來窮巷泥初滑
앞산 마주하니 눈 쌓여 다시 차갑구나	對坐前峰雪更寒
그대는 오랜 가난에 배불리 먹기 어렵고	汝已長貧難飽飯
나는 지금 병이 많아 관직 그만두려 하네	吾今多病欲辭官
만나서 종일 취해야 하니	相逢但可終朝醉
선달에 빚은 술 떨어짐을 싫어 마시게	莫厭樽中臘酒殘

180 자야(子野) : 이신(李莘)으로, 본관은 성주(星州), 자는 자야이다.

지난겨울에 자야[181]가 시 한 수를 보내왔는데, 게을러서 답을 하지 못하다가 이제야 비로소 화운해 보내 웃게 한다

去冬子野寄一詩 懶不能答 今始和去博粲

근래 이사하여 남쪽 언덕에 살게 되었는데	近來移宅住南阿
올겨울에 그대가 들러 주지 않는구나	不復今冬見汝過
이제부터 사람 없어 말벗도 적으니	自是無人開口少
다만 눈 소리 들으며 문 닫아 두는 때 많네	只須聽雪閉門多
초승달이 매화에 운치 더해 주고	獨憐纖月添梅韻
봄바람[182]에 새들 노래 변해 가네	一任條風變鳥歌
내일 아침에 봄이 또 이름을 보리니	會見明朝春又至
초가 처마에서 따뜻한 햇살 쬐겠지	茅簷應已負陽和

181 자야(子野) : 이신(李莘)으로, 본관은 성주(星州), 자는 자야이다.

182 봄바람 : 조풍(條風)은 팔풍(八風)의 하나로, 봄에 부는 동북풍을 말한다. 입춘 후 45일 동안 분다고 한다. 팔풍은 입춘의 조풍, 춘분(春分)의 명서풍(明庶風), 입하(立夏)의 청명풍(淸明風), 하지(夏至)의 경풍(景風), 입추(立秋)의 양풍(涼風), 추분(秋分)의 창합풍(閶闔風), 입동(立冬)의 부주풍(不周風), 동지(冬至)의 광막풍(廣莫風)이다.《易緯通卦驗》

하양으로 부임하는 원백[183]을 전송하다
送元伯之任河陽

한 벌의 푸른 도포 반은 낡았으니	一領青衫半不新
십 년 동안 낮은 벼슬로 서울 풍진 속에 분주했네	十年薄宦走京塵
모름지기 격탁하는 괴로운 뜻 알아야 하니	要知擊柝辛勤意
다만 고당 때문이지 가난 때문이 아니라네[184]	只爲高堂不爲貧
정월에 동풍 불지만 눈발이 수레에 가득하고	正月東風雪滿車
용추[185]의 남쪽에 고개 구름 아득하네	龍湫南畔嶺雲賒
그대가 이번에 가서 맑은 정취 넉넉하리니	知君此去饒清趣
하양 한 고을의 꽃을 주관하겠지[186]	管領河陽一縣花

183 원백(元伯) : 정선(鄭敾, 1676~1759)으로, 본관은 광산(光山), 자는 원백, 호는 겸재(謙齋)·겸초(兼艸)·난곡(蘭谷)이다. 하양 현감(河陽縣監)을 역임하였다.

184 모름지기……아니라네 : 정선이 미관말직이나마 사양하지 않는 것은 가난한 살림을 해결하기 위해서가 아니라 어버이를 봉양하기 위해서라는 말이다. 격탁(擊柝)은 딱따기를 두드리면서 야경(夜警)하는 사람을 말하는데, 전하여 비천한 하급 관리의 뜻으로 쓰인다. 《맹자》〈만장 하(萬章下)〉에 "높은 자리를 사양하고 낮은 자리에 처하며, 녹봉이 많음을 사양하고 적음에 처함은 어떻게 하여야 마땅한가. 관문을 지키고 목탁을 치는 일이다.〔辭尊居卑, 辭富居貧, 惡乎宜乎, 抱關擊柝.〕"라고 하였다.

185 용추(龍湫) : 여러 곳에 있지만, 정선이 하양 현감으로 부임하는 것이므로 경상북도 문경의 조령에 있는 용추를 가리키는 것으로 보인다. 이곳은 사면의 벽과 바닥이 바위로 된 폭포가 있어 명승지로 유명하다. 하양은 경상북도 경산의 옛 지명이다.

186 하양(河陽)……주관하겠지 : 정선이 하양 현감으로 부임하여 고을을 잘 다스릴

고을이 말처럼 작은들 어떠하리	邑小何妨如斗大
신라의 후예로 백성들 순박해서 좋구나	民淳多喜是羅餘
헤어지며 난새가 가시덤불에 깃듦 한하지 않나니	臨分不恨鸞栖棘
어버이께 날마다 생선 반찬 올리겠지[187]	知爾親廚日薦魚

가슴속에 본래 선천학[188] 간직했고	胸中自有先天學
붓 아래 본래 반점의 티끌도 없으니	筆下元無半點塵
이미 기인에게서 깊은 경지 엿보았고[189]	已向畸人窺閫奧
문득 현재에게서 그 정신 빼앗았네[190]	便從玄宰奪精神

것이라는 말이다. 진(晉)나라 반악(潘嶽)이 하양의 수령으로 나가서 온 경내에 복사꽃과 오얏꽃을 심자, 사람들이 이를 일컬어 하양일현화(河陽一縣花)라고 하였다고 한다. 《山堂肆考 卷77 植花》 정선과 반악이 지방관으로 부임한 곳의 지명이 하양으로 일치하므로 이 고사를 인용한 것이다.

187 헤어지며……올리겠지 : 정선이 어버이를 모시고 가서 진미(珍味)로 봉양할 것이므로, 비록 미관말직을 맡아 부임하지만 안타깝게 여기지 않겠다는 말이다. 후한(後漢) 때 고성 영(考城令) 왕환(王渙)이 정장(亭長) 구람(仇覽)을 평가하여 "가시나무는 난봉이 깃들 곳이 아니니, 백리 고을이 어찌 대현이 있을 곳이리오.〔枳棘非鸞鳳所棲, 百里豈大賢之路.〕"라고 한 고사가 전한다. 《後漢書 卷106 仇覽列傳》

188 선천학(先天學) : 소옹(邵雍, 1011～1077)의 역학(易學)을 가리킨다. 그는 《주역》을 설명하면서 복희(伏羲)의 역(易)을 선천(先天), 문왕(文王)의 역(易)을 후천(後天)이라 하였으며, 〈복희선천괘위도(伏羲先天卦位圖)〉를 만들었다.

189 이미……엿보았고 : 정선이 선천학을 익혀 《주역》의 이치를 잘 안다는 말이다. 기인(畸人)은 세상과 잘 어울리지 못한 채 홀로 외로이 살아가는 사람이라는 뜻인데, 여기서는 선천학을 창시한 소옹을 가리키는 말로 사용되었다.

190 문득……빼앗았네 : 정선의 서화(書畫) 솜씨를 칭찬한 말이다. 현재(玄宰)는 명(明)나라 만력(萬曆) 연간의 유명한 서화가 동기창(董其昌, 1555～1636)의 자이다. 그의 호는 사백(思白)·향광거사(香光居士), 시호는 문민(文敏)이다.

도산 한 굽이에 퇴옹이 사셨으니	陶山一曲退翁居
시냇가 사립문에 노목이 남았으리[191]	溪上柴門老木餘
조만간 그대가 가서 붓 놀릴 터	早晚君行應縱筆
먼저 한 장을 내게 부치시게	先將一紙寄於余

191 도산(陶山)……남았으리 : 정선이 하양으로 부임하면서 안동(安東)에 가서 퇴계(退溪) 이황(李滉)의 자취를 찾아볼 계획이었으므로 이렇게 읊은 것으로 보인다.

밤에 앉아 있다가

夜坐

달 나오고 차가운 산 고요한데	月出寒山靜
잔설이 사립문 주위에 남았네	殘雪帶柴門
봄 등불이 돌아가고픈 꿈 비추어	春燈照歸夢
하나하나 고향으로 들어가네	一一入故園

집에서 밤에

齋夜

쓸쓸히 외로운 집에서　　寂寂孤齋裏
창 열고 눈 쌓인 소나무 마주하네　　開牕對雪松
누가 알랴 기나긴 봄밤에　　誰知春夜永
조각달이 반쯤 서쪽 봉우리에 걸린 줄을　　微月半西峯

등불 아래에서

燈下

밤 깊어 가고 달은 지지 않았으며	夜深月未落
성긴 버들에 깃든 까마귀 자는데	疎柳宿棲鴉
외로운 등불 밝힌 북쪽 창 아래에서	孤燈北窓下
매화만 마주하고 있노라	相對只梅花

달밤에

月夜

문 열고 달빛 맞아들이니	開門延月光
흰 기운이 서리처럼 엉기네	素氣凝如霜
한 쌍의 거위는 또 무슨 마음으로	雙鵞亦何意
밤마다 우물가에서 자는가	夜夜宿井傍

자야[192]에게 부치다

寄子野

그대 보지 못한 지 어느덧 열흘	不見汝今已一旬
사립문의 새들만 친하게 지내노라	柴門鳥雀但相親
눈처럼 센 귀밑머리 참 가련한데	偏憐鬢髮還如雪
문득 매화 보니 또 봄이로구나	忽看梅花又是春
밤마다 오는 것은 고운 달 뿐	每夜自來唯好月
한 잔 술 나눌 이 다시 누구인가	一尊相屬更何人
굶주림 잊게 하는 새 시 있으니	忘飢定有新詩在
어진 아내에게 가난을 탄식하지 말라 하네	分付賢妻莫歎貧

192 자야(子野) : 이신(李莘)으로, 본관은 성주(星州), 자는 자야이다.

참판 송징은[193] 만사

宋參判徵殷輓

진실한 마음과 후덕한 용모 타고나 冲襟厚貌自天眞
지금 세상에 공은 홀로 고인 같았네[194] 今世公能獨古人
다만 정신 집중해 옛 글만 연구했으니 但已覃精硏故紙
어찌 통진할 여념이 있었으랴[195] 有何餘念更通津
어두운 방에 누운 것은 부끄러워서가 아니었고 臥來暗室非慚色
청산에 묻히니 몸을 깨끗하게 하였네 埋去靑山卽潔身
노래도 하고 곡도 하며 기복 있는 것이 물리이니 謌哭乘除元物理
온전한 복을 견줄 이 없음 알겠네 終知完福更無倫

193 송징은(宋徵殷) : 1652~1720. 본관은 여산(礪山), 자는 질부(質夫), 호는 약헌(約軒)이다. 형조(刑曹), 공조(工曹), 호조(戶曹)의 참판(參判)을 역임하였다. 《西堂私載 卷5 戶曹參判宋公神道碑銘》

194 진실한……같았네 : 이덕수(李德壽)의 글에 의하면, 송징은은 학문과 행실과 문장이 모두 고인(古人)과 닮았으므로 "몸은 지금 사람이지만 그 내면은 옛사람이다.〔公顧今人身耳, 乃其中則古人也.〕"라고 하였다. 《西堂私載 卷5 戶曹參判宋公神道碑銘》

195 다만……있었으랴 : 송징은이 경전을 비롯하여 옛 글을 연구하는 데 힘을 썼을 뿐, 출세를 위해 세력가에게 청탁하는 일을 하지 않았다는 말이다. 통진(通津)은 어디든 통하는 사통팔달의 나루라는 뜻으로, 현요(顯要)한 관직을 비유하는 말이다. 여기서는 권세를 지닌 실력자라는 뜻으로 쓰였다.

약천 남 상국[196] 구만 을 천장할 때의 만사

藥泉南相國 九萬 遷葬輓

같은 시대를 살며 뵙지 못해 늘 한하다가	每恨同時一拜遲
붓과 종이를 통해 빼어난 자태 알게 되었네	卽從毫素識英姿
정신은 진정 금석을 뚫을 만하고	精神眞可穿金石
업적은 정이에 새겨 마땅하네[197]	事業元宜勒鼎彝
비방 쌓여 끝내 밝은 임금도 의심하였으나[198]	積毁終看明主惑
괴로운 마음을 후인들이 알리라	苦心應有後人知
비파담에 문득 묘역 조성하니[199]	琶潭翻作堂封地

196 남 상국(南相國) : 남구만(南九萬, 1629~1711)으로, 본관은 의령(宜寧), 자는 운로(雲路), 호는 약천(藥泉)·미재(美齋), 시호는 문충(文忠)이다. 1687년(숙종13)과 1694년 두 차례에 걸쳐 영의정에 임명되었다. 《昆侖集 卷17 領議政藥泉南公墓誌銘》

197 업적은……마땅하네 : 남구만이 국정 전반에서 이룬 업적이 많아 길이 전할 만하다는 말이다. 정이(鼎彝)는 종묘(宗廟)에서 제사 지낼 적에 신주(神酒)를 따르는 데 쓰는 세 발 달린 솥인데, 옛날에는 공로가 있는 신하들의 이름과 공적 사항을 여기에 기록하였다.

198 비방……의심하였으나 : 소론(少論)의 영수로 지목된 남구만은 1701년 희빈(禧嬪) 장씨(張氏)의 처벌에 대해 중형을 주장하는 노론의 주장에 맞서 가볍게 벌할 것을 주장하였는데, 숙종(肅宗)이 희빈 장씨의 사사를 결정하자 사직하고 낙향했다.

199 비파담(琵琶潭)에……조성하니 : 파담(琶潭)은 비파담의 준말로, 현재 경기도 용인시 처인구(處仁區) 모현면(慕賢面) 갈담리(葛潭里)에 있다. 남구만이 이곳에 낙향하여 여생을 보냈다. 최창대(崔昌大)의 글에 의하면, 처음에 남구만을 양주(楊州)의 화접동(花蝶洞)에 장사하였다고 하였다. 현재 남구만의 묘소는 모현면 초부리에 있으므로, 이곳으로 천장(遷葬)한 것으로 보인다. 《昆侖集 卷17 領議政藥泉南公墓誌銘》

예전처럼 솔바람 소리 절로 슬프구나　　依舊松聲也自悲

종간(終看)은 기무(豈無)로도 쓴다.

봄날에 즉흥적으로 짓다

春日卽事

올해는 삼월에도 꽃이 피지 않았지만	今年三月未開花
한식에 동풍 불고 제비들 비껴 나네	寒食東風燕子斜
외진 곳에 우는 새들 멋진 손님 같고	地僻啼禽如好客
흐린 날 드리운 버들 이웃집까지 이어졌네	天陰垂柳更隣家
가련하게도 병 많아 봄 경치 저버렸지만	自憐多病孤春色
다만 새로 지은 시 멋진 풍경 담노라	只有新詩領物華
묻노니 언제나 옷 털고 가려는가	借問何時拂衣去
남쪽으로 고향 바라보니 연하만 아득하네	故園南望但烟霞

밤에 석호[200]의 시를 읽다

夜讀石湖詩

밤 깊어지자 밝은 달이 창에 들어오는데	夜深明月入窓遲
쌀쌀한 날씨 매서워 섣달 같구나	寒意淸嚴似臘時
오랫동안 앉아 시간 가는 줄도 모른 채	坐久不知更漏急
등불 앞에서 석호의 시에 점을 찍네	燈前自點石湖詩

급(急)은 단(短)으로도 쓴다.

200 석호(石湖) : 신여식(申汝拭, 1627~1690)으로, 본관은 평산(平山), 자는 옥이(玉爾), 호는 석호이다. 파주 목사(坡州牧使)를 역임하였다. 이하곤과 교류했던 신정하(申靖夏)의 조부이다. 《絅菴集 卷6 本生考贈吏曹判書行坡州牧使府君家狀》

늦봄에 한가롭게 지내며

春晩閑居

올해는 작년보다 꽃이 늦게 피는데	今年花較去年遲
손꼽아 보니 곡우도 얼마 남지 않았네	屈指無多穀雨期
긴 해에 새 우는데 깊숙이 안석에 기대었고	啼鳥日長深隱几
먼 하늘에 구름 떠가는데 홀로 시 읊조리네	歸雲天遠獨吟詩
고향 그리는 마음은 청산에 막히지 않았는데	鄕心不與靑山隔
늙은 모습은 온전히 백발이 되었구나	衰相全爲白髮欺
침우담[201]에 봄물 불어났을 터	也識牛潭春漲動
사람에게 누치 생각나게 하는구나	令人最憶訥魚時

201 침우담(沈牛潭) : 현재 충북 진천군 초평면 연담리에 있는 우담(牛潭)을 말한다. 이곳은 옛 지명이 우담리(牛潭里)로, 소두머니라고 하였다. 침우담에 얽힌 전설은 《두타초(頭陀草)》 책1 〈침우담은 진천현 남쪽 10여 리 쯤에 있다.……〔沈牛潭在鎭川縣南十餘里……〕〉에 보인다.

밤에 앉아 있는데 바람이 매우 차가워 영락없이 깊은 가을 같았다

夜坐風氣甚冷 極似深秋也

삼월에도 추위 두려워 갖옷 입고	三月㥘寒猶着裘
차가운 바람과 달이 깊은 가을 같은데	凄淸風月似深秋
버들 빛이 푸른 것을 보고서야	但看柳色靑如許
거리에 봄빛 들어온 줄을 믿노라	始信春光入陌頭

잠에서 깨어 즉흥적으로 읊다

睡起卽事

이날 비가 조금 내렸다.

사립문에 손님 와도 마중하기 귀찮은데	柴門客至懶逢迎
자고 나니 서창에 새 한 마리 지저귀네	睡起書牕一鳥鳴
도심 점검하려 옛 우물 바라보고	爲驗道心窺古井
때로 높은 흥취 일어 봄 성 마주하네	時將高興對春城
성긴 구름에서 가랑비 내리다가 햇빛 비치고	疎雲細雨忽成映
수양버들 산들바람이 시원도 하여라	垂柳微風相與淸
올해 꽃이 늦게 핀다 말하지 말라	莫謂今年花事晩
눈 앞의 모든 사물이 시상이라네	眼中無物不詩情

한가롭게 지내는 온갖 흥취[202]

閑居雜興

내가 금계[203]를 떠난 뒤로	自我去金溪
삼 년이나 시 짓지 않았네	三年不作詩
어찌 한두 작품 없었으랴만	豈無一二語
거칠어서 작품마다 멋지지 않았네	牽率語不奇
늙고 병마저 드니	老病相侵凌
필력도 덩달아 쇠퇴하네	筆力與之衰
풍아의 격조 점차 땅에 떨어지니	風雅漸墜地
이을 사람 누구인가	借問繼者誰
남쪽 창 안에서 안석에 기대 있노라니	隱几南牕內
저녁비가 귀밑머리에 비치네	暮雨映鬢絲
봄 경치 날로 아름다워지니	春物日以佳
고향이 더욱 그립구나	故園尤可思
아득한 시냇가 누대에는	迢迢溪上樓
작약이 동쪽 울타리 여기저기 피었겠지	花藥紛東籬
두타산이 혹시라도 영이 있다면	陀山倘有靈

202 한가롭게……흥취 : 저본(底本)에는 이 시 아래에 이와 동일한 제목이 다시 등장하고, 그 아래에 3수의 시가 나열되었다. 본 번역서에서는 두 번째 제목을 삭제하고 이 제목의 아래에 4수의 시가 나열되도록 처리하였다.

203 금계(金溪) : 이하곤의 고향에 있는 냇물 이름이다. 501쪽 각주22 참조.

돌아오지 않는 나를 꾸짖겠지	嗔我歸來遲
사람들은 좋은 계절 경시하지만	世人輕良辰
나는 홀로 봄을 좋아하네	我意獨憐春
평소 술을 잘 마시지 못해	平生不解飮
한 잔만 마셔도 문득 술기운 오르지	一勺輒已醺
매번 꽃 피는 때가 되면	每當花開時
술을 따라 꽃의 신에게 제사하네	酌酒酹花神
다만 그 흥취 도우려고	但欲助其趣
오랫동안 술을 가까이하지	長與壺觴親
올해는 예년과 기후 달라	今年氣候異
봄 날씨 쌀쌀하고 모진 바람 자주 불어	春寒惡風頻
삼월이 반이나 지나도록	三月已過半
온갖 꽃들 피지 않더니	百卉俱未伸
며칠 동안 따뜻해지자	數日稍暄和
대번에 꽃이 피었네	頓覺花意新
고운 꽃도 한때의 일이니	芳華亦一時
얼마 뒤면 바람에 날려 먼지가 되리	幾何飄爲塵
고개 돌려 늙은 아내에게 말하기를	回頭語老妻
장부가 어찌 오래도록 가난하겠소	丈夫豈長貧
나를 위해 봄 술을 담가	爲我釀春酒
꽃이 나를 비웃게 하지 마오	勿令花笑人
자연의 변화는 멈추지 않는지라	大化無停機
만물에 서로 어려 있으니	萬物相絪縕
새로운 것도 잠깐 사이에 묵은 것 되어	新者俄已陳

번갈아 바뀌는 것이 절로 어수선하네	遞代自紛紜
달인은 처음과 끝을 환히 알아	達人了終始
편안히 누워 하늘의 이치 탐구하네	高臥探天根
죽고 사는 것도 큰 일이 아니니	死生非大事
영화와 쇠락을 어찌 논하랴	榮悴安足論
영달하면 천하를 이롭게 하고	達可利天下
곤궁해도 동산에 물 줄 수 있네[204]	窮亦事灌園
마음 안정되면 물처럼 고요하니	心定湛如水
어찌 외물에 어지럽혀질 수 있으랴	豈受外物昏
나아가도 좋고 물러나도 좋으니	卷舒無不可
앉아서 남산의 구름 바라보노라[205]	坐看南山雲

우사에는 공터 많고	寓舍饒隙地
토질도 비옥한데	壤土且肥腴
지난날 누가 주인이었나	往者誰爲主
마당과 섬돌에 잡초 우거졌네	庭除任荒蕪

204 영달하면……있네 : 영달해서 지위를 얻으면 천하의 사람들을 이롭게 하고, 그렇지 못하면 자연에 은거한다는 말이다. 관원(灌園)은 전원에 물을 댄다는 말로, 농부가 됨을 말한다. 전국 시대의 고사(高士) 진중자(陳仲子)가 오릉(於陵)에 살 때, 초(楚)나라 왕이 그의 명성을 듣고 재상으로 삼으려 하자, 아내와 함께 산양(山陽)으로 피해 남의 과수원에서 물 대는 일을 하며 숨어 살았다고 한다. 《史記 卷83 鄒陽列傳》

205 나아가도……바라보노라 : 출처(出處)와 행장(行藏)에 연연하지 않는 본인의 모습을 뭉쳤다 흩어졌다하는 구름에 비유하여 읊은 것이다. 권서(卷舒)는 거두고 편다는 뜻으로, 세상에 도가 있으면 나아가서 경륜을 펴고, 그렇지 못하면 거두어 은둔함을 이른다.

진달래는 가장 쉽게 자라	杜鵑最易生
가지만 꽂아도 마르지 않는데	揷枝亦不枯
가까운 남산 기슭에서	咫尺南山麓
끝내 한 그루도 옮겨 심지 않아	終不移一株
꽃이라 불리는 것들이	凡以花名者
봄에 하나도 없네	春來一切無
이를 통해 그 사람의 됨됨이 알 수 있으니	以此占其人
일을 좋아하는 무리 아니구나	非是好事徒
나는 동복을 시켜	我欲課僮僕
꽃 심어 즐기고 싶지만	栽花以自娛
일찍이 왕자유가	嘗笑王子猷
대나무 심은 일[206] 너무 구차하다 비웃었지	種竹太區區
동쪽 이웃에 어찌 꽃이 없겠는가	東隣豈無花
꺾어다가 구리병에 꽂았네	折來揷銅壺
고운 빛이 내 눈을 즐겁게 하니	芳華悅我目
하루 종일 볼 수 있다네	足可了朝晡
어찌 반드시 내 집에 심은 뒤에야	何必吾家種
마음이 유쾌하겠는가	然後意夬愉

206 왕자유(王子猷)가……일 : 왕자유는 진(晉)나라의 명필 왕희지(王羲之)의 아들인 왕휘지(王徽之)로, 자가 자유이다. 그가 빈집에 잠깐 거할 적에도 언제나 대나무를 심도록 하였는데, 어떤 사람이 그 이유를 묻자 "어떻게 하루라도 차군이 없이 지낼 수가 있겠는가.〔何可一日無此君耶〕"라고 대답한 고사가 전한다.《晉書 卷80 王羲之列傳 王徽之》

지사는 괴로운 마음 많은 법　志士多苦心
항상 나라 걱정한다네　常懷家國憂
삼대 이후를 살펴보니　試看三代後
한 문제가 가장 뛰어났는데　漢文最爲優
가의와 같은 사람은　乃如賈生者
강개하여 눈물 그치지 않았네[207]　慷慨涕不收
이 일 또한 잘못이 아니니　此事亦非過
큰 계책을 되돌리려는 뜻이었네　意欲回大猷
세상 운수는 마치 강물이　世運如江河
넘실넘실 날마다 서쪽으로 흐름과 같네　滔滔日西流
후원의 현묵한 다스림을　後元玄默治
지금 다시 볼 수 있을까[208]　今可再見不
만과 촉이 제각각 나라 세워　蠻觸各爲國
솔개와 올빼미가 낮에도 울어대며[209]　鴟梟晝啾啾

207 한 문제(漢文帝)가……않았네 : 가생(賈生)은 한 문제 때에 태중대부(太中大夫)로 있던 가의(賈誼, 기원전200~기원전168)를 가리킨다. 당시 가의가 소장을 올려 "당금의 형세를 보건대, 통곡할 만한 일이 한 가지이고, 눈물을 흘릴 만한 일이 두 가지이고, 크게 탄식할 만한 일이 여섯 가지입니다."라고 하였다. 《漢書 卷48 賈誼傳》

208 후원(後元)의……있을까 : 기원전 163년에 대부 신원평(新垣平)이 어떤 사람을 통해 옥술잔을 한 문제에게 바쳤는데, 이에 문제가 이 해를 후원 원년으로 선포하였다. 《史記 卷28 封禪書》 문제는 몸소 현묵(玄默)을 닦아서 나라를 평화롭게 다스렸다고 하는데, 현묵이란 현묘(玄妙)한 도(道)를 묵묵히 생각하여 법령이나 군사를 너무 떠벌리지 않고 백성을 절로 교화되게 하는 것을 말한다.

209 만(蠻)과……울어대며 : 한(漢)나라가 망한 뒤에 5호 16국의 혼란기가 도래하여 여러 나라가 다투는 상황을 읊은 것이다.

어수선하게 썩은 쥐를 가지고 다투니[210] 紛紜爭腐鼠
왕도를 과연 누가 도모했던가 王體果孰謀
따스한 봄기운은 만물을 길러낼 뿐 陽和徒養物
숙살의 기운은 가을에 만들어지네 肅殺方成秋
여덟 기둥이 하늘 관문을 이고 있는데 八柱戴天關
엉뚱하게 기나라 사람처럼 걱정하고 있네[211] 枉抱杞國愁
창오[212]에 구름 아득하니 蒼梧雲杳杳
저물녘에 부질없이 고개 돌리네 日暮空回頭

평생 산에서 살기를 좋아했으니 平生愛山居
산에 사는 것은 한가함을 좋아하기 때문이지 山居爲愛閑
금계도 오히려 시끄럽기에 金溪尙喧聒
사담에 자주 오갔지[213] 沙潭屢往還

210 어수선하게……다투니 : 천하를 차지하기 위해 다투는 상황을 비유한 말이다.

211 여덟……있네 : 평상시에도 나라를 걱정하는 마음이 놓이지 않음을 말한 것이다. 팔주(八柱)는 하늘을 떠받치고 있는 여덟 개의 기둥을 말한다. 옛말에 "여덟 기둥이 하늘을 받쳤다.〔八柱擎天〕"라는 말이 있으며, 《초사(楚辭)》〈천문(天問)〉의 주(註)에 "하늘에 여덟 산이 있어 기둥이 된다.〔天有八山爲柱〕"라고 하였다. 옛날 기(杞)나라의 어떤 사람이 하늘이 무너지고 땅이 꺼지면 자기 몸을 붙일 곳이 없게 된다 하여 침식(寢食)을 폐하고 걱정했다는 기국우천(杞國憂天)의 고사가 있다. 《列子 天瑞》

212 창오(蒼梧) : 중국 호남성(湖南省)에 있는 산으로, 옛날에 순(舜) 임금이 남쪽 지방을 순행하다가 죽어 이곳에 묻혔다고 한다. 여기서는 시기적으로 볼 때, 1720년에 승하한 숙종(肅宗)을 생각한 것이다.

213 금계(金溪)도……오갔지 : 본래 금계 주위에 살았지만, 보다 더 한적한 곳을 찾아 다녔다는 말이다. 금계는 이하곤의 고향에 있는 냇물 이름이다. 501쪽 각주22 참조.

마침내 생을 마칠 때까지 살 생각으로	遂營終老計
물가에 집 지었는데	臨水開柴關
어찌 알았으랴 사슴과 같은 성품으로	寧知麋鹿性
다시 속세의 얼굴 하게 될 줄을[214]	復作塵土顔
시끌시끌한 도성 거리지만	擾擾九陌中
문 닫으면 깊은 산과 같으니	閉門似深山
이제야 알겠노라 시끄럽고 조용한 것은	始覺躁靜分
단지 마음에 달려 있음을	只在方寸間
내면이 안정되면 저자에 있어도	內定處朝市
숲에 숨는 것과 무엇이 다르랴	何異隱林巒
지난날 과연 무슨 마음으로	往者果何心
반드시 속세를 멀리 떠나려 했던가	必欲遠塵寰
때문에 산을 사서 숨는 것은	所以買山隱
당연히 달관한 사람에게 비방 받는다네[215]	宜爲達者訕
다만 생각건대 청휘정[216]에	但想淸暉亭

사담(沙潭)은 현재의 충청북도 괴산군 청천면 사담리 일대로, 이하곤 집안의 별업(別業)이 있던 곳이다. 490쪽 각주12 참조.

214 어찌……줄을 : 이하곤이 사담에서 지내다가 다시 서울로 올라왔기에 한 말이다.

215 산을……받는다네 : 은거하는 마음이 중요하지 장소가 중요한 것이 아니라는 말이다. 진(晉)나라 승려 지도림(支道林)이 심공(深公)의 소유인 인산(印山)을 사서 은거지로 삼으려 하였다. 그러자 심공이 "소부와 허유가 산을 사서 숨었다는 말을 듣지 못했다.〔未聞巢由買山而隱〕"라고 한 고사가 전한다. 《世說新語 排調》

216 청휘정(淸暉亭) : 충청북도 괴산군 청천면 낙영산(落影山)에 있었던 정자이다. 《頭陀草 冊16 淸暉亭記》

벼랑의 꽃이 벌써 아롱졌을 텐데　　崖花應已斑
언제나 다시 돌아가　　何時復歸去
편안히 누워 졸졸 흐르는 냇물 소리 들을까　　高枕聽潺潺

단(但)은 좌(坐)로도 쓴다.

비가 내리는 가운데 봄 경치를 바라보다

雨中春望

한양 궁궐에 오색구름 비꼈는데	漢陽宮闕五雲斜
저 멀리 서쪽 성까지 아스라이 바라보네	極目西城眺望賒
도성거리 가벼운 먼지 속에 버들 빛깔 짙고	九陌輕塵偏柳色
집집마다 가랑비 뒤에 온통 복사꽃 피었네	千門微雨盡桃花
산림에 가지 못하고 몸은 부질없이 늙었지만	山林未往身空老
천지는 사심 없어 만물이 절로 화려해지네	天地無私物自華
서글프게도 고향이 자주 꿈에 보여	怊悵故園頻入夢
혼이 봄빛 따라 하늘 끝에 이르네	魂隨春色到天涯

봄을 보내는 날에 군칙[217]이 비를 무릅쓰고 들러 하루 종일 있다가 돌아가므로 이 시를 지어 주다

送春日 君則冒雨見過 盡日而歸 賦此寄示

그대 말고 누가 내 마음속에 있으랴 非君誰是意中人
쓸쓸히 각건 쓴 두 사람 마주하네 相對蕭然兩角巾
종일 마실 술도 떨어졌는데 已乏杯尊供永日
비바람 속에 남은 봄 보내려니 시름겹네 還愁風雨送殘春
여기저기 늘어선 누대는 연기와 구름 합하고 樓臺撲地烟雲合
하늘에 닿은 꽃과 버들 그 기색 새롭구나 花柳連天氣色新
우리처럼 한가한 사람 드문 줄을 아노니 但識閒如吾輩少
열흘에 세 번 만나도 자주랄 것 없네 一旬三會未爲頻

217 군칙(君則) : 홍중성(洪重聖, 1668~1735)으로, 본관은 풍산(豐山), 자는 군칙, 호는 운와(芸窩)이다. 김창흡(金昌翕)의 문인이다.

또 앞의 운을 사용하다 3수

又用前韻 三首

공명이 사람을 핍박할까 두려울 뿐	但恐功名來逼人
대머리로 유건 쓴 것 탄식하지 않노라	莫嘆禿鬢裹儒巾
비는 그치지 않아 나그네 머물게 하고	雨還不止能留客
꽃은 활짝 피지 않아 봄을 머물게 하네	花未全開欲駐春
방초는 이미 돌아가고픈 꿈처럼 어지럽고	芳草已如歸夢亂
뜬 구름은 오래도록 세상 마음과 함께 새롭구나	浮雲長共世情新
궁한 처지에 함께 앉아 괴롭게 시 읊조리며	一窮都坐吟詩苦
세상만사 오직 술잔만 자주 드노라	萬事唯須把酒頻

우리는 악착스러운 사람 아니니	我輩終非握促人
새 시가 두건을 저버리지 않았네	新詩能不負頭巾
구름 끼더니 갑자기 집집마다 비 내리는데	雲陰忽作千門雨
꽃 마음은 응당 반나절의 봄도 아까우리	花意應憐半日春
꿈속의 산천은 절로 아름다운데	夢裏溪山元自好
눈앞의 꼭두각시 몇 번이나 새봄 맞이했나	眼中傀儡幾番新
서생은 본래 태평한 세상에도 근심하니	書生例態憂平世
담소 중에 눈물 자주 흘림을 이상타 마라	莫怪談間出涕頻

세상에서 열렬한 사람 만나기 어려운데	世間難遇熱腸人
머리에는 여전히 술 거르는 두건 썼구나[218]	頭上猶存漉酒巾

나무마다 만개한 꽃들 온통 눈 같으니 千樹繁花渾似雪
사철 가운데 봄처럼 좋은 때 없지 四時佳節莫如春
장한 마음은 벼슬길 늦음을 한하지 않지만 雄心不恨靑雲晩
평소의 뜻은 백발 자라 서글프네 素志空悲白髮新
다만 남은 인생 함께 배불리 먹으며 但願殘年俱飽飯
두 늙은이 자주 왕래하길 바랄 뿐이네 眞成二老往來頻

만(晩)은 윤(潤)으로도 쓴다.

218 세상에서……썼구나 : 홍중성(洪重聖, 1668~1735)을 만나 마음이 통하여 함께 술을 마신다는 말이다. 녹주건(漉酒巾)은 술을 거르는 갈건(葛巾)이라는 말로, 도잠(陶潛)이 술이 익을 때가 되면 갈건으로 술을 거르고 나서 다시 머리에 썼다는 고사에서 유래하였다. 《宋書 卷93 隱逸列傳 陶潛》

흰 무지개 노래

白虹行

삼월 한양에 황사 바람 일어	漢陽三月風埃黃
낮에도 쌀쌀하고 어두워 빛 없더니	晝日慘慘昏無光
한 줄기 하얀 기운이 중천을 가로질러	白氣一線劃中天
무지개가 태양을 범했네	螮蝀敢來干太陽
푸른 관과 붉은 신이 서로 섞이고	靑冠赤屨相錯互
좌이와 우이는 마치 귀고리를 늘어뜨린 듯[219]	左珥右珥如垂璫
하늘은 묽은 흰빛이라 종이 색보다 옅으며	天色淡白薄於紙
싸늘하고 을씨년스러워 서리가 날릴 듯하네	冷然凜慄欲飛霜
여섯 마리 용 움츠려 달리지 못하고	六龍踢躄未敢馳
양오도 날개 접은 채 날지 못하네[220]	陽烏戢翼亦不翔

219 푸른……듯 : 햇무리의 모습을 표현한 것이다. 《천동상위고(天東象緯考)》 권3 〈일방기점(日傍氣占)〉에 "해의 위쪽에 푸르고 붉은 기운이 곡선으로 덮은 것을 관이라고 한다.〔日上有靑赤氣曲覆, 謂之冠.〕"라고 하였고, "푸르고 희거나 푸르고 붉은 기운이 마치 신발처럼 해의 아래에 있는 것이 이이다.〔靑白或靑赤, 如屨在日下爲屨.〕"라고 하였으며, 푸르고 붉은 기운이 짧고 작게 해의 옆에 있는 것이 이이다.〔靑赤氣短小在日傍爲珥〕"라고 하였다. 따라서 청관(靑冠)은 해의 위쪽에, 적구(赤屨)는 해의 아래쪽에 있는 햇무리를 말하고, 좌이(左珥)와 우이(右珥)는 해의 좌우에 있는 햇무리를 가리킴을 알 수 있다.

220 여섯……못하네 : 날씨가 춥고 사나운 것을 비유적으로 읊은 것이다. 희화(羲和)가 동해 밖 희화국(羲和國)에서 새벽마다 여섯 마리의 용이 끄는 수레에 태양을 싣고 용을 몰아 허공을 달려 서쪽의 우연(虞淵)까지 이른다고 하고, 태양 속에 세 발 달린

내가 들으니 해는 모든 양기 가운데 으뜸이라	吾聞日者衆陽宗
밝은 빛이 환하게 만방을 비춘다지	光晶赫赫臨萬方
항상 뜬 구름이 혹 가릴까 두려운데	常恐浮雲或點翳
게다가 흰 무지개가 밝은 빛을 빼앗는구나	況乃淫虹奪精芒
알겠다 인사와 서로 감응하니	卽知人事相感應
하늘에 닿아 음양이 상도 잃는 줄을	上薄陰陽失其常
하늘은 지극히 인하여 일부러 경계 보이시는데	皇天至仁故示警
가물가물한 재앙의 기미를 누가 알까	冥冥禍機誰能詳
전화위복의 일 예부터 있었으니	轉災爲祥古之有
청컨대 치구[221]와 곡상[222]을 볼지어다	請看雉雊與穀桑
사나운 문지기가 문을 지켜 두드릴 수 없으니	虎豹當閽不可扣
신하들이 어떻게 왕에게 고할까	下臣何以告吾王
시름겨워 하늘 우러러 길게 탄식하며	愁來仰天一長吁
한밤중에 홀로 앉아 침상 가득 눈물 흘리노라	獨坐中宵淚滿床

까마귀가 산다는 전설이 있으므로, 육룡(六龍)과 양오(陽烏)는 모두 태양을 상징한다.

221 치구(雉雊) : 은 고종(殷高宗) 때 융제(肜祭)하는 날에 꿩〔雉雊〕이 정이(鼎耳)에 올라앉아 우는 이변이 있었다. 재상 조기(祖己)가 이를 하늘의 꾸중이라 생각하고 무정(武丁)에게 간하자, 무정이 덕을 닦음으로써 은나라가 중흥할 수 있었다고 한다. 《書經 高宗肜日》

222 곡상(穀桑) : 은 중종(殷中宗) 때 상곡(桑穀), 즉 뽕나무와 닥나무가 뜰에 나서 두 팔을 벌려 껴안을 수 있을 정도로 자랐으므로, 태무(太戊)가 염려하여 재상 이척(伊陟)에게 물으니 "신은 요사한 것이 덕을 이길 수 없는 줄로 압니다. 임금의 정치에 부족한 것이 있을지 모르니 덕을 닦으소서."라고 하였다. 태무가 그 말을 듣고 따랐더니, 요사한 나무가 말라 죽었다고 한다. 《史記 卷3 殷本紀》

저물녘 풍경을 바라보며 감회가 있어서
眺晩有感

비 갠 산천이 취한 눈에 들어오는데	霽後河山醉眼中
그 풍경 한결같이 지난해와 같구나	風光一與去年同
높이 꽃 핀 곳은 정릉동임을 알겠고	高花纔辨貞陵洞
노목은 경복궁에 더욱 많구나	老木偏多景福宮
우거진 숲 속 누대에 날 저무는데	鬱鬱樓臺將暮色
아득한 고금에 몇 번이나 봄바람 불었나	悠悠今古幾春風
밝은 조정에 경륜 있는 사람 적지 않으니	明廷不乏經綸手
대머리로 사립문에 누워 지냄이 어울리네	只合荊門臥禿翁

울울(鬱鬱)은 성곽(城郭)으로, 유유(悠悠)는 흥망(興亡)으로도 쓴다.

초여름의 즉흥시

初夏卽事

깊은 정원에 해 길고 산들바람 불어　深院日長風更微
이웃집 여기저기에 어지러이 꽃 날리는데　隣家處處亂花飛
담장 모퉁이에 붉은 복사꽃 남아 있어　只餘墻角紅桃在
봄빛을 잡아당겨 돌아가지 못하게 하네　挽駐春光不放歸

연일 바람이 몹시 세차게 불어 보리가 상할까 염려되었다

連日風色極不佳 損麥可慮

당시 손님이 와서 말하기를, 삼남(三南)의 보리와 밀농사가 흉작(凶作)을 면치 못했다고 하였다.

봄 내내 거센 바람 불어	一春無日不狂風
삼남의 보리와 밀 농사 흉작이라네	兩麥三南又告凶
스스로 회옹이 봄날 축원한 뜻에 부쳐	自附晦翁春祝意
나라 걱정에 풍년 바란다는 구를 길게 읊노라[223]	長吟憂國願年豐

223 회옹(晦翁)이……읊노라 : 주희(朱熹)의 말을 그대로 인용하여 해마다 풍년이 들기를 기원하는 심회를 읊은 것이다. 주희가 원단(元旦)에 마귀를 쫓기 위하여 문짝에 붙이는 도부(桃符)에 "임금 사랑하는지라 태평의 도를 희망하고, 나라 근심하는지라 풍년 들기 원하노라.〔愛君希道泰, 憂國願年豐.〕"라는 구절을 적었다. 《朱子語類 卷107》

등불 아래에서 유산의 시를 읽었는데 "청휘정에서 새로 갠 하늘 의지하네"라는 구가 있었다.[224] 사담의 정자[225] 이름과 같기에 마침내 그 시어를 결구로 삼고 그 운에 맞춰 짓다 2수

燈下讀遺山詩 有淸暉亭上倚新晴之句 與沙潭亭名相符 遂用其語爲結仍次其韻 二首

둥근 거울 모양의 푸른 못 잔잔하여	團圓鏡樣綠潭平
산꽃이 물에 밝게 비추겠지	應有山花照水明
앉아서 지난가을 서리 내리던 달밤 떠올리니	坐憶前秋霜月夜
청휘정에서 새로 갠 하늘 의지했었지	淸暉亭上倚新晴
겹겹 양탄자 깐 듯 너럭바위 평평하여	盤陀石似疊氈平
사담에 갈 때마다 눈이 번쩍 밝아지지	每到沙潭眼便明
녹거를 끌고 함께 은거하여[226]	擬挽鹿車同隱去

224 유산(遺山)의……있었다 : 유산은 금(金)나라 원호문(元好問, 1190~1257)으로, 자는 유지(裕之), 호는 유산・유산산인(遺山山人)이다. 이 구는 원호문의 《유산집(遺山集)》 권11에 수록된 〈가산귀몽도(家山歸夢圖)〉 3수 가운데 둘째 수의 마지막 구이다.

225 사담(沙潭)의 정자 : 사담은 현재의 충청북도 괴산군 청천면 사담리 일대이다. 490쪽 각주12 참조. 그 주위에 원호문의 시에 등장하는 청휘정과 같은 이름을 가진 이하곤의 정자가 있었다. 《頭陀草 冊16 淸暉亭記》

226 녹거(鹿車)를……은거하여 : 부인과 함께 사담으로 돌아가 은거하고 싶다는 말

청휘정에서 새로 갠 하늘 의지하리　　　　　　　　　淸暉亭上倚新晴

이다. 녹거는 사슴 한 마리를 실을 만한 수레라는 뜻으로, 작은 수레를 의미한다. 후한(後漢)의 포선(鮑宣)이 스승의 딸인 환소군(桓少君)에게 장가들었는데, 부잣집에서 자라난 그의 처가 혼수품을 많이 장만한 것을 보고 "나는 실로 빈천하여, 그런 예를 감히 당할 수가 없소.〔吾實貧賤, 不敢當禮.〕"라고 하였다. 이에 환소군이 모든 혼수품을 친정으로 돌려보낸 뒤, 짧은 베옷으로 갈아입고 남편과 함께 녹거를 끌며 향리로 돌아온 고사가 전한다.《後漢書 卷84 列女列傳 鮑宣妻》

밤에 송우암의 문집을 읽다가 감회가 있어서[227]

夜讀宋尤菴集有感

우와 순[228]의 일 아니면 아뢰지 않았고	非姒非姚卽不陳
존주라는 한 마디 말 다시 그 정신이었네[229]	尊周一語更精神
제군들아 함부로 비방하지 말라	諸君且莫輕相詆
요컨대 삼한의 훌륭한 분이시네	要是三韓間氣人

227 밤에……있어서 : 저본(底本)에는 夜讀某公文有感으로 되어 있는데, 두주(頭註)에 있는 제목이 보다 분명하므로, 이를 반영하여 수정하였다. 우암(尤菴)은 송시열(宋時烈)의 호이다.

228 우(禹)와 순(舜) : 사(姒)는 우(禹) 임금의 성씨이고, 요(姚)는 순(舜) 임금의 성씨이다.

229 존주(尊周)라는……정신이었네 : 송시열이 춘추대의(春秋大義)에 입각하여 주(周)나라 왕실을 존중하는 정신을 지녔다는 말이다.

다음 날 밤에 또 《유산집》[230]을 읽고 감회가 있어
後夜又讀遺山集有感

향산과 동파의 사이에 출입하여[231]	出入香山坡老間
시끄러운 것들 쓸어내 맑고 한가하였네	掃除熱鬧更淸閒
가슴속에 참다운 시 있었으니	胸中有許眞詩在
손가는 대로 쓰고 손질하지 않았네	信手拈來自不刪
일찍이 명류를 위해 묘명을 새겼는데	曾爲名流勒墓銘
그 필력이 여릉의 풍치와 신령함 통했네[232]	廬陵風致筆通靈
평생 참으로 《중주집》 알았기에	平生眞識中州集
늘그막에 야사정 외롭게 품었도다[233]	老去孤懷野史亭

230 유산집(遺山集) : 금(金)나라 원호문(元好問, 1190～1257)의 문집이다. 641쪽 각주224 참조.

231 향산(香山)과 ……출입하여 : 원호문이 향산 백거이(白居易, 772～846)와 동파(東坡) 소식(蘇軾, 1036～1101)의 영향을 받았다는 말이다.

232 일찍이……통했네 : 원호문이 금나라 명사들의 묘명을 지었는데, 그 글이 여릉(廬陵) 사람인 구양수(歐陽脩, 1007～1072)의 솜씨와 방불했다는 말로 보인다. 구양수가 왕단(王旦)과 범중엄(范仲淹)의 비문을 지었는데, 모두 명문으로 칭송된다.

233 평생……품었도다 : 원호문의 행적을 읊은 것이다. 《중주집(中州集)》은 원호문이 금나라 시인들의 작품을 모아 소전(小傳)과 함께 편찬한 문집으로 전체 10권이다. 원호문은 금나라가 망한 후 역사 찬술을 자신의 책임으로 삼고, 집에 야사정(野史亭)이라는 정자를 지은 다음 저술에 전념하였다. 《金史 卷126 文藝列傳下 元好問》

군칙[234]에게 들르다

過君則

당시 군칙이 가슴 통증을 앓아 화병의 꽃만 마주하고 있었다. 돌아오려고 하는데 다급하게 시를 요구하기에 입으로 불러 대신하였다.

쓸쓸히 봄은 어느덧 지났는데	寥寥春已去
말 타고 그대 집에 갔더니	騎馬到君家
유마처럼 열흘 동안 앓아누워	維摩十日病
화병의 꽃만 바라보네[235]	相對一甁花

234 군칙(君則) : 홍중성(洪重聖, 1668~1735)으로, 본관은 풍산(豐山), 자는 군칙, 호는 운와(芸窩)이다. 저서에 《운와집(芸窩集)》이 있다.

235 유마(維摩)처럼 ……바라보네 : 홍중성이 가슴 통증을 앓아 봄꽃 구경을 나가지 못하고 화병의 꽃만 바라보고 있다는 말이다. 유마는 석가의 속제자(俗弟子)인 유마힐(維摩詰)이다. 그는 인도(印度)의 비야리성(毗耶離城)에 살았는데, 석가가 일찍이 그곳에서 설법(說法)할 때, 유마힐은 거짓으로 병을 핑계로 법회(法會)에 나가지 않고 텅 빈 방의 한 와상에 조용히 누워 지낸 일이 있다.

밤에 삼연의 《금강록》[236]을 읽고 감회가 있어서

夜讀三淵金剛錄有感

삼연(三淵)의 시체(詩體)를 본떠서 짓다.

높은 창으로 먼 풍경 바라보니	高牕收遠色
달이 남쪽 성 높이 떠오르네	月出南城長
우물가 버들에 성긴 별 비추고	井柳疏星影
화병의 꽃은 흩어진 책 속에서 향기롭네	甁花散秩香
삼연 어른은 시에 격조 있어	淵翁詩有格
금강산에서도 홍취 잊기 어려웠네	皆骨興難忘
마침 높이 날아가는 기러기 떠오르니	正憶冥鴻擧
동쪽 구름에 마음 아득하네[237]	東雲意渺茫

236 삼연(三淵)의 금강록(金剛錄) : 삼연은 김창흡(金昌翕, 1653~1722)으로, 본관은 안동(安東), 자는 자익(子益), 호는 삼연, 시호는 문강(文康)이다. 《금강록》은 김창흡이 1710년에 금강산을 유람하고 지은 《해산록(海山錄)》을 말하는 것으로 보인다.

237 마침……아득하네 : 김창흡의 작품을 보면서 김창흡과 금강산이 떠오른다는 말이다. 명홍(冥鴻)은 높이 나는 기러기인데, 여기서는 김창흡의 산중 생활을 비유한 말로 사용되었다.

집에서 지내며 감회가 있어서
齋居有感

잠두봉[238]이 날마다 눈에 들어오니	蠶頭日在眼
그 푸른빛이 나의 정원이네	蒼翠卽吾園
봄 지나니 꽃이 오솔길에 날리고	春去花飛逕
하늘 흐린데 버들이 문을 가렸네	天陰柳掩門
가뭄 때문에 세상 사람들 다급한데	旱乾一時急
도적떼는 몇 고을에 있을 것인가	盜賊幾州存
세상사 창망하여	世事蒼茫內
깊은 시름을 술잔에 부치노라	沈憂付酒樽

238 잠두봉(蠶頭峯) : 잠두(蠶頭)는 서울 양화(楊花) 나루 동쪽에 있는 잠두봉을 가리킨다.

늙어 가며

老去

늙어 오피궤[239]에 기대앉아　老去烏皮几
그윽한 사람 백첩건[240] 썼네　幽人白氎冠
도적의 분위기 심상치 않아 걱정인데　艱虞寇氛惡
여름에 날씨마저 차갑구나　氣候夏天寒
이웃 정원에서 꾀꼬리 소리 들려오고　鸎自隣園聽
먼 나무에는 꽃 남아 있구나　花餘遠樹看
덧없는 인생사 본래 아득하여 알기 어려우니　浮生元莽莽
예나 지금이나 출처 정하기 곤란하네　出處古今難

239 오피궤(烏皮几) : 검은 염소 가죽을 깐 은궤(隱几)를 말한다.

240 백첩건(白氎巾) : 면포(棉布)로 만든 두건으로, 야인(野人)을 의미한다.

달밤에

月夜

풍악산(楓嶽山)의 승려 상훈(霜勳)[241]이 와서 말하기를, 산속에 근래 호랑이의 피해가 심하다고 하였다.

병 보양하느라 안석에 기대 지내다가	養疾聊憑几
산을 보려고 지팡이 짚고 나왔더니	看山更杖藜
구름 사이로 초승달 떠오르고	窺雲纖月上
버들 너머로 별 하나 낮게 드리웠네	隔柳一星低
산중의 호랑이가 오랫동안 소란 피우는데	峽虎長時鬧
성의 까마귀도 여기저기서 우는구나[242]	城烏幾處啼
이 몸 늙었어도 귀는 어둡지 않은데	吾衰耳不聵
금비 소리나 듣지 않게 될는지[243]	能免聽金鼙

241 상훈(霜勳) : 삼연(三淵) 김창흡(金昌翕)이 금강산 백화암(白華菴)에 기거할 때 어울렸던 승려이다. 《月谷集 卷10 巡海日記》

242 성의……우는구나 : 관리들의 횡포가 심한 것을 비유하여 읊은 것이다. 《후한서(後漢書)》 권23 〈오행지(五行志)〉에 환제(桓帝) 초기에 불렀다는 "성 위의 까마귀가 꼬리를 흔드는구나. 공은 관리가 되고, 아들은 졸도가 되었네.〔城上烏, 尾畢逋, 公爲吏, 子爲徒.〕"라는 경도(京都)의 동요(童謠)를 인용하여 풀이하기를 "성 위의 까마귀가 꼬리를 흔든다는 것은 높은 곳에서 이익을 독식하며 아래와 공유하지 않는 것이니, 임금이 많이 거두어들이는 것을 말한다.〔城上烏尾畢逋者, 處高利獨食, 不與下共, 謂人主多聚斂也.〕"라고 하였다.

243 금비(金鼙)……될는지 : 호환(虎患)이 횡행하는 데다 관리들의 횡포마저 심하니, 민란(民亂)이나 전란(戰亂)이 발생하지나 않을까 염려된다는 말이다. 금비는 징과 북으로, 군사들을 지휘할 때 사용한다.

가뭄을 걱정하다

憫旱

가뭄이 지금 이러한데　一旱今如許
높은 하늘은 어둡기만 하네　高天只自陰
망종이 점차 다가오는데　漸知芒種近
늙은 농부의 마음을 어떻게 위로할까　何慰老農心
개미는 구멍을 옮기지 않고[244]　蟻故無移穴
비둘기가 숲에서 부르는 소리 많네[245]　鳩多有喚林
음양이 조화를 잘 이루어야 하니　陰陽須燮理
다시 상림을 생각하네[246]　還復憶商霖

244 개미는……않고 : 비가 내릴 조짐이 없다는 말이다. 땅속 구멍에 사는 곤충들은 비가 내릴 것을 안다고 하여 "개미가 혈호를 쌓으면 큰비가 장차 내린다.〔蟻封穴戶, 大雨將至.〕"라고 하였고, "개미는 구멍에서 살기 때문에 비가 내리는 것을 알아 혈호를 쌓는다.〔蟻穴居, 知雨將至, 故以封穴.〕"라고 하였다. 《山堂肆考 卷4 蟻封穴戶》

245 비둘기가……많네 : 역시 비가 내릴 조짐이 없다는 말이다. 《비아(埤雅)》에 "비둘기는 날이 흐려지면 암컷을 내쫓고 개면 불러들인다.〔鵓鳩陰則屛逐其婦, 晴則呼之.〕"라고 하였다. 《山堂肆考 卷4 鸛鳴垤》

246 음양(陰陽)이……생각하네 : 임금의 정사(政事)를 잘 보필할 어진 재상이 그립다는 말이다. 상림(商霖)은 은(殷)나라 고종(高宗)이 부열(傅說)을 등용하면서 "만일 해가 큰 가뭄이 든다면, 너를 사용하여 장마비를 삼을 것이다.〔若歲大旱, 用汝, 作霖雨.〕"라고 한 데서 유래하여 부열을 가리키는데, 재상을 의미한다. 《書經 說命上》 이하곤은 가뭄의 원인을 정사가 잘못되어 하늘이 재앙을 내리는 것으로 인식하였기 때문에, 부열과 같은 훌륭한 재상이 나와 정사를 바르게 하면 하늘이 감응하여 비를 내릴 것이라고 생각하였기에 이렇게 읊은 것이다.

일찍 일어나서

早起

일찍 일어나 천천히 거니노니	早起還徐步
외로운 성에서 두건 젖혀 썼네	孤城岸幘中
버들 길게 늘어져 땅에 닿았고	柳長元到地
꽃 어지러이 날려 바람 따라가네	花亂更隨風
지붕 너머 멀리서 닭 울음소리 들리고	隔屋鷄聲遠
관문에는 온통 풀빛 무성하네	關門草色同
빈 뜰에 오래된 우물이 있으니	虛庭有古井
오동나무 심고 싶은 마음 간절하네	深欲種梧桐

오늘

此日

봄과 여름 이래로 연달아 무지개가 나타나는 이변이 있었다.

오늘도 이미 저무는데	此日亦已暮
하늘의 마음은 끝내 알기 어렵구나	天心終漠然
어느 논밭인들 갈라지지 않았을까	何田免龜坼
잠자는 용을 깨울 방법 없구나[247]	無計起龍眠
괴이한 현상이 봄과 여름에 나타나니	變怪交春夏
기황이 해마다 드는구나	饑荒有歲年
밝은 시대에도 통곡하였으니	明時猶痛哭
가생이 어진 줄을 잘 알겠네[248]	深覺賈生賢

247 어느……없구나 : 가뭄으로 논밭이 타들어가서 다 갈라졌는데, 비를 내리게 할 방법이 없다는 말이다.

248 밝은……알겠네 : 밝은 세상에도 통곡하며 시대를 바로잡고자 했던 가의(賈誼)가 현명한 사람인 줄을 알겠다는 말이다. 한 문제(漢文帝) 때 가의가 소장을 올려 "당금의 형세를 보건대, 통곡할 만한 일이 한 가지이고, 눈물을 흘릴 만한 일이 두 가지이고, 크게 탄식할 만한 일이 여섯 가지입니다."라고 하였다. 《漢書 卷48 賈誼傳》

밤에

夜

춘삼월 내내 나그네 신세로	三春仍客枕
긴긴 날 사립문 닫고 지냈네	永日只柴門
별과 달이 오늘 밤 어여쁜데	星月憐今夜
고향 동산의 풍광 볼 수 없네	風烟隔故園
계수나무 잡을 생각만 떠오르는데	徒懷攀桂樹
어디에서 무릉도원 찾을까[249]	何處覓桃源
온통 왕실 걱정뿐이니	百慮關王室
이내 신세를 감히 말하랴	吾生敢更論

249 계수나무……찾을까 : 경치 좋은 곳에서 은거하고 싶다는 말이다. 반계수(攀桂樹)는 계수나무를 부여잡는다는 말로, 《초사(楚辭)》 〈초은사(招隱士)〉에 "계수나무 가지를 부여잡으며 편히 오래 머무른다네.〔攀援桂樹兮聊淹留〕"라고 한 데서 유래하여 산중에 머물러 사는 것을 의미한다. 도원(桃源)은 도잠(陶潛)의 〈도화원기(桃花源記)〉에 등장하는 이상향이다.

다음 날 아침에 비가 내리다

明朝雨

구름 짙어 비 올 조짐 있는데	濃雲有雨意
모르겠다 온 세상이 다 같을까	不識八方同
자욱하게 내려 겨우 땅 적시더니	漠漠纔沾地
부슬부슬 차츰 하늘 비추네	蕭蕭漸映空
먼 봉우리는 옅은 안개에 덮이고	遙峯籠薄霧
높은 나무에 산들바람 부는구나	高木助微風
저문 뒤에는 쏟아질까	晩後能滂霈
그에 따라 풍흉을 알 수 있으리	憑渠卜歉豐

저물녘에 개다

晩晴

끝내 아침 내내 쏟아지지 않고 終靳崇朝雨
금세 낮에 개었네 旋看及午晴
옅은 구름 남았지만 薄雲留不去
지는 해가 반짝이며 밝게 비추네 落日閃還明
보리와 밀은 겨우 생기 찾았지만 二麥纔回色
삼농은 만족스럽지 않네[250] 三農未滿情
하늘이 그래도 어둑어둑하니 天光猶黯黮
처마에 쏟아지는 빗소리 들을 것 같네 擬聽瀉簷聲

250 삼농(三農)은 만족스럽지 않네 : 완전히 해갈(解渴)되기에는 강우량이 부족하다는 말이다. 《주례(周禮)》〈천관총재(天官冢宰) 태재(太宰)〉에 "삼농에서 아홉 가지 곡식을 생산한다.〔三農生九穀〕"라고 하였는데, 정현(鄭玄)의 주(註)에 "삼농은 평지와 산과 못이다.〔三農平地山澤也〕"라고 하였다.

다음 날 거센 바람이 불다

明日大風

어제 새벽에는 먼지 적시는 비 내리더니	昨曉沾塵雨
오늘 아침에는 지붕 날릴 듯한 바람 부네	今朝拔屋風
하늘과 산은 참담하고	天將山慘憺
구름과 해는 흐릿하네	雲與日朦朧
노인과 젊은이는 자주 다투고	老少分爭數
서쪽과 남쪽에 온통 도적들이네[251]	西南盜賊同
만회할 대책 자세히 생각하니	細思挽回策
왕께서 극을 세우는 데서부터 시작해야지[252]	建極自王躬

251 노인과……도적들이네 : 조정에서는 노론(老論)과 소론(少論)의 당쟁(黨爭)이 심각하고, 남쪽과 북쪽으로는 일본과 청나라의 침략이 염려되기에 한 말이다.

252 만회(挽回)할……시작해야지 : 연이어 발생하는 재해를 해결하기 위해서는 임금부터 몸과 마음을 바르게 하고 표준을 세워야 한다는 말이다. 《서경》〈홍범(洪範)〉에 "다섯째 황극은 임금이 극을 세움이다.〔五皇極, 皇建其有極.〕"라고 하였다.

비 갠 밤

霽夜

비 개었어도 구름은 오히려 얼룩지고	霽色雲猶駁
바람의 위세 밤에도 거세구나	風威夜亦號
별빛이 까마귀 등에 드리워 흔들리고	星垂鴉背動
달이 버들가지 위로 높이 떠가네	月去柳梢高
세상사에 부질없이 눈물 흐르는데	世事空危涕
세월 속에 귀밑머리 절로 세었어라	年華自鬢毛
산림에는 본래 힘이 있어	山林元有力
예부터 영웅호걸들 누웠었지	從古臥英豪

지사 유중기[253] 개장 만사

柳知事 重起 改葬挽

파리처럼 앵앵거리는 말세 풍속 부끄러워[254]	蠅營羞末習
제비턱의 관상으로 멀리 날지 못했지만[255]	燕頷失遙摶
하늘이 장수를 허락하여	天以高年觔
많은 복을 온전히 누리고 돌아갔네	人歸衆福完
황천에서 용검 만나게 하려고	泉塗合龍劍
무덤에 의관을 고쳐 모시네[256]	堂斧改衣冠

253 유중기(柳重起) : 1629~1720. 본관은 문화(文化), 자는 성서(聖瑞)이다. 구례(求禮)와 광양(光陽)의 현감, 초계 군수(草溪郡守), 정주 목사(定州牧使), 춘천 부사(春川府使) 등을 역임하고, 지중추부사(知中樞府事)가 되었다.《西堂私載 卷5 崇祿大夫行知中樞府事柳公墓碣銘》

254 파리처럼……부끄러워 : 물욕(物欲)에 이끌려 염치를 잃거나 참소와 비방을 일삼는 세태를 부끄럽게 여겼다는 말이다. 승영(蠅營)은 파리 떼가 윙윙거리며, 아무리 쫓아내도 다시 덤벼드는 것을 말한다. 한유(韓愈)의 〈송궁문(送窮文)〉에 "파리 떼가 붕붕거리고 개가 꼬리를 흔들면서, 쫓아도 다시 돌아오는 것처럼 한다.〔蠅營狗苟, 驅去復還.〕"라고 하였다. 또《시경》〈청승(青蠅)〉에 "앵앵거리는 쉬파리여, 가시나무에 앉았도다.〔營營青蠅, 止于棘.〕"라고 하였는데, 이는 소인배가 착한 사람을 참소하는 것을 풍자한 내용이다.

255 제비턱의……못했지만 : 유중기가 좋은 관상을 가졌지만, 높은 지위에 오르지는 못했다는 말이다. 연함(燕頷)은 제비턱인데, 서역(西域)에 종군하여 정원후(定遠侯)로 봉해진 후한(後漢)의 반초(班超)가 어려서 관상을 보자 "제비의 턱에 범의 목을 하고 있어서, 멀리 날아가 고기를 먹을 수 있으니, 이는 만리후의 골상이다.〔燕頷虎頸, 飛而食肉, 此萬里侯相也.〕"라고 했다는 고사가 전한다.《後漢書 卷47 班超列傳》

뜬 세상에 공과 같은 분 드무니	浮世如公少
내가 이 말로 상주[257]를 위로하네	吾將慰棘欒

256 황천(黃泉)에서……모시네 : 유중기와 그의 부인을 합장한다는 말이다. 유중기의 부인 신평 이씨(新平李氏)는 통덕랑 이관(李灌)의 딸로, 유중기보다 10년 앞서 운명하였다. 《西堂私載 卷5 崇祿大夫行知中樞府事柳公墓碣銘》 용검(龍劍)은 용천검(龍泉劍)을 가리킨다. 진(晉)나라 때 뇌환(雷煥)이 용천검과 태아검(太阿劍)을 얻어 그 중 하나를 장화(張華)에게 주었는데, 후에 장화가 주살(誅殺)당하자 그 칼의 소재를 알 수 없게 되었다. 뇌환이 죽은 뒤 그 아들이 칼을 가지고 연평진(延平津)을 지날 때, 칼이 갑자기 손에서 벗어나 물에 떨어졌다. 사람을 시켜 물속을 찾게 하였더니, 두 마리 용이 서리어 있을 뿐이고 보검은 보이지 않았다고 한다. 이것을 연진검합(延津劍合), 연진지합(延津之合)이라 하여 부부가 죽은 뒤에 합장하는 것을 비유하게 되었다. 《晉書 卷36 張華列傳》 당부(堂斧)는 《예기》 〈단궁 상(檀弓上)〉에 나오는 말로 무덤을 뜻한다.

257 상주(喪主) : 극란(棘欒)은 어버이의 상을 당한 사람을 가리킨다. 《시경》 〈소관(素冠)〉에 "행여 흰 관을 쓴 극인의 수척함을 볼 수 있을까.〔庶見素冠兮, 棘人欒欒兮.〕"라고 하였는데, 그 주(註)에 "극(棘)은 급함이다. 상사(喪事)는 바쁘게 하고자 하니, 슬프고 급한 모양이다. 난난(欒欒)은 수척한 모양이다."라고 하였다.

군칙[258]이 〈편룡행〉 한 수를 보내왔기에 화운하여 답하다

君則寄示鞭龍行一首 和韻答之

하늘이 기를 베풀어 사계절 만들고	上天播氣成四節
성장을 여름이 담당하게 명령했네	乃以長養命夏月
올 봄의 가뭄은 너무도 심해	今春之旱亦太甚
씨앗 뿌렸지만 반도 싹트지 않았지	穀子入土半不出
삼월과 사월은 그래도 괜찮았지만	三月四月尙自可
유월 중순에 더욱 뜨거웠네	六月將半尤更烈
논바닥 마르고 갈라져 먼지 일어나고	水田焦坼起塵埃
밭에는 쑥과 명아주도 나지 않았네	旱田亦不生蒿萊
농부들은 속수무책으로 긴 날 보내며	農人縮手送長日
하늘에 호소하니 곡소리 슬프구나	哭訴蒼穹哭聲哀
태양이 하늘을 불태워 하늘 뜨거워지니	火輪燒天天爲熱
은하수도 이미 말랐을까 두렵구나	直恐銀河亦已渴
백방으로 빌어도 끝내 응답 없으니	禱之百方竟不應
남대문 닫히고 종로 시장 철수했네	南大門閉鍾肆撤
방법 없어 저 하늘을 격동시키려고	計窮乃欲激彼天
흙을 뭉쳐 용 만드니 기세가 꿈틀거리는 듯하네	摶土作龍勢蜿然
용과 약속하여 사흘 안에 비 내리지 않으면	約龍三日果不雨

258 군칙(君則) : 홍중성(洪重聖, 1668~1735)으로, 본관은 풍산(豐山), 자는 군칙, 호는 운와(芸窩)이다. 김창흡(金昌翕)의 문인이다.

꼬리와 등을 잡아당겨 큰 채찍으로 치리라 했네　曳尾拖脊鞭大鞭
거리에 세우니 담장처럼 우뚝하고　當街起立屹如堵
날아올라 구름 가운데 거닐려 하네　飛騰欲向雲中步
수염과 비늘 영락없이 살아 있는 듯하니　鬐鬣鱗甲儼肖生
채찍질하면 마땅히 용이 노할 것 같네　鞭之亦應致龍怒
내 들으니 인사 잘못되면 변괴 부른다던데　我聞人事乖錯召變怪
제공들 과연 음양 조화롭게 해 하나의 후회도 없는가
諸公果能燮理陰陽無一悔
그대 보지 못했나 성탕이 상림에서 빌 때　君不見成湯桑林之禱
여섯 가지로 자책하자 큰 비 쏟아졌던 것을[259]　六事自責大雨霈

259 성탕(成湯)이……것을 : 은나라 탕 임금 때 가뭄이 7년이나 지속된 일이 있었다. 그러나 탕 임금이 자신을 희생으로 삼아 상림(桑林)의 들판에서 기우제를 지내며 여섯 가지로 자책(自責)하기를 "정사가 절도가 없는가. 백성이 생업을 잃었는가. 궁실이 너무 높은가. 부녀자의 청탁이 많은가. 뇌물이 행해지는가. 아첨하는 자가 많은가.〔政不節歟, 民失職歟, 宮室崇歟, 女謁盛歟, 苞苴行歟, 讒夫昌歟.〕"라고 하였다.《十八史略 殷 殷王成湯》《說苑 卷1 君道》

국상이 지나갔지만 애통한 마음은 더욱 심했다. 군칙[260]이 문득 시 한 수를 부쳐 왔기에 서글픈 마음으로 화운하다

國祥奄過 痛懷彌新 君則忽寄一詩 愴然和之

이현궁[261] 앞에서 매우 슬피 곡하니	梨峴宮前哭極哀
숙종 전하의 소상이 돌아왔네	肅宗殿下小祥迴
깊은 어짊에 팔도의 백성들 어버이 잃은 듯하고[262]	深仁八域如喪考
성대한 예우 입어 천관들 모두 상복 입었네	盛禮千官盡服縗
윤상을 붙들어 세운 공로 일월처럼 빛나고	扶植倫常光日月
기강을 바로잡아 풍뢰가 엄숙했네[263]	操持綱紀肅風雷
사십여 년 태평성대의 일	升平四十餘年事

260 군칙(君則) : 홍중성(洪重聖, 1668～1735)으로, 본관은 풍산(豐山), 자는 군칙, 호는 운와(芸窩)이다. 김창흡(金昌翕)의 문인이다.

261 이현궁(梨峴宮) : 한양 동부 연화방(蓮華坊), 즉 현재의 종로구 인의동에 있던 광해군의 잠저(潛邸)이다. 이 부근은 속칭 배고개〔梨峴〕라고 불려 이현궁이라고 하였다.

262 깊은……듯하고 : 숙종(肅宗)이 백성들을 사랑하였으므로, 백성들이 어버이를 잃은 것처럼 숙종의 죽음을 슬퍼한다는 말이다. 《서경》 〈순전(舜典)〉에 "요 임금이 마침내 승하하시니, 백성들은 부모의 상을 당한 듯이 3년복을 입었고, 사해에서는 8음의 악기를 그쳐 조용히 하였다.〔帝乃殂落, 百姓, 如喪考妣, 三載, 四海, 遏密八音.〕"라고 하였다.

263 기강(紀綱)을……엄숙했네 : 숙종이 기강을 바로잡아 재앙이 발생하지 않았다는 말이다. 풍뢰(風雷)는 바람과 우레이다. 《주역》의 익괘(益卦 ䷩)는 바람〔☴〕과 우레〔☳〕의 결합으로, 내동외손(內動外巽)의 덕을 지니고 바람과 우레가 위세를 떨침을 뜻한다.

모두가 전전긍긍한 데서 왔네[264] 都自兢兢戰戰來

264 사십여……왔네 : 숙종이 46년 동안 재위하면서 나라가 평안했던 것은 숙종의 삼가고 조심하는 태도에서 기인했다는 말이다. 《시경》 〈소완(小宛)〉에 "두려워하여 두려워하는 소심한 자가 골짜기에 임한 듯하다. 전전하고 긍긍하여 살얼음을 밟는 듯하노라.〔惴惴小心, 如臨于谷, 戰戰兢兢, 如履薄冰.〕"이라고 하였다.

지서옥이 남쪽으로 돌아가면서 시 한 수를 남겨 이별을 고하므로 화운하여 답하다

池生 瑞玉 南歸 留一詩告別 和韻答之

지난번 서신에 답하지 못해 한스러웠지만	每恨前書報答遲
가까이 살며 자주 어울려 기뻤네	多忻尺地數相隨
남아의 일은 본래 학문을 필요로 하니	男兒事業元須學
젊어서의 공부 시를 짓지 말아야지	少壯工夫莫作詩
한나라 이후 유식하다 일컬어진 이들	漢代以來稱有識
회옹[265] 말고 다시 누구던가	晦翁之外更爲誰
그대 돌아가거든 남긴 글 읽어 보시게	君歸試取遺書讀
오래되면 참된 맛 스스로 알 수 있으리[266]	久久眞腴自可知

지서옥(池生玉) 군이 봄에 장문의 편지를 보내왔었는데, 내가 게을러서 답장을 하지 못하였다.

265 회옹(晦翁) : 송(宋)나라 주희(朱熹, 1130~1200)로, 자는 원회(元晦)·중회(仲晦), 호는 자양(紫陽)·회암(晦菴)·회옹(晦翁)·운곡(雲谷)·고정(考亭)·창주(滄州)·둔옹(遯翁)이다.

266 남긴……있으리 : 지서옥(池生玉)에게 주희의 글을 읽어보고 그 참뜻을 찾아보라고 권유한 것이다. 진유(眞腴)는 기름지고 맛있는 음식으로, 사물의 정화(精華)를 가리킨다. 주희(朱熹)의 시에 "일상 속에서 열심히 성찰하지 않으면, 도리어 어느 곳에서 진유를 맛본단 말인가.〔不向用時勤猛省, 却於何處味眞腴.〕"라고 하였다. 《晦菴集 卷6 日用自警示平父》

비가 그친 뒤의 즉흥시

雨後卽事

시 짓는 실력 늘어 스스로 기쁜데	自喜詩功進
누가 늙은이의 광태를 가여워하는가	誰憐老態狂
이미 찾아오는 속된 나그네 없어	已無俗客至
홀로 남산을 오래도록 마주하고 있노라	獨對南山長
드넓은 하늘에 비 개었고	天豁霽新雨
우거진 버들에서 저물녘 시원한 바람 이는구나	柳深生晚涼
매미 소리 더욱 맑아	一蟬淸更甚
나의 마음 숲과 연못에 있네	吾意在林塘

윤달 7일 밤에 달빛이 매우 아름다워 상쾌하게 가을 정취가 있었다
閏月七日夜 月色極佳 泠然有秋意

오랜 비가 새로 맑게 개고	久雨新晴好
선선한 가운데 달빛 물결 흐르는데	微涼細月波
별빛은 공중에 한껏 뚜렷하고	星光空裏大
벌레 소리 풀 사이에 많구나	蟲語草間多
흰머리 지금 이러한데	白髮今如許
사담[267]은 요즘 어떠할까	沙潭近若何
전원으로 돌아감 원래 좋은 계획인데	歸田元得計
다시 어긋날까 매우 두렵구나[268]	深恐更蹉跎

267 사담(沙潭) : 현재의 충청북도 괴산군 청천면 사담리 일대로, 이하곤 집안의 별업(別業)이 있던 곳이다. 490쪽 각주12 참조.

268 전원으로……두렵구나 : 이하곤이 과거에 급제하지 못한 뒤에 진천에서 지내다가 서울로 올라와 지내고 있는 상황이므로, 다시 진천으로 돌아가 전원생활을 영위하지 못할까 염려스럽다고 읊은 것이다.

달밤에 감회를 쓰다

月夜書懷

종일 불볕더위에 시달리다	永日苦炎熱
언 파리처럼 우두커니 앉았는데	癡坐如凍蠅
밤 되니 기운이 조금 솟아나고	入夜氣稍蘇
별빛도 달빛도 문득 맑게 빛나	星月忽淸澄
빈 마당은 물이 고인 듯하고	空庭如積水
노목은 그림자 덥수룩하게 드리웠네	老木影鬅鬙
벌레 소리는 이미 가을인 줄 알아	蟲聲已知秋
찌르륵 찌르륵 호응하며 우는구나	喞喞鳴相應
자연의 변화는 멈추지 않아	大化無停機
봄과 가을이 차례로 바뀌고	春秋迭代興
세월은 사람에게 너그럽지 않아	歲月不饒人
흰머리가 문득 침범하네	霜髮便侵凌
평소 뜻이 작지 않아	平生志不小
가난하고 굶주려도 기운 더욱 왕성했지	窮餓氣彌增
서글피 관중과 제갈량 같은 무리 바라보며	悵望管葛輩
만고에 없던 공로 가슴속에 두었네	萬古羅心膺
백성들 풍속 날마다 야박해지는데	民風日澌漓
주제넘게 결승의 시대로 되돌리려 했네[269]	妄欲回結繩

269 백성들……했네 : 쇠퇴하는 민풍(民風)을 진작시켜 상고 시대의 순박한 상태로

이런 뜻 끝내 어긋나고　　此意竟濩落
세상일만 끝없이 이어져　　世故荐相仍
삼십 년 동안 분주히 살며　　擾擾三十載
오히려 속박 벗어나지 못했으니　　猶未脫樊矰
메까치가 느릅나무에 모여　　鷽鳩搶楡枋
비웃으며 대붕을 속였지[270]　　嗁笑欺大鵬
사담[271] 안쪽 생각하니　　緬懷沙潭內
나의 누대가 높이 백층이나 솟았고　　我樓高百層
만 그루 소나무가 우거졌으며　　鬱鬱萬靑松
그 가운데 독서하는 등불 걸렸네　　中懸讀書燈
이것으로 늘그막 보낼 만하니　　持此堪送老
참된 즐거움이 팔 베고 눕는 데 있네[272]　　眞樂在曲肱

만회하려는 포부를 지녔다는 말이다. 결승(結繩)은 문자가 없던 태고 시대에 노끈으로 매듭을 맺어 부호를 삼았던 것인데, 여기서는 당시의 소박한 정치 형태를 말한다. 《주역》〈계사전 하(繫辭傳下)〉에 "상고 시대에는 노끈을 맺어 다스렸는데, 후세에 성인이 글과 문서로 바꾸어, 백관이 다스려지고 만민이 살폈다.〔上古結繩而治 後世聖人易之以書契, 百官以治, 萬民以察.〕" 하였다.

270 메까치가……속였지 : 이하곤의 큰 포부를 비웃는 사람들이 있었다는 말이다. 《장자(莊子)》〈소요유(逍遙遊)〉에, 붕새가 회오리바람을 타고 구만 리를 올라가 구름을 벗어나고 푸른 하늘을 등에 진 다음에 남쪽으로 간다고 했는데, 이에 "매미와 메까치가 비웃으며 말하기를 '우리는 훌쩍 날아올라 느릅나무나 박달나무에 오르려 해도, 때로는 이르지 못하고 땅 바닥에 떨어지고 마는데, 무엇 하러 구만 리나 날아올라 남쪽으로 가려 하는가.' 했다.〔蜩與鷽鳩笑之曰, 我決起而飛, 搶楡枋, 時則不至, 而控於地而已矣, 奚以之九萬里而南爲.〕"라는 이야기가 나온다.

271 사담(沙潭) : 현재의 충청북도 괴산군 청천면 사담리 일대로, 이하곤 집안의 별업(別業)이 있던 곳이다. 490쪽 각주12 참조.

우습다 세속의 선비들 可笑俗士徒
여름 벌레와는 얼음을 말하기 어려우니[273] 夏蟲難語氷
초연했던 녹문옹만이 迢然鹿門翁
천년토록 참된 나의 벗이네[274] 千載眞我朋

272 참된……있네 : 인생의 참된 즐거움은 분수를 지키며 도(道)를 즐기는 데 있다는 말이다. 《논어》 〈술이(述而)〉에 "거친 밥을 먹고 물을 마시며 팔을 굽혀 베더라도 즐거움이 또한 이 가운데 있으니, 의롭지 못하고서 부하고 또 귀함은 나에게 있어 뜬구름과 같다.〔飯疏食飮水, 曲肱而枕之, 樂亦在其中矣, 不義而富且貴, 於我如浮雲.〕"라고 하였다.

273 세속의……어려우니 : 식견이 좁은 속된 선비들과는 높은 이상을 말할 수 없다는 말이다. 《장자(莊子)》 〈추수(秋水)〉에 "우물 안 개구리가 바다를 말할 수 없는 것은 우물 안에 매여 있기 때문이고, 여름 벌레가 얼음을 말할 수 없는 것은 여름에만 집착하기 때문이며, 고루한 선비가 도를 말할 수 없는 것은 가르침에 속박되기 때문이다.〔井蛙不可以語於海者, 拘於虛也, 夏蟲不可以語於氷者, 篤於時也, 曲士不可以語於道者, 束於敎也.〕"라고 하였다.

274 녹문옹(鹿門翁)만이……벗이네 : 초야(草野)로 돌아가 은거하고 싶다는 말이다. 녹문옹은 후한(後漢)의 은사 방덕공(龐德公)을 가리킨다. 그는 양양(襄陽) 사람으로, 현산(峴山) 남쪽에 살면서 도회지를 가까이하지 않았다. 형주 자사(荊州刺史) 유표(劉表)가 관직에 나올 것을 간절히 요청하였으나, 처자를 데리고 녹문산(鹿門山)에 들어가 약초를 캐며 은거생활을 하다가 생을 마쳤다. 《後漢書 卷83 逸民列傳 龐公》

오색 종이를 보내 준 금성 유 사군에게 사례하다

謝錦城兪使君寄五色箋

담녹색과 연노랑의 측리지[275]	淡綠輕黃側理文
눈보다 깨끗하고 구름처럼 찬란하네	淨於疊雪爛如雲
정성스레 천 리 멀리서 보내 주니	殷勤千里遙相贈
높은 의리 어찌 우군보다 뒤지랴[276]	高義何曾減右軍

275 측리지(側理紙) : 종이의 이름이다. 해태(海苔)를 재료로 삼아 제조한 종이인데, 그 결이 종횡(縱橫)으로 비스듬하게 되었으므로 이렇게 부른다.

276 정성스레……뒤지랴 : 종이를 보내 준 유 사군의 의리가 왕희지(王羲之, 307~365)보다 뒤지지 않는다는 말이다. 왕희지가 우군 장군(右軍將軍)을 지냈기에 우군(右軍)이라고 부른다.

자야[277]가 문득 시 한 수를 보내왔기에 화운하여 답하다

子野忽寄一詩 和韻答之

이날은 곧 7월 1일이다.

칠월 초하루 가을 되었는데	七月一日生新秋
불 구름과 불볕더위 가시지 않았네	火雲朱炎尚不收
더위 피했던 하삭의 술자리 마련 못했고[278]	逃暑未成河朔飮
얼음 밟았던 형악의 유람 공연히 떠오르네[279]	踏氷空憶衡嶽遊
파리 쫓으려 부채 휘두르다가	欲驅蠅去長揮扇
문득 매미 소리 듣고 때로 머리 드네	忽聽蟬吟時擧頭
앉아서 강호의 흰 갈매기 부러워하나니	坐羨江湖白鷗鳥
만 리 맑은 물결에 한가롭기 그지없네	淸波萬里閑悠悠

277 자야(子野) : 이신(李莘)으로, 본관은 성주(星州), 자는 자야이다.

278 더위……못했고 : 술자리를 마련하여 더위를 피하고 싶은데, 그렇게 하지 못한다는 말이다. 하삭음(河朔飮)은 후한(後漢) 말에 유송(劉松)이 원소(袁紹)의 자제와 하삭(河朔)에서 삼복(三伏) 무렵에 술자리를 벌여 밤낮으로 정신없이 마셔댄 고사에서 유래하였다. 《初學記 歲時部上 夏避暑飮》

279 얼음……떠오르네 : 1167년에 11월에 주희(朱熹)가 장식(張栻)과 함께 형산(衡山)에 갔었던 일을 말한다. 당시 눈이 많이 내리고 얼음이 얼었던 상황이 장식의 〈남악수창집원서(南嶽倡酬集原序)〉에 보인다.

밤에 앉아 있다가

夜坐

굳은 비 끝내 그쳐 苦雨終須歇
가을 하늘 문득 맑구나 秋天忽已淸
성긴 별빛이 때로 버들 위로 지나가고 疏星時度柳
외로운 달이 성에 비끼려 하네 孤月欲橫城
이웃집 절구질 소리 밤새 급하고 隣杵通宵急
숲의 벌레는 철따라 우는구나 林蟲應節鳴
푸른 등불이 책 비추니 靑燈照書卷
이 사이의 마음을 누가 알까 誰識此間情

다음 날 밤 달빛이 매우 아름다워 고향 생각이 간절했다
後夜月色極佳 令人頗有懷鄉之意

불볕더위 가신 지 어느덧 열흘	斷送朱炎已一旬
비 그친 뒤에 날씨 더욱 청량하네	雨餘天氣更清新
쓸쓸한 벌레들은 서글피 울어대고	寒蟲相與作悲語
밝은 달은 벗인 양 떠올랐네	明月忽來如故人
우습다 미친 듯이 세상일 걱정하며	可笑顚狂憂世事
악착스럽게 서울 먼지 속을 내달리니 부끄럽네	猶慚齷齪走京塵
산밭 몇 이랑과 천 권의 책 있으니	山田數頃書千卷
나의 삶 가난하지 않은 줄을 진작 알았노라	久識吾生自不貧

한가로운 삶 잡시 절구 10수
閒居 雜絶句十首

우물 서쪽 버들에 벌써 서풍 불어오고	井西楊柳已西風
찌르륵 찌르륵 가을벌레 울음 속에 문 닫았네	門掩秋蟲喞喞中
요즈음 너무 쓸쓸하다 말하지 마라	莫道邇來牢落甚
짧은 등잔으로 책 비춰 읽어 새로운 공부 있다네	短檠書卷有新功
맑은 시냇물 낚시터 감돌고	清溪水遶釣魚臺
늙은 버들과 깊은 솔숲 사이로 오솔길 열렸지	老柳深松一逕開
돌밭이 지금 다 황폐해졌다 하니	見說石田今盡廢
당시 산을 떠나온 것 후회스럽다	當時祇悔出山來
가을 깊은 동산에 취미 길으니	秋晚鄉園趣味長
콩은 영글어가고 벼는 향기롭지	豆花結子稻花香
아침에 밭 매려니 배추가 희고	朝鋤露圃桃菘白
밤에 사계에 통발 놓으니 게가 누렇구나	夜柵沙溪擘蟹黃
비 그친 뒤에 선선한 바람이 밤하늘에 일고	雨後微涼生夕天
쓸쓸한 높은 버들에서 매미 소리 들리지 않네	蕭蕭高柳不聞蟬
가을 들어 외진 골목에 찾아오는 거마 없어	秋來窮巷無車馬
종일 발 내리고 《태현경》 읽노라	盡日垂簾讀太玄

바야흐로 《법언(法言)》과 《태현경(太玄經)》 등의 책을 읽고 있었다.

오래전부터 연연산에 성명 새기려 했는데[280]	久擬燕然勒姓名
헝클어진 백발만 머리에 가득하네	蕭蕭白髮滿頭生
지금은 장한 마음 줄었으니	如今頓覺雄心滅
가슴속에 불평한 마음 있지 않네	不遣胸中有不平

사담[281]의 맑은 가을 물 가장 사랑스러워	最愛沙潭秋水淸
비래봉[282] 아래 경쾌하게 지팡이 짚고 나갔지	飛來峯下試笻輕
밤에 부질없이 산으로 돌아가고픈 꿈 있어	夜來空有還山夢
짐짓 차가운 시내에서 밝은 달 희롱했네	故向寒流弄月明

가을 풀 쓸쓸하고 낮에도 문 닫아 두니	秋草蕭然晝掩門
멀리 떨어진 빈 방에서 누구와 어울릴까	迢迢虛室更誰群
저녁 선선한 바람에 홀로 북쪽 창 아래 기대	晩涼獨倚北窓下
앉아 앞산 바라보니 흰 구름 피어나네	坐看前山生白雲

280 연연산(燕然山)에……했는데 : 공훈(功勳)을 세우려는 포부가 있었다는 말이다. 연연(燕然)은 두헌(竇憲)이 자신의 공적을 빗돌에 새겨 세웠던 연연산을 가리킨다. 568쪽 각주146 참조.

281 사담(沙潭) : 현재의 충청북도 괴산군 청천면 사담리 일대로, 이하곤 집안의 별업(別業)이 있던 곳이다. 490쪽 각주12 참조.

282 비래봉(飛來峰) : 《두타초(頭陀草)》 책6 〈비래봉차중화운(飛來峰次仲和韻)〉에 "초가집 짓고 여생 마치겠다는 마음, 주먹만한 너 비래봉 때문이지.〔誅茅終老意, 爲汝一拳峰.〕"라고 하였고, 책7 〈새 거처가 점차 자리를 잡아가니 기뻐서 짓다〔新居漸次就緖喜而賦之〕〉에 "게다가 비래봉이 조용한 여인처럼 어여쁘네.〔況乃飛來峰, 娟妙如靜姝.〕"라고 하였으므로, 이하곤의 집이 있는 낙영산 주위의 봉우리임을 알 수 있다.

어지러운 당파 싸움 언제나 끝날까[283] 紛紛蠻觸幾時休
삼남의 농사 또 흉작이라지 穡事三南又失秋
벼슬하는[284] 제공들 본래 적지 않지만 肉食諸公元不少
모르겠다 나라 경영할 무슨 계책 있는지 未知經國有何謀

세상사는 유유히 동쪽으로 흐르는 강물 같으니 世事悠悠東走河
어떠한지 자세히 물을 필요 없네 不須仔細問如何
남아에게 몸 편히 지낼 곳 있는 법 男兒自有安身地
제나라 궁문에서 뿔 두드려 노래한 것 부끄럽네[285] 恥作齊門叩角歌

283 어지러운……끝날까 : 당쟁(黨爭)이 끊임없이 지속되는 상황을 말한 것이다. 만촉(蠻觸)은《장자(莊子)》〈칙양(則陽)〉에 "달팽이의 왼쪽 뿔 위에 있는 나라를 촉씨(觸氏)라 하고, 오른쪽 뿔 위에 있는 나라를 만씨(蠻氏)라 한다. 때때로 서로 영토를 다투어 전쟁을 하는데, 쓰러진 시신이 수만 명이었다."라고 한 데서 유래한 말이다. 일반적으로 사소한 일로 서로 분쟁하는 것을 말하는데, 여기서는 당쟁을 의미한다.

284 벼슬하는 : 육식(肉食)은 후한 녹봉을 받는 벼슬아치들을 낮춰 부르는 말이다.《춘추좌씨전》장공(莊公) 10년 기사에 "고기 먹는 자들이 잘 알아서 할 텐데, 또 무엇 때문에 끼어드는가.〔肉食者謀之, 又何間焉.〕"라고 마을 사람이 조귀(曹劌)에게 묻자, 조귀가 "고기 먹는 높은 분들은 식견이 낮아, 멀리 꾀하지 못하기 때문이라네.〔肉食者鄙, 未能遠謀.〕"라고 했다는 내용이 보인다.

285 제(齊)나라……부끄럽네 : 춘추 시대 위(衛)나라 영척(甯戚)이 매우 빈곤하여 제나라에 가서 소뿔을 두드리며 자신의 처량한 신세를 노래하였는데, 그 노래에 "남산은 빛나고 백석은 깨끗하도다. 태어나서 서로 선양하던 요순 시대 못 만나, 짧은 베 홑옷은 겨우 정강이만 가릴 뿐이네. 이른 새벽부터 한밤중까지 소를 먹이노니, 긴 밤이 지루해라 언제나 아침이 올런고.〔南山粲, 白石爛, 生不逢堯與舜禪, 短布單衣裁至骭, 從昏飯牛薄夜半, 長夜漫漫何時旦.〕"라고 하였다. 마침 환공(桓公)이 그 노래를 듣고, 그를 비범한 사람으로 여겨 재상으로 등용했다는 고사가 전한다.《呂氏春秋 擧難》여기서는 이 고사를 인용하여 이하곤 자신은 가난하더라도 가난을 벗어나기 위해 벼슬을 구하는

외진 산에 목석과 함께 자취 감추고	泯跡窮山木石幷
물이나 마시며 여생 보내리라	只須飮水度餘生
소보와 허유[286]가 참된 고사 아니던가	巢由未必眞高士
끝내 요 임금에게 이름 알게 했지	終遣唐堯識姓名

행위를 하지 않겠다고 말한 것이다.

286 소보(巢父)와 허유(許由) : 소유(巢由)는 요(堯) 임금이 왕위(王位)를 물려주겠다는 제안도 뿌리친 채, 기산(箕山)에 들어가 숨어 살았던 소보와 허유를 아울러 일컫는 말이다. 《高士傳 許由》

지은이 **이하곤(李夏坤)**

1677(숙종3)~1724(경종4). 조선 후기의 문인으로, 본관은 경주(慶州), 자는 재대(載大), 호는 담헌(澹軒)·소금산초(小金山樵)이다. 회와(晦窩) 이인엽(李寅燁)의 맏아들로, 농암(農巖) 김창협(金昌協)에게 수학하였다. 1708년 생원시와 진사시에 장원으로 합격하여 세자익위사 세마(世子翊衛司洗馬)와 세자익위사 부솔(世子翊衛司副率)에 임명되었으나 나가지 않고, 고향인 진천에 내려가 학문과 서화에 힘썼으며 장서(藏書)가 1만권을 헤아렸다. 전국 방방곡곡을 두루 여행하였으며, 이병연(李秉淵), 윤순(尹淳), 정선(鄭敾), 윤두서(尹斗緖) 등과 교유하였다. 저서로 《두타초(頭陀草)》가 있다.

옮긴이

정만호(鄭晩浩)

1971년 충남 부여에서 태어났다. 충남대학교와 단국대학교에서 한문학을 전공하였으며, 현재 충남대학교 한자문화연구소 책임연구원으로 재직 중이다. 번역서로 《취암선생시집》과 공역으로 《기려수필》, 《승암시화》, 《지호집》, 《오재집》, 《옥오재집》, 《좌계부담》, 《해동사부》, 《동주집》 등이 있다.

오승준(吳承峻)

1979년 충북 청주에서 태어났다. 충남대학교에서 박사과정을 수료하였다. 학산 조종업, 아당 이성우 선생에게서 한문을 배웠다. 현재 한자문화연구소 선임연구원으로 재직 중이다. 공역으로 《옥오재집》, 《동주집》이 있다.

이재숙(李在淑)

1975년 대전에서 태어났다. 충남대학교 한문학과를 졸업하고 동 대학원에서 석사학위, 고려대학교에서 박사학위를 취득하였다. 학산 조종업, 아당 이성우 선생에게서 한문을 배웠다. 현재 충남대학교 한자문화연구소 연구원으로 재직 중이다. 공역서로 《기려수필》, 《승암시화》, 《좌계부담》, 《해동사부》가 있다.

권역별거점연구소협동번역사업
충남대학교 한자문화연구소 연구진

연구책임자 **이향배**(충남대학교 한문학과 교수)
공동연구원 **박우훈**(충남대학교 한문학과 교수)
자문위원 **이성우**(한국고전번역원 자문위원)
책임연구원 **강원모**
정만호
선임연구원 **김문갑**
오승준
연구원 **이규춘**
이재숙

두타초 3

이하곤 지음 | 정만호 · 오승준 · 이재숙 옮김
2018년 12월 28일 초판 1쇄 발행
편집 · 발행 문진 | 등록 2002. 5. 6. 제2006-000011호
주소 (34168) 대전광역시 유성구 대학로 31 한진리조트오피스텔 2004호
전화 042-933-6510 | 팩스 042-367-5510
인쇄 현대그래픽스 | 제본 은정제책사

값 30,000원
ISBN 979-11-87638-25-4 94810
979-11-87638-22-3 (세트)

이 도서의 국립중앙도서관 출판예정도서목록(CIP)은 서지정보유통지원시스템 홈페이지(http://seoji.nl.go.kr)와 국가자료공동목록시스템(http://www.nl.go.kr/kolisnet)에서 이용하실 수 있습니다.(CIP제어번호: CIP2018040321)